Hans-Werner M. Urselmann
Schreien und Rufen

Verlag Hans Huber
Programmbereich Pflege

Beirat
Angelika Abt-Zegelin, Dortmund
Jürgen Osterbrink, Salzburg
Doris Schaeffer, Bielefeld
Christine Sowinski, Köln
Franz Wagner, Berlin

Hans-Werner M. Urselmann

Schreien und Rufen

Herausforderndes Verhalten
bei Menschen mit Demenz

Mit einem Geleitwort von Prof. Dr. Wilfried Schnepp

Verlag Hans Huber

Hans-Werner M. Urselmann. Dr. rer. medic., MScN, staatlich anerkannter Altenpfleger, Mitarbeiter der KoKoBe (Koordinierungs-, Kontakt- und Beratungsstelle für Menschen mit geistiger Behinderung) im Oberbergischen Kreis
E-Mail: H-W.Urselmann@t-online.de

Lektorat: Jürgen Georg, Bianca Glaab, Peter Offermanns
Herstellung: Daniel Berger
Titelillustration: pinx. Winterwerb und Partner, Design-Büro, Wiesbaden
Umschlag: Claude Borer, Basel
Satz: punktgenau gmbh, Bühl
Druck und buchbinderische Verarbeitung: Hubert & Co., Göttingen
Printed in Germany

Bibliografische Information der Deutschen Nationalbibliothek
Die Deutsche Nationalbibliothek verzeichnet diese Publikation in der Deutschen Nationalbibliografie; detaillierte bibliografische Angaben sind im Internet über http://dnb.d-nb.de abrufbar.

Dieses Werk, einschließlich aller seiner Teile, ist urheberrechtlich geschützt. Jede Verwertung außerhalb der engen Grenzen des Urheberrechtes ist ohne schriftliche Zustimmung des Verlages unzulässig und strafbar. Das gilt insbesondere für Kopien und Vervielfältigungen zu Lehr- und Unterrichtszwecken, Übersetzungen, Mikroverfilmungen sowie die Einspeicherung und Verarbeitung in elektronischen Systemen.

Die Verfasser haben größte Mühe darauf verwandt, dass die therapeutischen Angaben insbesondere von Medikamenten, ihre Dosierungen und Applikationen dem jeweiligen Wissensstand bei der Fertigstellung des Werkes entsprechen.
Da jedoch die Pflege und Medizin als Wissenschaft ständig im Fluss sind, da menschliche Irrtümer und Druckfehler nie völlig auszuschließen sind, übernimmt der Verlag für derartige Angaben keine Gewähr. Jeder Anwender ist daher dringend aufgefordert, alle Angaben in eigener Verantwortung auf ihre Richtigkeit zu überprüfen.
Die Wiedergabe von Gebrauchsnamen, Handelsnamen oder Warenbezeichnungen in diesem Werk berechtigt auch ohne besondere Kennzeichnung nicht zu der Annahme, dass solche Namen im Sinne der Warenzeichen-Markenschutz-Gesetzgebung als frei zu betrachten wären und daher von jedermann benutzt werden dürfen.

Anregungen und Zuschriften bitte an:
Verlag Hans Huber
Lektorat: Pflege
Länggass-Strasse 76
CH-3000 Bern 9
Tel: 0041 (0)31 300 4500
Fax: 0041 (0)31 300 4593
verlag@hanshuber.com
www.verlag-hanshuber.com

1. Nachdruck 2015, der 1. Auflage 2013.
© 2013/2015 by Verlag Hans Huber, Hogrefe AG, Bern
(E-Book-ISBN [PDF] 978-3-456-95261-1
(E-Book-ISBN [EPUB] 978-3-456-75261-7
ISBN 978-3-456-85261-4

Inhaltsverzeichnis

Geleitwort	9
Prolog	11
Einleitung	13
Aufbau des Buches	16

1 Begriffserklärungen ... 17

1.1	Demenz	17
1.2	Störendes Verhalten – herausforderndes Verhalten	19
1.3	Schreien und Rufen	21

2 Am Anfang war der Schrei? ... 23

2.1	Die Bedeutungsebenen von Schreien und Rufen	25
2.2	Der herausfordernde Schrei oder Ruf	26
2.3	Warum schreien oder rufen Menschen mit Demenz?	28
2.3.1	Erklärungsansätze in der Literatur	29
2.3.2	Schrei- und Rufgründe aus der Praxis	32
2.4	Prävalenz und Inzidenz	36
2.5	Differenzierungen der Schrei- und Rufäußerungen in der Literatur	37
2.5.1	Schrei- und Rufdauer	37
2.5.2	Schreimuster, Lautstärke, Schreiintensität	38
2.6	Differenzierungen aus Sicht der Pflegenden	38
2.6.1	Grundloses Schreien gibt es nicht	38
2.6.2	Signale erkennen können	39
2.6.3	Schrei- und Rufverhalten	41

3 Einfluss nehmende Faktoren ... 45

3.1	Extrinsische Einflussfaktoren	45
3.1.1	Institutionelle Rahmenbedingungen	46

3.1.2	«Raumnutzung»	46
3.1.3	Aspekt des «Zeitmangels» und der Personalbesetzung	54
3.1.4	Sich trotzdem Zeit nehmen	55
3.1.5	Die Mitbewohner	60
3.1.6	Reaktionen der Pflegenden im Gruppenraum	62
3.1.7	«Schreien steckt an»	64
3.2	Intrinsische Einflussfaktoren	69
3.2.1	Hohe Motivation – Engagement der Pflegenden	70
3.2.2	Fehlende Flexibilität der Mitarbeiter	71

4 Interventionsebene und Strategien der Pflegenden ... 75

4.1	Interventionsziele und Motiv	78
4.1.1	Pflegeziele Ruhe und Wohlbefinden	79
4.2	Interventionsgestaltung und Strategien der Pflegenden	81
4.2.1	Suche nach dem Schrei- oder Rufgrund	82
4.2.2	Klima des detektivischen Wissenwollens	85
4.2.3	Suche nach einem Schreimuster	87
4.2.4	Versuch und Irrtum	88
4.3	Emotionsfokussierte Interventionen	94
4.3.1	Interventionsbeispiel: reden und nachfragen	94
4.3.2	Interventionsbeispiel: sich einlassen (können, wollen)	95
4.3.3	Interventionsbeispiel: Gemeinschaft erleben lassen	98
4.3.4	Interventionsbeispiel: Alltag (er)leben lassen	101
4.3.5	Interventionsbeispiel: ablenken und umlenken	108
4.3.6	Interventionsbeispiel: Anwalt sein	111
4.3.7	Interventionsbeispiel: Sitzordnung beeinflussen und/oder bestimmen	114
4.3.8	Interventionsbeispiel: das Wohnsetting anpassen	116
4.4	Körperlich-therapeutische Interventionsansätze	118
4.4.1	Interventionsbeispiel: «drücken» und «in den Arm nehmen»	118
4.4.2	Interventionsbeispiel: den Körper spüren lassen – «Basale Stimulation»	122
4.4.3	Interventionsbeispiel: Anwesenheit «geben»	125
4.4.4	Interventionsbeispiel: Bewegung – «spazieren gehen»	126
4.4.5	Interventionsbeispiel: Musik und Musiktherapie	127
4.5	Medizinisch-medikamentös orientierte Interventionsansätze	129
4.5.1	Bedarfsmedikation	132
4.5.2	«Stummes» Schreien erleben	133
4.5.3	Krankenhauseinweisung	136
4.6	Abwehrorientierte und «restriktive» Interventionsansätze	138
4.6.1	Interventionsbeispiel: «schreien oder rufen lassen»	140
4.6.2	Interventionsbeispiel: zurückschreien	143

4.6.3	Interventionsbeispiel: «ins Zimmer bringen»	148
4.6.4	Fazit	153

5 Auswirkungen und Konsequenzen ... 157

5.1	Hilflosigkeit spüren	158
5.2	Aggressivität spüren	162
5.3	Unzufriedenheit spüren	163
5.4	Mitleid spüren	165
5.5	«Akzeptieren können» versus «ertragen und aushalten müssen»	166
5.6	Einschränkungen bei der Interventionsgestaltung erleben	169
5.6.1	Tunnelblick haben?	170
5.6.2	Gewaltfantasien haben/«über eigene Gedanken erschrecken»	173
5.6.3	Schutzschild aufbauen	178
5.6.4	Die Beziehung ändert sich (nicht)	181

6 Bewältigungsstrategien ... 187

6.1	«Auszeit nehmen» – Arbeit an Kollegen abgeben	187
6.2	Insel haben	191
6.3	Fachlichkeit/Kompetenz der Pflegenden	192
6.4	Berufliche Eignung	197
6.5	Fazit	198

7 «Gegenspieler» und «Kompensatoren» ... 199

7.1	Reduzierter Stellenanteil	199
7.2	Energiequellen im Arbeitsumfeld haben	200
7.2.1	Belastungsmomente ansprechen und reflektieren	200
7.2.2	Erfahrung der Kollegen nutzen und reflektieren	200
7.3	Energiequellen durch seine Arbeitshaltung haben	202
7.3.1	Arbeit macht Spaß	203
7.3.2	Ausgeglichenheit spüren	204
7.3.3	Schreien als kreative Herausforderung sehen	206
7.4	Wünsche haben	207
7.5	Fazit	210

8 Erleben und Gestalten der Unerträglichkeit ... 211

8.1	Genese der Wahrnehmung von Unerträglichkeit	212
8.1.1	An Grenzen stoßen	214
8.1.2	«Schreien macht mir nichts»	219
8.2	Zerrissenheit spüren	223
8.3	Eine Erwartung entwickeln/haben	224
8.4	Aspekt der Unausweichlichkeit	228

8.5	«Irgendwann ist es einfach unerträglich»	230
8.6	Kumulation versus Energiequellen aktivieren (können)	234
8.7	Anmerkungen zum Phasenverlauf bis zur Unerträglichkeit	234
8.8	Denkanstöße für die Pflegepraxis	236
8.9	Beziehungsfeld zwischen Auslöser und Bewältigungserleben	237
8.10	Bewältigungserleben	241
8.11	Fazit	243

9 Zusammenfassende Gedanken 245

9.1	Ergebnisse zum herausfordernden Schrei oder Ruf	245
9.2	Ergebnisse zu Interventionsgestaltung und Strategien der Pflegenden	248
9.3	Fazit	252

10 Empfehlungen für die Pflegepraxis 255

10.1	Empfehlung 1: in der Pflegeausbildung thematisieren	255
10.2	Empfehlung 2: in Fort- und Weiterbildungseinheiten thematisieren	256
10.3	Empfehlung 3: im Team austauschen	256
10.4	Empfehlung 4: (pflegewissenschaftliche) Fachbegleitung	258
10.5	Empfehlung 5: keine unerfüllbaren Wünsche haben	258
10.6	Empfehlung 6: Segregation kontra Inklusion?	259
10.7	Empfehlung 7: Paternalismus vermeiden	260
10.8	Empfehlung 8: Recht auf Schreien oder Rufen einräumen!	260
10.9	Empfehlung 9: Schreien oder Rufen nicht als aggressives Verhalten werten	261
10.10	Empfehlung 10: Pflegende brauchen eine besondere Unterstützung!	261
10.11	Empfehlung 11: Ruhe nicht «erkaufen» oder «erzwingen»	262

11 Schlusswort 263

12 Literaturverzeichnis 269

Deutschsprachige Literatur, Adressen und Links
zum Thema «Demenz» 275

Autor 296

Abbildungsverzeichnis 297

Tabellenverzeichnis 298

Sachwortverzeichnis 299

Geleitwort

Sehr verehrte Leserinnen und Leser,

«Hilfe, Hilfe, holt mich hier raus, holt mich hier raus» war das erste, was ich draußen vor einem Altenheim hörte, als ich gemeinsam mit meinem Sohn meine Schwiegermutter beim Einzug in dieses Altenheim begleitete. Mein Sohn, damals noch keine 20 Jahre alt, der seiner Großmutter eng verbunden war, erschrak sehr und konnte sich nicht vorstellen, dass ein geliebter Mensch fortan dort leben solle, wo andere Menschen laut schreien und um Hilfe rufen. Diese kurze und persönliche Beschreibung macht deutlich, dass die dementielle Erkrankung eines Menschen nie nur ihn alleine betrifft, sondern alle Personen, die diesem Menschen nahe stehen.

Auf Schreien und Rufen reagieren Menschen zu Recht mit Unbehagen, Angst, Irritation und Hilflosigkeit. Professionell Pflegenden, insbesondere in der Altenpflege sind mit diesem Phänomen vertraut. Dies bedeutet keineswegs, dass sie anders als andere Menschen auf ständiges Schreien und Rufen reagieren, oder vielleicht doch? Aber was kann man tun, was bewährt sich, wenn Menschen Schreien und Rufen?
«Hildegard, ich heiße Hildegard» rief beispielsweise nahezu pausenlos eine meiner Patientinnen, die ich deshalb nicht vergesse, weil ich mir nie meiner eigenen Hilflosigkeit bewusster war als in dieser Situation: das laute Schreien und Rufen dieser alten, an Demenz leidenden Frau wurde als ein sehr unangenehmer Störfaktor auf der chirurgischen Station angesehen, den es «abzustellen» galt, aber wie?

Mit diesen Phänomen, die so belastend sein können, die zu so viel Irritation und erlebter Hilflosigkeit führen können, hat sich Hans-Werner Urselmann in seiner Doktorarbeit in der Pflegewissenschaft in aller Tiefe auseinandergesetzt. Seine Doktorarbeit wurde mit großem Lob von der Universität Witten/Herdecke bewertet und sie verdient es, in verständlicher Version einem breiten Fachpublikum zugänglich gemacht zu werden. Hans-Werner Urselmann, der selbst Altenpfleger ist, ging dort hin, wo diese Menschen leben und hat vor Ort, im «wirklichen Leben» seine Daten mittels Interviews und beeindruckenden Beobachtungen, sowohl der zumeist an Demenz leidenden Menschen, wie auch der professionellen Pflege, insbesondere der Altenpflege erhoben. Sein Interesse bestand darin herauszufinden, was es mit diesem Schreien und Rufen auf sich hat, was das eigentlich genau ist, wie wir es aufgrund unser menschlichen Erfahrungen verstehen und deuten können und – vor allen Dingen – welche professionellen Interventionen zu welchen Ergebnissen führen. So gesehen hat diese Arbeit eine hohe Relevanz für die praktische Pflege dieser Menschen, aber auch für die Pflegewissenschaft, da diese Arbeit uns hilft, besser zu verstehen, was es mit dem Rufen und Schreien auf sich hat.

Die für mich wichtigste Erkenntnis dieser Arbeit besteht darin, dass es aus Sicht der Kolleginnen und Kollegen in den Altenheimen kein grundloses Schreien gibt, vielmehr gilt es die Gründe für das Schreien herauszufinden, um sodann adäquat darauf reagieren zu können. Das Schreien wie auch die Interventionen erfolgen unter institutionellen Bedingungen, die einen großen Einfluss auf diese Phänomene haben. Das vorliegende Buch ist ein wahrer Schatz an Beschreibungen dessen, was sich bewährt, was Pflegende tun und wie es ihnen aufgrund ihrer Beziehungsarbeit gelingt, im Schreienden den Menschen zu sehen, der nicht immer geschrien hat. Dieses Buch fordert die Leserschaft auf nachzudenken und vielleicht zu dem Ergebnis zu kommen, den Menschen ein «Recht auf Schreien und Rufen einzuräumen».

Liebe Leserinnen und Leser, ich wünsche Ihnen lehrreiche Stunden bei der Lektüre dieses Buches. Für mich war es eine Ehre, diese Studie und Hans-Werner Urselmann als Doktorvater betreuen zu dürfen.

Wilfried Schnepp
Witten, im April 2013

Prolog

«Ruuuuudiiiiii, Ruuuuudiiiiii, ...» Sehr langsam schüttelt die alte Frau mit fragendem Blick ihren Kopf hin und her. Mir fällt sofort auf, dass ihr das dunkelgrüne, altmodische Kleid viel zu eng ist, und an der rechten Hand bemerke ich drei auffallend große Ringe. Mit zitternder Hand greift sie ihre Handtasche und stellt sie sehr langsam, fast wie in Zeitlupe, von der rechten auf die linke Tischseite. Plötzlich schaut sie zur Tür und ich höre wieder ihre Schreie: «Ruuudiiiiii, Ruuuudiiiiii, Rudi ...» Sie lässt die Zimmertür nicht aus den Augen. Ihr Blick ist auf eine große Tafel gerichtet, die gegenüber der geöffneten Glastür an der weißen Wand hängt. In der Mitte klebt ein großes DIN-A3-Blatt mit einem lachenden Clownsgesicht: «Am 11.11. um 11.11 Uhr geht es wieder los», steht da in Versalien. «Wir wollen zusammen den Karnevalsauftakt bei Musik und guter Laune feiern.» Was für ein Gegensatz, denke ich. Hier höre ich die schreiende Frau in ihrem viel zu engen Kleid, die sich doch unwohl fühlen muss, so glaube ich zu wissen, und dort sehe ich das bunte Plakat, das gute Laune verspricht. Die beklemmende Atmosphäre, die ich schon seit Minuten spüre, wird immer greifbarer. Warum nur? Es ist doch ein schöner heller Raum, Blumen stehen auf jedem der vier Tische und bunte Zeichnungen hängen an der Wand. «Ich habe dich so lieb Oma», steht auf einer Kinderzeichnung. Trotzdem steigt mein Unbehagen. Ein alter Mann, der in einer anderen Ecke des Zimmers sitzt, schaut die ganze Zeit interessiert aus dem Fenster. Ich folge seinem Blick und sehe ein junges Mädchen, das durch den Regen läuft. Der alte Mann lacht leise und schaut dem Mädchen interessiert nach. Plötzlich wieder diese schrille Stimme: «Ruuuudiiiiii, Ruuuudiiiiii.» Mit schnellen Schritten geht eine Mitarbeiterin des Altenheims an uns vorbei. Kein Blick in den Raum. Hat sie die Schreie nicht gehört? Ich denke sofort, das war doch nun wirklich nicht zu überhören. Warum reagiert sie nicht? Die alte Frau legt ihre Brille mit den auffallend dicken Gläsern mit zitternden Händen neben ihre Tasse. Sie versucht aufzustehen, aber irgendetwas hält sie an dem Stuhl fest. Sie versucht es erneut – wieder vergebens. Ich habe das Gefühl, dass ich etwas tun muss. Die Situation erscheint mir unerträglich. Hilflos starte ich einen Gesprächsversuch: «Ich glaube, es regnet nicht mehr so stark. Als ich vor einer halben Stu... .» «Ruuuudiiiiii, Ruuuuudiiiiii», sofort werde ich unterbrochen. «Rudiii, ich kann nicht mehr, Rudiii.» Laut, sehr schrill und durchdringend klingt ihre Stimme. Der alte Mann, der am Fenster sitzt, dreht sich um und plötzlich schreit auch er: «Ich kann auch nicht mehr. Wenn du nicht endlich die Schnauze hältst, stopfe ich dir dein ewig grölendes Maul. Halte endlich die Schnauze, du alte Hexe.» Mit der geballten Faust droht er der Frau, die scheinbar ohne Reaktion wieder zur Tür schaut. Blitzschnell betritt die Altenpflegerin, die eben an dem Raum vorbei lief, das Zimmer und schüttelt den Kopf. «Was ist denn hier schon wieder los?» fragt sie übertrieben laut, wartet nicht auf eine Antwort, sondern flüstert leise: «Eine ewig brüllende Frau und ein aggressiver Kerl. Ich liebe die Nachmittage auf diesem Wohnbereich.»

Das war mein erster Tag in einem Altenheim. Ich hatte mich damals als Aushilfskraft beworben und sollte nur einen Augenblick in dem Aufenthaltsraum warten. Ich erinnere mich noch sehr gut an dieses Erlebnis, obwohl es viele Jahre zurückliegt. Oft denke ich an meine Ohnmacht, die ich damals hautnah spürte. Die erlebte Situation hat mich nie wirklich losgelassen – sie war und ist neben dem wissenschaftlichen Interesse der Motor für die vielen Fragen, die mich das Phänomen Schreien und Rufen von Menschen mit Demenz untersuchen lassen.

Einleitung

Schreien und Rufen ist für jeden Menschen ein wichtiger und elementarer Ausdruck seiner Gefühle, seiner Wünsche und seiner Stimmung. Obwohl Schreien und Rufen untrennbar zum Leben und zum menschlichen Bild gehört, unterliegt diese verbale Äußerung strengen gesellschaftlichen Regeln und Zwängen, die es einzuhalten gilt. Es kann in der Gemeinschaft nicht überall und jederzeit uneingeschränkt geschrien oder gerufen werden. Der Schrei wird in die Disziplin der Selbstbeherrschung eingebunden, sagen Buchholz et al. (1983) und sie betonen, dass darüber hinaus «Schreie in die Dimensionen gesellschaftlicher Macht» (Seite 7) eingefädelt werden. Die Mitglieder einer Gemeinschaft halten sich an ihre Normen und Vorgaben und geschrien und gerufen wird nur in gesellschaftlich nicht tabuisierten Freiräumen.

Zahlreiche Menschen mit Demenz können dieses Wissen aber nicht mehr abrufen und viele nutzen deshalb den Schrei oder den Ruf in allen Lebenssituationen als einzig verbliebene verbale Kommunikationsmöglichkeit. Diese Schreie oder Rufe können als herausforderndes Verhalten interpretiert werden, und besonders in der stationären Altenhilfe werden sie als Störung erlebt. An dieser Stelle ist zu bedenken, dass in vielen deutschen Einrichtungen der Altenhilfe eine Gemeinschaft auf engem Raum und in einem Kontext wohnt, der einerseits für die Bewohner deren Lebens- und Wohnmittelpunkt darstellt und andererseits für die Pflegenden der Arbeitsplatz ist.

In stationären Einrichtungen der Altenhilfe gehören Schreie und Rufe zu den häufigsten Formen der herausfordernden Verhaltensweisen. Dabei stoßen die Schreie und die Rufe von Menschen mit Demenz auf unterschiedliche Toleranz der Mitmenschen. Hier ist von großer Bedeutung, dass jeder Schrei und jeder Ruf nicht nur einen hochkomplexen und multifaktoriellen Kontext widerspiegelt, sondern immer auch die Individualität eines Menschen transparent werden lässt (Urselmann, 2006).

Der Schrei eines Menschen mit Demenz ist und bleibt Ausdruck einer Person.

In der Literatur wird hinreichend beschrieben, dass der Schrei oder Ruf eines Menschen mit Demenz auf einer divergenten ätiologischen Ursachenbasis fußt. Unbestritten ist auch, dass eine zweifelsfreie und eindeutige Zuordnung der unterschiedlichsten Ausdrucksvarianten oft spekulativ bleibt und vielfach nur zu ätiologischen Hypothesen führt (Urselmann, 2004, 2006; Halek/Bartholomeyczik, 2006; Höwler 2008; 2010a; u. a.). Zusätzlich ist von großer Bedeutung, dass der Anteil der alten Menschen mit Demenz in deutschen Altenheimen zunimmt. Die prognostizierten Zuwachsraten, die demografische Entwicklung sowie die hieraus resultierenden Kosten und Auswirkungen für die Gesellschaft evozieren eine Herausforderung, die durch einen wachsenden Handlungsbedarf geprägt ist.

Dabei ist insgesamt betrachtet über das Phänomen der herausfordernden Schreie oder Rufe von Menschen mit Demenz und insbesondere über die Perspektive der Pflegenden wenig bekannt. Wenn Ergebnisse (Halek/Bartholomeyczik, 2006; Brown, 2007; Höwler 2008, 2010a; James, 2013) vorliegen, wird das Phänomen Schreien und Rufen von Menschen mit Demenz als ein Teil unter vielen anderen herausfordernden Verhaltensweisen in einem Gesamtkontext untersucht oder beschrieben. Die Fragen, wie Pflegende das Schreien oder Rufen erleben, wie sie interagieren, wie sie intervenieren und wie, wann und in welchem Umfang extrinsische und intrinsische Einflussfaktoren bei diesem Phänomen wirken, ist nicht deutlich. Außerdem ist zu beobachten, dass seit einigen Jahren zwar innovative Konzepte für die Wohnsituation für Menschen mit Demenz erprobt und untersucht werden (Hallensleben/Jaskulewicz, 2005; Weyerer et al., 2006; Brown, 2007; Schäufele et al., 2008); oft fehlt aber die explizite Antwort auf die Frage, wie das Wohnumfeld Einfluss auf das Phänomen Schreien oder Rufen nimmt.

Halek und Bartholomeyczik (2006) betonen vor diesem Hintergrund, dass noch vieles unklar und verschwommen ist. «Trotz der mittlerweile großen Anzahl an empirischen Untersuchungen über Ursachen und Auslöser herausfordernden Verhaltens fehlt ein genaueres Wissen darüber» (ebd.: 81) sagen sie und sie richten an Wissenschaft und Forschung die Aufforderung: «… qualitative Ergebnisse zu integrieren» (ebd.: 83). Ähnlich sehen es Schäufele et al. (2008: 16), die das Fehlen von Studien bemängeln: «Allerdings mangelt es nicht nur in Deutschland an Studien, die die Auswirkungen verschiedener Betreuungs- und Versorgungskonzepte mit fundierter wissenschaftlicher Methodik untersucht haben.» Sie bemerken weiter: «Die Diskussion um das ‹richtige› Konzept, die ‹richtige› Wohnform oder die ‹richtigen Baulichkeiten› für die Betreuung von Menschen mit Demenz wird deshalb noch immer eher von ideologisch gefärbten Meinungen und kommerziellen Interessen als von gesicherten Erkenntnissen dominiert.» (ebd.: 17). Festzuhalten ist, dass die beiden beispielhaft genannten Zitate von 2006 und 2008 weiterhin aktuell sind und trotz der bislang vorliegenden Untersuchungen über das herausfordernde Verhalten immer noch zu wenig bekannt ist. Das gilt insbesondere für einzelne Phänomene wie das herausfordernde Schreien und Rufen von Menschen mit Demenz. In Deutschland wurde bislang kein Buch veröffentlicht, dass den herausfordernden Schrei oder Ruf eines Menschen mit Demenz explizit darstellt.

Aus den genannten Gründen stellt dieses Buch das herausfordernde Verhalten der Menschen mit Demenz in Form von Schreien oder Rufen in den Mittelpunkt.

Aufbau des Buches

Dieses Buch ist in mehrere Kapitel unterteilt, wobei anzumerken ist, dass der Inhalt in weiten Teilen auf einer aktuellen Studie basiert, die als Dissertation an der Privaten Universität Witten Herdecke eingereicht und angenommen wurde (Urselmann, 2011). Die Ergebnisse stehen in engstem Zusammenhang mit der wissenschaftlichen Vorgehensweise und der Auswertung dieser qualitativen Studie. Die zitierten Beschreibungen, Erzählungen, dargestellten Erlebnisse, Pflegesituationen, Personenbeschreibungen und Interviewzitate stammen aus dieser Studie und sind nicht frei erfunden. Damit die Anonymität der interviewten Personen umfassend garantiert ist, wurde der Dialekt in einigen Interviewsequenzen ins Hochdeutsche übertragen. Das wurde erforderlich, weil die Befragungen und Beobachtungen multizentrisch in der Bundesrepublik Deutschland erhoben wurden und eventuell Rückschlüsse auf die Interviewteilnehmer möglich wären.

Um die Lesbarkeit der Texte zu erhöhen, wurde vielfach die männliche Form der Schreibweise gewählt, soweit sie sich nicht direkt auf die Angabe der Interviewpartner beziehungsweise Interviewzitate beziehen – gemeint sind oftmals beide Geschlechter.

Erklärung der Icons:

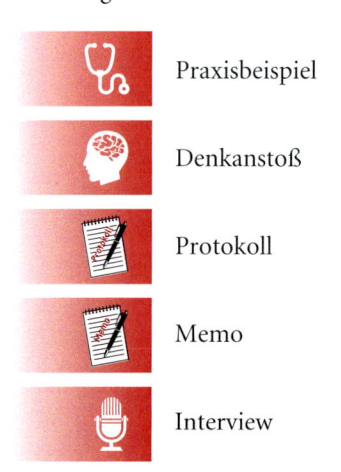

🩺	Praxisbeispiel
🧠	Denkanstoß
📝	Protokoll
📝	Memo
🎙️	Interview

1 Begriffserklärungen

In diesem Kapitel werden einzelne zentrale Begriffe im kontextuellen Zusammenhang kurz skizziert. Im Vordergrund steht neben der Kurzdefinition der Demenz auch der Begriff des herausfordernden Verhaltens, der hier in Verbindung und Trennung zum «störenden» Schreien oder Rufen gestellt wird.

1.1 Demenz

Zu den häufigsten und folgereichsten psychiatrischen Erkrankungen im höheren Alter zählt die Demenz, die mit zunehmendem Lebensalter stark ansteigt (Weyerer et al., 2006). In Deutschland leben schätzungsweise etwa 1,4 Millionen Menschen mit Demenz (Informationsblatt der Deutschen Alzheimer Gesellschaft, 2012). Die Prognosen zeigen, dass diese Zahl erheblich steigen wird. Bei gleich bleibenden altersspezifischen Prävalenzraten werden im Jahr 2050 schätzungsweise 2 290 000 Demenzkranke in Deutschland leben. Demenz ist darüber hinaus der wichtigste Grund für eine Heimaufnahme, so dass in stationären Einrichtungen der Anteil der Menschen mit Demenz kontinuierlich zugenommen hat und zunehmen wird. In stationären Einrichtungen der Altenhilfe haben heute etwa 60 % der Heimbewohner eine demenzielle Erkrankung (Weyerer, 2005).

Eine Definition der Demenz liefert die ICD-10-GM (2013). Hier wird die Demenz in Kapitel V (Psychische Krankheiten und Verhaltensstörungen) (F00–F99) als organische, einschließlich symptomatischer psychischer Störungen aufgeführt und unter F00–F03 spezifiziert. Im Einleitungstext heißt es:

> Demenz (F00–F03) ist ein Syndrom als Folge einer meist chronischen oder fortschreitenden Krankheit des Gehirns mit Störung vieler höherer kortikaler Funktionen, einschließlich Gedächtnis, Denken, Orientierung, Auffassung, Rechnen, Lernfähigkeit, Sprache und Urteilsvermögen. Das Bewusstsein ist nicht getrübt. Die kognitiven Beeinträchtigungen werden gewöhnlich von Veränderungen der emotionalen Kontrolle, des Sozialverhaltens oder der Motivation begleitet, gelegentlich treten diese

auch eher auf. Dieses Syndrom kommt bei Alzheimer-Krankheit, bei zerebrovaskulären Störungen und bei Zustandsbildern vor, die primär oder sekundär das Gehirn betreffen. (ICD-10-GM, Version 2013)

Kitwood (2004) sind eher organisch bezogene Definition zu kurz gefasst. Er sagt, dass Demenz nicht nur als organisch bedingte psychische Erkrankung verstanden werden kann und betont, dass Demenz sich immer auf die ganze Person bezieht. Er weist darauf hin, dass neben den kognitiven Abbau- und Veränderungsprozessen des Gehirns sich auch eine parallel verlaufende Veränderung im sozialpsychologischen Umfeld des Menschen vollzieht. Beide Arten der Veränderung, die neurologischen und die sozialpsychologischen, hängen laut Kitwood untrennbar zusammen und lassen sich unmöglich unterscheiden. Damit macht er deutlich, dass das allein auf einem medizinischen Standardparadigma beruhende Rahmenwerk kein umfassendes Bild der Demenz zeichnen kann. Ein Mensch kann und darf demnach nicht allein auf sein Gehirn und auf hirnorganische Abbau- und Veränderungsprozesse reduziert werden.

Neben der Beeinträchtigung der kognitiven Fähigkeiten sind bei einer Demenz auch nichtkognitive Systeme wie die Wahrnehmung, die Affektivität und die Persönlichkeitsmerkmale betroffen. Häufig treten deshalb bei Demenz psychische Auffälligkeiten wie Depression, Schlafstörung, Unruhe, Angst, Wahnwahrnehmungen, Halluzinationen und Aggressionen auf. Nichtkognitive Symptome der Demenz führen zu einer Verschlechterung der Lebensqualität der Betroffenen und zu erheblichen Belastungen der Betreuenden (Weyerer, 2005).

Der Verlauf der fortschreitenden Abbau- und Veränderungsprozesse wird vielfach in drei Phasen unterteilt: Es werden leichte, mittelschwere und schwere Demenzformen unterschieden. Beim Auftreten der ersten Symptome, die sich mit kognitiven Störungen wie zum Beispiel Erinnerungslücken zeigen können, kann der erkrankte Mensch noch allein zurechtkommen, weil der Versorgungsbedarf gering ist. Bei mittlerer Demenz ist die erkrankte Person bei der Bewältigung der gewöhnlichen Lebensführung auf Hilfe, Beaufsichtigung und Anleitung angewiesen (Grond, 1998; Kitwood, 2004; Weyerer, 2005). In der zweiten, mittelschweren Phase zeigen sich vermehrt Verhaltensweisen wie Schreien oder Rufen, körperliche Aggressivität oder das Hin-und-her-Wandern (*wandering*, ruheloses Umhergehen, …), die vielfach als problematische Verhaltensstörungen oder Unruhezustände beschrieben werden (Vink, 2003). Im fortschreitenden Demenzprozess verliert der erkrankte Mensch auch die Fähigkeit der selbstständigen Lebensführung, so dass er im Spätstadium (schwere Demenz) auch den einfachsten alltäglichen Anforderungen nicht mehr gewachsen ist. Er ist somit auf kontinuierliche und umfassende Versorgung, Hilfe und Unterstützung angewiesen (Kitwood, 2004; Weyerer, 2005).

Es gibt darüber hinaus weitere Versuche, die Grade von Demenz zu beschreiben und in Stadien einzuteilen. Hier ist an erster Stelle Reisberg et al. (1982) zu nennen, der eine Skala mit sieben Stadien definiert hat, die durch eine Verschlechterung des Gesundheitszustands gekennzeichnet sind. Die einzelnen Stadien werden jeweils in klinische Charakteristika und psychometrischen Begleiterscheinungen unterteilt und beschreiben damit den Zustand der Abhängigkeit und den Verlust von psychomotorischen Fertigkeiten. Kitwood (2004) wertet diese Skalen zwar als hilfreich, kritisiert aber diese Beschreibungsversuche, weil sie sich auf einem eher technischen Niveau bewegen.

1.2 Störendes Verhalten – herausforderndes Verhalten

Schreien oder Rufen von Menschen mit Demenz wird häufig als störendes, unruhiges oder unangemessenes Verhalten bezeichnet. In der Literatur finden sich Begriffe wie Verhaltensstörungen, -auffälligkeiten, Verhaltensprobleme oder im englischen Sprachraum Begriffe wie *disruptive vokalisation, disruptive screaming, disruptive behaviour, inappropriate behaviour* oder *disordered behaviour.*

Schreien oder Rufen von Menschen mit Demenz kann störend sein und von der Umwelt als belastend wahrgenommen werden. Eine Störung wird vielfach negativ konnotiert, weil es, laut Duden (1968), mit «hindern» und «belästigen» in Zusammenhang gebracht wird. Der «Störenfried» wird abwertend betrachtet, weil er den Frieden stört. Es kommt zur Unterbrechung einer Tätigkeit oder einer Situation, die ungestört fortgesetzt und abgeschlossen werden will. Der den Störimpuls aussendende Mensch nimmt Einfluss auf die Situation, manipuliert gleichzeitig den Fortgang des Geschehens, so dass die Störung zur Belästigung und schließlich zur Last wird. Andererseits kann eine Störung zur Unterbrechung und zur Reflexion zwingen, eine Neupositionierung ermöglichen und neue Türen öffnen (Urselmann, 2004). Unberücksichtigt bleibt bei der Verwendung der Begriffe Verhaltensstörung oder Verhaltensprobleme, dass die Perspektive und die Intention des Menschen mit Demenz vielfach ausgeblendet werden und der Fokus allein auf sein Verhalten gerichtet wird. Der schreiende oder rufende Mensch mit Demenz und sein Schrei oder Ruf werden als sinnlos, störend, belästigend und unruhig bezeichnet. Es ist deshalb nicht ohne Bedeutung, welche Begrifflichkeiten gewählt werden.

Grond hat bereits im Jahr 1997 (Seite 37) darauf hingewiesen, dass «eine allgemein gültige Definition für psychische Störungen […] bis jetzt noch» nicht vorliegt. Das ist nicht ohne Bedeutung, weil der Begriff der Störung oder Auffälligkeit sich immer auf das Verhalten des Menschen mit Demenz bezieht und/oder direkt beziehungsweise indirekt in eine Bewertungsskala zwischen normal und abweichend zwingt. Halek und Bartholomeyczik (2006) verweisen auf den im angloamerikanischen Sprachraum gebräuchlichen Begriff des «challenging behaviour – herausforderndes Verhalten» und rücken damit die Interpretationen der Umgebung in den Vordergrund. Sie sagen, dass bei der

Wahl des Begriffs «es an der Interpretation des Partners einer Demenzkranken liegt, ob ein Verhalten als herausfordernd empfunden wird und nicht primär an den Demenzkranken selbst» (ebd.: 22).

Bartholomeyczik et al. (2007) einigten sich in den Rahmenempfehlungen auf den Begriff «herausfordernd», unter anderem deshalb, weil der Begriff Anforderungen an das Verhalten der Pflegenden stellt und damit das Verhalten des Menschen mit Demenz nicht a priori als intrinsisch festlegt. Sie greifen mit dieser Festlegung die in der Heilpädagogik schon lange verwendete Begrifflichkeit und die dort geführte Argumentation auf. Mit ihrer Festlegung fordern Bartholomeyczik et al. einen Perspektivwechsel in der Pflege, weil Verhalten als Herausforderung verstanden werden soll. Die Fokussierung soll auf die Umgebung und die dort agierenden Personen gerichtet werden, so dass das Verhalten von Menschen mit Demenz nicht unreflektiert als Störung erklärt wird. Andere Autoren (Schwerdt/Tschainer, 2002; Rückert, 2008) hatten schon vorher deutlich gefordert, dass die Bezeichnung «störendes Verhalten» aufgegeben werden sollte, um fremdartiges Verhalten von Menschen mit Demenz nicht als bloße Störung zu brandmarken. Schwerdt und Tschainer (2002) bemerken außerdem kritisch, dass der Begriff Verhaltensstörung zeigt, «dass nicht kranke, ‹normale› Menschen sich durch die kranken gestört fühlen, die ihrerseits verstört sind» (S. 244). In diesem Zusammenhang fordern sie, dass gerade die als extremsten Störungen wahrgenommenen Verhaltensweisen als Versuche des Menschen mit Demenz verstanden werden sollten, sich in seiner in Unordnung geratenen Umwelt zurechtzufinden. Da ein Mensch mit Demenz die wahrgenommene Umwelt nicht zureichend deuten kann und seine Anpassungsfähigkeit sowie Verhaltensplastizität krankheitsbedingt begrenzt sind, fordern Schwerdt und Tschainer, dass die Initiative zu einem angemessenen Umgang immer von nicht dementen Menschen ausgehen muss. Im gleichen Kontext weist Wüllenweber (2001: 89), der sich auf Theunissen und andere bezieht, darauf hin, dass sich in der Theorie und Praxis ein Wandel vollzieht, «wonach die von der Umwelt problematisierten Verhaltensweisen als subjektiv sinnvoll interpretiert werden können, also als ein aus der psychischen und sozialen Logik des Subjekts nachvollziehbares und verstehbares Verhalten». Jantzen und Schnittka (2001: 40) machen in diesem Zusammenhang darauf aufmerksam, dass «Verhalten und damit auch Verhaltensstörungen immer eine soziale Konstruktion ist, die zwischen den sich in diesem Prozeß entwickelnden und selbstorganisierenden biotischen Voraussetzungen einerseits und der sozialen Welt von Gemeinschaft und Gesellschaft andererseits besteht. Dies geschieht im Prozeß vielfältiger Transaktionen.» Hieraus folgern sie, dass «Verhalten immer sinnvoll und systemhaft ist, weil es der Ausdruck sinnhafter und systemhafter Prozesse des Psychischen ist» (ebd.: 40). In diesem Kontext verweisen sie auf Wittgenstein («logisch-philosophischer Traktat»), der sagt: «Wir können nicht Unlogisches denken, weil wir sonst unlogisch denken müßten.» (zitiert nach Jantzen/Schnittka: 40). Jantzen und Schnittka betonen zudem, dass «die interne Logik des Subjekts von der externen Logik der umgebenen Welt gebrochen und bewertet» (ebd.: 40) wird.

Übertragen auf die herausfordernden Schreie und Rufe eines Menschen mit Demenz besteht demnach immer die Gefahr, dass der Schrei oder Ruf mit seinem individuell gefärbten Sinn von der Umwelt nicht verstanden, gedeutet, erklärt und in Zusammenhang gebracht werden kann. Es besteht immer die Gefahr, dass von der externen, den Schreienden oder Rufenden umgebenden Umwelt, dieser Sinn bewertet, aberkannt und in den Raum der Sinnlosigkeit geschoben wird. Das kann ungeachtet der Tatsache geschehen, dass jeder Schrei oder Ruf eines Menschen mit Demenz einen Grund und damit einen subjektiven Sinn hat.

Die Wahl eines Begriffs ist also nicht unwichtig ist, und deshalb muss eine Abkehr vom personenorientierten Störungsverständnis erfolgen. Eine Störung impliziert immer auch eine Wertigkeit, wobei Schreien oder Rufen sehr oft eine negative Zuschreibung erfährt. Diese negative Zuschreibung steht wiederum mit der Definitionsmacht der nicht dementen Menschen in kausaler Beziehung. Der nicht demente Mensch, also die Umwelt des Schreienden oder Rufenden, legt fest, was stört und was nicht störend ist.

1.3 Schreien und Rufen

Schreien und Rufen von Menschen mit Demenz sind zwei verschiedene Verhaltensweisen und Begriffe. Rufen beinhaltet in seinen Ausdrucksformen einzelne Sätze oder Wörter, die laut artikuliert werden, während Schreie unartikuliert ausgestoßene Laute sind (Duden, 1997).

Sloane et al. (1999) differenzieren die Schreie und vokalen Äußerungen der Menschen mit Demenz und nehmen eine Unterteilung in «screamer» und «talker» vor. «Screamer» werden in dieser Untersuchung als Menschen mit Demenz mit einer schweren kognitiven Beeinträchtigung beschrieben, die über nahezu keine Sprachfähigkeit mehr verfügen und dementsprechend unartikulierte Laute schreien. «Talker» dagegen verbalisieren einzelne Worte, Phrasen oder Sätze und sind im Vergleich zu den «screamern» weniger stark kognitiv beeinträchtigt.

Sachweh (2008) weist darauf hin, dass Menschen mit Demenz im fortschreitenden Krankheitsverlauf erhebliche Teile ihrer verbalen Kommunikationsfähigkeit einbüßen. Beginnend mit dem Fehlen einzelner Ausdrücke ist später das «Sprechenkönnen» auf wenige und oft automatisierte Begriffe reduziert. Im fortgeschrittenen Stadium der Demenzerkrankung steht manchen Menschen mit Demenz nur noch die Körpersprache als einzig verbleibende Kommunikationsform zur Verfügung.

List und Supprian (2009: 112) bemerken ergänzend, dass «es sich bei den inadäquaten Vokalisationen nicht um ein Krankheitsbild handelt, sondern um ein Symptom, das bei verschiedensten Störungen auftreten kann».

2 Am Anfang war der Schrei?

An dieser Stelle wird die Darstellung des Ursprungs der Sprache in Verbindung mit der Bedeutung des Schreis kurz skizziert.

Trabant (2008) schreibt, dass im 18. Jahrhundert der Schrei an den Anfang der menschlichen Sprache gestellt wurde, wonach Condillac die Sprache aus dem «cri des passions», dem Schrei der Leidenschaft entstehen ließ. Herder übersetzte diesen «cri des passions» als «Geschrei der Empfindungen». Demnach empfand der «Urmensch» ein Bedürfnis wie Hunger oder Durst, das er nicht unmittelbar und alleine befriedigen konnte, so dass er, begleitet durch eine Bewegung seines Körpers, einen Schrei ausstieß. Dieser Schrei wurde von den anderen Menschen wahrgenommen und in einem Akt des Mit-Leids kamen sie ihm zu Hilfe. Trabant (2008) bemerkt weiter, dass Rousseau diese Entstehung kritisierte, weil er an dem angeborenen Instinkt des Mit-Leids zweifelte. In seinem 1. Discours stellt Rousseau den Schrei ebenfalls als Ursprung der Sprache des Menschen dar:

> Le premier langage de l'homme [...] est le cri de la Nature. [...] Quand les idées des hommes commencèrent à s'étendre et à se multiplier, et qu'il s'établit entre eux une communication plus étroite, ils [...] exprimoient [...] les objets visibles et mobiles par des gestes, et ceux qui frappent l'ouye, par des sons imitatifs [...]; on s'avisa enfin de lui [au geste] substituer les articulations de la voix, qui, sans avoir le même rapport avec certaines idées, sont plus propres à les représenter toutes, comme signes institués; substitution qui ne put se faire que d'un commun consentement (I, 122; Herv. P. G.)

> Die erste Sprache des Menschen ist der Schrei der Natur. Als die Vorstellungen der Menschen sich zu erweitern und zu vermehren begannen und eine engere Kommunikation unter ihnen aufkam, drückten sie die sichtbaren und beweglichen Gegenstände durch Gebärden und diejenigen, die das Gehör wahrnimmt, durch nachahmende Laute aus: schließlich ließ man es sich einfallen, die Gebärde durch die Artikulation der Stimme zu ersetzen, die, ohne die gleiche Beziehung zu bestimmten Vor-

> stellungen zu haben, geeigneter sind, sie als eingeführte Zeichen alle zu repräsentieren: eine Ersetzung, die nur mit allgemeiner Zustimmung geschehen konnte. (Übersetzung nach Geyer (2005)

Trabant (2008: 50) bemerkt dazu, dass im 18. Jahrhundert Rousseau unter Sprache «im Wesentlichen ein kommunikatives soziales Verhalten, also etwas Gesellschaftliches» verstand, während Herder vor allem «Sprache als Erzeugung von Gedanken begriff». Weiter äußert Trabant in diesem Zusammenhang, dass im 18. Jahrhundert die Suche nach dem Sprachursprung nicht unter dem Gesetz der Biologie stand, sondern unter dem der Philosophie. Er bemerkt weiter (ebd.: 30): «Im 18. Jahrhundert geht, wie immer sich auch die Geschichten über den Ursprung der Sprache im Detail unterscheiden, Sprache aus dem Schrei hervor: Stille ⇨ Schrei ⇨ Interjektion ⇨ artikulierte Sprache. Die Sprache ist ein Zähmen des Schreis durch Artikulation.» Trabant (2008) weist zudem darauf hin, dass damals die Philosophie die Religion infrage stellte und die philosophische Emanzipation besonders das Verhältnis zu Gott in den Vordergrund stellte und er betont, dass es auch heute um dieselbe Frage geht. «Nur daß Gott jetzt nicht mehr Gott, sondern ‹die Evolution› heißt.» (Trabant, 2008: 51).

Schnell (2005: 37) schlägt bei dem Thema Sprache den Bogen zur Pflege, wenn er die These formuliert: «Dass das Zur-Sprache-Kommen der Pflege damit zusammenhängt, dass die Pflege sich als ein Ort konstituiert hat oder noch dabei ist, sich als ein Ort zu konstituieren, an dem auf das artikulierte Befinden eines Menschen eingegangen werden kann und in Zukunft noch besser eingegangen werden könnte. Eingehen bedeutet: sich dem anderen Menschen zuzuwenden, kommunikativ, ethisch, alltagspraktisch.» Schnell spricht von artikuliertem Befinden eines Menschen und fasst so den Schrei eines Menschen mit Demenz ein. Die Bedeutung der artikulierten Bedürfnisse wird dem Menschen mit Demenz nicht abgesprochen, sondern deutlich unterstrichen. Abt-Zegelin und Schnell (2005: 13) betonen, dass auch Menschen mit Demenz als Gesprächsteilnehmer gelten, wobei die Kommunikation besonderen Bedingungen unterliegt. Sie sagen: «Während kleine Kinder sich in der Phase der Vorsprache hinsichtlich der Artikulation, Bedeutung und Regelhaftigkeit befinden, treten Menschen mit Demenz allmählich in eine Phase nach der Sprache ein, die nicht auf vollen Spracherwerb aus ist, sondern gerade den Abschied von ihm bedeutet.» Sachweh (2008: 135) weist in diesem Zusammenhang ausdrücklich darauf hin: «wenn demenziell erkrankte Menschen im fortgeschrittenen Krankheitsstadium in die Welt ihrer Kindheit regrediert sind oder von sich aus keinen Kontakt mehr zu uns aufnehmen [können], heißt das nicht, dass sie nicht mehr kommunizieren wollen und dass wir sie deshalb ignorieren können».

2.1 Die Bedeutungsebenen von Schreien und Rufen

Schreien und Rufen eines Menschen hat immer eine Bedeutung, weil die Schreie oder Rufe absichtsvoll und zielgerichtet sind und weil sie zum Beispiel Ausdruck von Emotionen sein können. Schreien besitzt sehr vielschichtige, komplexe und ineinandergreifende Ebenen. Wichtig ist jedoch, dass jeder Schrei und jeder Ruf nicht isoliert betrachtet wird, sondern der räumliche und gesellschaftliche Kontext sowie die soziale Lebenswelt der Menschen immer und umfassend Berücksichtigung finden. Die Schreie und die Rufe, die stets eine individuelle Färbung einer Person tragen, sind mehr als unartikulierte und laut ausgestoßene Laute, wie der Duden (1997) es kurz zusammenfasst. Es geht um viel mehr als allein um die Intention der Schreienden oder Rufenden, die den Informationsgehalt ihrer Nachricht auch in weiter Entfernung gehört wissen wollen (Urselmann, 2004).

Buchholz et al. (1983) greifen diese Zusammenhänge auf und fragen provokativ: «Wer schreit denn noch?» Sie stellen diese Frage mit einem Blick auf die «Disziplin der Selbstbeherrschung», die alle Menschen in ihren Sozialisierungsphasen erlernt haben. «Nimm-dich-zusammen», «Schreie nicht so rum», «Verliere nicht die Fassung», «Wer schreit, hat unrecht» sind nur einige plakative Postulate, die unseren Erziehungsprozess begleiten. Es ist eine zu erlernende Disziplin, sich zu beherrschen, sich anzupassen und nicht aufzufallen. Es gibt keine Gesellschaft, in der Schreien oder Rufen die «normale» verbale Kommunikationsebene darstellt. Das muss gelernt werden. Gelernt wird allerdings auch, dass es Ausnahmen gibt. Ein Beispiel ist der Schrei, der ein Bild der Macht und Machtlosigkeit widerspiegeln kann und einzelne Stufen der gesellschaftlichen Hierarchie betont. Gemeint ist die Situation, in der es einem Vorgesetzten durchaus erlaubt sein kann, den Untergebenen mit pseudojovialen Gesten, wie auf die Schulter klopfen, zu begegnen oder ihn in Konfliktsituationen anzuschreien (Urselmann, 2004). Schreie und Rufe können zur Macht in der Statushierarchie transzendieren, wie Buchholz et al. (1983: 8) an einem anderen Beispiel deutlich machen: «… beschwert man sich bei seiner türkischen Schneiderin darüber, daß sie einen wertvollen Stoff zerschnitten hat, und brüllt sie laut zurück, so wird eine Dimension ihrer Macht spürbar, der wir – die wir den Schrei zu unterdrücken gelernt haben – uns nicht gewachsen fühlen».

Searl (1983: 33) sieht den Schrei bei Säuglingen sogar als «… einzige machtvolle Waffe in jeder Situation des inneren oder äußeren Unbehagens oder der Gefahr». Er sagt weiter: «Die früheste menschliche Reaktion auf Gefahr ist nicht Flucht, sondern ein Schrei.» Säuglinge können nicht nur schreien, sondern sie müssen schreien. Für sie steht der Schrei am Anfang der menschlichen Kommunikation. Diese Schreie müssen gehört und verstanden werden, weil indem «die Mutter die jeweils schreiend artikulierte Not oder Wut des Babies versteht, verleiht sie dem Schrei einen zunehmend differenzierten

Bedeutungsgehalt, der in subtile Ausdrucksformen befriedigend und befriedend übergeht» (Buchholz et al., 1983: 9). Der Säugling kann und muss auf Verständnis und Toleranz der Eltern bauen, weil sein Schrei gehört, befriedigt und befriedet werden muss. Aber auch erwachsene Menschen können mit ihren Schreien oder Rufen durchaus auf Toleranz hoffen. Ein Beispiel ist der körperliche Schmerzschrei oder der kollektive Schrei bei einem Tor eines Fußballspiels. Bis zu einer bestimmten, situativ und kontextuell festgelegten Grenze werden Schreie gesellschaftlich toleriert (Urselmann, 2004).

An dieser Stelle stellt sich jedoch die Frage, wie auf die Schreie und Rufe reagiert wird, die auf den ersten Blick völlig sinnlos erscheinen und für die es offenbar keinen Grund gibt. Gemeint ist der Schrei der «Verrückten», deren Geschrei zum bestätigenden Zeichen ihrer «Geistesgestörtheit» wird. Dieses Geschrei wird nicht verstanden, es stört, und diesem Schreien oder Rufen will man sich entziehen. Hierbei wird oft vergessen, dass diese Menschen aufgrund ihrer Erkrankung vielfach in einer anderen, nicht leicht zugänglichen Welt leben. Es ist eine Welt, die verrückt ist, verrückt im Sinne von verschoben und nicht leicht erreichbar. Erst wenn es gelingt, Eingang in diese Welt zu finden, erscheinen diese Schreie nicht mehr sinnlos. Den Schrei gilt es also aus seiner ordnenden Alltäglichkeit zu lösen und er gehört nicht an das Ende der verbalen Kommunikation, sondern kann auch den Anfang bilden (Urselmann, 2004). Steppe (1983: 130) sagt in diesem Zusammenhang, als sie zwei Erlebnisse aus ihrer Pflegearbeit im Krankenhaus schildert: «Das Schreien hat weniger Lärm verursacht als viele leise Sachen» und sie deutet an, dass der Schrei zum Anfang eines Dialoges wurde.

Die **Abbildung 2-1** zeigt eine Vielzahl der Ausdrucksebenen der unterschiedlichen Schreie und Rufe. Beginnend mit dem präverbalen Verhalten des Säuglings geht es später zum sukzessiven Erlernen der «Disziplin der Selbstbeherrschung». Eine Phase, in der das Kind lernt, dass Schreie oder Rufe kontextkonform sein müssen. Zeitgleich und nachfolgend lernt der Mensch, dass es immer wieder zu Ausdrucksformen der Schreie und Rufe in unserer Gesellschaft kommt, die auf unterschiedliche Toleranz stoßen. Es wird unterschieden zwischen den Schreien, die «stören» und dem Schrei oder Ruf, der auf gesellschaftliche Akzeptanz bauen kann.

2.2 Der herausfordernde Schrei oder Ruf

Wenn ein Mensch in einer stationären Einrichtung der Altenhilfe schreit oder ruft, kann das ein ganz «normales» Ereignis sein. Vielleicht will der schreiende oder rufende Mensch eine Information übermitteln, vielleicht freut er sich, ärgert sich über eine andere Person oder er will einem Wunsch oder einem Bedürfnis lauten Nachdruck verleihen. Beispiele gibt es genug: der Hausmeister eines Seniorenheims, der seinen Kollegen anschreit, weil er einen groben

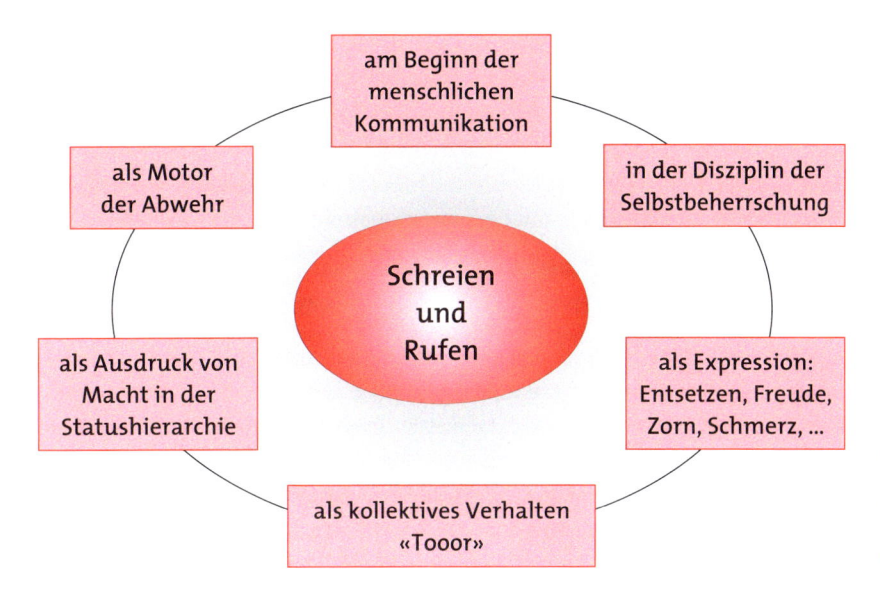

Abbildung 2-1: Vielzahl von Ausdrucksbedeutungen der Schreie und Rufe (Buchholz et al., 1983; Urselmann, 2004).

Schreien und Rufen:
- am Beginn der menschlichen Kommunikation
- in der Disziplin der Selbstbeherrschung
- als Expression: Entsetzen, Freude, Zorn, Schmerz, ...
- als kollektives Verhalten «Tooor»
- als Ausdruck von Macht in der Statushierarchie
- als Motor der Abwehr

Fehler gemacht hat oder die Pflegende, die einer Kollegin hinterherruft, weil sie an das Formularblatt denken soll, das sie gleich braucht. Oder der alte Mann, der nach dem Mittagessen heute nicht zum Mittagsschlaf in sein Zimmer will und dies laut artikuliert. Diese Schreie können stören, aber sie sind «normal», weil sie sich in die «Normalität des Alltags» einordnen lassen. Was ist aber mit den Schreien oder Rufen, die keine Tageszeit kennen, die mitten in der Nacht lang anhaltend zu hören sind? Oder die Schreie oder Rufe, die so stören, dass die Mitbewohner sich stundenlang nicht mehr unterhalten können? Was ist mit den Schreien oder Rufen, die in jedem weit entfernten Raum hörbar sind? Oder der schrille und intermittierende Schrei oder Ruf während des Mittagessens, des Gottesdienstes oder während einer Feier, auf die sich alle schon lange gefreut haben.

Wo ist der Unterschied zwischen diesen Schreien oder Rufen? Die Antwort scheint leicht und selbstverständlich: Die Schreie oder Rufe der Menschen mit Demenz sind nicht nur laut, vielfach situationsinadäquat, sondern sie sind auch «unberechenbar», weil sie sich in kein Muster pressen lassen. Sie sind unvorhersehbar, weil der Schrei- oder Rufgrund vielfach nicht leicht erkennbar ist. Pflegende stehen vor der Aufgabe, bedürfnisorientiert und personenzentriert zu handeln. Viele wissen, dass diese Schreie oder Rufe immer Ausdruck einer Person sind und viele wissen, dass der Schrei oder der Ruf vor dem Hintergrund einer progredienten Krankheit steht. Viele professionell Pflegende suchen deshalb die Ursache des Schreis oder Rufs, den sie befriedigen und befrieden wollen. Sie wollen eine Atmosphäre schaffen, die keine Störung kennt – und das vor dem Hintergrund, dass sie in der

Schrei- und Rufatmosphäre selbst eng eingebunden und manchmal auch gefangen scheinen.

Das zentrale Phänomen dieses Buch ist das Schreien oder Rufen von Menschen mit Demenz. Nachfolgend werden unter anderem die herausfordernden Schreie oder Rufe mit den Schrei- oder Rufursachen und das Schrei- oder Rufverhalten der Menschen mit Demenz dargestellt.

2.3 Warum schreien oder rufen Menschen mit Demenz?

Die Antwort scheint sehr leicht, weil jeder Schrei und jeder Ruf eines Menschen mit Demenz seinen Grund hat und jeder Schrei und jeder Ruf der verbale Ausdruck einer Person ist. Die Antwort erhält allerdings eine besondere Bedeutung, wenn bedacht wird, dass die überaus große Vielzahl der potenziellen Schreigründe manchmal interagieren, sich also wechselseitig beeinflussen und einander auslösen können. Die Antwort könnte aber auch lauten: Warum spricht ein Mensch? Dieser Vergleich ist möglich, greift allerdings oft zu kurz, unter anderem deshalb, weil der schreiende oder rufende Mensch den Schreigrund nicht benennen kann. Eine Nachfrage ist vielfach nicht möglich, so dass die zweifelsfreie Zuordnung eines Schreis zu einer bestimmten Ursache oft spekulativ bleibt. Allein aus diesem Grund lassen sich bisher wissenschaftlich evidenzbasierte Nachweise für die Ätiologie der herausfordernden Verhaltensweisen in Form von Schreien oder Rufen von Menschen mit Demenz nicht finden (Urselmann, 2006).

In der Literatur wird übereinstimmend beschrieben, dass die Schreie oder Rufe eines Menschen mit Demenz auf einer divergenten Ätiologie basieren, wobei eine zweifelsfreie und eindeutige Zuordnung in der Pflegepraxis oft spekulativ bleibt und vielfach nur zu ätiologischen Hypothesen führt (Cohen-Mansfield et al., 1989, 1990; Urselmann, 2004, 2006; Halek/Bartholomeyczik, 2006; von Gunten et al., 2008; Höwler, 2010a; List/Supprian, 2009; Manière et al., 2010). Diese ausgeprägte Divergenz wird als ein komplexes Zusammenspiel von unterschiedlich beteiligten Faktoren beschrieben, die zu verschiedenen Interventionsansätzen von Pflegenden führen.

Die Ätiologie der herausfordernden Schreie und Rufe von Menschen mit Demenz steht in enger Beziehung zu deren Begriffsbestimmung. In diesem Zusammenhang liefert Ryan et al. (1988: 370) eine differenzierte Definition:

> The noisy patient shows a chronic pattern of perseverative verbal behavior. The pattern may be continuous or intermittent, goal directed or without apparent purpose. It may vary in loudness, content, and impact. This definition would include, for example, the constant plaintive whisper of one patient and the abusive screaming of another. Finally, this definition includes both patients who have dementia and those who do not.

Die Kernaussagen dieser Definition (fortlaufend, intermittierend, in Häufigkeit, Lautstärke und Intensität sehr variierende Muster von stimmlichen Äußerungen) betonen die Bandbreite der vokalen Äußerung und die möglichen Ausdrucksformen.

2.3.1 Erklärungsansätze in der Literatur

Schreie und Rufe und ihre auslösenden Anlässe sind nicht isoliert zu betrachten, sondern stehen immer in einem kontextuellen Zusammenhang mit Ort, Zeit und weiteren Milieufaktoren. Es ist oft ein Zusammen- und Wechselspiel von unterschiedlichen Ursachen. Hierbei ist zu berücksichtigen, dass der auslösende Grund für einen Schrei nicht immer eindeutig zu erkennen ist. Cohen-Mansfield et al. (1990) zeigten in ihrer Studie, dass bei 87 % der beobachteten Schrei- und Rufmomente der auslösende Grund nicht eindeutig erkannt werden konnte. Sie betonen, dass die Identifikation und die Zuordnung der einzelnen Anlässe schwierig sein kann. Die Autoren konnten aber nachweisen, dass bei den Menschen mit Demenz, die herausforderndes Verhalten in Form von Schreien oder Rufen zeigten, eine schwerwiegende kognitive Beeinträchtigung (cognitive impairment) und eine ausgeprägte Pflegebedürftigkeit vorlag. Ein ist ein Ergebnis, das auch andere Studien bestätigten (Cariaga et al., 1991; Sloane et al., 1999).

Andere Autoren sehen «störendes» Schreien oder Rufen als Folge einer fortschreitenden Gehirndegeneration, die bestimmte Areale des Gehirns betreffen und im ursächlichen Zusammenhang mit herausfordernden Verhalten stehen können (Holst et al., 1997; Sloane et al., 1997; Grond, 1998; Nagaratnam et al., 2003). Eine direkte Beziehung zwischen der zerebralen Veränderung und den Schreien oder Rufen eines Menschen mit Demenz bleibt aber letztlich hypothetisch, weil ein direkter Nachweis der kausalen Beziehung fehlt (Nagaratnam et al., 2003). Es zeigten sich allerdings Hinweise auf einen assoziativen Zusammenhang zwischen dem herausfordernden Schreien und einer höheren kognitiven Beeinträchtigung (Dwyer/Byrne, 2000). Nagaratnam et al. (2003) leiten aus der Vielfalt der potenziellen Schädigungsorte des Gehirns ab, dass es allein aus diesem Grund eine einzige wirksame Therapie/Intervention nicht geben kann. Einige Autoren (Grond, 1998; Draper et al., 2000; Urselmann, 2006; List/Supprian, 2009) weisen darauf hin, dass auch körperliche Bedürfnisse (Harn- und Stuhldrang, …) ursächliche Auslöser für Schreie und Rufe sein können. Da die verbale Kommunikationsmöglichkeit der Menschen mit Demenz fehlt oder höhergradig eingeschränkt ist, sind die Schreie und Rufe deshalb immer auch als Signal zu werten.

Schmerz wird als Auslöser und Ursache in zahlreichen Untersuchungen genannt (Cohen-Mansfield et al., 1990; Draper et al., 2000; Sloane et al., 1997; Manière et al., 2010). Außerdem sind alle körperlichen (Mangel-)Zustände als Schrei- und Rufgrund möglich (Sloane et al., 1997; Grond, 1998). Hingewiesen wird auch auf Schlafstörungen, die im ursächlichen Zusammenhang mit herausforderndem Schreien oder Rufen stehen könnten (Cohen-Mansfield et al., 1989; Cohen-Mansfield/Marx, 1990; Cariaga et al., 1991). Schlafmangel, so Cariaga et al. (1991), könnte zu einer gesteigerten Müdigkeit während des Tages führen, die dann zu einer erhöhten Reizbarkeit führt, welche sich in Schreien oder Rufen ausdrückt. Ebenso kann eine eingeschränkte Hör- und Sehfähigkeit herausfordernde Schreie und Rufe auslösen (Grond, 1998; Sloane et al., 1999).

Depression wird in vielen Studien ebenfalls als potenzieller Grund diskutiert, weil ein ursächlicher Zusammenhang mit den herausfordernden Schreien oder Rufen vermutet wird (Greenwald et al., 1986; Carlyle et al., 1991; Wetterling et al., 1998; Dwyer/Byrne, 2000). Vokal herausforderndes Verhalten und Depression könnten eine gemeinsame Ätiologie besitzen, mutmaßen Draper et al. (2000) und sie vermuten auch, dass Schreie indirekt eine Depression auslösen könnten. Schreien wäre demnach der Ausdruck einer emotionalen Verzweiflung, die nicht anders artikuliert werden kann. Schreien kann aber auch der Ausdruck von Einsamkeit und Angst sein oder vielleicht sogar eine bestehende Suizidalität reflektieren (Burgio et al., 1994; Dwyer/Bryne, 2000).

Holst et al. (1997) weisen darauf hin, dass zwischen den früheren Persönlichkeitsmerkmalen eines Menschen und seinem späteren herausfordernden Verhalten ein ursächlicher Zusammenhang bestehen könnte. Eine lebenslang kontrollierte neurotische Persönlichkeitsstruktur würde demnach mit der fortschreitenden Demenz demaskiert.

Cohen-Mansfield et al. (1990) beobachteten, dass Schreien immer dann häufiger auftrat, wenn die Bewohner allein waren. Auf der Toilette und beim Baden würde sehr häufig geschrien, ohne dass eine eindeutige Ursachenzuschreibung möglich wäre. Es könnte jedoch sein, dass der Mensch mit Demenz auf der Toilette deshalb schreit, weil er sich einer anderen Person unbekleidet zeigen muss und in dieser intimen Situation auf Hilfe angewiesen ist.

Grond (1998) macht darauf aufmerksam, dass auch Trauer, Wut und Erregung herausforderndes Verhalten von Menschen mit Demenz auslösen können, so dass sie mit diesem Verhalten Zuwendung und Aufmerksamkeit erzwingen und einfordern wollen.

Auf einen anderen Aspekt weist schließlich Kipp (1992) hin, der im Schreien und Rufen eine Erkrankung und gleichzeitig einen Selbstheilungsversuch sieht. Der Mensch mit Demenz würde die Realität beziehungsweise die von ihm wahrgenommene Wirklichkeit assoziativ festzuhalten versuchen, indem er fortwährend eine Orientierung herzustellen versucht. Es könnte eine Flucht in biografisch gute Zeiten sein, die als Ich-Regression zu betrachten ist und im Dienste der Angstbewältigung steht. Angst vor der von ihm nicht mehr fassbaren Realität, so dass er um Hilfe schreit.

Auf soziale Aspekte als Schrei- oder Rufanlass weisen zahlreiche Autoren hin (Cohen-Mansfield et al., 1990; Burgio et al., 1994; Sloane et al., 1997;

Grond, 1998) und sehen in dem Schreien die Antwort auf eine soziale Isolation. Draper et al. (2000) berichten, dass die Menschen mit Demenz, die herausfordernd schreien, den ganzen Tag in ihrem Zimmer allein verbringen mussten. Dass Isolation zur Deprivation führen kann und das Schreien oder Rufen weiter verstärkt, wird von anderen Autoren bestätigt (Cariaga et al., 1991; Sloane et al., 1997). Böhm (1999) bemerkt in diesem Zusammenhang, dass der in seinem Zimmer isolierte Mensch mit Demenz Angst vor geschlossenen Räumen spüren könnte und möglicherweise deshalb schreit.

Reizüberflutung, zu viele oder fremde Menschen, zu viele fremde Eindrücke, zu viel Hektik können nach Grond (1998) und Sloane et al. (1997) zu einer Überstimulation führen und Schreie und Rufe auslösen. Aber auch die Raumtemperatur und die Frage, ob es zu kalt oder zu warm ist, kann Schreien oder Rufen auslösen. Oder der Mensch mit Demenz schreit, weil er den vorherrschenden Geräuschpegel übertönen will. Schließlich wäre es auch möglich, vermutet Grond (1998), dass der Mensch mit Demenz das Verhalten eines schreienden Menschen (Bewohner, Pflegeperson, …) imitiert. Cariaga et al. (1991) sehen unter anderem in dem Schreien den Wunsch und die Sehnsucht des Menschen mit Demenz, der aktuellen Situation zu entfliehen.

List und Supprian (2009) äußern die Vermutung, dass Lautäußerungen auch Folge von Enthemmungsmechanismen zu sein scheinen und sie dann als Form automatisierten Verhaltens zu deuten sind. Sie schlussfolgern daraus, dass in diesen Fällen auch sorgfältig optimierte Pflegesituationen oder Milieugestaltung sich als ineffektiv erweisen können. Kitwood (2004) dagegen sieht hier jedoch reduktionistische Erklärungsversuche, die eine Depersonalisierung durch andere Menschen vornimmt und den Menschen mit Demenz aus der Welt der Personen ausschließen. Dem Menschen mit Demenz wird, folgt man diesem medizinisch-biologischen Krankheitsverständnis, die absichtsvolle und zielgerichtete Intention seines Verhaltens und das Person-Sein abgesprochen (Müller-Hergl, 2003).

Die verschiedenen Einflussfaktoren werden von den Autoren unterschiedlich gegliedert. Eine bewusst vereinfachte Einteilung ist die Gruppierung in physiologische, psychologische und soziale Aspekte, in denen die einzelnen Schrei- und Rufanlässe/-gründe sich zuordnen lassen (Urselmann, 2004). Bartholomeyczik et al. (2007) orientieren sich am NDB-Modell (*need driven dementia compromised behaviour modell*), wonach das Verhalten der Menschen mit Demenz unterteilt wird in Hintergrundfaktoren, die durch Interventionen kaum beeinflussbar scheinen, und in die proximalen Faktoren, die eher beeinflussbar scheinen. Sloane et al. (1997) haben die potenziellen Ursachen für herausfordernde Verhaltensweisen in interne und externe Faktoren geteilt und die unterschiedlichen hypothetischen Schrei- und Rufgründe in einen kausalen Zusammenhang gestellt, wie die **Abbildung 2-2** zeigt:

32 Am Anfang war der Schrei?

neurologic/cognitiv impairment	other internal factors – sensory deprivation – psychological distress – discomfort/pain – fatigue – psychotic disorders/symptoms	external factors environmental – overstimulation – understimulation – misperception of stimuli environmental – perceived as threat – demeanor/approach – restriction of freedom
– language problems – perceptual problems – impaired problem solving/coping – disinhibition		

desruptive vocalization

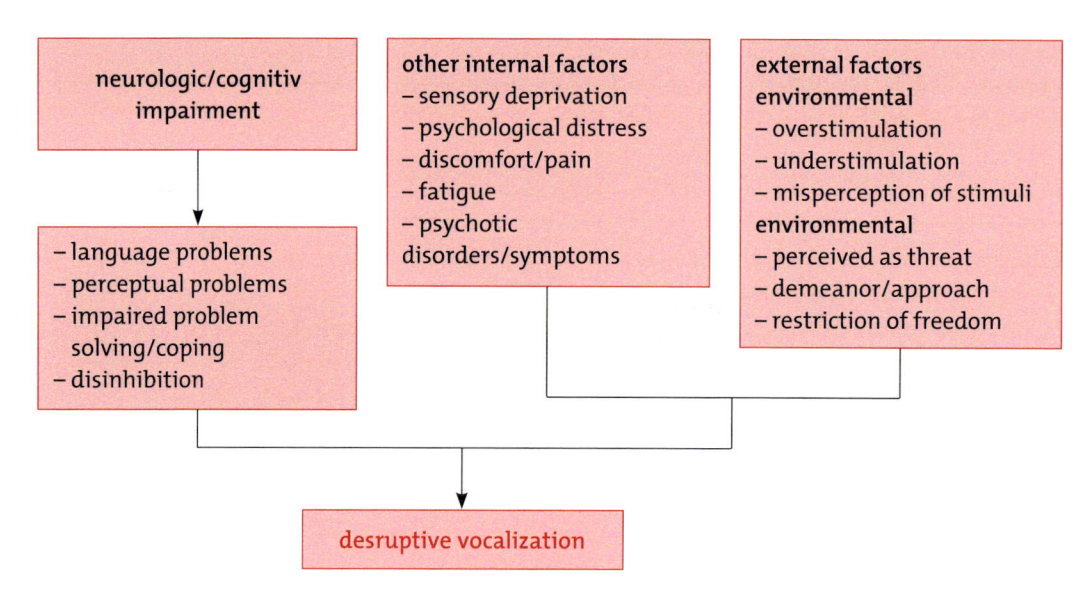

Abbildung 2-2: Ursachen von «disruptive vocalization» nach Sloane et al. (1997: 676).

Eine besondere Bedeutung in der Betrachtung der Schrei- und Rufgründe scheint auch das Wohnumfeld einzunehmen. Seit einigen Jahren werden innovative Konzepte für die Wohnsituation von pflegebedürftigen Menschen und insbesondere für Menschen mit Demenz erprobt, untersucht und beschrieben (Koch-Straube, 2003; Hallensleben/Jaskulewicz, 2005; Weyerer et al., 2006; Brown, 2007; Schäufele et al., 2008; Pfammatter, 2010). Die Wohnformen sind vielfältig und lassen sich grob vereinfacht in Einrichtungen mit traditionellem Konzept und Einrichtungen mit segregativem Konzept unterteilen. In traditionellen Wohnformen leben Menschen mit und ohne Demenz zusammen, während in Wohnformen mit segregativem Konzept ausschließlich Menschen mit Demenz leben. Insgesamt betrachtet lässt sich jedoch feststellen, dass bei der Beschreibung der Wohnformen vielfach eindeutige Kriterien fehlen. Immer wieder werden Mischformen dargestellt und in der Praxis Begriffe verwendet, die einen direkten Vergleich der unterschiedlichen Wohnformen nicht möglich machen (siehe **Abbildung 2-3**).

2.3.2 Schrei- und Rufgründe aus der Praxis

Wenn Pflegende die Schreie oder Rufe von Menschen mit Demenz hören, wollen sie wissen, warum dieser Mensch schreit. Sie wollen die möglichen Auslöser kennen und sie möchten das schrei- oder rufauslösende Bedürfnis befriedigen. Oft ist dieser Wunsch mit der Intention verknüpft, eine potenzielle Störung zu verhindern. Die Pflegenden wollen deshalb wissen, was los ist,

2.3 Warum schreien oder rufen Menschen mit Demenz?

Traditionelle Wohnform | **Segregationsbereich**

segregativer Segregationsbereich

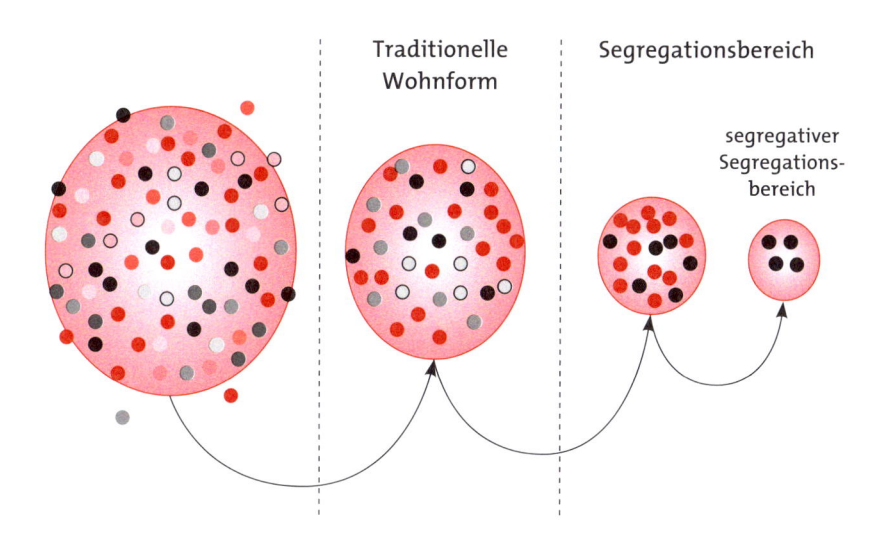

Abbildung 2-3: Traditionelle Wohnform – Segregation

und die Situation begreifen und verstehen können. Der Schrei wird damit zum Signal und er wird verstanden als ein Symptom, ein Bedürfnis, ein Wunsch oder eine diffuse, subjektiv gefärbte Äußerung eines Menschen mit Demenz, die nicht anders verbal artikuliert werden kann.

Beispiele von Auslöser der Schreie oder Rufe von Menschen mit Demenz, die von Pflegenden selbst genannt wurden, sind in **Tabelle 2-1** aufgelistet. Sie können in folgende Rubriken gruppiert werden:

- emotionaler Ausdruck des schreienden oder rufenden Menschen mit Demenz
- physische Bedürfnisse, Symptome oder Erkrankungen
- Umwelt- und Kontextfaktoren
- sonstige Auslöser.

Eine Rangfolge innerhalb der Auslöser wird von den Pflegenden nicht per se vorgenommen, sondern alle genannten Schrei- oder Rufauslöser bewegen sich gewissermaßen gleichberechtigt auf einem Level. Die Auslöser stehen jedoch vielfach in einer wechselseitigen und multifaktoriellen Beziehung.

Oft ist der genannte Auslöser das Ergebnis einer hypothetischen Annäherung an den realen Schrei- oder Rufgrund und die Pflegenden bewegen sich in einem Raum der Vermutungen.

Ein Beispiel: Wenn ein Mensch mit Demenz bei der Intimpflege schreit, lässt sich der Schreigrund vielfach an seiner Reaktion und seinen Körpersignalen ablesen, so dass ein kausaler Zusammenhang hergestellt werden kann. Wenn ein Mensch mit Demenz jedoch schreit, weil er «auch mal […] Töne machen muss, um zu merken, ich bin noch da», so die Worte und die Einschätzung einer Altenpflegerin, die einen Wohnbereich eines traditionellen Seniorenheims leitet, ist die Ursachenzuschreibung immer der Versuch einer

Tabelle 2-1: Beispiele der (potenziellen) Ursachen und Auslöser der Schreie oder Rufe (Urselmann, 2011).

\multicolumn{4}{l}{Mögliche Auslöser der Schreie und Rufe (Ursachen), die von Pflegenden genannt werden (vielfach multifaktorielle Genese bzw. wechselseitige Verknüpfung)}
emotionaler Ausdruck	physische Bedürfnisse/ Symptom; (psychiatrische) Erkrankungen	Umwelt/Kontext	sonstige Auslöser
• Aggressivität leben wollen; aggressiv sein	• Automatismus (verselbstständigter Mechanismus, innerer Zwang, ...)	• Antipathie/Sympathie (gegenüber Pflegenden – Mitarbeiter sind rotes Tuch, Mitbewohner, Angehörige, nicht von Mann/Frau gepflegt werden wollen, ...	• Aufmerksamkeit haben wollen
• Angst spüren (sich bedroht fühlen, ...)	• Blutdruck erhöht		• biografische Aspekte (sexuelle Belästigung erneut erleben, Brand des Hauses erneut erleben, Schreien wegen Erinnerung(simpulsen), unangenehm empfundene Situation (wieder) erleben ...)
• Sehnsucht nach den Angehörigen	• Blasenentzündung		
• sich bedroht fühlen (von Mitarbeitern, fiktiven Menschen ...)	• zerebrale Veränderung	• Abwehrmechanismus (Antipathie/Sympathie gegenüber Pflegenden, wegen Pflegemaßnahme (Inkontinenzversorgung, Intimpflege, ...)	
• Bedürfnis nach Ruhe (wollen in Ruhe gelassen werden, ...)	• Dehydratation (Durst)		• Bedürfnis nach Schreien, sich mitteilen wollen
	• Depression		
	• Halluzinationen (irgendeine Fantasie, ...)		
• Boshaftigkeit, Bosheit		• Bettgitter	• Beschäftigung wollen
• Bockigsein	• Hörfähigkeit eingeschränkt (Hörgerät nicht funktionsfähig, Schwerhörigkeit, ...)	• Bewusstwerden, wo sie sind	• Charaktersache (Demaskierung der Persönlichkeit, ...)
• Eifersucht spüren			
• Einsamkeit spüren		• Bewusstwerden eines Verlustes (soziale Rolle, ...)	• Dankbarkeit zeigen wollen
	• Hunger		
• Freude oder Vergnügen spüren	• demenzielle Veränderung	• Gesellschaft erleben wollen, Gespräche wollen	• einfach nur so
• Frust spüren	• (plötzlicher) Krankheitsbeginn	• hoher Geräuschpegel	• Hilfebedürfnis, bemerkbar machen wollen
• selbst innere Ruhe, Wohlbefinden herstellen wollen,	• Schizophrenie	• fehlende Geduld	• Hilferuf senden
• sich glücklich fühlen	• Schlafmangel (nicht schlafen können, ...)	• Klingel nicht bedienen können	• (innerer) Befreiungsschrei
• Langeweile haben	• Schmerzen	• Mond (mondabhängig, ...)	• Macht ausüben wollen
• Schrei nach Nähe (Sehnsucht nach Nähe, ...)	• Sehschwäche		• Mitteilungsbedürfnis, sich mitteilen wollen
	• Stuhl- und Harndrang	• fehlende Orientierung; wissen nicht wo sie sind	
	• Tag-/Nachtumkehr		• fehlende Ansprache

Tabelle 2-1: Beispiele der (potenziellen) Ursachen und Auslöser der Schreie oder Rufe (Urselmann, 2011). *(Fortsetzung)*

\multicolumn{4}{l}{Mögliche Auslöser der Schreie und Rufe (Ursachen), die von Pflegenden genannt werden (vielfach multifaktorielle Genese bzw. wechselseitige Verknüpfung)}
emotionaler Ausdruck	physische Bedürfnisse/ Symptom; (psychiatrische) Erkrankungen	Umwelt/Kontext	sonstige Auslöser
• nach Hause wollen, Heimweh, Gefühl des fehlenden Zuhause, ... • sich benachteiligt fühlen (gegenüber Mitbewohner, ...) • Reizüberflutung • Stress wahrnehmen • Trauer spüren • unglücklich sein • Unmut spüren • Unzufriedenheit • Gefühl von Unwohlsein • Verluste wahrnehmen • Verzweiflung, Wut, Zorn • Zuwendung/Zuneigung brauchen, einfordern	• einzig verbliebenes verbales Kommunikationsmittel • Unterzuckerung • Verdauungsprobleme • eigenen Körper spüren wollen • Verwirrtheit	• Raumtemperatur (zu heiß/zu kalt, friert, ...) • zu hell/zu dunkel • zu viele Menschen • Personalmangel • ins Bett wollen • Reizarmut/Isolation • Mitbewohner (Streit, zu laut, stören, ...) • Lärmempfindlichkeit • weg wollen • Umfeld Altenheim • Witterungseinflüsse • gewohnter Sitzplatz besetzt • Raumwechsel brauchen • sich nicht zuhause fühlen, nicht im Altenheim leben wollen	• Kompensation (weil nicht mehr Mundharmonika spielen können) • Sehnsucht nach dem Tod • sich spüren wollen • Schreien steckt an (durch Mitbewohner, Geräusche, ...) • sich auspowern wollen, Kraft rauslassen wollen • operante Konditionierung • Unverstanden fühlen • Schrei nach Zuwendung • sich körperlich verloren fühlen • Schreien nicht steuern können • Schreien aus Zeitvertreib • will wissen, was los ist • «es ist die Seele, weil körperlich ist sie gut versorgt»

hypothetischen Annäherung an den Schrei- oder Rufgrund. Ein direkter kausaler Zusammenhang wie bei der genannten Intimpflege fehlt häufig und deshalb wird in der Pflege nach einer greifbaren Ursache gesucht, um den Schreiauslöser benennen und befriedigen zu können.

Ist die Annäherung an den Schrei- oder Rufgrund nicht möglich, werden sehr diffuse Gründe genannt. Eine Pflegeperson, die in einem segregativen Seniorenheim tätig ist, sagt in diesem Zusammenhang: «Das kommt von innen und man kann sich das schlecht vorstellen, was das dann für ein Drang ist, dass man so losschreien muss.» Eine andere Pflegende beschreibt den auslösenden Schreigrund ebenso diffus und sagt, das «ist irgendein zerebraler Defekt dann […] wenn so 'ne Demenz weiter fortschreitet, dass es dann auch irgendwie zerebral bedingt ist».

2.4 Prävalenz[1] und Inzidenz[2]

Es wurde bereits darauf hingewiesen, dass schätzungsweise etwa 1,4 Millionen Menschen mit Demenz in Deutschland leben und etwa 60 % der Heimbewohner von demenziellen Krankheiten betroffen sind (Informationsblatt der Deutschen Alzheimer Gesellschaft, 2012; Weyerer et al., 2006). In diesem Zusammenhang ist von Bedeutung, dass der Anteil der Menschen mit Demenz in stationären Einrichtungen weiter steigen wird. Jakob et al. (2002) ermittelten in einer epidemiologischen Untersuchung die Prävalenz- und Inzidenzraten demenzieller Erkrankungen bei über 75-jährigen Heimbewohnern. Sie stellten fest, dass die Prävalenzrate[3] in ihrer Studie bei 47,6 % lag, und ermittelten eine jährliche Inzidenzrate von 17,2 %. Auf der Grundlage ihrer Ergebnisse sagen sie: «Der hohe Anteil an Bewohnern mit kognitiven Beeinträchtigungen verlangt danach, die Konzepte der Pflege in den Heimen zu überdenken und der veränderten Situation anzupassen.» (Jacob et al., 2002: 480).

Die Angaben zur Prävalenz zum herausfordernden Verhalten in Form von Schreien und Rufen schwanken in der Literatur zwischen 15 % und 40 %, gemessen an der Gesamtbewohnerzahl einer stationären Einrichtung oder Wohngruppe (Ryan et al., 1988; Cohen-Mansfield et al., 1990; Cariaga et al., 1991; Burgio et al., 1994; Dwyer/Byrne, 2000; Manière et al., 2010). Diese voneinander abweichenden Prävalenzraten überraschen nicht, weil herausforderndes Schreien oder Rufen in den Studien unterschiedlich definiert ist. Außerdem ist zu berücksichtigen, dass Schreien oder Rufen sich sehr komplex

---

1 Häufigkeit des Auftretens einer Krankheit (Georg/Frowein, 1999).
2 Häufigkeit von Neuerkrankungen innerhalb eines bestimmten Zeitraums (Georg/Frowein, 1999).
3 Verbreitungsrate; Anzahl der Erkrankten zu einer gegebenen Zeit pro 100, 1000, 10 000 oder 100 000 Personen einer Risikopopulation oder in einer Population exponierter Personen. (Georg/Frowein, 1999).

und individuell höchst variabel darstellen. Zudem unterscheiden sich Schreie oder Rufe unter anderem in der Ausdrucksform, in der Schrei- und Rufdauer, der Häufigkeit, der Lautstärke, der Intensität und dem Auftreten (Urselmann, 2006; von Gunten et al., 2008).

Die große Spannweite der Angaben zur Prävalenz wird durch eine segregative Einrichtung noch stärker verändert. In diesem Seniorenheim mit segregativem Wohnkonzept wurde ein Wohnbereich eingerichtet, in welchem nur Menschen mit Demenz leben, die schreien oder rufen. Würde diese Wohngruppe einbezogen, würde die Prävalenzrate zwischen 15% und 100% schwanken (Urselmann, 2011).

Kritisch ist zu bemerken, dass die Auswahl der Stichprobe in den unterschiedlichen Studien nicht immer ausreichend beschrieben ist. In der Studie von Cariaga et al. (1991) zum Beispiel wurden die «störenden Vokalisierer» von den in der teilnehmenden Einrichtung tätigen Pflegenden ausgewählt. Die Stichprobenauswahl basierte also weitgehend auf einer subjektiven Bewertung durch Pflegende. Insgesamt betrachtet ist ein Vergleich der genannten Prävalenzraten zum Phänomen Schreien oder Rufen nicht beziehungsweise nur eingeschränkt möglich.

2.5 Differenzierungen der Schrei- und Rufäußerungen in der Literatur

Nachfolgend werden die Schrei- oder Rufäußerungen hinsichtlich der Schrei- und Rufdauer, der identifizierbaren Schreimuster, der Lautstärke und der Schrei- oder Rufintensität kurz vorgestellt, wie sie in der Literatur beschrieben werden.

2.5.1 Schrei- und Rufdauer

Bezüglich der Schreidauer finden sich in der Literatur ebenfalls recht deutliche Angaben. Sloane et al. (1999: 442) listen zum Beispiel die Charakteristika der Vokalisationen auf und beschreiben unter anderem die Lautstärke, die Schreidauer, die Länge der Vokalisationsepisoden und die Wirkung der Schreie auf die Anderen. Hierbei bemerken sie, dass der «störende» Charakter der herausfordernden Vokalisationen unter anderem auch aus der Schreidauer resultieren kann. Sie nennen Zeitspannen mit unterschiedlichen Schreiphasen, die von unter zwei Minuten bis über eine Stunde am Tag reichen. Kurze intermittierende Schreiphasen und auch lang anhaltendes Schreien über Stunden werden von Draper et al. (2000) beschrieben. Burgio et al. (1994) stellten fest, dass ihre elf Studienteilnehmer etwa 22-mal pro Stunde schrien, wobei jede Schreiphase etwa 24 Sekunden dauerte, sodass summiert betrachtet etwa 17% des Tages von dieser Personengruppe geschrien und/oder verbales unruhiges Verhalten gezeigt wurde.

2.5.2 Schreimuster, Lautstärke, Schreiintensität

«Inadäquate Vokalisationen» werden in Studien auch hinsichtlich der Lautstärke und Schreiintensität differenziert. Snowdon et al. (1994) berichten zum Beispiel von einer alten Frau, die sehr laut schrie und in ihrem Schreiverhalten gleichzeitig ein Schreimuster entwickelt hatte: Zwei Tage lang schrie sie anhaltend sehr laut bis zur totalen Erschöpfung. Dann folgte ein Tag, an dem sie nicht schrie. In regelmäßigen Rhythmus zeigte sich dieses Schreimuster.

Die Schreiartikulationen und die -intensität werden in der Literatur unterschiedlich beschrieben und unter verschiedenen Formen der Artikulation subsumiert. Sie reichen vom (unverständlichen) Schreien bis zu anderen verbalen Äußerungen wie Glucksen und Jammern (Ryan et al., 1988; Cohen-Mansfield, 1990; Dwyer/Byrne, 2000; Draper et al., 2000). Sloane et al. (1999) geben an, dass 98 % ihrer Studienteilnehmer so laut schrien, dass man sie in der Entfernung von etwa 15 Metern hören konnte. 62 % der gleichen Stichprobe schrien zeitweise sogar so laut, dass man sie in einem Abstand von mehr als 30 Meter noch hören konnte.

2.6 Differenzierungen aus Sicht der Pflegenden

Wie differenziert sich die Sicht der Pflegenden in der Praxis darstellt, wird nachfolgend in ausgewählten Beispielen thematisiert.

2.6.1 Grundloses Schreien gibt es nicht

Der Auslöser der Schreie oder Rufe ist für viele Pflegende mit der im Pflegealltag gewonnenen Erkenntnis untrennbar verbunden, dass es einen Schreigrund geben muss, auch wenn er nicht zweifelsfrei zugeordnet werden kann. Ein grundloses Schreien gebe es nicht, «man muss die Leute verstehen. Die schreien nicht, um uns zu ärgern, ne, was manche vielleicht meinen. Die schreien nicht, um uns zu ärgern, die schreien, weil irgendwas ist.», sagt eine Pflegende, die in einem Seniorenheim mit traditionellen Wohnkonzept arbeitet, und sie versucht, eine Zuordnung der Schreie und Rufe vorzunehmen. Die potenziellen Schreigründe werden von ihr mit ihrem Erfahrungswissen verknüpft und es werden Parallelen zu den biografischen Aspekten des Menschen mit Demenz gesucht. Eine andere Informantin, die eine Wohngruppe für Menschen mit Demenz in einem segregativen Seniorenheim leitet, sagt: «Ich glaube, dass Verhaltensweisen immer irgendeinen Grund haben und so muss man die Sache einfach betrachten. Es gibt für den Menschen, der schreit, einen Grund, warum er es tut. Also, ich glaube nicht, dass hier jemand grundlos anfängt zu brüllen, dass glaub ich nicht. Das ist ja bei vielen Verhaltensweisen von Demenzkranken, dass sie irgendwas erleben oder irgendwas tun müssen.» Diese Pflegende berichtet ein Beispiel, um diese Einschätzung deutlich werden zu lassen. Es ist ein Erlebnis, das nicht direkt mit dem Schreien der Bewohnerin im Zusammenhang steht, aber ihre Verhaltenslogik deutlich werden lässt. Sie berichtet von einer alten Frau, die oft ihre Inkontinenzvorlage auszog und damit die Fenster des Seniorenheims putzte – sehr zum Ärgernis aller Pflegenden und Mitbewohner. Niemand konnte sich zunächst erklären, warum diese Frau, die verbal nicht mehr kommunizieren konnte, sich so verhielt. Erst als ihr Sohn sagte, dass diese Inkontinenzvorlage genau die gleiche Farbe hätte wie die Fensterlappen der Mutter, die sie früher immer verwendete, wurde ihr Verhalten klar und logisch nachvollziehbar. Sie bekam ein gelbes Fensterputztuch und verwendete nicht mehr die Inkontinenzvorlage. «Also gibt es für diese Dinge immer einen Grund, man muss nur irgendwie versuchen dahinter zu kommen und da ist die Biografiearbeit finde ich, von 'ner entscheidenden Bedeutung.»

Es gibt aber auch Pflegende, die angeben, dass «ohne Grund» geschrien würde. Ein Schüler der Altenpflege sagt zum Beispiel: «bei dieser einen Bewohnerin, die ohne Grund schreit», würde sie sich trotz seines «Tröstens» weiter in die Schreiphase hineinsteigern. Auf die konkrete Nachfrage, was er unter «ohne Grund schreien» versteht, antwortet er: «Ohne Grund hört sich blöd an. Ohne, ohne – ähm – Grund, ohne – ähm – definierbaren Grund, ne, ohne dass wir ihn kennen würden oder erkennen könnten.» Er relativiert mit diesem letzten Satz seine Auffassung von grundlosem Schreien und betont und erkennt indirekt die Bedeutung der Suche nach dem Schrei- oder Rufgrund.

2.6.2 Signale erkennen können

Die Schrei- und Rufauslöser werden von den Pflegenden lediglich vermutet. Diese Vermutung basiert, wie alle anderen Zuordnungsversuche, auf der Interpretation der Körperhaltung, der Mimik oder der Gestik des Menschen mit Demenz. Eine Pflegende sagt, dass sie den Schreiauslöser oft «am Gesichtsausdruck, an der Körpersprache» erkennt. «Wenn jemand stocksteif irgendwo in der Ecke steht und hat wirklich Panik in den Augen, das seh' ich», und diese Signale werden leitend für das pflegerische Handeln. Es sind immer Auslegungsversuche, weil verbale Informationen oder Hinweise nicht vorliegen. Eine Altenpflegerin sagt zum Beispiel über eine schreiende Frau, sie hat «nur geschrien, geschrien, geschrien, geschrien. Die hat 'n bisschen gespielt mit so'n Stofftier oder mit ihren Halstüchern und geschrien, absolut nur geschrien.» Und dabei hätte sie sehr «unglücklich» ausgesehen; ein «trauriger Gesichtsausdruck und so'n bisschen in sich gekehrt, depressiv, so wirkt sie», sagt die Pflegende und zieht Parallelen zu den anderen Verhaltensweisen dieser schreienden Frau. Sie nimmt Abgrenzungen der Handlungsweisen vor, die sie aus dem Verhalten der schreienden Frau ableitet und gleichzeitig nimmt sie eine Zuschreibung des Schreigrundes vor. Besonders deutlich wird diese Zuordnung der Signale (Mimik, Gestik, Gang, Bewegungsmuster, …) bei den Auslösern, die eine Pflegende unterschiedlichen Schmerzzuständen zuschreibt, wenn sie bemerkt: «Ja, also einfach auf das Ausschauen vom Patienten achten. Man sieht's oft am Gesichtsausdruck oder an der Schonhaltung fällt einem das ja auch oft auf. Oder wenn beim Toilettengang – kann der Patient vielleicht irgendwas nicht richtig bewegen? Oder beim Essen einnehmen – gibt's ja viele Möglichkeiten Schmerzen zu erkennen.»

Die gleiche Pflegeperson, die in einer gerontopsychiatrischen Klinik arbeitet, äußert sich auch zu dem Schreiauslöser, den sie der Ursache Angst zuordnet: «Ja ich denk, Ängste drücken sich auch im Gesichtsausdruck aus, schwitzen, zittern, solche Sachen. Einfach kann man erkennen, dass die Leute Angst haben oder einfach sehr schreckhaft sind, bei jeder Berührung.»

Trauer, Langeweile, Frust haben, Wut und Zorn sind weitere Beispiele für die Zuordnung zu bestimmten Schreiursachen. Diese Zuordnung hat trotz der Berücksichtigung der Körpersignale immer einen hohen Anteil an spekulativen Momenten und ist immer das Produkt einer Interpretation. Viele Pflegende nennen eine Vielzahl von vermuteten Auslösern und deuten das Schreien auch als Ausdruck einer emotionellen Verfassung, die in enger Verbindung mit Verzweiflung und Trauer steht.

Die Schreie oder Rufe, die auf einen körperlichen Mangel/Bedürfnis oder auf eine Krankheit hinweisen, lassen sich dagegen leichter zuordnen. Wenn zum Beispiel Durst als Schreigrund vermutet wird und der Mensch mit Demenz dann etwas trinkt, zeigt sich mit der Bedürfnisbefriedigung und dem Ende des Schreis, dass der Schreigrund (vermutlich) richtig zugeordnet wurde. Ähnlich verhält es sich oft bei den kontextuellen Auslösern. Wenn es zu hell oder zu dunkel ist, wenn es zu laut ist oder zum Beispiel der gewohnte Sitzplatz von einem anderen Bewohner genutzt wird, kann mit der Veränderung der Kontextfaktoren überprüft werden, ob der Schreigrund richtig zugeordnet wurde. Anders sieht es jedoch bei den Gründen aus, die in der **Tabelle 2-1** unter «sonstige Auslöser» subsumiert sind. Hier finden sich Zuordnungen der Schreiauslöser, die mit den Wertvorstellungen der Pflegenden verknüpft sind. Wenn eine Pflegende sagt: «es ist die Seele, klar […] weil körperlich ist sie dann gut versorgt – sie isst gut, sie trinkt gut», entzieht sich diese Zuordnung dem Messbaren. Mit dieser Beschreibung und Zuordnung scheint der Mensch allerdings als Ganzes betrachtet zu werden, der nicht nur aus einem Körper und den verschiedenen Bedürfnissen besteht, sondern auch aus der Seele.

Wenn Pflegende eine Schrei- oder Rufzuordnung vornehmen, steht das Erkennen immer in enger Beziehung zu ihrem Sensibilitätsvermögen und ihrer Fähigkeit, die Signale sehen und hören zu können. Das ist vielen Pflegenden möglich, weil sie auf ein langjähriges Erfahrungswissen zurückgreifen können und den Menschen mit Demenz lange Zeit kennen. Eine Pflegende, die früher in einem Handwerksberuf tätig war, aber aufgrund einer Berufskrankheit ihre Stelle wechselte und nun seit fast zehn Jahren in der Altenpflege arbeitet, sagt in diesem Zusammenhang: «Ich weiß nicht, wie ich das sagen soll. Also bei – ich kenn diese Dame, ich sag jetzt mal, in- und auswendig […] wie gesagt, es dauerte bei mir auch lange, bis ich das gelernt hab, also bis ich da mit rein gewachsen bin. Und man wächst ja immer, entwickelt sich ja immer weiter. Am Anfang bin ich nur als Helferin hier angekommen und ich hatte von Demenz keine Ahnung und wir sind mit gewachsen mit den Bewohnern.»

2.6.3 Schrei- und Rufverhalten

Wie Menschen mit Demenz schreien oder rufen, ist ein wichtiger Einflussfaktor auf das Erleben der Pflegenden. Ebenso wichtig ist die Frage, wie lange, in welcher Frequenz, in welcher Tonlage und in welchen Zeitabständen geschrien oder gerufen wird. Für die Pflegenden ist darüber hinaus wichtig, was die Bewohner schreien. Die **Tabellen 2-2** und **2-3** listen Beispiele von Schrei- und Rufäußerungen auf, die Pflegende selbst nennen.

Tabelle 2-2: Beispiele von Schrei- und Rufbeschreibung von Pflegenden.

Beschreibung der Schreie und Rufe (aus der Sicht von Pflegenden)	
zeitliche Komponente, Frequenz	Schrei- oder Rufqualität
bei jeder Gelegenheit; durchgehend (mit kurzen Unterbrechungen); (nur) ab und zu mal; häufig; die ganze Nacht, nachts; intervallartig; (nur) kurze Phasen; stundenlang; nicht jeden Tag; plötzlich, nicht permanent; ständig, (nur) mit kurzen Unterbrechungen; bis zum Tod; ununterbrochen, permanent, Rund-um-die-Uhr; im 30-Minuten-Takt abwechselnd; unterschiedlich und keine Regel erkennbar; Tag/Nacht ist unterschiedliches Schreien	aggressiver Unterton mitschwingend; aufbrausend; aufgeputscht; mit Befehlston schreiend; böse, bösartig; durchdringend; (extrem, sehr) laut; energisch; gequält; gleichbleibender Lautstärke; gleichmäßiger Takt; glückliches Schreien; hektisch; sich hineinsteigernd; fordernd; kindlich, wie ein Säugling, Kind; klagend; kräftig; kreischend; melodisch summend; monoton; aus Leibeskräften; penetrant; provozierend (bewusst und steuernd einsetzend); quietschig; richtig raus; röhrend; steigerndes Schreien; Sirenenton, wie Polizeisirene; singend; stummes Schreien; theatralisch; unruhig; wie ein wildes Tier; inadäquate Töne; wütend, Wutschreie; weinend

Tabelle 2-3: Rufäußerungen, die in untrennbarer Verbindung zu der in Tabelle 2-2 genannten Schrei- und Rufbeschreibung stehen.

Rufe	als Aufforderung interpretierte Worte: «*Schwester, Schwester*», «*Hallo, Hallo*», «*Hilfe, Hilfe*», …
	einsilbige Laute, Wörter
	monotone, immer wiederkehrende Worte, Sätze, …
	melodisch summende Wörter, Liedtexte, Gedichte, …
	Schimpfworte, Fäkaliensprache, obszöne Worte
	nach Vater/Mutter, Ehepartner, Kinder, …
	undefinierbare Laute, Silben, …

Die in **Tabelle 2-3** genannten Rufäußerungen stehen in untrennbarer Verbindung zu der in **Tabelle 2-2** genannten Schrei- und Rufbeschreibung. Die Beispiele wurden von Pflegenden genannt.

Die Interpretation der Schrei- und Rufäußerungen, die Pflegende tagtäglich vornehmen, ist (oft) nicht neutral und enthält immer eine subjektive Färbung, die darüber hinaus stets mit anderen Begleitfaktoren in wechselseitiger Beziehung steht. Das heißt wiederum, dass andere Faktoren die subjektive Interpretation beeinflussen und bestimmen können. Wenn zum Beispiel ein Pflegender dem Schreien eines Mannes mit Demenz einen wütenden Unterton zuschreibt, verknüpft er diese Wahrnehmung mit seinem Erfahrungswissen und mit eigenen, höchst subjektiv gefärbten Einstellungen. Er versucht zwar, das Verhalten objektiv zu beschreiben, kann aber dieser schwierigen und komplexen Aufgabe letztlich nie ganz gerecht werden. Wenn er sagt: «es gibt ja verschiedene Arten von Schreien: Wutschreien, Wut über Situationen, Personen, über's Wetter, Zorn, über meine Lebenssituation, Hilflosigkeit oder, oder Angstschreie», dann enthalten diese Beschreibungen nicht nur Interpretationen, sondern auch Zuschreibungen, die an der Realitätswahrnehmung der Kollegin völlig vorbeizielen können, wie ein Beispiel zeigt. In dem gleichen Seniorenheim mit traditionellem Wohnkonzept, in dem der Pfleger arbeitet, dessen Zitate eben genannt wurden, arbeitet eine Kollegin, die ebenfalls auf eine mehr als zwanzigjährige Erfahrung zurückblicken kann. Sie arbeitet allerdings nur aushilfsweise auf dem Wohnbereich und sie interpretiert die gleichen Schreie des Mannes als Schreie mit einem monotonen Ausdruck. Es zeigt sich also, dass die Auslegung immer vor dem Hintergrund von wechselseitig wirksam werdenden Faktoren geschieht und es allein aus diesen Gründen immer wieder zu abweichenden Interpretationen kommen kann. Es ist ein Unterschied, ob Pflegende einen Bewohner lange kennen und tagtäglich sehen oder nur in größeren Zeitabständen. Hierzu sagt eine Pflegeperson in einem Interview:

Die [= Pflegende eines benachbarten Wohnbereiches; Anm. des Autors] haben schon Bewohner gehabt, die schrien und wenn ich dann durchgekommen bin, dann hab ich mir auch gedacht: ‹Mein lieber Scholli, was müssen die aushalten, die Kollegen›, ne. Also – und wenn ich mal einen Tag da unten bin, natürlich überhört man das auch manchmal, weil es monoton ist, es ist – der eine sagt: ‹Ah›, der andere sagt: ‹La› und der andere ruft: ‹Hallo›, ne. Und dann ist das immer so'n monotorisch, das geht den ganzen, die ganze Schicht so durch. Weil ne, die sitzen da am Tisch und müssen sich mit sich selbst beschäftigen – so ist es doch, ne. Und, und dann ist das irgendwie monotorisch. Aber es gibt auch Tage, wo du dann sagst: ‹Boh, das geht dir aber irgendwie so an die Nerven, das ist so nervend.›

Es gibt aber auch Schrei- und Rufäußerungen und Interpretationsvorgänge, die von allen gleich gesehen werden und die mehr oder weniger messbar sind: Das findet sich in erster Linie bei der Beschreibung der zeitlichen Komponente der Schrei- oder Rufartikulationen.

3 Einfluss nehmende Faktoren

In diesem Kapitel werden die kontextuellen Faktoren beschrieben, die direkt und/oder indirekt Einfluss ausüben sowie das Erleben der Pflegenden unterschiedlich prägen und bestimmen. Hierbei wird eine Unterteilung in intrinsische und extrinsische Faktoren vorgenommen. Es sind also Faktoren, die von innen beziehungsweise außen kommen.

Die einzelnen Kapitel sind nicht hierarchisch geordnet, und vielfach führt erst das Zusammenspiel der Faktoren zu einem kumulierenden Effekt.

3.1 Extrinsische Einflussfaktoren

Das Erleben der Pflegenden wird in stationären Einrichtungen mittelbar und unmittelbar von den unterschiedlichsten Faktoren beeinflusst. Vielfach ist es ein von außen kommender Einfluss, dem sich die Pflegenden nicht entziehen können und der auch nicht direkt beeinflussbar ist. Teils sind es konzeptionell verankerte Rahmenbedingungen, die institutionell gefestigt sind und die selbst von Einrichtungsleitungen nicht verändert werden können. Hier sind nicht nur gesetzliche Vorgaben gemeint, die sich einer Beeinflussung weitgehend entziehen, sondern auch Faktoren, die sich aus den wirtschaftlichen Aspekten zwingend ergeben. Jede stationäre Einrichtung ist diesen betriebswirtschaftlichen Zwängen unterworfen und allein aus diesem Grund ist eine Handlungsmaxime jeder Einrichtung, so zu wirtschaften, dass ein langfristiges Bestehen garantiert ist. Es wäre einer Einrichtung allein aus wirtschaftlichen Vorgaben zum Beispiel nicht möglich, die Personalstruktur so zu verändern, dass eine Eins-zu-eins-Betreuung geschaffen werden könnte, selbst dann nicht, wenn die Bewohnerstruktur und die Wünsche der Pflegenden dies vielleicht anzeigen. Andererseits gibt es auch extrinsische Faktoren, die sich einer Beeinflussung (vollständig) entziehen – hier sind in erster Linie zum Beispiel einzelne organisch bedingte Schrei- und Rufursachen zu nennen.

3.1.1 Institutionelle Rahmenbedingungen

Bei der Versorgung von Menschen mit Demenz, die schreien oder rufen, ist ohne Zweifel das institutionelle Milieu von großer Bedeutung. Es ist wichtig, eine häusliche Atmosphäre zu schaffen, die den Menschen mit Demenz Sicherheit und Geborgenheit bietet. Hierbei ist es aber nicht allein ausreichend, wenn nur der räumliche Rahmen den Bedürfnissen angepasst wird. Eine adäquate Versorgung von Menschen mit Demenz setzt sich aus vielen Bausteinen zusammen. Neben einem besonderen Personalschlüssel spielt zum Beispiel die Qualifikation der Pflegenden eine Rolle, und es scheint entscheidend zu sein, dass die Angehörigen in die Versorgung eingebunden werden. Aber, selbst das optimierte Zusammenspiel aller Bausteine bildet nur ein grobes Raster, das eine Anpassung an die Individualität des einzelnen Menschen mit Demenz erforderlich macht. Hierbei scheinen die Phänomene Schreien oder Rufen eine zusätzliche Anforderung an die Bausteinkonstellation zu generieren. Schreien oder Rufen ist hörbar und weit über den individuellen Freiraum des Schreienden präsent.

3.1.2 «Raumnutzung»

Es gibt positive Hinweise, die zeigen, dass die Wohnsituation beziehungsweise das Wohnkonzept von Bedeutung ist. Das haben auch Brandenburg et al. (2011) mit ihrer Evaluationsstudie über die Pflegeoasen als Ergebnis präsentiert. Stelzner et al. (2001) weisen nach, dass hinsichtlich des Psychopharmagebrauchs in einzelnen Einrichtungen signifikante Unterschiede bestünden und sie sahen einen Zusammenhang zwischen den institutionellen Bedingungen und der Verordnung psychoaktiver Arzneimittel. Ursachen sahen sie in den institutionellen Determinanten der fehlenden Rückzugsmöglichkeit der Bewohner, dem Personalmangel und dem Ausbildungsstand der Pflegekräfte.

In einer stationären Einrichtung, die an der vorliegenden Studie (Urselmann, 2011) teilgenommen hat und in der drei Menschen mit Demenz wohnen, die herausfordernd schreien oder rufen, zeigte sich, dass die Mitarbeiter ein geringeres Belastungsempfinden beschreiben. Die verbale Kommunikation der Bewohner beschränkt sich dort auf Schreien und Rufen, so dass in diesem Wohnbereich ein extrem hoher Lärmpegel vorhanden ist. Interessanterweise stufen die Mitarbeiter, die dort als Stammteam arbeiten, das Belastungsniveau dieses Wohnbereiches nicht höher als in den Nachbarbereichen ein. Das scheint aus der Tatsache zu resultieren, dass die dort tätigen Pflegenden den Schrei oder Ruf als Ausdruck einer Person werten und keinerlei Provokationspotenzial erkennen. Es wurde bereits erwähnt, dass in diesem Wohnbereich eine hohe Personalbesetzung beobachtet werden konnte, so dass eine nahezu lückenlose Mitarbeiterpräsenz garantiert scheint. Die Pflegenden erhalten durch diesen hohen Personalschlüssel die Möglichkeit, umfassend und personenzentriert arbeiten zu können. Das wiederum scheint die Zufriedenheit der Pflegenden positiv zu beeinflussen und findet seinen direkten Niederschlag in der Beschreibung des Belastungsniveaus. Dies erstaunt insofern, weil auf die Frage, ob man sich vorstellen könnte, in diesem Wohnbereich zu arbeiten, von den anderen Interviewteilnehmern übereinstimmend angegeben wurde, dort nicht arbeiten zu können und zu wollen. Die Belastung wurde als extrem hoch eingeschätzt. Es handelte sich allerdings um eine Mutmaßung, weil diese Pflegenden auf kein entsprechendes Erfahrungswissen zurückgreifen können.

Hinsichtlich des Belastungsniveaus für die Mitbewohner zeigte sich auf Basis der Interpretation von Äußerungen (verbale Kommunikationsinhalte, Mimik, Gestik, Verhalten, …), dass auch die Mitbewohner eine höhere Lebensqualität zu erhalten scheinen, wenn schreiende oder rufende Menschen nicht (dauernd) anwesend sind. Diese Ergebnisse müssen allerdings vor dem Hintergrund von Einzelbeobachtungen gewertet werden, weil eine zweite Wohngruppe, in der nur schreiende oder rufende Menschen mit Demenz leben, nicht gefunden wurde.

Besondere Bedeutung haben in diesem Zusammenhang zum Beispiel auch Zweibettzimmer in der institutionellen Wohnform. Auf die Frage, was passiert, wenn ein nicht schreiender oder rufender Bewohner sein Zimmer mit einem schreienden Zimmernachbarn teilen muss, antwortet eine Pflegende: «Der hat schlechte Karten.» Das sagt sie, weil in dem Seniorenheim mit tradi-

> Eine junge Altenpflegerin, die erst wenige Jahre in diesem Beruf arbeitet, pflegte und betreute eine alte Frau, die plötzlich anfing, sehr laut zu rufen. Tagsüber waren ihre Rufe «Gott, Gott, lieber Gott hilf mir» nicht zu überhören. Sie rief so laut, dass eine Unterhaltung in ihrer Nähe nicht möglich war, und das war der Grund, warum die Mitbewohner sich oft gestört fühlten. Die Frau rief während des Frühstücks, während des Mittag- und Abendessens, während der Mittagsruhe, bei Veranstaltungen und auch während des Gottesdienstes immer wieder: «Gott, Gott, lieber Gott hilf mir.» Die Altenpflegerin berichtet, dass der Grund dieser Rufe nicht zu finden war und man alles probiert hätte. Das Rufen blieb – auch wenn man sich zum Beispiel zu ihr setzte und mit ihr betete, rief sie lautstark «Gott, Gott, lieber Gott hilf mir.» «Wir haben natürlich geguckt, wer zu wem passt», erzählt die Pflegende und berichtet weiter, «sie war hinterher bei jemandem, der, der sowieso nicht gehört hat. Andere Mitbewohner haben sie nicht im Zimmer akzeptiert, weil sie andauernd gerufen hat. Ja ich denke, da muss man schon gucken, wer passt zu wem. Es ist manchmal auch nicht so einfach, dass dann so zu, ja zu koordinieren und zu gucken.»

> In diesem Beispiel hat das Pflegeteam eine Entscheidung getroffen und allein das Rufverhalten bestimmte, wer gemeinsam in einem Doppelzimmer wohnt: Eine rufende Frau und eine schwerhörige Mitbewohnerin. Eine «gute Lösung», die alle anderen Aspekte ausreichend berücksichtigt hat? Was wäre gewesen, wenn in diesem Seniorenheim, in dem nur Doppelzimmer zur Verfügung stehen, keine Mitbewohnerin gelebt hätte, die schwerhörig war? Was müsste in diesem Seniorenheim verändert werden, um den unterschiedlichen Pflegeanforderungen gerecht zu werden? Ist eine Veränderung im Wohnkonzept überhaupt angezeigt?

tionellem Wohnkonzept mehrheitlich nur Doppelzimmer zur Verfügung stehen. Vor diesem Hintergrund gilt für sie, nicht passiv in Starre zu verharren, «weil es sich ja in dem Altenheim nicht ändern lässt», sondern sie versucht, auf die Zimmerbelegung regulierend einzuwirken. Diese Versuche sollten spätestens dann starten, sagt sie, wenn ein Bewohner herausforderndes Verhalten in Form von Schreien oder Rufen zeigt und die Mitbewohner diese vokalen Äußerungen als Störung interpretieren. Geschieht dies nicht frühzeitig, wird ein akuter Handlungsdruck aufgebaut, der verhindert werden könnte. Aus diesem Grund versucht sie (als einen der ersten Aktivitätsschritte) die Zimmerbelegung so zu gestalten, dass die «Störung» des Mitbewohners möglichst gering gehalten werden kann. Hierbei können allerdings indirekt institutionelle Grenzen sichtbar werden.

Neben der direkten Einflussnahme auf die Belegung der Doppelzimmer können die Pflegenden auch in den anderen Wohnräumen einer institutionellen Einrichtung direkten Einfluss auf die Raumnutzung nehmen. Sie wollen «aggressives Verhalten» als Antwort auf Schreien oder Rufen innerhalb der Bewohnergruppe verhindern. Aus diesem Grund wird oft auch die Sitzordnung in den offenen Gemeinschaftsräumen nach ihren Vorstellungen gestaltet. Diese Gemeinschaft und die Sitzordnung sind festgelegt. Wer wo, neben wem und wie lange sitzt, wird oft allein von Pflegenden bestimmt und folgt ihren favorisierten Gesichtspunkten, die nicht immer deckungsgleich mit den Wünschen des Menschen mit Demenz sein müssen. In diesem Zusammenhang berichtet eine Pflegende, die in der Gerontopsychiatrie eines Klinikums arbeitet, dass sie eine schreiende Bewohnerin oft aus dem Gemeinschaftsraum bringt.

> Ich bring sie raus, weil die anderen Patienten sich dann auch aufputschen könnten. Also kommt immer drauf an, wo der Patient dann auch gerade sitzt. Wenn ich weiß jetzt zum Beispiel, der und der, der hat jetzt zum Beispiel Schwierigkeiten mit dem Blutdruck und könnte da viel-

leicht so'n bisschen auch hochkommen, ist für mich ungut. Dann versuch ich den gleich ein bisschen weg von dem anderen Patienten zu setzen. Oder ich hab einen lauten Patienten gegenüber jemanden, der zwar mobil ist, aber jetzt zum Beispiel aggressiv, sehr schnell aggressiv wird. Dann muss ich versuchen, diesen so schnell wie möglich auseinanderzusetzen. Wenn ich natürlich 'ne taube Patientin gegenübersitzen hab, dann sag ich: ‹Okay, das ist in Ordnung›.

Das als Störung interpretierte Schreien oder Rufen der Mitbewohner wird besonders dann deutlich, wenn immobile Menschen mit Demenz in der institutionellen Versorgung sich diesem herausfordernden Verhalten nicht eigenständig entziehen können. Sie können den Raum nicht selbst verlassen, sie haben somit keine oder nur eine eingeschränkte Möglichkeit des Rückzugs. Sie sind und bleiben auf die Hilfe der Pflegenden zwingend angewiesen. Passiv erleben sie, wie Pflegende sie zum Beispiel in ihren Rollstuhl bewegen.

Hinsichtlich der Raumnutzung des von den Bewohnern regelmäßig frequentierten zentralen Aufenthaltsraumes oder Wohnzimmers lassen sich in einer Studie (Urselmann, 2011) deutliche Unterschiede in den einzelnen Wohnformen der stationären Altenhilfe feststellen. Unterschiede, die ihren direkten Niederschlag auch in dem Erleben der Pflegenden und ihrer Interventionsgestaltung finden.

Die zentralen Aufenthaltsräume werden von allen Bewohnern frequentiert. Mobile Bewohner betreten und verlassen diese Räume selbstständig und selbstbestimmt. Immobilen Bewohnern – und hier insbesondere Menschen mit Demenz, die ihr Bedürfnis nach dem Erleben der Gemeinschaft oder ihren Wunsch nach Rückzug aus dieser Gemeinschaft oft nicht verbal äußern können – ist die Selbstbestimmung nicht möglich. Wenn sie in dem Gemeinschaftsraum sitzen, geschieht dies sehr oft fremdbestimmt. Zwar immer vor dem Hintergrund einer mutmaßlichen Bedürfniseinschätzung durch die Pflegenden, aber diese Einschätzung favorisiert häufig das Erleben in der Gemeinschaft einseitig als Zielwunsch des Menschen mit Demenz. Diese Bedürfniseinschätzung wird in dem Interviewzitat einer Altenpflegehelferin deutlich, die sagt: «Weil wir haben fünfzehn Bewohner, es sind alles kranke Menschen und ich denke mal, egal ob alle zusammen, die wollen ja auch in einer gewissen Gemeinschaft leben.»

In der genannten Studie zeigte sich, dass es vielfach zu einem nahezu ritualisierten Ablauf kommt, an dessen Ziel tagtäglich das Gemeinschaftserleben der Bewohner steht. Die Pflegenden agieren «für» den Menschen mit Demenz und glauben, die Wünsche zu kennen. Dabei lassen sie oft unberücksichtigt, dass Menschen mit Demenz ihre Wünsche vielfach verbal nicht mehr kommunizieren oder nonverbal ausdrücken können. Die Pflegenden vergessen jedoch nicht, dass es eine «Zwangsgemeinschaft» ist. Sie wissen, dass der Grund, warum die Menschen mit Demenz in diesen Räumen, in dieser Einrichtung leben, sich oft allein aus der Tatsache ableitet, dass die Menschen alt sind und eine demenzielle Erkrankung haben. Darüber hinaus sind sie vielfach auf umfassende Hilfe und Unterstützung angewiesen. Es ist keine frei gewählte Gemeinschaft von Menschen, die familiäre Beziehungen zusammengeführt haben. Es sind auch keine gemeinsamen Interessen, die dieses Zusammenleben initiierten. Die Bewohner sind Menschen mit einer eigenen Biografie, einem individuell geprägten Lebensweg und individuell höchst unterschiedlichen Interessen. Das wissen die Pflegenden, wie eine Interviewpartnerin deutlich unterstreicht, wenn sie sagt: «Also ich kann nicht den Anspruch erheben, dass, dass, dass die alle so nett beisammensitzen wie in 'ner Familie, dazu sind die Leute zu verschieden. Und den Individualismus muss man denen auch lassen.»

Zeigt in dieser (Zwangs-)Gemeinschaft ein Mensch mit Demenz herausforderndes Verhalten in Form von Schreien oder Rufen, können, wie bereits gesagt, mobile Bewohner mit und ohne Demenz diesen Raum verlassen. Sie können sich dem als Störung eingeschätzten Verhalten ihrer Mitbewohner selbstbestimmt und zeitnah entziehen. Anders sieht es jedoch mit den Bewohnern aus, die immobil sind und die einen Raumwechsel nur mit fremder Hilfe durchführen können. Ihnen ist es demnach nicht möglich, den Raum selbstbestimmt zu verlassen. Sie müssen die Schreie oder Rufe anhören, ohne sich der Situation selbstbestimmt entziehen zu können. Außerdem wird das als unangenehm empfundene Schreien oder Rufen durch die Tatsache potenziert, dass die Menschen mit Demenz die Gesamtsituation vielfach nicht mehr umfassend einschätzen können. Ihnen gelingt es nicht, den Schreigrund zu erkennen oder sie wissen nicht (mehr), dass ihr Mitbewohner aufgrund eines demenziellen Abbauprozesses herausforderndes Verhalten in Form von Schreien oder Rufen zeigt.

Pflegende stehen vor der Aufgabe, die Bedürfnisse der Mitbewohner nach Ruhe und das Bedürfnis des schreienden oder rufenden Menschen nach Gemeinschaft zu befriedigen. Gelingt den Pflegenden das nicht, kann es zu einem eskalierenden Zustand der Unruhe kommen, die für die Bewohner und auch für die Pflegepersonen höchst belastend sein kann. Diese Belastungsmomente lassen sich jedoch nicht auf einen einfachen Nenner reduzieren. Jeder mobile und immobile Bewohner hat eine individuelle Belastungsgrenze, in der das Schreien oder Rufen als störend empfunden wird.

Schreien oder/und Rufen allein sind für die (mobilen) Mitbewohner nicht immer ein Grund, den Gemeinschaftsraum zu verlassen oder zu meiden. In einem Seniorenheim, das einen Wohnbereich für drei Menschen mit Demenz eingerichtet hat, die herausforderndes Verhalten in Form von Schreien oder Rufen zeigen, konnte beobachtet werden, dass dieser separierte Wohnbereich auch von mobilen Bewohnern der benachbarten Wohngruppe selbstbestimmt frequentiert wurde. Die mobilen Bewohner setzten sich zum Beispiel in diesem Wohnraum auf ein Sofa, blätterten in einer Zeitung oder es schien, dass sie kurz eingeschlafen waren. In der Anwesenheit dieser Bewohner kam es immer wieder zu sehr lauten Schreiphasen der dort wohnenden Bewohner. Die «Gäste» verließen den Raum jedoch nicht, sondern blieben sitzen. Es entstand der Eindruck, dass sie die teils sehr lauten Schreie und Rufe nicht als störend einstuften. Ein Beobachtungsprotokoll beschreibt diese Situation:

> Akteure:
> Die Bewohner Herr A. und die Bewohnerinnen Frau B. + C., die in einem segregativen Segregationsbereich wohnen, das heißt, dass hier nur drei Menschen mit Demenz leben, die alle herausfordernd schreien oder rufen. Und die Bewohner Herr D. und Frau E. aus dem benachbarten Wohnbereich sowie eine Pflegemitarbeiterin.
> Es ist ein großer, heller Wohnraum mit einer großen Fensterfront. Der Blick geht in einen gepflegten Park, der vom Wald begrenzt wird. Alte Möbel. In der Mitte steht ein großer Tisch und an den Wänden hängen verschiedene Bilder. Ich sehe mehrere unterschiedliche Sessel, Stühle, dunkle Sideboards und Blumen im Raum. Gegenüber des Fensters steht an der Eingangstür ein Sofa. Dahinter sehe ich weitere Zimmertüren.
> Ich sitze in einem Sessel, der schräg zum Raum und halb zum Fenster gestellt ist und empfinde eine angenehme Atmosphäre. In diesem Raum fühle ich mich wohl. Hier sitze ich gerne, das wird mir gleich zu Beginn der Beobachtungssequenz bewusst. Ein angenehmer Geruch erfüllt den Raum.
> 12:30 Uhr; ein alter Mann, Herr D., ein Bewohner des benachbarten Wohnbereichs, den ich schon gestern dort habe essen sehen, betritt den Raum. Eine Tageszeitung hat er unter seinem linken Arm geklemmt. Er geht langsam, schaut rechts und links, bleibt stehen und geht mit schlurfendem Gang zu dem Sofa, das neben der Eingangstür steht. Er setzt sich langsam, mir scheint es wie in Zeitlupe. Sein Blick ist den Raum gerichtet. Er legt die Zeitung neben sich und senkt seinen Kopf. ... Fr. B. geht wandernd im Raum zur Tür und immer wieder laut ‹Noch noch noch noch› rufend. Das Gesicht zeigt keine veränderte Mimik, es wirkt auf mich wie eine Maske – sie geht langsam und tief nach vorne gebeugt. ... Frau B. steht vor Frau C., die am Kopfende des Tisches sitzt. Frau B. wieder: ‹Noch noch noch›. Fr. C. reagiert nicht und schaut mit unverändertem Blick aus dem Fenster. Hr. A., der ebenfalls an dem Tisch sitzt, reagiert auf die lauten Rufe von Frau B. mit einem einmaligen, kurzen Schrei. Ein sehr lauter, unartikulierter Schrei, den ich als unangenehm und störend wahrnehme. Herr A. schaut während des Schreis nicht auf Frau B. oder C., sondern in eine andere Richtung. ... Eine Bewohnerin des Nachbarbereichs, Frau E., betritt den Raum, sie bleibt stehen, schaut interessiert in den Raum, nickt mir zu und setzt sich neben Herrn D. auf

> das neben der Tür stehende Sofa. Herr D. schaut kurz Frau E. an, lächelt. … Eine Mitarbeiterin begleitet Frau B. zum Tisch. … Während des Essens artikuliert Fr. B. sehr laut und nahezu ununterbrochen. Keine Reaktion von Herrn A., Frau C., Herrn D. oder Frau E.. Ich höre nur die lauten Rufe von Frau B. … Nach dem Mittagessen wird von der Mitarbeiterin ein CD-Player angestellt und ich höre leise Entspannungsmusik. … Die beiden anderen Bewohner aus dem Nachbarbereich sitzen weiterhin auf dem Sofa mit nach vorne gebeugtem Kopf – ich glaube, dass beide schlafen, während Frau B. wieder sehr laut vokalisiert. …

In der segregativen Wohngruppe für Menschen mit Demenz, die herausfordernd schreien oder rufen, wird eine Ausgrenzung von den Bewohnern nicht gelebt. Die mobilen Bewohner gestalten selbstbestimmt eine offene Raumfrequentierung. Innerhalb der Bewohnergruppen hat sich kein Tabubereich gebildet, den mobile Bewohner meiden. Auffallend ist jedoch, dass sich während der Beobachtungssequenzen kein immobiler Bewohner in diesem Wohnbereich aufhielt. Auf die Frage, ob das immer so wäre, sagten die Pflegenden, die dort arbeiten: «Ja, das stimmt, das ist immer so.»

Es scheint, dass die Pflegenden (oft) eine direkte und gezielte Beeinflussung der Nutzung der Gemeinschaftsräume durch die Bewohner vornehmen. Die in ihrer verbalen und nonverbalen Kommunikationsfähigkeit deutlich eingeschränkten Bewohner, die darüber hinaus noch herausforderndes Verhalten in Form von Schreien oder Rufen zeigen, wohnen in dem genannten segregativen Bereich, in dem die Beobachtungen durchgeführt wurden. Die Menschen mit Demenz leben dort abgetrennt von den anderen Bewohnern. Diese Abgrenzung ist jedoch keine Ausgrenzung. Wenn Gemeinschaftsaktivitäten wie zum Beispiel Geburtstage gefeiert werden, nimmt der schreiende oder rufende Bewohner ebenfalls daran teil. Er partizipiert an dem gesellschaftlichen Leben in den «allgemeinen» Wohn- und Lebensbereichen. Das geschieht, weil die Pflegenden in diesem Seniorenheim einen Bedarf sehen oder unterstellen und dieses Bedürfnis des schreienden oder rufenden Menschen befriedigen wollen. Auffallend ist jedoch, dass diese Teilhabe für den Menschen mit Demenz, der schreit und ruft, von den Pflegenden oder den Angehörigen völlig fremdbestimmt ist. Eine Pflegeperson berichtet:

> Die eine [gemeint ist die Bewohnerin; Anm. des Autors], die noch selbstständig laufen kann – da ist 'ne Zwischentür, da geht auch die Pflege durch und diese Tür sollte eigentlich verschlossen sein, damit sie nicht nach vorne gehen kann, um Unruhe – weil wenn keiner drauf achtet, geht sie schon mal zu Bewohnern et cetera schreit ziemlich laut – die anderen Bewohner werden auch lauter und es kann dann passieren, dass

wirklich ein Handgelenk gegriffen wird oder vielleicht auch mal 'ne Ohrfeige stattfindet. Und um dem aus dem Wege zu gehen, ist es eigentlich grundsätzlich so, dass sie [die drei Bewohner, die herausforderndes Verhalten in Form von Schreien oder Rufen zeigen; Anm. des Autors] eigentlich ja nur hinten sind. Es sei denn, es sind jetzt irgendwelche Veranstaltungen mit Blasmusik – [es] kommt immer jemand der Musik macht abends – oder dass Geburtstagfeiern sind, dann werden die Bewohner hier mit nach vorne geholt.

In dem segregativen Bereich dieses Seniorenheims für Menschen mit Demenz, die schreien oder rufen, kommen eskalierende, lautstarke und teils in körperliche Gewalt übergehende Situationen innerhalb der Bewohnergruppe nicht vor. Die dort tätigen Pflegenden kennen diese sich zuspitzenden Situationen aus ihren früheren Tätigkeitsfeldern und sie berichten übereinstimmend, dass die Schrei- oder Rufphasen bei den Mitbewohnern extreme Belastungsmomente generieren können. Die Pflegenden können also Parallelen zwischen den unterschiedlichen institutionellen Wohnformen ziehen und dieses Wissen macht Vergleiche möglich.

Die Bewegungsmöglichkeiten innerhalb (und außerhalb) dieser institutionellen Einrichtung von mobilen und immobilen Bewohnern, die eigen- und fremdbestimmt sein können, werden in **Abbildung 3-1** dargestellt.

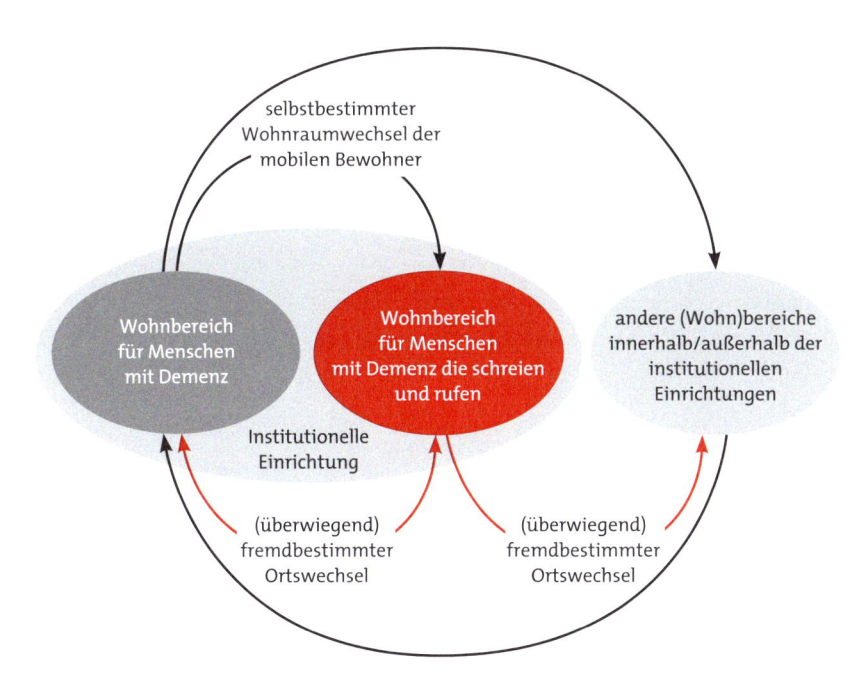

Abbildung 3-1: Nutzung der (Wohn-)Bereiche durch mobile und immobile Bewohner.

Die Pfeile zeigen die Bewegungsoptionen der Bewohner.

3.1.3 Aspekt des «Zeitmangels» und der Personalbesetzung

Viele Pflegende, die an der oben genannten Studie (Urselmann, 2011) teilgenommen haben, beschreiben einen engen Zusammenhang zwischen der Qualität des Erlebens der Schreie oder Rufe von Menschen mit Demenz und dem Einfluss des Zeitfaktors, der in kausaler Beziehung zu der Ausübung von Pflegetätigkeiten steht. Die zur Verfügung stehende Pflegezeit wird als ein feststehender Rahmen interpretiert, in dem eine Pflegeleistung zu erbringen ist. Diese Rahmenvorgaben werden von den teilnehmenden Pflegenden mehrheitlich als restriktiver Faktor beschrieben. Viele potenziell als notwendig eingeschätzte Interventionsansätze könnten nicht realisiert werden, weil von vielen Pflegenden Zeitdruck empfunden wird. Es ist eine Einschränkung, die wie ein Diktat die Möglichkeiten erheblich beeinflusst. Ein Altenpfleger erzählt in diesem Zusammenhang, dass er eine schreiende Frau aus der Gemeinschaft brachte und «in ihrem Zimmer isoliert[e]», weil ihm die Zeit fehlte, um nach den Schreigrund zu suchen. Eine adäquate Beschäftigung konnte er nicht anbieten, weil er sie dann hätte begleiten müssen. Es fehlt die Zeit «mich dann hinzusetzen», sagt er und bemerkt kritisch, dass das nur dann möglich wäre, «wenn ich die Zeit hab». Er beschreibt einen Bedarf und er kennt potenzielle Interventionsoptionen, die er aber nur dann aktivieren kann, wenn die Rahmenbedingungen anders gestaltet sind. Auf die Frage, wie er agieren könnte, wenn er diesen Zeitdruck nicht spüren würde, antwortet er: «Da würd ich versuchen, erstmals auf den Grund zu gehen, warum sie jetzt schreit, was ihr nicht passt. Ihr auch irgendeine Beschäftigung erst mal geben oder ihr was zu, Zwischenmahlzeit geben, irgend so was. Es wird halt, es kommt halt auch immer drauf an, wie man grad Zeit hat, wie man eingebunden ist.»

Der Zeitkorridor wird in diesem Zitat als ein straff geschnürtes Korsett beschrieben, das die potenziellen Arbeitsmöglichkeiten erheblich einschränken können. Eine andere Pflegende, die in einer Wohngemeinschaft für Menschen mit Demenz arbeitet, beschreibt es ähnlich, und sie berichtet von der Pflege und Betreuung einer Frau mit Demenz, die sehr oft in lang anhaltenden Zeitintervallen «Hallo, Hallo» ruft. Die Pflegende vermutet, dass sie dieses herausfordernde Verhalten beeinflussen könnte, wenn sie mehr Zeit hätte: «Ja, ich glaub schon, dass ich sie verbal erreichen könnte, aber dazu bräuchte ich ganz viel mehr Zeit, so. Ich müsst dann bei ihr da bleiben. Ich müsst dann mit ihr sprechen.». Das könne sie aber sehr oft nicht, sagt sie, weil sie andere «Pflichtaufgaben» erfüllen müsse oder irgendwas anders zwingend zu erledigen sei.

Viele Pflegende berichten übereinstimmend, dass der Zeitdruck nicht immer und während jeder Arbeitsperiode gleichstark empfunden wird. Diese Bemerkung ist nachvollziehbar, weil die Pflegeanforderungen einer extrem hohen Flexibilität unterworfen sind.

Vielfach wird in der genannten Studie eine Verbindung zwischen dem empfundenen Zeitdruck und der Personalbesetzung geknüpft. Ein junger

Pflegender, der in einem Seniorenheim mit traditionellem Konzept tätig ist, berichtet zum Beispiel, dass er die Tür geschlossen hat und er so das Schreien nicht gehört hätte. Er berichtet weiter: «Die Besetzung war dann recht schlecht, dass man halt nicht immer so, man kann halt nicht immer so die Zuwendung geben, die eigentlich nötig ist. Aber so insgesamt bei allen Bewohnern [die schreien; Anm. des Autors] haben wir wirklich festgestellt, dass es also wirklich nur 'ne Zuwendungsfrage ist.»

Dieser Pfleger vermutet, dass die genannten Bewohner nur dann «störend» schreien, wenn sie keine Zuwendung erhalten. Diese kann er aber wegen der ihm fehlenden Zeit nicht geben und es scheint, dass er gezwungen wird, gegen sein Erfahrungswissen agieren zu müssen. In einem weiteren Interviewbeispiel wird der gleiche Aspekt von einer Pflegenden thematisiert, die über dreißig Jahre in der Altenpflege tätig ist und in einer segregativen Einrichtung (Gerontopsychiatrie) arbeitet. Sie schlägt ebenfalls einen Bogen zwischen dem empfundenen Zeitdruck und der Personalbesetzung und sagt, «das schaffen wir zeitlich nicht, ganz ehrlich nicht. Das schaffen wir vielleicht, wenn Spätdienst ist. Aber auch dann nur bedingt, weil wir dann auch nur zu zweit sind. Oftmals haben wir niemanden in der Küche. Wir müssen uns dann noch alleine um's Essen bemühen. Und es ist oft die Zeit, die Zeit fehlt, ganz ehrlich».

3.1.4 Sich trotzdem Zeit nehmen

Viele Pflegende in der Studie empfinden diesen Zeitdruck. Zahlreiche Pflegepersonen berichten, dass sie trotz dieses empfundenen Zeitdrucks und der von ihnen eingeschätzten «schlechten» Personalbesetzung immer wieder Freiräume suchen und finden. Einige Pflegende äußerten, dass sie sich bewusst und geplant «Zeit nehmen». Sie würden, so sagen sie, auf das «störende» Schreien oder Rufen in der Weise reagieren, dass sie sich dem schreienden oder rufenden Menschen zuwenden. «Ich nimm mir jetzt einfach die Zeit dafür», sagt eine Gesundheits- und Krankenpflegerin, die erst seit wenigen Jahren in der Pflege tätig ist und in einem Seniorenheim mit traditionellem Konzept arbeitet. Im zweiten Satz bemerkt sie einschränkend, dass ihre Kollegen vermutlich in diesen Situationen denken, dass sie «nix machen» würde. Dass diese Pflegende sich Zeit lässt, heißt, dass sie auf die Bedürfnisse des schreienden Menschen eingeht. Diese Handlung führt bei ihr allerdings gleichzeitig zu einem «schlechten Gewissen», wie sie berichtet. Dass sie sich neben einen schreienden Bewohner setzt, und zwar trotz der allgemein wahrgenommenen Zeitnot, könne, so mutmaßt sie, doch nur Missfallen bei den Kollegen erzeugen. Sie unterstellt allerdings eine Haltung der Kollegen oder des Leitungspersonals, die so nie zurückgemeldet wurde, wie eine konkrete Nachfrage in dem Interview deutlich macht. Sie kann sich jedoch von dem Gedanken nicht lösen, dass das Danebensetzen eine scheinbar passive Handlung sei, während ihr direktes Umfeld höchst aktiv agiere, und zwar im Sinne von Bewegung. Sie erkennt nicht, dass «sich danebensetzen» eine Pflegeintervention auf höchstem Niveau sein kann. Diese Gesundheits- und Krankenpflegerin scheint sich in der Rollenreflexion an Normen zu orientieren, die niemand in diesem traditionellen Seniorenheim einfordert oder gesetzt hat. Anders sieht es eine Pflegende, die ebenfalls erst wenige Jahre im Beruf tätig ist und in einer gerontopsychiatrischen Klinik arbeitet. Sie sagt, dass im alltäglichen Pflegeablauf immer Freiräume vorhanden sind, es käme jedoch «immer auf den Patientenstand drauf an und auf den Pflegebedarf von den Patienten», betont sie. «Manchmal nehm ich mir die Zeit dann auch einfach, wenn auch die Zeit nicht da ist», sagt sie und nimmt damit eine deutliche Prioritätensetzung vor. Eine Positionierung, die viele Pflegende in ihrer Pflegearbeit genauso gestalten. Ein weiteres Interviewzitat mit einem nahezu ähnlichen Wortlaut: «Ich nehm mir die Zeit einfach und wenn es jetzt zehn Minuten dauert oder 'ne Viertelstunde dauert, die Zeit nehm ich mir. Ich weiß, der Frau tut's gut.»

Auf die Frage, ob dies immer gelingen kann, antwortet ein Schüler der Altenpflege: «Das ist dann eben halt Arbeitsstruktur, ne. Also, das muss man lernen, dass man dann sagt: ‹Ich lass mir Zeit›. Das heißt ja nicht, ich mach jetzt gar nichts.» Es muss gelernt werden die **Freiräume** zu **nutzen**, sagt dieser Mann, der als Altenpflegeschüler erst am Anfang seiner Berufslaufbahn steht. Dieses Zitat zeigt, dass die Prioritätensetzung von gleichrangigen Pflegeanforderungen nicht kausal mit der Berufserfahrung in Verbindung zu stehen scheint. Hier üben offenbar Faktoren wie Rollendistanz oder die Fähigkeit zur optimierten Arbeitsablaufstrukturierung einen stärkeren Einfluss aus.

Ein weiteres, in diesem Kontext wichtiges Beispiel: Eine Pflegende, die heute als Heim- und Pflegedienstleiterin arbeitet und über dreißig Jahre im Beruf tätig ist, leitete früher eine Wohngruppe für Menschen mit Demenz. Sie berichtet im Zusammenhang mit einer körperlich-therapeutischen Intervention, dass sie einen schreienden Bewohner immer dann an die Hand nahm und mit ihm «umherging», wenn er anhaltend und «störend» schrie. «Irgendwann hat er selbst meine Hand genommen und ich bin mit ihm gewandert, weil er so unruhig war, dass ich einfach mit ihm gegangen bin. Oder ich hab ihn mitgenommen.», berichtet sie. Die gemeinsame Bewegung übte einen überaus beruhigenden Effekt auf den schreienden Mann aus – er schrie nicht mehr und schien in seiner ganzen Körperhaltung ausgeglichen. Im Verlauf des Interviews betont diese Informantin dann: «wir hatten natürlich auch Zeitmangel, logisch. Es hört sich jetzt an, als hätten wir unendlich viel Zeit gehabt. Aber wir haben einfach versucht […] diese Funktionspflege in Anführungsstrichen, dieses waschen, satt, sauber, an zweiter Stelle zu stellen. Sondern den Menschen an erster Stelle zu stellen, dass er sich wohl fühlt, dass er angenommen wird und dass er diese Sicherheit bekommt. Wir waren nun mal so 'ne Gruppe, wir mussten darauf eingehen.»

Diese Pflegende hat innerhalb des Teams einen Konsens angeregt und erreicht, so dass eine Hierarchie innerhalb der Pflegetätigkeiten vorgenommen wurde. Und sie hat, so berichtet sie, gemeinsam mit ihrem Team eine Schwerpunktverlagerung vorgenommen – eine Veränderung, die sie vornehmen musste, wie sie ausdrücklich betont. Motor war ihre Erwartung von «guter Pflege», die sie als Maxime tagtäglich erreichen wollte. Diese Verlagerung sah in der Praxis so aus, dass die «Grundpflege» und alle prophylaktischen Maßnahmen durchgeführt wurden, aber leitend für die Arbeitsrichtung waren die psychosozialen Aspekte und Bedürfnisse der Menschen mit Demenz. Ein Vorgehen, das sehr viele Pflegende beschreiben. In einer anderen segregativen Einrichtung, in der Menschen mit Demenz leben, wird innerhalb des Pflegeteams für jeden Bewohner ein «Wellnesstag» angeboten. Ein «Verwöhnprogramm», wie es der Pfleger nennt «das müssen wir dann auf unsere Kappe nehmen, das steht nirgendwo geschrieben, das machen wir halt einfach so und tun wir in unserem Team», sagt er und beschreibt das reflektierte Vorgehen und den stillschweigenden Konsens im Team. Im Verlauf des Interviews konkretisiert er das Vorgehen und die Wirkung dieses «Wellnesstages» auf das herausfordernde Verhalten der Menschen mit Demenz: «So oft wie möglich versuchen wir uns halt immer für jeden Zeit halt zu nehmen und zu gucken, dass wir wirklich jedem so, so Wellnesstage – ist das so intern bei uns […] und dann machen wir so'n, so'n Milchbad, machen wir da und machen Aromaöle rein und alles Mögliche […] man sieht auch bei den Leuten, dass sie wirklich, dass sie entspannt sind die Leute und schlafen dann meistens auch sofort wieder ein, das auch. Manche sind super drauf und fühlen sich wieder richtig stark und fit für den Tag. Aber das ist halt nicht möglich wegen dem Stellenschlüssel, das, das regelmäßig durchzuführen.»

Er betont in dieser Interviewsequenz deutlich, dass diese Pflegetätigkeit nur einmal im Monat praktiziert wird und das nur, weil der «Stellenschlüssel» eine höhere Frequenz der «Wellnesstage» nicht möglich machen würde. Es zeigt ebenso deutlich, dass es eine wichtige Intervention ist, die es möglich macht, dass sich der schreiende oder rufende Mensch entspannen kann und sein herausforderndes Verhalten ändert oder ändern konnte.

Auffallend ist, dass der Zeitfaktor beziehungsweise die «fehlende» Zeit sehr oft thematisiert wird. Viele Pflegepersonen sagen, dass sie die zur Verfügung stehende Zeit vielfach nicht für notwendig erachtete Pflegemaßnahmen und/oder für die flexible und konstruktive Interventionsgestaltung einsetzen können. Die Zeit müsste für Tätigkeiten verwendet werden, die ihrer Meinung nach weniger wichtig sind. Das wird besonders deutlich, wenn die Wünsche (und Ziele) der Pflegenden (siehe **Kapitel 7-4**) in Beziehung gesetzt werden, weil «mehr Zeit» als einer der meistgenannten Wünsche in der genannten Studie in den Vordergrund gerückt wurde.

Ein weiterer wichtiger Aspekt wird von vielen Pflegenden beschrieben: Das «Sich-trotzdem-Zeit-Nehmen» folgt keinen starren Regeln oder Mustern. Es ist oft eine Entscheidung, die in Abwägung der Einflussfaktoren geschieht und situativ Prioritäten setzt. Hierbei vollzieht sich eine deutliche Orientierung an den Bedürfnissen der Menschen mit Demenz, wobei versucht wird, die ungünstig wahrgenommenen Arbeitsbedingungen zu kompensieren.

In einzelnen Einrichtungen stellen die Pflegenden «die fehlende Zeit» darüber hinaus sehr oft in Verbindung mit dem Erleben von Einschränkungen der Eigeninitiative und der Spontaneität, so dass Pflegeinterventionen, die eine konstruktive Problemlösung möglich machen könnten, nicht aktiviert werden können. In dem segregativen Segregationsbereich für Menschen mit Demenz, die schreien oder rufen, wird der Zeitfaktor dagegen in der genannten Studie (Urselmann, 2011) nicht so stark als belastend thematisiert. Das verwundert insofern nicht, weil in diesem Wohnbereich für drei Menschen mit Demenz nahezu ununterbrochen eine Pflegeperson oder ein Sozialassistent anwesend ist. Ebenso wurde von den Pflegenden, die an der Studie teilnahmen und in Wohngemeinschaften für Menschen mit Demenz tätig sind, der Faktor Zeit nicht oder nur begrenzt als einschränkendes Moment beschrieben.

Abschließend ist in diesem Zusammenhang ein Memo aus der diesem Buch zugrunde liegende Studie interessant:

> Die Gesprächsatmosphäre war sehr ruhig. Leider saß ich während des Interviews ungünstig und ich musste so sitzen bleiben, weil sich die einzige Steckdose für das Aufnahmegerät direkt neben meinem Stuhl befand. Ich ärgerte mich, dass ich das Verlängerungskabel vergessen hatte. Das wird mir so schnell nicht noch mal passieren. Wegen des einfallenden Sonnenlichts konnte ich die Mimik und den Gesichtsausdruck meiner Interviewpartnerin nicht immer genau sehen. Schade!!! Rückblickend kam es mir vor wie in einem Krimi – nur wurde ich geblendet. Nach dem Interview führte mich meine Interviewpartnerin durch den Wohnbereich. Es ist ein helles und durch die großen, bis an den Fußboden reichenden Fenster, ein geradezu offenes Haus. Mein Blick richtet sich auf den großen Park, der an den Gruppenraum angrenzt. Eine Pflegeperson, die mir eben vorgestellt worden war, fährt eine Bewohnerin, die tief in Decken gehüllt ist, durch diesen Park: Sie bleibt stehen, unterhält sich mit der Bewohnerin und ich sehe, dass beide lachen und den Spätherbsttag zu genießen scheinen. Im Interview hatte meine Informantin noch deutlich betont, dass für Spaziergänge mit den Bewohnern immer Zeit eingeplant wird, auch dann, wenn es hektisch wäre. Hier sehe ich die Bestätigung […] Die Bewohnerinnen und die Mitarbeiter schauen mich interessiert an, verfolgen jede meiner Bewegungen und erwidern freundlich und mit dem Kopf nickend mein Lächeln. Eine angenehme Atmosphäre nehme ich wieder wahr. Während des Vorgesprächs, im Verlauf des Interviews und bei der «Führung» habe ich kein Schreien oder Rufen gehört.

> Wann haben Sie sich das letzte Mal bewusst Zeit und Freiräume für einen schreienden oder rufenden Menschen genommen? Wann haben Sie das letzte Mal die Aufgabenhierarchie für einen schreienden oder rufenden Menschen verändert? Fällt es Ihnen leicht, sich in Zeiten hoher Anforderungen für einen schreienden oder rufenden Menschen Zeit zu nehmen? Ist es möglich, dass Sie sich Zeit nehmen können? Was sagen Ihre Kollegen?

Zwischenbemerkung oder Fazit

In der stationären Altenpflege steht das Phänomen unter anderem unter dem Einfluss der unterschiedlichen Wohnformen. In der genannten Studie (Urselmann, 2011), die diesem Buch zugrunde liegt, zeigte sich in den teilnehmenden Einrichtungen mit traditionellem Wohnumfeld, dass eine hohe Diversität hinsichtlich der einzelnen Wohnkonzepte bestand. Auffallend war, dass die räumliche Gestaltung der einzelnen Einrichtungen sehr ähnlich aussah. Überall gab es einen zentralen Wohnbereich, der vielfach den Charakter eines Wohnzimmers hatte, sorgfältig gestaltet war und Rückzugsmöglichkeiten bot. Dennoch ist ein Vergleich allein aufgrund der verschiedenen Wohnkonzepte nur eingeschränkt möglich.

Hinsichtlich der Personalbesetzung, und damit indirekt der Arbeitsbedingungen der Pflegenden, zeigten sich bei den Wohnsettings Unterschiede in Form der Zeitressourcen für die schreienden oder rufenden Menschen. In allen teilnehmenden Einrichtungen mit traditionellem Wohnumfeld, in welchem Menschen mit und ohne Demenz und mit und ohne herausfordernde Verhaltensweisen zusammenleben, wurde von den teilnehmenden Informanten der genannten Studie übereinstimmend angegeben, dass die Personalbesetzung schlecht sei. In segregativen Einrichtungen für Menschen mit Demenz wurde der Faktor «Zeit» ebenfalls kritisch thematisiert. Zahlreiche Tätigkeiten könnten beispielsweise aus Zeitmangel nicht durchgeführt werden, obwohl ein enger Zusammenhang zwischen «Zuwendung» und Verhaltensänderung der schreienden und rufenden Menschen beschrieben wurde. Dieser Zeitmangel wurde von den Pflegenden deshalb als ein elementarer Mangel betrachtet. Am Beispiel der «Basalen Stimulation» (Bienstein/Fröhlich, 2003) wird die Wirkung des Faktors «mehr Zeit» deutlich: In allen Einrichtungen verfügten die Pflegenden über Wissen und Praxiserfahrung der genannten Intervention. Mehrfach wurde ein enger Zusammenhang zwischen den Anwendungsintervallen und der Verhaltensveränderung bei herausfordernden Schreien oder Rufen beschrieben, wobei allerdings auch völlig konträre Aussagen der «Wirkung» bei dem Phänomen angegeben wurden. Viele Informanten der vorliegenden Studie berichteten jedoch von einem günstigen Effekt und sagten gleichzeitig, dass es aufgrund der fehlenden Zeit nicht möglich wäre, diese Intervention anzuwenden. Auf die Erbringung von notwendig erachteten Pflegemaßnahmen wurde verzichtet und das, obwohl die günstige Auswirkung bekannt ist und die Pflegenden jederzeit bereit sind, diese Intervention einzusetzen. Ein weiteres Ergebnis dieser Studie zeigt, dass selbst spontan ablaufende Pflegeinterventionen, wie zum Beispiel «drücken» oder «körperliche Nähe geben» nicht zum Einsatz kommen, weil die zur Verfügung stehende Zeit als restriktiver Rahmen empfunden wird. Dies lässt vermuten, dass das Verhalten der Pflegenden von Bedingungen fremdbestimmt wird und fachliche begründete Interventionen unterlassen werden (müssen). Allerdings ist in diesem Zusammenhang zu beachten, dass die fehlende «Zeit» auch als Schutzbehauptung interpretiert werden kann – eine Sichtweise, die andere Einflussfaktoren bewusst oder unbewusst selektiv ausblendet. Dass die Pflegezeit und das Setzen von Prioritäten von den Pflegenden auch selbstbestimmt gestaltet werden kann, zeigte sich in den Interviews und Beobachtungssequenzen der Studie. Zahlreiche Informanten sagten, dass sie sich trotz der fehlenden «Zeit» zu dem schreienden oder rufenden Menschen setzen und «körperliche Nähe geben» und zwar unabhängig von dem als Diktat empfundenen Zeitdruck.

Es gibt zahlreiche weitere Einflussfaktoren, die ursächlich die Interventionsgestaltung bestimmen. Es wäre zu kurz gegriffen, wenn das Unterlassen von Pflegemaßnahmen allein auf den Nenner Zeit reduziert würde.

3.1.5 Die Mitbewohner

Schreien und Rufen ist ein Phänomen, das von den Menschen mit Demenz, den Angehörigen, den Mitbewohnern und den Pflegepersonen als belastend empfunden werden kann (Sloane et al., 1997; Nagaratnam et al., 2003; Urselmann, 2004, 2006; Rosen et al., 2008; Manière et al., 2010). Letztlich kann Schreien oder Rufen in stationären Einrichtungen der Altenhilfe bei den Mitbewohnern zu einer «Kettenreaktion» führen, die nicht selten in aggressivem Verhalten gipfelt (Urselmann, 2006; Rosen et al., 2008). Im engen Zusammenhang mit den institutionellen Bedingungen einer stationären Einrichtung steht also das Verhalten der Mitbewohner, welches besonders dann einen überaus starken Einfluss ausübt, wenn schreiende oder rufende Menschen mit Demenz mit nicht schreienden oder rufenden Menschen auf engem Raum zusammentreffen. Hier prallen die Bedürfnisse nach Ruhe und dem Erleben von Gemeinschaft sowie Geselligkeit auf die herausfordernden Schreie oder Rufe, die vielfach als Störung interpretiert werden und das Zusammenleben empfindlich tangieren. Das zeigt sich besonders in den Gemeinschaftsräumen – dem sozialen Zentrum und dem Ort der Begegnung. Von hoher Bedeutung ist in diesem Zusammenhang, dass der Mensch mit Demenz in vielen stationären Einrichtungen der Altenhilfe auf eine fremdbestimmte Gruppenzusammenstellung trifft, die darüber hinaus durch eine weitgehend fremdbestimmte Gestaltung des Wohnraums und durch ein ebenso fremdbestimmtes Gruppenleben gekennzeichnet ist. In zahlreichen Einrichtungen folgt der Tagesablauf oft Rhythmen und einer Prioritätensetzung der Aktivitätsabläufe, die durch die Pflegenden vorgegeben werden, welche aber wiederum institutionellen Rahmenbedingungen unterworfen sind. Zusammenfassend kann festgestellt werden, dass das grenzenlose Ausleben von Individualität den Menschen mit Demenz in stationären Einrichtungen nur begrenzt möglich ist und das scheint allein aus der Tatsache zu resultieren, dass das Gruppenleben weitgehend Merkmale von Fremdbestimmung trägt. Die Individualitätsansprüche des Menschen mit Demenz, der kein herausforderndes Verhalten zeigt, stoßen auf die Bedürfnisse der Bewohner, die «störend» schreien oder rufen. Der (Gruppen-)Alltag zeigt in vielen Bereichen mehr oder weniger stark ausgeprägte Züge des fremdbestimmten Zusammenlebens. Vor diesem Hintergrund verwundert es ebenso nicht, dass die Schreie oder Rufe der Menschen mit Demenz bei den Mitbewohnern vielfach auf Ablehnung stoßen und diese ablehnende Haltung wiederum das Schrei- oder Rufverhalten des Menschen mit Demenz empfindlich beeinflussen kann.

Ein weiterer Aspekt ist von Bedeutung: Zahlreiche Mitbewohner interpretieren die herausfordernden Schreie oder Rufe nicht nur als Störung, sondern reagieren in der Weise, dass sie die Schreie oder Rufe durch verbalaggressive Äußerungen beantworten, die nicht selten in handgreiflichen Übergriffen gipfeln. Es kann, so berichten viele Pflegende übereinstimmend, zu einem Klima der Aggressionen kommen, das sich langsam hochschaukelt und nahezu immer Interventionseingriffe von Pflegenden notwendig macht.

> Eine Altenpflegerin, die über 30 Jahre im Beruf tätig ist und in einer segregativen Einrichtung (Gerontopsychiatrie) für Menschen mit Demenz arbeitet, berichtet, dass die Mitbewohner sich die lautstarken Schreie oder Rufe eine Zeit lang ruhig und kommentarlos anhören. «Und dann sagt der eine – hält sich dann die Ohren zu und der nächste sagt: ‹Schmeißt sie raus. Das kann man ja nicht aushalten› oder ‹Man sollte ihr›, die eine Bewohnerin meinte, die ist so sehr derbe, ne. ‹Man sollte ihr 'ne Tüte übern Kopf stülpen›, hat sie wohl gesagt, ne. Und eine Bewohnerin ist auch hingegangen und hat sie so am Arm gezuppelt, als sie da saß. [...] Und das hat sich dann richtig hochgeschaukelt. Die, die sonst sehr, sehr ruhig sind, die haben dann mit angefangen zu jammern und zu weinen und war also nicht schön. ‹Halt endlich mal die Schnauze›, hat die eine gesagt, ne. Also so schaukelte sich das dann hoch.»
>
> Eine andere Altenpflegerin, die in einer Einrichtung mit traditionellem Wohnkonzept arbeitet, erzählt, dass die Mitbewohner, die nicht demenziell erkrankt sind, die Schreie oder Rufe als Störung interpretieren und oft verbal entgleisen. Sie zeigen offen ihre Feindseligkeit und Gewaltbe-

> reitschaft gegenüber den schreienden oder rufenden Menschen. Diese können aufgrund ihrer Erkrankung die Reaktion der nicht dementen Mitbewohner nicht einschätzen und sind in der direkten Begegnung deren Gefühlsausbrüchen nahezu schutzlos ausgeliefert. Die Altenpflegerin bemerkt kritisch, dass sie und ihre Kollegen in diesen Situationen immer zur Intervention gezwungen werden und «irgendetwas machen müssen», weil es sich sonst zu Entgleisungen kommt, die sich regelrecht hochschaukeln. Konkret sagt sie in einem Interview: «dadurch, dass das hier unten 'ne gemischte Gruppe ist, ne, kriegen die Dementen dann auch schon mal was von den Nichtdementen an den Kopf geworfen, wie ‹Du blöde Kuh, halt endlich deinen Mund›, ne. Ja, weil die verstehen das nicht, ne, warum kann die jetzt nicht mal ruhig sein, ne? Die soll mich nicht nerven und mich ärgern, das stört mich. Ja, und so kommt eins zum anderen und das puscht sich dann so richtig hoch, ne. Das man dann wirklich ja, zu wem geht man jetzt? Erst zu dem Dementen? Oder zu dem anderen, der nicht dement ist? Ja, zuerst zu dem Nichtdementen, um da ein bisschen Verständnis noch mal hervorzurufen, ne. Ihn versucht vielleicht noch mal zu erklären, es ist ein Krankheitsbild und man kann es ihnen anderes erklären.»

In Einrichtungen mit segregativem Konzept für Menschen mit Demenz berichten die Pflegenden von den gleichen Verhaltensweisen der Mitbewohner. Auch hier reagieren die Mitbewohner, die ebenfalls demenziell erkrankt sind, in ähnlicher Weise, wie eine Altenpflegerin erzählt: «Ja, zum Beispiel eine andere Dame, die auch mit an dem Tisch saß, die hat denn also gesagt: ‹Jetzt hör endlich auf, sonst hau ich Dir auf die Schnauze›.»

3.1.6 Reaktionen der Pflegenden im Gruppenraum

Professionell Pflegende reagieren im Gruppenraum auf Schreien oder Rufen unterschiedlich. In Interviews und in Beobachtungssequenzen der genannten Studie (Urselmann, 2011) zeigte sich übereinstimmend, dass Pflegende ausgehend von der Suche nach dem Schrei- oder Rufgrund den Anlass finden und befriedigen wollen. Gelingt es nicht, können die anhaltenden Schrei- oder Rufphasen zu einer emotionalen Belastung bei den Pflegenden führen. Diese Belastungsphasen sind zeitlich begrenzt und deren Intensität ist abhängig vom Zusammenspiel und der Kumulation unterschiedlicher Einflussfaktoren. Es scheint eine Frage des Zusammentreffens und der Anhäufung von Einflussfaktoren sowie der Kompensationsfähigkeit und Ausgleichsmöglichkeit der Pflegenden zu sein. Die Schreie und Rufe von Menschen mit Demenz können in der Situation «A» zur Wahrnehmung einer Störung führen, während in einer ähnlichen Situation «B» die Schreie und Rufe von der gleichen

Pflegeperson nicht als Störung beschrieben wird. Besonders im Gruppenraum können Pflegepersonen Grenzsituationen erleben, wie eine Pflegende drastisch schildert:

> «Wir haben eine Bewohnerin, die sitzt manchmal auf der Couch, dann sagt sie immer, wenn man vorbeigeht: ‹Arschficker, Arschficker, Arschficker›. Und das ist immer wieder und so laut dann auch, dass es jeder hört und da fühlt man sich auch nicht gerade toll, also ich weiß es nicht. Oder es gibt Tage, wie gestern auch, dann sagt sie die ganze Zeit: ‹Arschlecken, Arschlecken› und solche Sachen auch. Und dann immer so laut oder wiederholt immer dieselben Worte und immer sehr laut dann auch, ne. Dann haben wir 'ne andere Dame, die seitdem die aus dem Krankenhaus ist, wenn die ein Wort hört, sagt sie den ganzen Tag immer dasselbe Wort. Oder wie gestern, sagte sie immer so: ‹Komm zurück. Komm zurück›, den ganzen Tag, monoton, immer wieder. Und gleichzeitig hören sie dann: ‹Du kannst mich am Arsch lecken. Du kannst mich am Arsch lecken›. ‹Komm zurück›, ‹Komm zurück›. Drüben haben sie Frauen, die sich darüber beschweren. Dann haben wir 'ne Dame, die lutscht immer an dem Daumen, beschweren sie sich darüber und die Anderen werden noch wieder lauter. Dann haben sie einen wahnsinnigen Geräuschpegel. Dann geht das Telefon. Sie haben das Gefühl, also ich habe das Gefühl, ich bin wirklich im Irrenhaus.»

Das Kumulieren von unterschiedlichen Kommunikationsinhalten auf einer teils sehr vulgären Sprachebene, die Reaktionen der Bewohner und die Anforderungen eines Telefongesprächs führen diese Pflegende an ihre Grenzen. Sie sagt, sie fühlt sich in dem Gruppenraum in ein «Irrenhaus» versetzt, weil sie den vielen Anforderungen nicht in der Weise gerecht werden kann, wie sie es sich wünschen würde. «Ich kann nicht abschalten», sagt sie an anderer Stelle des Interviews und es wird deutlich, dass diese Situation im Gruppenraum sie gefangen nimmt und sie keinen Ausweg sieht. Sie kann diese Situation nicht befrieden und sie kann eine Änderung des Verhaltens der herausfordernd rufenden Menschen nicht so herbeiführen, wie sie es sich zu wünschen scheint. Auffällig ist, dass diese Pflegeperson diese Belastungsmomente klar thematisiert. Sie spricht ihr Erleben der Grenzsituation deutlich an. Und sie schildert detailliert die situative «Unerträglichkeit» der Rufmomente, die sie in dieser Pflegesituation erlebt. Sie beschreibt im weiteren Verlauf des Interviews, welche Intervention sie letztlich wählt, um die Kettenreaktion zu durchbrechen: «Dann schieben wir sie [die rufende Bewohnerin; Anm. des Autors] manchmal auch in den Flur», sagt sie und wenig später beschreibt sie, dass sie dieses Belastungsempfinden nicht immer gleich stark wahrnimmt: «Es gibt Tage», sagt sie, «da macht's mir weniger aus. […] meine Toleranzgrenze ist so nach dem dritten, vierten Tag – finde ich das schon sehr anstrengend. So die ersten, zwei, drei Tage geht's noch, aber nach dem vierten, boooh, das nervt aber schon.»

3.1.7 «Schreien steckt an»

Viele Pflegende interpretieren die Reaktion der Mitbewohner als Antwort auf einen Reiz, der sie empfindlich stört. Die Quelle dieses Reizes können die Mitbewohner nicht steuernd beeinflussen, so dass sie eine Einengung ihrer Lebensgestaltung wahrnehmen, die sich dann gewissermaßen in offener und personenzentrierter Aggression gegenüber den Schreienden oder Rufenden entlädt. Die Antwort auf den herausfordernden Schrei oder Ruf des Menschen mit Demenz sind herausfordernde Schreie oder Rufe von Menschen, die (k)eine Demenz haben. Die Pflegenden können diese Reaktion verstehen und nachvollziehen, weil «die anderen Bewohner haben auch ihr Recht, in Ruhe da zu sitzen und ihren Kaffee zu trinken», sagt eine Pflegende, die fast dreißig Jahre in der Pflege tätig ist. Das Aufeinandertreffen der unterschiedlichen Ansprüche, Recht auf Schreien und Recht auf Ruhe, kann in den Einrichtungen der Altenhilfe zu einem Konfliktpotenzial führen (siehe **Abbildung 3-2**).

«Schreien steckt an», sagt eine Pflegende in einem Interview, die als Wohnbereichsleitung in einer segregativen Einrichtung für Menschen mit Demenz tätig ist. Schreien oder Rufen wird zur Quelle von «Unruhe», die das Zusammenleben in den gemeinschaftlichen Räumen extrem belasten kann. Die Mitbewohner fühlen sich gestört, ändern ihr Verhalten und schreien oder rufen auch.

Entzerrungsversuche

Dass sich durch die Schreie und Rufe von Menschen mit Demenz das Zusammenleben der Bewohner verändern kann, wird aus vielen stationären Einrichtungen berichtet. Die Pflegenden bleiben in diesen Situationen nicht inaktiv, sondern versuchen, eine dialogische Beziehung zwischen den Bewohnern herzustellen. Unterschiedliche Interventionsansätze werden von ihnen als «Ge-

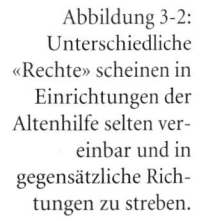

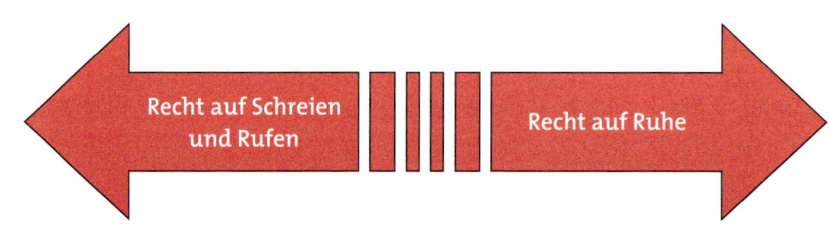

Abbildung 3-2: Unterschiedliche «Rechte» scheinen in Einrichtungen der Altenhilfe selten vereinbar und in gegensätzliche Richtungen zu streben.

Recht auf Schreien und Rufen ← → Recht auf Ruhe

> «Was ist das hier überhaupt für ein Scheiß», rief ein alter Mann, der im Speiseraum zu Mittag essen wollte und sich durch die Schreie eines Mannes mit Demenz gestört fühlte. Zahlreiche Mitbewohner nickten zustimmend und plötzlich stand die Schreiszene im Mittelpunkt des Geschehens. «Ich hab keinen Bock mehr, hier was zu essen bei dem lauten Schreien immer hier», setzte er seinen lauten Protest fort und die Mitbewohner «fingen dann auch an zu schreien», sagt ein Pflegender. Im Speisesaal wurde es immer lauter und der beschwerdeführende Mann und einige mobile Mitbewohner verließen protestierend den Raum. Das wiederholte sich immer wieder und die Pflegenden standen vor der Anforderung, den beiden Ansprüchen – Bedürfnis auf Partizipation des schreienden Mannes während es Mittagessens und auf der anderen Seite dem Wunsch der Mitbewohner nach Ruhe während dieser Zeit – gerecht zu werden. Das Pflegeteam wusste, dass der schreiende Mann es immer genossen hatte, im Speisesaal zu essen und die Gemeinschaft zu erleben, als er noch nicht zu schreien begonnen hatte. Wenn er jetzt schreiend im Speiseraum saß, strahlte sein Gesicht, er lächelte und blickte sich aufmerksam im Raum um. Es hatte den Eindruck, dass er die Atmosphäre genoss, wie die Pflegenden übereinstimmend berichten. Das änderte sich in dem Moment, als seine lauten Schreie durch ebenso laute Rufe der Mitbewohner beantwortet wurden. Sein Lächeln verschwand aus seinem Gesicht.

gensteuerung» aktiviert und es kommt zu einem Abwägungs- und Entscheidungsprozess, der die Ansprüche und Wünsche sowohl der schreienden oder rufenden Menschen als auch deren Mitbewohner zu berücksichtigen versucht. Das ist im Gruppenalltag nicht einfach und führt oft zu Grenzsituationen, die das Erleben der Pflegenden extrem beeinflussen und bestimmen können, wie in **Kapitel 8** noch dargestellt wird.

Das Gesamtteam des Seniorenheims in dem letzten Beispiel (Einrichtung mit segregativem Wohnkonzept, in dem nur Menschen mit Demenz leben) erlebte tagtäglich das Phänomen der eskalierenden Schrei- und Reaktionsketten. Rückblickend berichtet eine Pflegende, die über 25 Jahre im Beruf tätig ist und in diesem Seniorenheim arbeitet:

> Da hatten wir einen Polizisten bei und der saß immer und hat immer mit dem Handstock alle abgeschossen [er hob seinen Gehstock wie ein Gewehr, zielte auf die anwesenden Personen im Gruppenraum und simulierte Schüsse; Anm. des Autors]. Und der andere mochte das nicht hören, hat den Handstock genommen. Der Polizist hat dann zugeschlagen mit dem Handstock und wir mussten ihn dann auch irgendwann wegneh-

> men. Ja, und da, als da die Schreier zwischen waren, dann ist das dermaßen eskaliert, weil wir gemerkt haben, um so – die Bewohner, die nur noch schreien konnten, die wurden immer lauter, immer heftiger durch diese Unruhe. Und die Bewohner, die nicht geschrien haben – die Aggressivität wurde immer schlimmer. Die fingen immer mehr an sich zu schlagen und zu prügeln und es war wirklich, es war teilweise heftig.

Es hatte sich im Bewohnerkreis ein Klima der Aggression und des gegenseitigen Unverständnisses entwickelt. Die Mitbewohner der schreienden oder rufenden Menschen störten die Schreie und Rufe, und die schreienden oder rufenden Menschen konnten die Reaktion der anderen Bewohner nicht verstehen, sie reagierten wiederum mit verstärkter «Unruhe». Diese Situation wurde durch das Verhalten einiger Angehöriger potenziert, die vehement eine ruhige Atmosphäre für ihre Mutter oder ihren Vater einforderten. Die Lösung sahen die Leitungspersonen des Seniorenheims in enger Zusammenarbeit mit den Pflegenden in der Einrichtung eines segregativen Wohnbereiches, in dem sich überwiegend nur die schreienden oder rufenden Bewohner aufhalten sollten. Es wurde ein bis dahin wenig genutzter Wohnraum gewählt, der an den anderen Gemeinschaftsraum angrenzte. Es ist ein großer Raum, der nicht isoliert und abseits liegt, sondern von zahlreichen Bewohnern der Wohngruppe oft frequentiert wird. Die gleiche Pflegende sagt zu dieser Veränderung:

> Und dann haben wir das Ganze entzerrt, indem wir gesagt haben – das sollte ein Versuch sein, ob das funktioniert, ob das besser ist. Die Schreienden nach hinten, die anderen vorne lassen. Und es hat sich ganz schnell rausgestellt, dass das die richtige Entscheidung war. Hinten die drei Bewohner, die sind ruhiger geworden und diese, diese heftigen Schreiausbrüche sind wesentlich weniger geworden. Und vorne die Bewohner sind auch ruhiger geworden.

Interessant ist in diesem Zusammenhang die Frage, welche Veränderung sich mit diesem Schritt der weiteren Segregation vollzogen hat. Gemeint sind Veränderungen hinsichtlich der Eskalationskette und der Partizipation der schreienden oder rufenden Menschen. Die Pflegenden in dieser stationären Einrichtung berichten übereinstimmend, dass es nicht mehr zu eskalierenden Kettenreaktionen kommt: Weder die schreienden oder rufenden Menschen noch deren nicht herausfordernd schreienden Mitbewohner fühlen sich gestört. Aggressives Verhalten in Form von Handgreiflichkeiten und verbalen Entgleisungen ist nicht mehr zu beobachten. Andererseits partizipieren die drei schreienden Bewohner nur noch selten am Gesamtgruppengeschehen und das offensichtlich nur dann, wenn allgemeine Veranstaltungen (Feiern, Musikrunden, …) stattfinden. Eine Pflegende mit gerontopsychiatrischer Weiterbildung, die über zwanzig Jahre im Beruf tätig ist, fasst die vollzogenen Änderungen positiv zusammen:

> Natürlich, das merkt man wirklich zu ihrem Wohl, sie fühlen sich da wohler, die sind ja nun mal sensibel und die Störung war durch die anderen Bewohner gegeben, ne. Dieses Ablehnende, was in dem unteren Bereich dann manchmal leider durch andere Bewohner ist. ‹Halt doch mal deinen Mund›, und 'ne ‹Sei doch mal still› und das spürt der andere ja. Entweder macht er weiter, ne, oder zieht sich – das ist dann Regression oder wie – zieht sich dann vielleicht immer mehr zurück, ja.

In diesem segregativen Segregationsbereich, so kann dieser Wohnbereich am besten beschrieben werden, schreien die drei Bewohner weiterhin. Das verwundert nicht, weil Schreien die einzig verbliebene verbale Kommunikationsmöglichkeit für sie ist. Das Schreien zwischen diesen Bewohnern wird von den dort tätigen Pflegepersonen als ein Dialog gedeutet, der keine gegenseitigen Aggressionen generiert, sondern als wechselseitige Sprachverständigung definiert und gedeutet wird:

> Mittlerweile ist das so, dass es richtig eine Gemeinschaft geworden ist und man erkennt auch, dass durch dieses Schreien sie auch untereinander artikulieren. Das heißt, der eine schreit, die andere schreit und so geht das immer im Kreis, also es ist wirklich im Wechsel. Man hat das Gefühl, die kommunizieren auf ihre Art und Weise. Da sie nicht mehr verbal sich äußern können, sondern eben nur dieses schreien oder rufen, merkt man's doch. Also und ich bin ziemlich viel im hinteren Bereich und ja und da hat man eben die Möglichkeit, auch sich in die Bewohner, in den Einzelnen rein zu versetzen.

Den Schreiphasen schreibt dieser Pflegende im letzten Interviewzitat einen dialogischen Charakter zu und auch seine Kollegin sieht es ähnlich:

> Untereinander merkst du, wie sie sich verbal [...] untereinander doch verständigen. Wenn der eine ruft, antwortet der andere, für uns unverständlich und der Nächste fällt ein, das ist aber, da ist kein, selten ein oder fast gar nicht so'n, ich sag jetzt mal aggressiver Ton, ja, also, das merkt man. [So] als wenn wir uns unterhalten würden.

Die Schreie dieser drei Bewohner werden als «Gespräch» interpretiert und demnach als Ausdruck der Beziehung dieser drei Menschen mit Demenz. Der (verbale) Wortinhalt der Nachricht scheint nicht allesbestimmend im Vordergrund zu stehen, sondern der Dialog und die Möglichkeit der wechselseitigen Kontaktaufnahme und Kontaktpflege. Worte sind in dieser Wechselrede nicht erforderlich, sondern die mit der Stimmmodulation gesendeten Inhalte, die unter anderem über die Lautstärke, die Stimmfarbe und Zeitdauer einen differenzierten Charakter erfährt. Dieser Dialog ohne Worte wird zum Ausdruck dieser drei Personen.

> Die Wohnform dieses segregativen Segregationsbereichs ist das Ergebnis eines teamübergreifenden Konsenses. Zugegeben, es fehlen Informationen und Erfahrungswerte und allein deshalb sind Vergleiche mit anderen Einrichtungen nicht wirklich möglich. Trotzdem sind folgende Fragen in einem konstruiertem Gedankenspiel interessant: Wie bewerten Sie diese «Lösung» der Entzerrung? Kann diese Wohnform für andere Einrichtungen Modellcharakter besitzen? Wie sehen Sie vor dem Hintergrund der Pole Inklusion/Partizipation versus Segregation diese Wohnraumgestaltung und Änderung des Lebensmittelpunkts der herausfordernd schreienden oder rufenden Menschen mit Demenz?

Präsenz der Pflegenden (Zeit/Wohnform)

Ein wesentlicher Einflussfaktor wird in der Wohnform des segregativen Segregationsbereichs von den dort tätigen Pflegepersonen in der Präsenz der Mitarbeiter gesehen. Diese Bewertung nehmen andere Pflegenden in anderen Wohneinrichtungen ebenfalls vor. Eine Pflegende, die jetzt in einer Wohngemeinschaft für Menschen mit Demenz arbeitet, zieht Parallelen zu ihren früheren Arbeitsstellen und stellt die Mitarbeiterpräsenz der Pflegenden in den Mittelpunkt. Auf die Frage nach den Unterschieden zwischen den Wohnformen (traditionelle Wohnform versus Wohngemeinschaft [= die Menschen mit Demenz sind Mieter eines Wohnhauses und die Pflegenden besitzen den offiziellen Status eines «Gastes»]) antwortet sie:

> Also es ist halt so zum Beispiel, dass eher weniger Mitarbeiter [in traditionellen Wohnformen; Anm. des Autors] für mehr Patienten zuständig sind. Dann hab ich einfach nicht die Zeit. Es ist natürlich auch so, in einer stationären Einrichtung ist es da so: Die Leute sind in ihrem Zimmer, manche kommen selbstständig raus. Die nicht selbstständig rauskommen, die bleiben in ihrem Zimmer oder die werden vielleicht dann da mal im Rollstuhl für zwei Stunden oder so in irgendein Gemeinschaftsraum gesetzt. Aber da ist dann in der Regel niemand. Da ist ein Fernseher oder ja vielleicht kommt vor Mittagessen […] dann ist 'ne halbe Stunde vor Mittagessen etwa, da war da noch ein bisschen Luft, wo eine Mitarbeiterin sich dann mit diesen Personen, die dann in so einem Gemeinschaftsraum eben saßen, beschäftigt hat. Ein bisschen Gymnastik gemacht hat oder Ball zuwerfen und solche Dinge oder erzählt hat oder gesungen hat […] so ist das da gewesen, genau. Aber es ist halt ein kurzer Zeitraum einfach. Und nachmittags ist es eigentlich so, dass bis zur Abendpflege ja mit relativ wenig Personal gearbeitet worden ist. Die, die da waren, die waren beschäftigt mit lagern und Windeln wechseln und

> paar [Bewohner; Anm. des Autors] hat man zusammengeholt zum Kaffeetrinken. Und den Anderen haben wir im Bewohnerzimmer einen Kaffee angegeben, Joghurt oder was weiß ich.

Vorher hatte diese Pflegende beschrieben, dass in der oben genannten Wohngemeinschaft eine konträre Wohnsituation gelebt wird. Hier ist der Tagesablauf anders gestaltet und die Menschen mit Demenz sind zum Beispiel in hauswirtschaftliche Tätigkeiten eingebunden und verbringen einen Großteil des Tages in der Wohnküche oder den Wohnzimmern. Aus diesem Grund wäre fast immer eine Pflegeperson in diesen Räumen anwesend oder in unmittelbarer Nähe, so dass eine hohe Personalpräsenz garantiert würde.

Eine Kollegin (Pflegeperson mit gerontopsychiatrischer Weiterbildung) vollzieht ebenfalls Vergleiche zwischen den unterschiedlichen Wohnformen, die sie in ihrem Arbeitsleben kennengelernt hat. Sie sieht die Mitarbeiterpräsenz als wesentlichen Grund dafür, dass in Wohngemeinschaften weniger geschrien wird. Diese höhere Mitarbeiteranwesenheit schafft die Möglichkeit, sagt sie, dass ein Ansprechpartner für die Menschen mit Demenz immer beziehungsweise öfter in unmittelbarer Nähe der Bewohner zur Verfügung steht. Diese Präsenz garantiert, dass auf herausforderndes Verhalten zeitnah pflegerisch reagiert werden könne und aus dieser höheren Mitarbeiterpräsenz resultiere, dass «wirklich wesentlich mehr Ansprache» möglich sei. Auf die Frage, ob sie sich erklären kann, warum in «ihrer» Einrichtung, weniger geschrien wird, antwortet sie:

> Ich denke mal, diese Wohngemeinschaften haben noch einen anderen Charakter als ein normaler Wohnbereich in einem Heim. Es ist wesentlich kleiner, sie sehen immer einen aus der Pflege, also irgendeiner springt hier immer rum, ob's jetzt [eine] Pflegekraft ist oder Hauswirtschaftskraft ist. Aber sie [Bewohner; Anm. des Autors] sehen immer irgendeinen von uns, vom Personal halt. Es ist familiärer, wir sind eigentlich noch – auch wenn wir unterbesetzt sind oder unserer Meinung nach unterbesetzt sind – sind wir im Gegensatz zum Seniorenheim noch recht gut besetzt. Ja, ich denke, dass sie [die Bewohner; Anm. des Autors] hier wirklich wesentlich mehr Ansprache haben.

3.2 Intrinsische Einflussfaktoren

Neben den extrinsischen Faktoren beeinflussen auch die intrinsischen Faktoren das Erleben der Pflegenden. Dies sind Einflüsse, die «von innen kommen», also in der Person der Pflegenden begründet sind und denen sich die Pflegenden darüber hinaus vielfach situativ nicht entziehen können. In diesem Kapitel wird versucht, diese Einflussfaktoren und ihre Bedeutung für die Pflegeperson, für die Pflegesituation und den Gesamtkontext darzustellen.

3.2.1 Hohe Motivation – Engagement der Pflegenden

Als wichtige intrinsische Größe wird von vielen Pflegenden die eigene Motivation genannt, die ihrer Meinung nach deutlich ausgeprägt sein sollte. Zum Beispiel betonen viele Pflegende, die in einer Wohngemeinschaft für Menschen mit Demenz arbeiten, dass sie diesen Arbeitsplatz mit dieser Wohnform ganz bewusst gewählt haben. Sie sehen in der Wohngemeinschaft eine Chance, ihre Vorstellungen von «guter» Pflege realisieren zu können. Sie sagen, dass sie hier die Beziehung zu den Menschen mit Demenz leben können und dass es deutliche Unterschiede zu früheren Arbeitsstellen gibt. Die Pflegenden, die in einer Wohngemeinschaft tätig sind, unterstreichen immer wieder die Vorteile der Wohngemeinschaft gegenüber einer traditionellen Wohnform. Sie betonen, dass die Individualität des Menschen mit Demenz hier die größtmögliche Entfaltung erreichen könne und der alte Mensch zum Taktgeber wird. Einen Vorteil gegenüber anderen Einrichtungen sehen sie darüber hinaus im Wohnumfeld mit dem häuslichen Milieu. Hier würde es zum Beispiel keine langen Korridore geben, die an ein Krankenhaus mit seiner sterilen Atmosphäre erinnern. Dieses Wissen führt zu einem wichtigen Motor für ihre eigne Motivation, sagen die Informanten. Eine Interviewpartnerin beschreibt diese Vorteile und gleichzeitig bemerkt sie, dass sie in dieser Ansicht einem deutlichen Wandel unterworfen wurde. In einem langen und intensiven Prozess musste sie laut eigener Aussage lernen, dass auch eine Wohngemeinschaft nicht immer die optimale Einrichtung für einen Menschen mit Demenz sein muss. In dem Moment, als ein alter Mann mit Demenz «störend» zu rufen begann, nahm der Lernprozess seinen Anfang. Sie und ihre Kolleginnen mussten lernen und erkennen, dass die Umgebung für diesen Mann nicht passgenau stimmte. Dieser immobile Mann rief herausfordernd, so glaubte das Pflegeteam, weil er unter anderem in seinem Bewegungsdrang empfindlich eingeschränkt wurde.

> Irgendwann haben wir ihn im Bett fixiert, natürlich schon alles mit Genehmigung und, und, weil er so von der Psychiatrie zurückgekommen ist. Er hat einen Bauchgurt gehabt im Stuhl, er hat einen Gurt gehabt im Bett. Wir haben alle gewusst, genau das is es nicht. Genauso soll es nicht sein. Wir haben verzweifelt nach Lösungen gesucht. Wir haben genau gewusst, wir machen was Falsches. Dieser Mann muss laufen, dieser Mann muss seine Aggressionen ausleben ...

Diese Wohngemeinschaft ist geprägt durch ein häusliches Umfeld mit einem kleinen Flur, großen Wohnzimmern und Wohnräumen auf zwei Etagen. Hier besteht immer die potenzielle Gefahr, dass ein in seiner Mobilität deutlich eingeschränkter Bewohner zum Beispiel auf der Treppe stürzen könnte. In diesem Wohnumfeld konnte der im Zitat genannte Mann also aufgrund der räumlichen Gegebenheiten seinen Bewegungsdrang nicht ausleben und daher, so mutmaßten die Pflegenden, rief der alte Mann herausfordernd. Zudem fühlten sich die Pflegenden massiv und immer stärker durch diese Rufe selbst gestört. Das hinderte das Pflegeteam aber nicht, offen ihre alten und tief verwurzelten Ansichten, die aus ihrer langjährigen Altenarbeit resultierten, letztlich infrage zu stellen. Es gelang ihnen, die eigene Grundhaltung auf den Prüfstand zu stellen und somit auch die alten Standpunkte zu revidieren. Das war unter anderem nur deshalb möglich, weil alle involvierten Pflegepersonen überaus motiviert agierten und sich der Anforderung stellten.

> **Pflegende:**
> [Ich habe durch diesen Fall, der oben geschildert wurde, erlebt; Anm. des Autors], dass auch ein Heim eine Alternative für Leute sein kann, sogar eine geschlossene Anstalt, weil ich immer gesagt hab, mir kommt keiner mehr in 'ner Geschlossenen solange ich da bin und das irgendwie verhindern kann. Also war völliger Blödsinn, weil es diesem Mann da tatsächlich viel besser ging. Er hat da noch gerufen. Der hat halt gerufen, aber er konnte sich mehr bewegen, es war für ihn das richtige wohl.
> **Interviewer:**
> Wieso konnte er sich da mehr bewegen?
> **Pflegende:**
> Da sind so diese langen Gänge und da hat man halt, da hat man ihn einen Rollstuhl [gemeint ist ein «Standrollstuhl»; Anm. des Autors] da so was hingebaut, dass er wie so, ich kenne, die jetzt gar nicht so. Und da konnte er den ganzen Tag sich wirklich auf und ab und auf und ab – und des geht bei uns eben [räumlich] nicht.

Zwischenbemerkung

Der institutionelle Rahmen einer stationären Einrichtung scheint einen direkten und indirekten Einfluss auf das Verhalten der Menschen mit Demenz, die schreien oder rufen, auszuüben. Im kausalen Zusammenhang damit stehen auch das Erleben der Pflegenden und die von ihnen als Antwort auf das Schreien vollzogenen Interventionen. Darüber hinaus ist in diesem Zusammenhang die Motivation ein wichtiger Faktor, eine lange bestehende Situation infrage zu stellen und sie ist der Motor, sich dieser Anforderung zu stellen.

3.2.2 Fehlende Flexibilität der Mitarbeiter

Zahlreiche Pflegepersonen, die an der Studie teilgenommen haben und die in Einrichtungen mit traditionellem Konzept arbeiten, beschreiben die bestehenden Strukturen in der institutionellen Versorgung und die fehlende Flexibilität von Pflegepersonen teils als zu unbeweglich. Einige Interviewteilnehmer konstruieren eine enge Beziehung zwischen der Person des Pflegenden und den institutionellen Einflussfaktoren. Das zeigt sich unter anderem dann, wenn diese Pflegenden gerne innovative Impulse setzen und Veränderungen durchführen würden, aber an dem Verhalten der Kollegen scheiterten. Vielfach waren diese Veränderungsversuche nicht möglich, weil die Kollegen, die an den alten bestehenden Strukturen festhalten wollten, eine deutlich bremsende Wirkung ausübten oder Innovationen zu verhindern wussten. Solche Kollegen können sich mit ihrer ablehnenden Haltung also gegenüber Änderungen durchsetzen und diese letztlich sogar blockieren. Diese Haltung scheint allerdings mit der Struktur und der Atmosphäre des institutionellen Rahmens zu korrespondieren. Denn, dass diese blockierende Haltung von Mitarbeitern in diesem Umfang erfolgreich ist, scheint nur deshalb möglich, weil starre Strukturen in einigen institutionellen Einrichtungen vorzuherrschen scheinen, die einer fehlenden Flexibilität der Mitarbeiter Nährboden geben. So kann ein Klima des Aufbruchs und der Erneuerung nur schlecht entstehen oder gar verhindert werden.

Ein Pfleger, der in einem großen Seniorenheim mit traditionellem Wohnkonzept arbeitet, erzählt, dass er eine Weiterbildungsmaßnahme besucht hat, die von seinem Arbeitgeber angeregt und bezahlt worden war. Im Fachseminar erarbeitete er im Rahmen einer gerontopsychiatrischen Weiterbildung einen «Tagesablauf» für Menschen mit Demenz. Diesen Vorschlag, der im Seminar als innovative Option eingeschätzt worden war, legte er der Pflegedienstleitung mit der Frage vor, ob dieser Tagesgestaltungsplan exemplarisch in einem Wohnbereich «erprobt» werden könnte. Er schlug zum Beispiel vor, dass dort die bestehenden festen «Pflegezeiten» aufgelöst werden sollten. Nicht jeder Bewohner müsse unbedingt bis spätestens 10:00 Uhr am Frühstückstisch sitzen, hob er hervor. Mit der Veränderung des Tagesablaufs könnte man viel erreichen, argumentierte der Pfleger und mutmaßte, dass die Veränderung des Tagesablaufs auch das Schreien oder Rufen beeinflussen könnte. Auf die Frage, ob «sein» Tagesablauf in einem Wohnbereich erprobt wird, antwortet er in einem Interview: «Also hier jetzt, also eigentlich noch nicht, weil dass alles so stramm einfach noch ist, die Strukturen, dass es hier nur sehr schwer möglich ist. Also, ich wär sofort dafür, aber es gibt dann auch wirklich Mitarbeiter, schon so Ältere, Eingesessene, sag ich jetzt mal, bei denen bewegt man leider gar nix, ne. Deswegen ist es sehr schlecht hier, jetzt mal andere Tagesstrukturen einzuführen. Es geht wirklich schlecht in diesem Haus hier.»

Der Interviewpartner betont, dass es «noch nicht» möglich sei, innovative Konzepte umzusetzen. Dieser Hinweis deutet implizit auf seine Vermutung, dass eine Veränderung kommen wird oder sich niemand dem Innovationsdruck längerfristig entziehen kann.

In diesem Zusammenhang ist eine Frage interessant. Geht die Motivation der Pflegenden, sich mit dem Schreien und Rufen von Menschen mit Demenz zu befassen, in erster Linie von der Störung beziehungsweise Wiederherstellung der Ruhe aus oder ist das vermutete Bedürfnis der schreienden/rufenden Menschen die Antriebskraft für das pflegerische Handeln?[4]

Die Antwort auf diese Frage scheint einfach: Die Motivation der Pflegenden wird durch ihren Wunsch nach Ruhe und/oder dem Wunsch nach Bedürfnisbefriedigung der schreienden oder rufenden Menschen (gleichzeitig) geprägt. Das ist kein Widerspruch, sondern zeigt, dass eine Trennung nicht (immer) möglich ist beziehungsweise beide Ziele von den professionell Pflegenden gleichzeitig oder einzeln intendiert werden. Es ist eine wichtige Frage, die vor dem Hintergrund der Ergebnisse zeigt, dass das Handeln der professionell Pflegenden unter anderem von deren Motivation geleitet wird. Es zeigte sich in der zugrunde liegenden Studie, dass der Antrieb der Pflegenden durch unterschiedliche Zielhaltungen (mit)geprägt ist. Hiermit sind nicht ausschließlich die Interventionsziele Ruhe und Wohlbefinden gemeint, sondern die Verbindung zwischen der Haltung und der Erwartung der Pflegenden sowie dem Ergebnis der Intervention. Die professionell Pflegenden agieren, weil sie ein Ziel erreichen wollen und das ist durch deren Haltung und Interventionsimpulsen unterschiedlich geprägt.

Die erste Frage, die aus Sicht der Pflegenden formuliert wird, lautet in diesem Zusammenhang: «Was passiert, wenn ich als professionell Pflegende nicht auf das herausfordernde Schreien oder Rufen reagiere?» Weitere Fragen, die wieder aus der Sicht der Pflegenden formuliert werden, schwingen bewusst und unbewusst im Handlungsprozess mit: «Was muss ich in der störenden Schrei- oder Rufsituation tun, damit mein Handeln bewirkt, dass das Schreien oder Rufen aufhört oder beeinflusst werden kann?» oder «Was habe ich davon, dass ich aktiv werde?» und die letzte Frage: «Wird der Bewohner mit seinem Schreien aufhören, wenn ich mich zum Beispiel neben ihn setze und ihm die Hand und Schulter streichele und ihm so Zuwendung gebe?»

Es zeigt sich, dass die genannten Fragen die Interventionsgestaltung bewusst oder unbewusst mitbestimmen. Deshalb wurde mehrfach betont, dass die Schrei- oder Rufsituation den unterschiedlichsten Einflüssen ausgesetzt ist und das Zusammenspiel dieser unterschiedlichen Einflüsse die Interventionsgestaltung der professionell Pflegenden mitbestimmt. Die Ergebnisse der ge-

---

4 Diese Frage wurde dem Autor nach der Präsentation der ersten Forschungsergebnisse auf dem Pflegewissenschaftlichen Kongress in Ulm von Herrn Kurt Schalek aus Wien in einer E-Mail (28.09.2009, 13:55) gestellt.

nannten Studie bestätigen damit das erweiterte kognitive Motivationsmodell nach Heckhausen und Rheinberg, das Rheinberg (2010) näher beschreibt und modifiziert hat.

Wird die Summe der genannten Belastungsmomente betrachtet, zeigt sich, dass die Pflegenden vor der Aufgabe stehen, individuelle Ressourcen und Bewältigungspotenziale zu aktivieren sowie kontinuierlich stabil zu halten. Das scheint erforderlich, weil die ständige Konfrontation mit herausfordernden Verhaltensweisen in Form von Schreien oder Rufen eine umfassende emotionale Stabilität der Pflegenden auf unterschiedlichen Ebenen voraussetzt. Der Umfang dieser Stabilität hat unter anderem seinen Ursprung im Arbeitsumfeld durch intrinsische Einflussfaktoren und die individuelle Disposition der Pflegenden. Die Intensität des Erlebens einer Grenzsituation ist nicht nur abhängig von der Frustrationstoleranz, sondern auch von der eigenen Motivation, der Flexibilität und der emotionalen Stabilität der Pflegenden. Es besteht offenbar auch ein direkter Zusammenhang zu dem Arbeitsklima einer stationären Einrichtung sowie der im Team gelebten Offenheit, Reflexionsfähigkeit, Reflexionsmöglichkeit und Reflexionsbereitschaft.

Die genannten intrinsischen Einflussfaktoren sind vielfach in der Person der Pflegenden begründet.

Die Einfluss nehmenden Faktoren sind beim Erleben der Pflegenden von großer Bedeutung. Diese Faktoren treten nicht einzeln und isoliert auf, sondern bedingen sich wechsel- und gegenseitig. Diese Wechselwirkung steht wiederum im unmittelbaren Zusammenhang mit den verschiedenen Ursachen und Auslösern, die das Schreien oder Rufen hervorrufen und darüber hinaus mit anderen herausfordernden Verhaltensweisen korrespondieren. Zum Beispiel besteht ein Zusammenhang zwischen Aggression und Schreien und deshalb ist das Verständnis für die Wechselbeziehungen zwischen den verschiedenen Verhaltensarten erforderlich (Pomara et al., 2005; Urselmann, 2011). Es ist in diesem Zusammenhang wichtig zu beachten, dass diese Beziehungsverflechtungen sich mit dem Fortschreiten der Krankheit Demenz immer wieder verändern. Insgesamt betrachtet wird daher ein hoher Anspruch an das Können der professionell Pflegenden gestellt.

4 Interventionsebene und Strategien der Pflegenden

Bei der Interventionsgestaltung der Pflegenden wird von vielen Autoren deutlich betont, dass die Suche nach dem Schreigrund der erste Handlungsschritt in einer Kette von aufeinanderfolgenden Interventionsaktivitäten sei. Pflegende versuchen, den Schreianlass zu finden und anschließend eine passende Intervention in Richtung Bedürfnisbefriedigung zu starten. Die aktuelle Situation bei dieser Suche ist insgesamt betrachtet unbefriedigend, weil sie weitgehend auf einer rein intuitiven Grundlage basiert. «Pflegende bewegen sich bei der Suche nach dem Schreigrund in einem Raum der Vermutungen und gestalten den sich ständig wiederholenden Versuchs- und Irrtumsablauf zielgerichtet» (Urselmann, 2006). Dies ist ein wichtiger Aspekt. Warum? Weil hier betont wird, dass es ein einfaches Patentrezept nicht gibt, das als Handlungsanleitung oder eindeutige Orientierungsleitlinie genutzt werden kann. Halek und Bartholomeyczik (2006) sprechen, basierend auf anderen Forschungsarbeiten, von einer «Wenn-dann»-Zuordnung, wobei die spezifische Situation und die Individualität des Menschen berücksichtigt werden müssen. Als erste Handlungsmaxime sehen sie die Begründungssuche und verweisen auf das «*need driven dementia compromised behaviour modell* (bedürfnisorientiertes Verhaltensmodell bei Demenz)», kurz NDB-Modell, das als Hilfsmittel bei der verstehenden Diagnostik eingesetzt werden sollte (Halek/Bartholomeyczik, 2006; Bartholomeyczik et al., 2007).

Die Interventionsgestaltung bei herausfordernden Verhaltensweisen von Menschen mit Demenz wird in der Literatur aus verschiedenen Blickwinkeln betrachtet, wobei eine deutliche Zweiteilung auffällt: Neben den pflegerisch/therapeutischen Interventionsansätzen stehen die zahlreichen Publikationen und Studien mit den medizinisch/medikamentös orientierten Interventionsansätzen. Im medizinischen Therapieregime fällt die große Anzahl von Studien auf, welche die Wirkungen und die Zusammenhänge zwischen der Medikamenteneinnahme und der Änderung des herausfordernden Verhaltens (Schreiverhaltens) untersuchen. Einzelne Autoren weisen darauf hin, dass «störendes» Schreien und andere Formen von unruhigem Verhalten als relativ pharmakoresistent gelten (Class et al., 1997). List und Supprian (2009: 117) betonen in diesem Zusammenhang, dass «die Datenlage zur Wirksamkeit von

Arzneimitteln generell noch unbefriedigend ist». Als Beispiel führen sie an, dass «das Evidenzniveau der Studien zum Einsatz psychotroper Substanzen bei inadäquaten Vokalisationen [...] in der Regel nicht das [Niveau] von Fallstudien» überschreitet (ebd.: 114). Die gleichen Autoren positionieren sich ebenfalls deutlich, wenn sie sagen, dass die Therapieform der EKT-Behandlungen (= Elektrokrampftherapie) bei Menschen mit Demenz nur in Ausnahmefällen aufgrund der aufwändigen und ethisch kontroversen Durchführung realistisch wäre. An der Wirksamkeit dieser Therapieform, die vielfach nahtlos auf eine erfolglos gebliebene medikamentöse Behandlung folgt, werden von anderen Autoren keine Zweifel geäußert (Sauer/Lauter, 1987; Wetterling et al., 1998; Roccaforte et al., 2000; Folkerts et al., 1996, 2003). Snowdon et al. (1994) findet es in diesem Kontext jedoch völlig unakzeptabel, dass eine EKT-Behandlung nur deshalb durchgeführt wird, um eine unerwünschte Reaktion der Umgebung schnell zu beseitigen. Sie betonen, dass vor einer solchen Behandlung immer erst andere Therapieoptionen den Vorzug erhalten sollten.

Bei den deutschsprachigen Veröffentlichungen fällt auf, dass der Fokus oft auf die Gesamtheit der herausfordernden Verhaltensweisen von Menschen mit Demenz gerichtet ist. Das Phänomen Schreien oder Rufen ist unter anderen Oberbegriffen subsumiert oder nur ein Aspekt unter vielen (Halek/Bartholomeyczik, 2006; Bartholomeyczik et al., 2007; Höwler, 2008, 2010a). Dieses Vorgehen findet seinen direkten Niederschlag in der Beschreibung der Interventionsoptionen. Halek und Bartholomeyczik (2006) stellen ausgewählte Interventionen vor und nennen: Validation; Erinnerungsarbeit, Reminiszenztherapie und simulierte Präsenz-Therapie; multisensorische Stimulation: Snoezelen sowie Massagen und Berührung. Zusammenfassend sagen sie unter anderem in ihren Schlussfolgerungen (ebd.: 82): «Welche Interventionsform mit welcher Häufigkeit, Intensität und durch wen und nach welcher Schulung für welche Verhaltensform wirksam ist, kann nicht beurteilt werden.» Bartholomeyczik et al. (2007) geben in Weiterführung der Ergebnisse von Halek und Bartholomeyczik (2006) in den «Rahmenempfehlungen zum Umgang mit herausforderndem Verhalten bei Menschen mit Demenz in der stationären Altenhilfe» folgende sieben Empfehlungen:

1. verstehende Diagnostik
2. Assessmentinstrumente
3. Validieren
4. Erinnerungspflege
5. Berührung, Basale Stimulation, Snoezelen
6. Bewegungsförderung
7. pflegerisches Handeln in akuten psychiatrischen Krisen von Menschen mit Demenz.

Befragt man Pflegende direkt, werden bei der Betreuung und Pflege von Menschen mit Demenz sehr viele unterschiedliche Interventionsstrategien benannt, die sie immer wieder einsetzen würden. Sie reichen von den oben genannten Empfehlungen (Bartholomeyczik et al., 2007) bis hin zu den Interventionsformen wie «zuhören», «Ablenkung schaffen», «vertrösten», «essen und trinken geben/anbieten» oder zu der Intervention «ins Zimmer bringen». Teils sind es Synonyme der oben genannten Empfehlungen oder sie lassen sich dort einfach subsumieren. Die Interventionen werden oftmals nach dem Versuch-und-Irrtumsprinzip eingesetzt und basieren häufig auf intuitiver Einschätzungen (mit und ohne reflektiertes Fachwissen). Vielfach sind sie auch die Antwort auf eine Pflegesituation, die geprägt ist von intrinsischen und extrinsischen Einflussfaktoren sowie teils starren Rahmenbedingungen in stationären Einrichtungen – Bedingungen, die das Handeln mehr oder weniger bestimmend beeinflussen und vorzugeben scheinen. Ein Erklärungsversuch hebt in diesem Zusammenhang hervor: «Pflegende können bei Schreien und Rufen von Menschen mit Demenz nicht Nichts machen.» (Urselmann, 2006).

Wichtig ist festzuhalten, und das ist nicht neu, dass in der Pflegepraxis das Intervenieren in einem kontextuellen Rahmen stattfindet, der von unterschiedlichen, sehr komplexen Faktoren beeinflusst wird. Es wirken Determinanten, die in sich gegenseitig bedingender Beziehung zueinander stehen und sich überschneiden. Begrenzt werden diese Bereiche durch weiteres direktes und indirektes kontextuelles Handeln und durch Einfluss nehmende Faktoren. Pflegeinterventionen finden nie isoliert in einem luftleeren Raum statt. In **Abbildung 4-1** wird versucht, die genannten Zusammenhänge grafisch darzustellen.

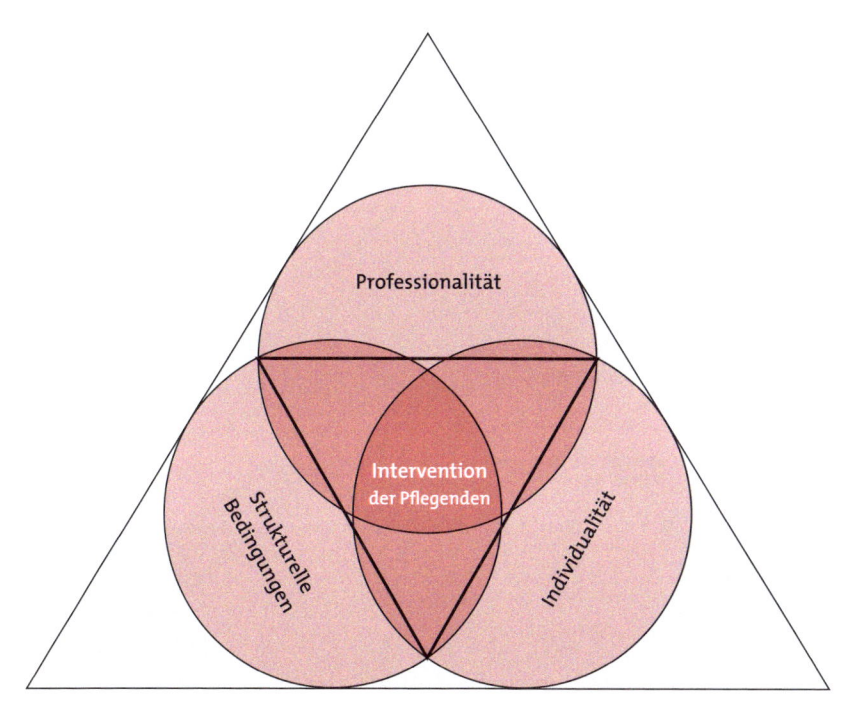

Abbildung 4-1: Die Trias – Determinanten des pflegerischen Handelns (Urselmann, 2006).

Das Phänomen Schreien und Rufen von Menschen mit Demenz ist ein sehr komplexes Geschehen. In den stationären Einrichtungen der Altenhilfe sind dadurch alle Akteure tangiert – ein wechselseitiges und ineinandergreifendes Geschehen wird bei genauer Betrachtung transparent. In der Literatur wird die Darstellung der extrinsischen und intrinsischen Einflussfaktoren als ätiologische Aspekte beschrieben. Unbestritten ist, dass der Schreianlass vielfach nicht identifiziert und fehlerfrei einem auslösenden Bedürfnis oder Impuls zugeordnet werden kann. Das wiederum nimmt direkten Einfluss auf die Interventionsgestaltung der Pflegenden.

4.1 Interventionsziele und Motiv

Jede Zielsetzung sowie die damit verknüpfte Interventionsgestaltung stellen direkt und auch indirekt ein wechselseitiges Zusammenspiel dar. Die Zielsetzung bestimmt die Intervention, und die Umsetzung steht im Einfluss der kontextuellen Bedingungen.

In **Abbildung 4-2** wird die Beziehung zwischen der Interventionsgestaltung und der Motivation dargestellt, wobei die Ziele Ruhe und Wohlbefinden in wechselseitiger Verbindung stehen. Ruhe und Wohlbefinden werden als Ziele für den Menschen mit Demenz angestrebt – aber auch für den Pflegenden selbst. Die Motivation hängt von dem Zusammenspiel der kontextuellen und

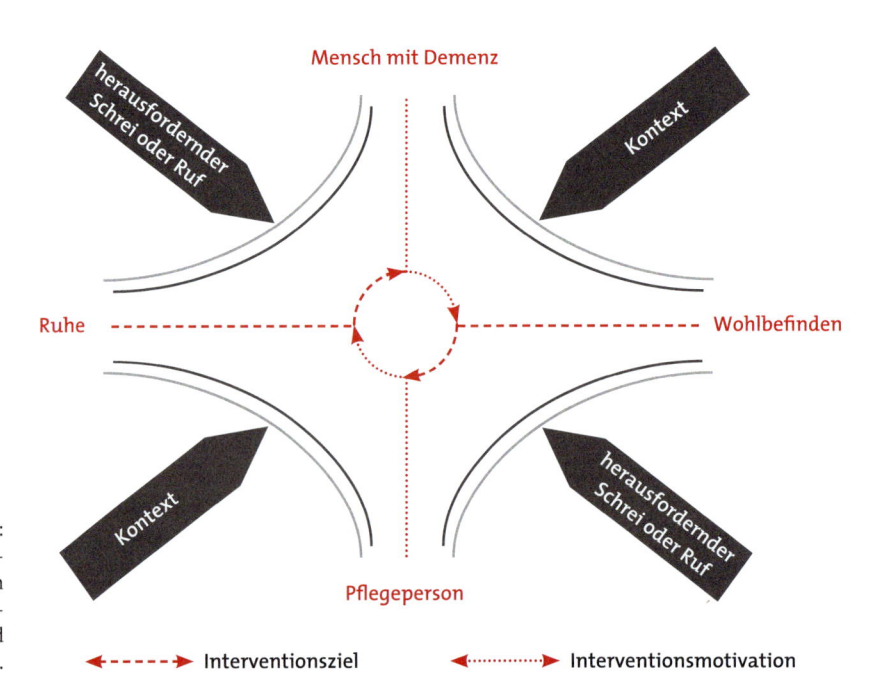

Abbildung 4-2: Beziehungsverflechtung zwischen Interventionsgestaltung und Pflegeziele.

ursächlichen Bedingungen sowie den Einflussfaktoren ab. Diese Motivation steht darüber hinaus vor dem Hintergrund einer wechselseitigen Verknüpfung. Pflegende verfolgen mit ihrer Intervention ein Ziel, das sich vereinfacht dargestellt zwischen den beiden Polenden Ruhe und/oder Wohlbefinden hin- und herbewegt. Bei der Umsetzung dieser Ziele werden jedoch unterschiedliche Motivationsanlässe beschrieben. Viele Pflegende berichten, dass sie Ruhe anstreben, weil diese das soziale Miteinander gewährleistet und darüber hinaus werden sie als Pflegeperson nicht zur Intervention gezwungen. Diese Ruhe bedeutet für die Pflegenden gleichzeitig Wohlbefinden im Sinne der Zielsetzung, alles «in den Griff zu kriegen». Hier interagiert eine intrinsisch geprägte Motivation mit dem Wunsch nach Kontrolle und Lenkbarkeit der Schrei- oder Rufsituation. Wohlbefinden als Interventionsziel wird allerdings in anderen Situationen auch für den schreienden oder rufenden Menschen angestrebt, wobei der Pflegende diese Motivation nicht um seiner selbst willen wählt, sondern allein der schreiende oder rufende Mensch die Intervention leitet.

Wie, wann und wo die Pflegenden die Schwerpunkte setzen, folgt keinen festgelegten Regeln, sondern orientiert sich an einer veränderbaren Prioritätensetzung, die einen sehr flexiblen Charakter besitzt. Als Extrempole können aus Sicht der Pflegenden Ruhe und Wohlbefinden identifiziert werden, wobei die Intension auf Ruhe/Wohlbefinden für die Menschen mit Demenz zielt.

Diese Zusammenhänge und Wechselbeziehungen werden in der **Abbildung 4-2** grafisch dargestellt. Dieses Schaubild ermöglicht die Interpretation, dass die Interventionen der teilnehmenden Informanten sowohl einen intrinsischen Motivationscharakter aufweisen, als auch extrinsische Motive berücksichtigt werden.

4.1.1 Pflegeziele Ruhe und Wohlbefinden

Es zeigt sich anhand der bislang dargestellten Zusammenhänge, dass die Komplexität des Phänomens nur vor dem Hintergrund des Kontextes Seniorenheim verstanden werden kann. Koch-Straube (1997) spricht in diesem Zusammenhang von einer fremden Welt Pflegeheim und findet dort die «weitgehende Stille in einem Haus voller Menschen, ihr Schweigen und ihrer Inaktivität» (ebd.: 20) befremdlich. Einige Sätze später bemerkt sie, dass sie die unerwarteten Rufe und Schreie, die diese Stille durchbrechen, ebenfalls als höchst befremdlich wahrnahm. Das Durchbrechen der Ruhe, das Koch-Straube thematisiert, ist in diesem Buch ein zentraler Punkt. Ruhe ist das leitende Ziel bei zahlreichen Interventionen der Pflegenden. Sie wird gleichgesetzt mit Zufriedenheit und hoher Lebensqualität der Bewohner. Hierzu werden Verhaltensmerkmale der Menschen mit Demenz (Mimik, Gestik, Verhalten, …) beobachtet und interpretiert. Im Vordergrund steht deshalb die Gewährleistung und Wiederherstellung von Ruhe. Gleichzeitig wird deutlich, dass die Verknüpfungen erwartungsgemäß wesentlich komplexer und vielschichtiger sind. Nicht immer steht nämlich nur die Erhaltung oder Wiederherstellung von Ruhe im Fokus, sondern ebenso wichtig sind viele andere Aspekte wie das Wohlbefinden der Menschen mit Demenz, die kontextuellen Bedingungen, die Bewältigungsstrategien der Pflegenden und zum Beispiel auch deren Interventionsgestaltung. Es geht allerdings nicht nur um den Menschen mit Demenz, der schreit oder ruft, sondern immer indirekt und manchmal auch direkt um die Mitbewohner und die Pflegenden selbst, die im Kontext Seniorenheim agieren. Ihr Verhalten und Handeln orientiert sich an dem Informationsgehalt und Appell der herausfordernden Schreie oder Rufe, aber auch an der Erwartungshaltung, die die Umwelt (Seniorenheim) an die Pflegenden stellt. Letztlich orientiert sich das Handeln der Pflegenden auch an den Bedürfnissen der eigenen Person. Die Auslöser, die Intension, die Wahrnehmung, die Interpretation der Schreie oder Rufe und das Handeln der Pflegenden stehen in einem ursächlichen Zusammenhang. Das alles ist bereits in der Pflege bekannt und wurde in der zugrunde liegenden Studie erneut bestätigt.

In diesem Zusammenhang zeigt sich, dass der «störende» Schrei oder Ruf eines Menschen mit Demenz im Vergleich zu den anderen herausfordernden Verhaltensweisen in stationären Einrichtungen der Altenpflege eine herausragende Position einnimmt. Diese besondere Bedeutung resultiert aus der Tatsache, dass der Schrei oder Ruf im Vergleich zu den anderen herausfordernden Verhaltensweisen nicht nur in einem eng begrenzten Bereich seinen Einfluss ausübt, sondern aufgrund des phonetischen Mitteilungscharakters weit hörbar ist. Der Schrei ist laut und kann manchmal bis in den letzten Winkel eines Wohnbereichs gehört werden, so dass Pflegende sich den Schreien oder Rufen nicht völlig entziehen können. Potenziert wird die hohe Präsenz dieser Form von herausforderndem Verhalten durch die Reaktion der Mitbewohner, die auf die «Störung» teils ebenso lautstark reagieren. Der Schrei oder Ruf eines einzelnen Bewohners kann aus diesem Grund einen hohen Geräuschpegel innerhalb einer stationären Einrichtung generieren.

> Es erscheint einfach, die Pflegeziele Ruhe und Wohnbefinden in Waage zu halten (siehe **Abbildung 4-3**). Aber ist das im Pflegealltag wirklich so einfach?

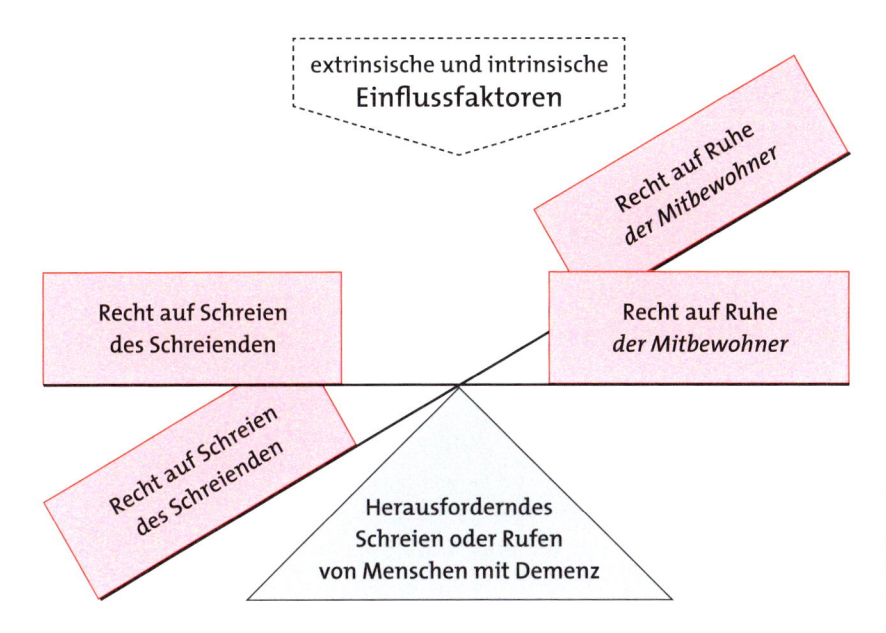

Abbildung 4-3: Die «Waage» der Pflegeziele bei herausforderndem Schreien und Rufen.

4.2 Interventionsgestaltung und Strategien der Pflegenden

Im folgenden Kapitel werden von Pflegenden genannte Beispiele der Interventionsgestaltung vorgestellt. (Nahezu) alle Interventionsaktivitäten und Strategien der Pflegenden beginnen mit der Suche nach dem Schrei- oder Rufgrund. Nur wenn die Ursache bekannt ist oder eng eingegrenzt werden konnte, wird auf diesen gewissermaßen ersten Schritt verzichtet. In einem «zweiten» Schritt folgt die Vorgehensweise nach dem Prinzip des Versuchs und Irrtums. Die **Abbildung 4-4** zeigt eine Übersicht der genannten Interventionen und Strategien im ordnenden Zusammenhang.

Die genannten Beispiele der Pflegeinterventionen beziehen sich auf die direkte Befriedigung der Schrei- oder Rufmomente, wobei Ruhe als Ziel gleichberechtigt neben dem Wohlbefinden der schreienden oder rufenden Menschen steht. Die Interventionen sind zielgerichtet; die Aktivitäten richten sich direkt auf das Verhalten der schreienden Menschen und auf die Schreisituation selbst, die es zu befriedigen und/oder befrieden gilt. Daneben stehen abwehrorientierte Interventionen, die nur indirekt auf den Menschen mit Demenz zielen, weil viele Pflegende die für sie aus dem Schrei oder Ruf resultierenden Belastungsmomente verändern oder/und beseitigen wollen. Diese Aktivitäten haben einen anderen Charakter und unterscheiden sich hinsichtlich ihrer Intensionsrichtung, Motivation sowie der (oft) weniger intensiven Handlungsreflexion.

Interventionen/Strategien

Suche nach dem Schrei- und Rufgrund
Versuch/Irrtum

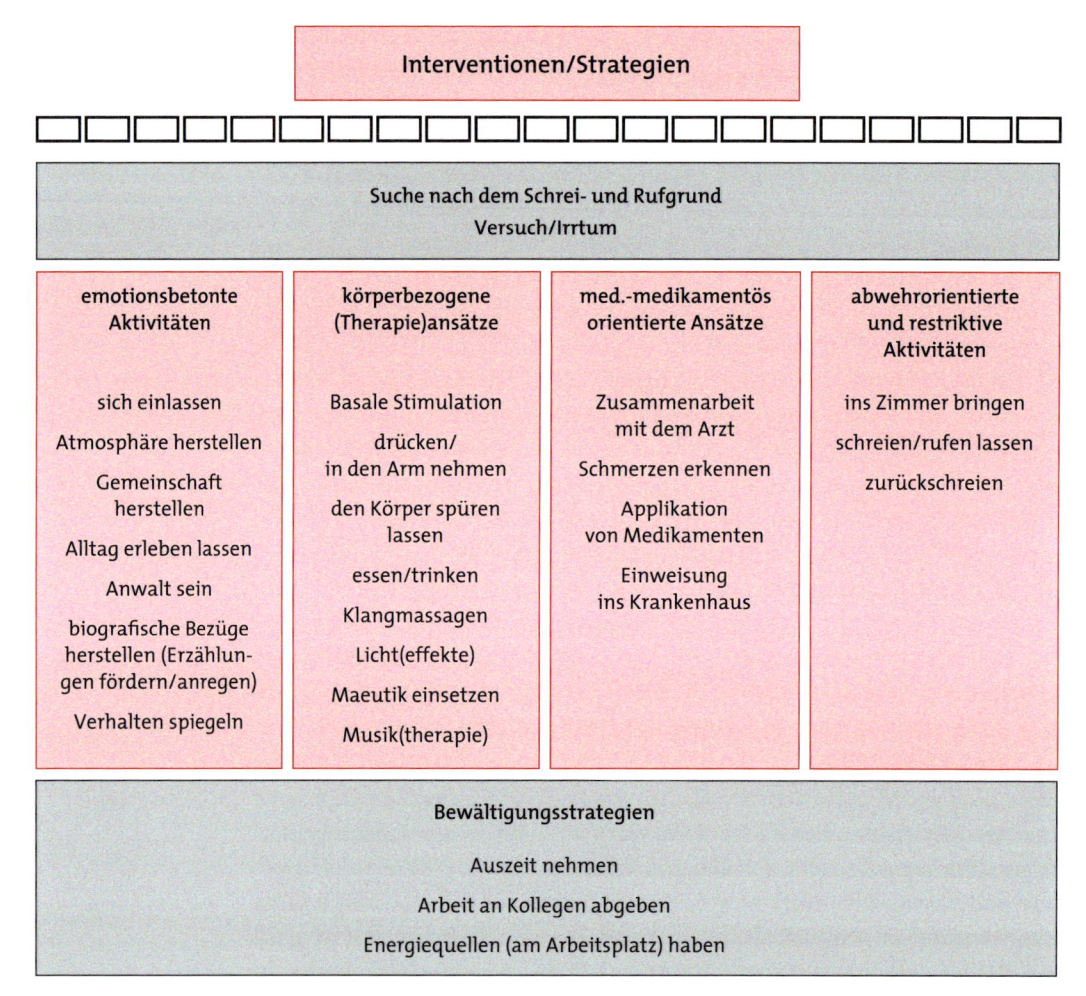

emotionsbetonte Aktivitäten	körperbezogene (Therapie)ansätze	med.-medikamentös orientierte Ansätze	abwehrorientierte und restriktive Aktivitäten
sich einlassen	Basale Stimulation	Zusammenarbeit mit dem Arzt	ins Zimmer bringen
Atmosphäre herstellen	drücken/ in den Arm nehmen	Schmerzen erkennen	schreien/rufen lassen
Gemeinschaft herstellen	den Körper spüren lassen	Applikation von Medikamenten	zurückschreien
Alltag erleben lassen	essen/trinken	Einweisung ins Krankenhaus	
Anwalt sein	Klangmassagen		
biografische Bezüge herstellen (Erzählungen fördern/anregen)	Licht(effekte)		
Verhalten spiegeln	Maeutik einsetzen		
	Musik(therapie)		

Bewältigungsstrategien

Auszeit nehmen

Arbeit an Kollegen abgeben

Energiequellen (am Arbeitsplatz) haben

Abbildung 4-4: Übersicht unterschiedlicher Interventionsbeispiele und Strategien bei herausforderndem Verhalten. Beschreibung von Pflegenden.

Der Versuch, die Interventionen zu ordnen, führt zur Einteilung in emotionsfokussierte Aktivitäten, körperbezogene Therapieansätze, medizinisch-medikamentöse Ansätze und abwehrorientierte Aktivitäten mit einem ausgeprägt restriktiven Charakter. Die einzelnen Kategorien werden nachfolgend vorgestellt.

4.2.1 Suche nach dem Schrei- oder Rufgrund

Viele Pflegepersonen orientieren sich an den Wünschen und Bedürfnissen des Menschen mit Demenz. Der Schrei hat für sie eine Signalwirkung mit einem ausgeprägt appellativen Charakter. Die Pflegenden wollen wissen, warum der

Bewohner schreit. Sie wollen den Grund kennen, um dann zielgenau das Bedürfnis zu befriedigen und den Schrei befrieden zu können. Das ist ein logischer Wunsch, weil die Antwort auf die Frage, warum ein Mensch mit Demenz schreit oder ruft, in die Planungs- und Aktivitätsabfolge zielgenau einfließen soll. Im pflegerischen Interventionsprozess bleibt die direkte Nachfrage häufig jedoch verbal unbeantwortet, weil die verbale Kommunikationsfähigkeit der Menschen mit Demenz so stark eingeschränkt ist, dass der Schreigrund von den Bewohnern nicht benannt werden kann. Eine Pflegende beschreibt in diesem Zusammenhang die Intention für ihre Suche: «Weil der Bewohner nicht sprechen kann. Weil der Bewohner sich nicht so äußern kann, dass er sagen könnte, ich schreie jetzt deswegen.» Die Suchoptionen bleiben aus diesem Grund nicht nur auf die verbale Kommunikationsebene begrenzt, sondern berücksichtigen auch nonverbale Hinweise: «Weil ich halt nicht immer auf meine Fragen Antwort kriege in irgendeiner Form, ob verbal oder nonverbal, es funktioniert nicht immer», sagt eine Pflegende mit über 20-jähriger Berufserfahrung. Eine andere Pflegende bemerkt: «Ich bin ja auch immer der Meinung, dass wir eigentlich ja oftmals Vermutungen anstellen, warum das ist, weil die Dementen in den seltensten Fällen das erklären. Diese eine Bewohnerin, die sich noch so gut äußern kann, […] Das finde ich schon wunderbar, weil ich dann wirklich weiß, wogegen ich ihr vielleicht was, irgendwas Gutes tun kann. Da hab ich dann ein bisschen was in der Hand, das ist gut. Aber ich denke, in den seltensten Fällen wissen wir es ganz genau. Man nimmt an, man vermutet, hofft, dass man richtig liegt.»

Diese Interviewpartnerin sagt deutlich, dass die Pflegenden sich bei der Zuschreibung eines Schreis oder Rufs zu einem bestimmten Schrei- oder Rufgrund in einem Feld der Vermutungen bewegen. Sie mutmaßen und hoffen, dass diese Zuschreibung richtig ist. Viele Pflegenden wissen, dass es immer nur eine Annäherung an den Schreigrund geben kann. Gewissheit erhält die Pflegeperson nur in den seltensten Fällen. Und auch hier bleibt die Frage unbeantwortet, ob nicht bereits im Verlauf der Pflegeintervention eine aktuelle Änderung des Schreiimpulses von dem Menschen mit Demenz (bewusst oder unbewusst) vollzogen wurde.

Wenn sowohl verbale als auch nonverbale Kommunikationssignale fehlen, werden die Pflegenden vor eine schwere Aufgabe gestellt. Eine Altenpflegerin beschreibt es in einem Interview so: «wir [haben] einen Herrn […, Familienname des Bewohners] da, da ist es noch was schwieriger, weil der Herr […] ein sehr – ich möchte fast sagen – versteinertes Gesicht hat. Er hat so kaum noch Gesichtszüge, keine Mimik mehr drinnen. Und da ist dann [die Ursache] dieses Rufen und Schreien noch schwerer zu erkennen.»

Interessant ist hierbei, dass alle Interviewpartner in der zugrunde liegenden Studie wissen, dass der Mensch mit Demenz sich häufig nicht mehr verbal äußern kann und dennoch wird das ritualisierte Verhalten in Form der verbalen Nachfrage fortgesetzt. Im direkten Kontakt mit den Bewohnern steht deshalb oft die verbal geäußerte Frage nach dem Schreigrund am Anfang des Kontaktes. Selbst dann, wenn die Pflegenden wissen, dass dem Menschen mit Demenz eine verbale Antwort aufgrund des fortschreitenden demenziellen Prozesses nicht mehr möglich ist. Die Nachfrage ist allerdings nicht losgelöst von anderen Beobachtungsparametern. Die Informationen aus der Beobachtung von Mimik und Gestik fließen in den Suchprozess ebenfalls ein. So äußert eine Altenpflegerin: «da sind wir natürlich gefordert zu gucken […] Wir müssen auf Körpersprache achten. Wir müssen auf, ja Mimik, Gestik, auch wie sie schreit, ne. Mit welcher Heftigkeit, oder ob das mal leiser ist und so. Und da sind wir oftmals so im Spagat, es ist immer wieder eine neue Herausforderung. Ja wir gehen dann so ran, dass wir, wenn wir das Gefühl haben, dass sie jetzt so Ängste hat, zum Beispiel, ne. Dann ist der ganze Körper verkrampft, sie zieht sich in sich zusammen und sie schreit ganz heftig.»

Neben der Nachfrage und dem Beobachten wird auch die Zusammenarbeit mit den Angehörigen und anderen Berufsgruppen aktiviert. Gesucht werden zum Beispiel Hinweise in der Biografie des Menschen mit Demenz, die Angehörige vielleicht liefern können. Selbst wenn alle Informationssplitter zusammengetragen werden, ist das noch lange keine Garantie dafür, dass sich der Schreigrund finden lässt. Hier wird dann nicht das Schreien zum Problem, sondern das Nichtfinden des Schreigrundes, wie eine Interviewpartnerin bemerkt: «Für mich war immer nur das, das Problem, warum finden wir nicht raus, was los ist? Warum finden wir nicht irgendwas, was ihm hilft? Weder der Arzt noch wir als Pflegepersonal?»

Alle Informationsteile werden von vielen Pflegenden gebündelt und erst das Zusammenspiel aller Einzelinformationen bildet die Grundlage für die dann folgende Interventionsgestaltung. Hierbei findet eine Verknüpfung mit dem Erfahrungswissen statt, also ein Abgleich mit früheren Situationen. Die Suche wird oft als schwierig beschrieben, weil ein schnell und einfach erzieltes Ergebnis, nämlich die Antwort auf die Frage nach dem Schrei- oder Rufgrund, unbeantwortet bleibt. Viele Pflegenden berichten übereinstimmend, dass der Grund oft nicht gefunden wird und selbst Rückgriffe auf biografische Aspekte, die Angehörige vielleicht hätten liefern können, nie gesammelt wurden oder nicht mehr gesammelt werden konnten. Aber auch wenn Hinweise aus der Biografie vorliegen, bleibt die Ableitung der Schrei- oder Rufgründe vielfach höchst spekulativ und ergebnislos. Eine Interviewpartnerin beschreibt es so: «Also, das Schreien von demenziell veränderten alten Menschen erlebe ich als relativ schwierig, weil eben halt durch diese Demenz der, die Ursache für das Schreien oft nicht erkannt werden kann, ne. Und da hilft auch keine Biografiearbeit und Angehörigenbefragung, wenn die Leute schreien, so hab ich die Erfahrung gemacht.»

Hinter dieser Frage steht (oft) ein Wunsch: Den Auslöser kennen wollen und damit die Interventionsoptionen zielgenau auswählen und oder zumindest eingrenzen zu können. Es ist der Wunsch, den Versuch-und-Irrtumsablauf einzugrenzen und auch das Bestreben, dem Menschen helfen zu wollen, wie eine Altenpflegerin betont, die etwa zehn Jahre im Beruf tätig ist und in einem Seniorenheim mit segregativem Wohnkonzept arbeitet. Sie unterstellt, dass der schreiende oder rufende Mensch den Schreigrund kennt und es für ihn erst einmal zweitrangig wäre, ob die Pflegenden den Auslöser identifizieren oder nicht. Sie will dagegen treffsicher agieren, wie sie in einem Interview bemerkt:

> Auf jeden Fall würd ich mir wünschen herauszufinden, warum das so ist, warum schreien die Leute, was, was möchten die? Was, was ist die Motivation? Auch wenn man es oft erahnen kann, aber die Sicherheit hat man nicht, ob es das ist oder ob es das nicht ist. Das, das wünsche ich mir sehr, sehr oft in diesen Situationen, dass ich mir, dass ich einfach mal weiß, warum schreit derjenige jetzt [...] auch wenn es für den Bewohner erstmals zweitrangig ist. Weil, er weiß es ja. Aber ich weiß es eben nicht.

4.2.2 Klima des detektivischen Wissenwollens

Obwohl die Pflegenden den Schreigrund in den wenigsten Fällen einer Schrei- oder Rufursache zuordnen können, wird die Suche immer wieder neu gestartet. Das zeigte sich deutlich in der genannten Studie. Die Suche gehört untrennbar zur Interventionsgestaltung und ähnelt einem «Detektivspiel» oder einer «Ratestunde», wie eine Interviewpartnerin sagt: «Das ist ja so wie [...] wie ein Detektivspiel. Man versucht ja, den Grund zu finden, und manchmal trifft man's oder das Schreien hört auf, man denkt: ‹Ach, das war jetzt der Grund›. Aber manchmal ist das [eine] Ratestunde. Manchmal, manchmal klappt es, ob das denn Zufall ist oder immer gezielt, das weiß ich nicht.»

Darüber hinaus ist vielen Pflegepersonen bewusst, dass sie mit der Suche nach dem Schrei- oder Rufgrund einen tiefen Eingriff in die Privatsphäre eines Menschen vornehmen, der zu einer vulnerablen Gruppe gehört. Sie wissen, dass er sich dieser Suche nicht (immer) entziehen kann und auch, dass im sich immer wieder neu generierenden Suchprozess der Bewohner zum Gegenstand eines gewissermaßen detektivischen Wissenwollens werden kann. Der Mensch mit Demenz, sein Verhalten, seine Willensäußerungen und seine Gefühlswelt, die er oft nur mit seinen expressiven Schreien oder Rufen ausdrücken kann, werden transparent, bloßgelegt und analytisch betrachtet. Der schreiende Mensch mit fortgeschrittener Demenz muss passiv dulden, dass Pflegende in einem überaus aktiven Suchprozess seine Welt mit seinen Gefühlen durchforsten. Er hat keine Möglichkeit, diese Suche zu stoppen. Letztlich könnte die Suche nach dem Schrei- oder Rufgrund dazu führen, dass der Bewohner zum Objekt verkommt. Hier ist vielleicht zu antworten, dass die Pflegenden mit ihrer Suche eine zielgerichtete Intention verfolgen und der Mensch mit Demenz mit seiner eingeschränkten verbalen

Kommunikationsfähigkeit im Fokus aller Aktivitäten bleibt. Pflegende sollten nicht mit erhobenem Moralfinger suchen und sie sollten den Bewohner nie bloßstellen. Der Schreigrund wird gesucht, um zielgenaue Interventionen einleiten zu können. Hierbei muss eine sensible Vorgehensweise beachtet werden und das Bewusstsein einer hohen Verantwortung gegenüber einem «schutzbefohlenen» Menschen im Vordergrund stehen. Eine Interviewpartnerin zieht in diesem Zusammenhang Parallelen zur eigenen Person und antwortet auf die Frage, ob man den Schreigrund immer finden muss und will:

> Hhmm, immer? Ich glaub manchmal – man muss nicht immer alles so hundertprozentig wissen. Nicht nur die demenziell erkrankten Menschen haben ja Gefühle, die sie ausdrücken, sondern wir auch. Und ich möchte auch gar nicht, dass jeder Bewohner hundertprozentig weiß, was ich denke und fühle. Ich denke, das muss man auch gar nicht haben. Man kann auch einfach mal so sagen: ‹Ach Mensch, so'n Mist›, einfach so, das muss nicht irgendeiner wissen, warum ich das jetzt gesagt hab.

Die fortwährende, immer wieder neu beginnende Suche nach dem Schreigrund beschreiben viele Pflegende in der Studie nicht als Belastung und zusätzliche Arbeit, sondern als Herausforderung. Eine Aufgabe, die interessant ist und den Menschen mit Demenz in den Mittelpunkt zu rücken versteht. Die Pflegenden freuen sich über jedes Detail, das die Suche eingrenzt, wohl wissend, dass es eine Momentaufnahme im fortschreitenden demenziellen Prozess des Bewohners ist. Eine Pflegende, die in einem segregativen Seniorenheim für Menschen mit Demenz arbeitet, beschreibt diesen sehr aktiven Prozess und benutzt die Metapher der Suche nach passenden Mosaiksteinen:

> Wir sind immer so auf der Suche. Sie kennen wahrscheinlich ein Mosaik, sag ich mal. [...] und früher musste man diese Steinchen einzeln nehmen und sich dann dieses Ornament und diese Blume, dieses Muster selbst zusammenlegen. Und so sind wir also ständig am suchen, ne. Wenn wir wieder so'n Mosaiksteinchen gefunden haben, was zu diesem Blümchen passt, dann legen wir das dazu und gucken ob's am nächsten Tag auch noch passt, ne. Also, das ist eigentlich eine permanente Herausforderung. Aber eine sehr, sehr interessante Aufgabe.

Ähnlich beschreibt es eine Interviewpartnerin, die in einem Seniorenheim mit traditionellem Wohnkonzept arbeitet, das zunächst als Wohnhaus für Menschen mit Demenz konzipiert war und wo heute Menschen mit und ohne Demenz zusammenleben. Sie betont ebenfalls, dass ihr die Suche nach dem Schrei- und Rufgrund sehr viel Spaß macht. Sie vergleicht den Suchprozess mit der «Entzifferung von Hieroglyphen» und rückt damit indirekt ihre Fachkompetenz in den Vordergrund. Dabei sagt sie lachend, dass nicht jeder diese «Fremdsprache» verstehe.

> Ich denke, dass ich recht gut mit solchen Leuten umgehen kann und ich mach das auch gerne, ich hab da viel Freude dran, die Hieroglyphen zu entziffern, wenn die ihre eigene Sprachen entwickeln und freu mich auch immer tierisch, wenn ich weiß, was die wollen und die anderen wissen das nicht, dann bin ich immer ganz stolz. ‹Guck mal, ich kann Fremdsprachen›. Man albert auch rum.

Die Suche nach dem Schrei- oder Rufanlass ist aber nicht immer nur mit Humor, Spaß und Erfolgsfreude verbunden. Besonders die Tatsache, dass der Schreigrund sehr häufig nicht gefunden wird, frustriert und hinterlässt ein Gefühl der Hilflosigkeit, wie ein Altenpflegerin in einem Interview erzählt: «Sie kann's nicht artikulieren und dann ist es schon schwierig da zu sagen, was ist jetzt los. Warum schreien sie, was möchten sie. Macht sie's wirklich einfach aus Langeweile, macht sie's um Aufmerksamkeit zu haben. Es ist schon schwierig. Und man fühlt sich auch manchmal ein bisschen hilflos.»

4.2.3 Suche nach einem Schreimuster

Eine Vielfalt von Suchstrategien, die situationsadäquat zum Einsatz kommen, beschreiben einige Pflegende in der genannten Studie. Hierbei ziehen sie immer wieder Parallelen zu bereits erlebten Schrei- oder Rufsituationen und durchgeführten Suchprozessen. Wenn eine Bewohnerin im fortschreitenden demenziellen Abbauprozess «plötzlich» zu schreien oder rufen beginnt, werden systematisch alle Faktoren, die Einfluss nehmen könnten, in das Gesamtbetrachtungsbild einbezogen. Auf die Frage, was ein Interviewpartner machen würde, wenn eine bis dahin «ruhige» Bewohnerin zu schreien beginnt, antwortet er: «dann würd ich das beobachten und würd das dokumentieren in der Form von einem Protokoll und wo jeder aufschreibt ja zu welcher Zeit, in welchen Abständen die Frau wie und auch wo und bei wem reagiert. Und das so detailgetreu dokumentieren, dass sich da eventuell ein Muster herausbildet. Dann würde ich es 'ne Zeit lang machen, ich sag mal über 'nen Monat. Und dann würde ich das in 'ner Teambesprechung ansprechen. Mit den Angehörigen auch reden, ja. Und dann Maßnahmen einleiten – was heißt Maßnahmen, was kann man, wie kann man auf sie eingehen, ja.»

Dieser Pfleger sagt, dass er die Schreimomente der Bewohnerin schriftlich erfassen will. Gleichzeitig würde er versuchen, sagt er, ein (Schreiverhaltens-) Muster zu identifizieren. Das macht er, weil er den Schreigrund wissen und erkennen will. Wichtig ist für ihn, wann die Bewohnerin schreit, wo, wie lange, in welcher Situation, wie oft etc. Dieses Protokoll soll Grundlage für die Interventionsgestaltung werden. Indirekt beschreibt er ein Assessmentinstrument und eine Dokumentation, die den Charakter eines Langzeitbeobachtungsprotokolls mit anschließender Analyse im (multidisziplinärem) Team besitzt. Er weiß, dass das eine enge Zusammenarbeit im Mitarbeiterteam voraussetzt und auch die Angehörigen integriert. Das wiederum soll biografische Aspekte des Menschen mit Demenz einfließen lassen. An anderer Stelle beschreibt der Pfleger, dass die Identifikation von Verhaltensmustern und damit die Kenntnis des Schreigrundes nicht immer möglich sei. Er weiß, dass Schreien oder Rufen von Menschen mit Demenz nicht (immer) einem starren Verhaltensraster mit wiederkehrenden Verhaltensmustern folgt. Die unterschiedlichen kontextuellen Zusammenhänge sind nicht immer deckungsgleich und lassen sich nicht identisch duplizieren, wie der Informant an anderer Stelle des Interviews deutlich betont: «Wie gesagt, ich kann Ihnen leider kein Muster sagen, weil da hat sich nichts rauskristallisiert. Ich hab das damals auch schon so gemacht, dass man das dokumentiert hat. Es hat sich kein Muster herausstellen können.»

Zusammenfassend kann gesagt werden, dass die Suche durch eine ausgeprägte Sehnsucht nach dem erfolgreichen Finden des Schreigrundes geprägt ist. Viele Pflegenden wollen das Verborgene transparent werden lassen und sie wollen das Versteckte entdecken. Es ist ein zielgerichteter Suchprozess und ein erster Schritt in einer immer wieder neu beginnenden Aktivitätskette. Das Ganze geschieht vor dem Hintergrund, dass viele professionell Pflegende wissen, dass der Schrei- oder Rufgrund vielfach beziehungsweise meistens nicht exakt identifiziert werden kann. Die Kernfrage heißt dennoch immer wieder neu: Warum schreit der Bewohner und finde ich den Schrei- oder Rufgrund? Es ist eine Frage, die nicht nur das Schreien oder Rufen befrieden soll, sondern gleichzeitig auch das Bedürfnis des Menschen mit Demenz zu befriedigen sucht.

Dieser Prozess des Suchens vollzieht sich auf einer «ersten» Handlungsebene, wo Signale aufgegriffen, verglichen, verworfen und die Ergebnisse des Suchens neu geordnet werden. In einem zweiten Schritt folgt eine andere Ebene, in der häufig Versuch und Irrtum abwechseln.

4.2.4 Versuch und Irrtum

Ziel der Pflegepersonen sollte sein, dass sich ihre Interventionsgestaltung an den Bedürfnissen und Wünschen der Menschen mit Demenz orientiert. Sie sollten in dem Schrei oder Ruf eine Handlungsaufforderung sehen und ihn als ein Signal mit einem deutlich ausgeprägt appellativen Charakter werten. Wird der Schreigrund gefunden, kann es zu einer direkten Bedürfnisbefriedigung oder zu einer Befriedung des Schreis/Rufs kommen. Der Interventionsablauf gestaltet sich jedoch völlig anders, wenn der Schreigrund nicht gefunden wird. Eine Pflegende mit langjähriger Berufserfahrung in der Betreuung und Pflege von schreienden und rufenden Menschen bringt es wie folgt auf den Punkt: «Man muss immer schauen – es ist das Problem, wenn die Leute nicht mehr klar sagen können, was sie möchten.» Gelingt es also nicht, den Schreigrund zu erkennen oder die verbalen und nonverbalen Äußerungen so zu verdichten, dass sie sich dem Schreigrund annähern, beginnt unmittelbar nach der Suche ein Aktionsfeld, das durch Versuch und Irrtum gekennzeichnet ist.

Der Vergleich und Abgleich sowie die Verknüpfung mit ähnlichen Situationen stehen in dieser Prozessphase im Vordergrund. Obwohl das Handeln eindeutig zielgerichtet ist, wirken die Pflegehandlungen zunächst willkürlich. Warum? Weil die Pflegenden gewissermaßen in einem Raum der Vermutungen agieren, einem Raum, den sie immer wieder neu tastend erkunden müssen. Es kommt zu einer sich immer wieder neu generierenden Annäherung, wobei sich das Offensichtliche und die Suche nach dem «Versteckten» abwechseln und mit den durchgeführten Pflegeinterventionen abgeglichen werden. Die als am wahrscheinlichsten eingestufte Schreiursache tritt in den Vordergrund und wird zur Handlungsgrundlage der nachfolgenden Pflegeaktivität. Dabei lässt sich der Ablauf häufig nicht regelhaft gestalten, weil eine temporär und situativ hohe Situationsunbeständigkeit vorherrscht. Was ist damit gemeint? Keine Situation gleicht der anderen oder läuft identisch ab, sondern alle Pflegesituationen unterliegen insgesamt betrachtet einer hohen Flexibilitätsbreite. Das resultiert aus der Tatsache, dass veränderliche Einflussfaktoren ein beständiges Verhaltensmuster als Orientierungsleitlinie nicht entstehen lassen. Es ist manchmal auch eine «Glückssache», wenn der Schreigrund und die Pflegeintervention übereinstimmen, sagt eine Pflegende, die in einer Klinik arbeitet und ihre Ursachensuche oder das Eruieren des Schreigrundes zu beschreiben versucht. Es wäre also oft auch nur Glück, betont diese Pflegende, obwohl sie zielgerichtet arbeitet und auf mehrjähriges Erfahrungswissen zurückgreifen kann.

Andere Pflegende beschreiben den Ablauf als ein Prozess des «Probierens». Sie sagen, dass «probiert» wird, den potenziellen Schreigrund mit der dazu «passenden» Pflegeintervention in Einklang zu bringen:

Beispielhaft seien einige Interviewzitate von Pflegenden aufgeführt, die ihr «Probieren» in der zugrunde liegenden Studie beschreiben:

> Ja und dann probiert man halt alles aus, aber vielleicht ist es das nicht gewesen, was man probiert hat und die Bewohnerin schreit weiter. Man denkt einfach: ‹Hhhhnnn, ich hab doch alles probiert und [tiefes seufzen der Pflegeperson], sie hört immer noch nicht auf›. Und das ist schon unheimlich schwierig manchmal, finde ich, da so das Passende zu finden.

> Ja, da haben wir ziemlich viel bei ihr auch ausprobiert dann.

> Natürlich gibt es keine Anleitung für jede Situation, aber kann man probieren. Jeder Mensch ist anders und da kann man nicht sagen, das zum Beispiel die eine Intervention für alle Bewohner passt, nein. Für jeden Bewohner müssen wir eigens einen Weg finden.

> Aber da haben wir wirklich alles Menschenmögliche ausprobiert, wirklich. Ich, ich, ich weiß das nicht mehr alles. Ich glaub, sogar Musikinstrumente, sogar ein Topf mit Holzlöffel.
>
> Wir haben wirklich viele Sachen probiert, über Musik, über beten, erzählen, und, und.

Der Versuch- und-Irrtumsablauf ist oft ein instabiles Konstrukt, das «manchmal hilft und manchmal auch nicht», wie eine Pflegende bemerkt. Sie antwortet in diesem Zusammenhang auf die Frage, was sie als Pflegeperson schon alles probiert hat:

> **Pflegeperson:**
> Ja, wie gesagt, es gibt ja diese Klangmassage, wird gemacht. Diese äh, mit diesen Aromadüften macht man auch, die haben sich darauf spezialisiert. Und mit dieser Basalen Stimulation, die ist ja auch drauf spezialisiert, mit äh – 'nen Snoezelenraum haben wir auch hier. Raus gehen, mit Zuwendung, äh, auch wenn die nicht schreien, dass man da is. Auch grundsätzlich mit ihnen auch spazieren zu gehen, mit CDs. Aber irgendwie hat immer – ein Tag klappt es, ein Tag klappt es nicht.
>
> **Interviewer:**
> Können Sie sich erklären, woran das liegt?
>
> **Pflegeperson:**
> Nä, leider nicht.

In den Phasen des Ausprobierens, des Versuchs und Irrtums, verknüpfen viele Pflegenden alle Informationen miteinander. Sie wissen, welche Informationen den Schreigrund eingrenzen könnten und sie integrieren dieses Wissen in den Versuchs-Irrtums-Ablauf. Eine Pflegende betont in diesem Zusammenhang zum Beispiel, dass biografische Informationen über das gelebte Leben des Menschen mit Demenz die Suche eingrenzen und die Interventionsgestaltung beeinflussen können. «Also, es ist ganz viel Ausprobieren – ganz, ganz viel ausprobieren. Anders geht's nicht.», sagt sie. «Die Leute können einem nichts sagen und es ist einfach so und das wird auch so bleiben, egal wie viel Erfahrungen man mit solchen Menschen sammelt, es ist immer wieder individuell und man muss ausprobieren. Und es hilft natürlich unwahrscheinlich viel, wenn man was über die Leute weiß, was vom früheren Leben, ist so.»

Eine andere Pflegende erwähnt in diesem Zusammenhang eine imaginäre «Checkliste», die sie als Handlungs- und Orientierungsleitlinie nutzt. Sie setzt ihre Erfahrungen ein und nimmt einen Abgleich mit ähnlich erlebten Pflegesituationen vor. Sie weiß aber, dass auch diese Checkliste nur eine begrenzte Hilfe sein kann, eine Chance der Annäherung – mehr nicht. Es besteht immer die Möglichkeit, dass die Suche mit der nachfolgenden Intervention an einen Grenzpunkt gelangen kann. Gewissermaßen wie ein Wendepunkt in der Such- und Interventionsgestaltung, der dazu führen kann, die Suche zu beenden. «Ich klapper das alles ab, weil was soll ich noch machen, ich weiß es dann irgendwann nicht mehr.», sagt sie und fährt fort: «Ja vielleicht gehen da auch irgendwelche Dinge in ihrem Kopf vor, die mit dem und so jetzt nix zu tun haben. Da kann ich ihr nicht bei helfen, nee. Das sind Dinge, die, die, da kann ich nicht dran teilnehmen und die kann ich ihr nicht abnehmen, die kann ich nicht verändern, das ist dann einfach so. Und. Ja, in dem Fall muss ich's dann einfach hinnehmen, das sie dann mal schreit.»

Viele Pflegenden in der Studie beschäftigen sich intensiv mit dem Phänomen der Suche nach dem Schreigrund sowie der Gestaltung des Versuch-und-Irrtumsablaufs. Es ist eine Herausforderung, die es zu bezwingen gilt. Eine Pflegende äußert, dass sie und ihre Kollegen versuchen «Alternativen rauszufinden». Es ist eine Aufgabe, die sie ganz ergreift und die sie auch im häuslichen Umfeld nicht mehr loszulassen scheint. Hier wird weiter die Antwort auf die Frage nach dem Schreigrund und auch nach Lösungsoptionen gesucht. Strategien werden entwickelt und Interventionsmodifizierungen gedanklich weitergeführt. Das Ganze ist kein einfach konstruierter Prozess, sondern enthält auch deutliche Züge eines inneren «Kampfes», wie eine Interviewpartnerin bemerkt: «Aber er lebt halt einfach so in seiner eigenen Welt und lässt niemanden mehr dran», sagt sie über einen schreienden Mann mit Demenz, den sie pflegt und betreut. «Und wenn man dann alles so ausprobiert hat, durchprobiert hat, [kommt] schon mal so der Hintergedanke: Hast du wirklich alles gemacht? Hast du wirklich alles probiert? Und man kämpft dann mit sich so stundenlang abends auf dem Sofa noch und denkt: Was könnte man denn vielleicht jetzt noch tun?»

Schreie oder Rufe als Herausforderung anzusehen, lässt auf eine hohe Motivation schließen. Von einigen professionell Pflegenden wird dieser Suchgedanke bis in das häusliche Umfeld getragen. Es lässt aber ebenso vermuten, dass diese Pflegenden die Trennung zwischen Arbeit und Freizeit nicht immer vollständig vollziehen können. Die Frage, was noch getan werden kann, bleibt im Vordergrund. Dieses Verhalten, die Suche nach weiteren Optionen im Versuch-und-Irrtumsablauf wird zwar als Kampf beschrieben, von vielen Pflegenden jedoch nicht als Belastung interpretiert.

Die **Abbildung 4-5** fasst die Ergebnisse zusammen, dabei zeigt das rote Mittelfeld den Phasenverlauf, der immer dann aktiv wird, wenn der Schreigrund nicht zugeordnet werden kann. Dieser Ablauf ist situativ variabel und durch eine Phase der Ab- und Vergleiche mit bekannten oder erlebten Schrei- und Rufereignissen und dem Prozess der Versuche und den Irrtümern gekennzeichnet.

92 Interventionsebene und Strategien der Pflegenden

```
                    ┌──────────────────────────┐
          ┌────────►│   Schreien und Rufen     │◄────────┐
          │         │  von Menschen mit Demenz │         │
          │         └────────────┬─────────────┘         │
          ▼                      ▼                       ▼
┌───────────────────────┐ ┌───────────────────┐ ┌───────────────────────┐
│ Extrinsische          │ │ Suche nach dem    │ │ Extrinsische          │
│ Einflussfaktoren      │ │ Schreigrund       │ │ Einflussfaktoren      │
├───────────┬───────────┤ ├──────────┬────────┤ └───────────────────────┘
│Pflegeperson│Mensch mit│ │Schrei-   │Schrei- │
│            │Demenz    │ │anlass    │anlass  │
│            │          │ │erkannt   │nicht   │
│            │          │ │          │erkannt │
└────────────┴──────────┘ └────┬─────┴────┬───┘
                               │          │
                               │          ▼
                               │   ┌──────────────────────────────┐
                               │   │ Phasen des (situativen) Ab- │
                               │   │ und Vergleichs mit bekannten│
                               │   │ oder erlebten Schrei- und   │
                               │   │ Rufereignissen              │
                               │   └──────────────────────────────┘
   temporär variabel           │                                       situativ variabel
                               │         Versuch – Irrtum
                               │
                               ▼
                         Pflegeintervention
```

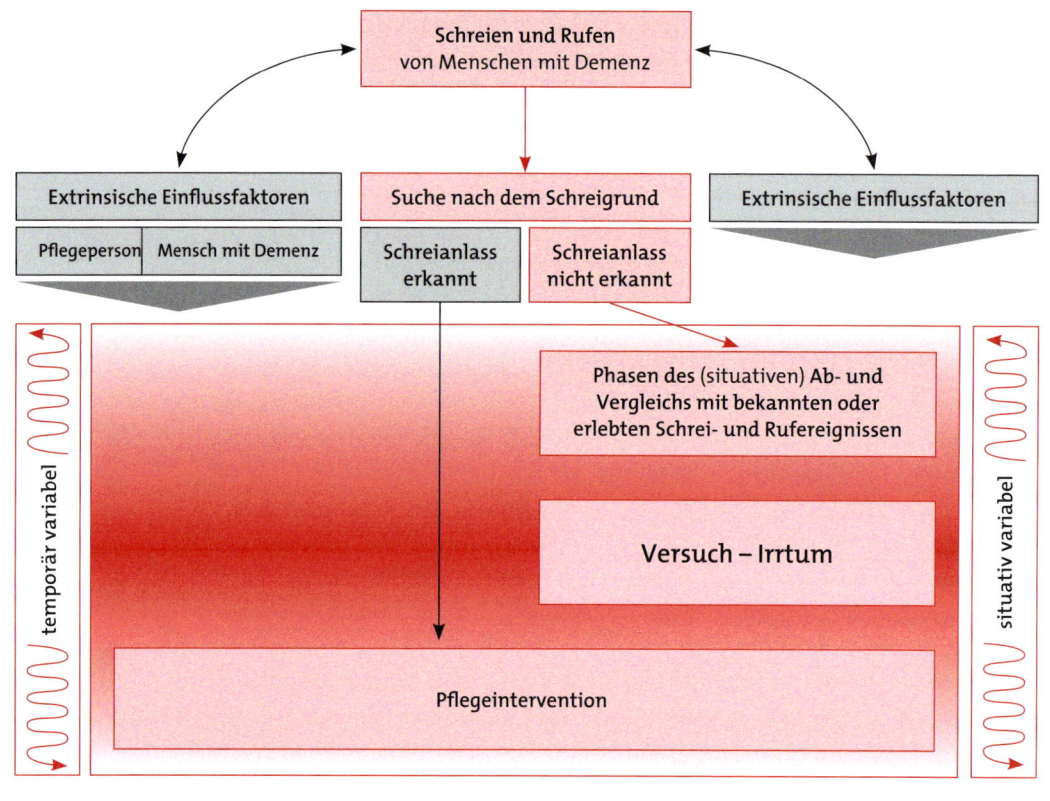

Abbildung 4-5: Darstellung des Versuch-und-Irrtumsablaufs.

In einem konstruierten Beispiel werden die Zusammenhänge vielleicht deutlicher: Herr Müller, ein bewegungseingeschränkter Mensch mit Demenz empfindet Harndrang und muss zur Toilette. Weil seine verbale Kommunikationsfähigkeit so stark verändert ist, dass er sein Bedürfnis nicht mit Worten beschreiben kann, nutzt er die Möglichkeit, die im verbal noch zur Verfügung steht: Er schreit und bittet damit um Hilfe. Eine Pflegeperson soll ihn zur Toilette bringen, weil er dort selbst nicht mehr hingehen kann. Die Pflegende hört den Schrei und weiß, dass Herr Müller schreit, weil er ein Bedürfnis hat. Herr Müller sitzt am Tisch und vor ihm steht ein leeres Glas. Er hat Durst, mutmaßt die Pflegende und bringt ihm ein neues Getränk. Herr Müller hat aber keinen Durst, sondern muss zur Toilette. Also, was macht er: Er schreit weiter und wieder kommt die Pflegende und sie mutmaßt diesmal, dass seine Sitzposition im Rollstuhl verändert werden muss. Die Sitzposition, das weiß die Pflegende, war schon oft der Grund, warum Herr Müller schrie. Wieder wird der Schreigrund nicht erkannt. Sie sehen in diesem Beispiel, dass in dem Versuch-und-Irrtumsablauf das Schreien erst dann enden kann, wenn das Bedürfnis erkannt und befriedigt wird (siehe auch **Abbildung 4-6**). In diesem verkürzten Beispiel wird deutlich, dass es in der Pflegepraxis nicht einfach ist, ein Bedürfnis adäquat zu erkennen. Konstruieren wir weiter: Was würde passieren, wenn in diesen Pflegemomenten beziehungsweise -abläufen andere Bewohner ebenfalls schreien oder herausforderndes Verhalten zeigen und/oder ein Angehöriger genau in den Momenten um ein Gespräch bitten würde und/oder das Telefon klingeln würde und/oder Frau Klein zu der Geburtstagsfeier, die bereits vor zehn Minuten begonnen hat, begleitet werden müsste und/oder heute die Pflegende auf dem Wohnbereich allein ist, weil eine Kollegin kurzfristig erkrankte und/oder…

Bitte bedenken Sie bei diesem fiktiven Beispiel, was es heißt, Harndrang zu spüren und dringend zur Toilette zu müssen!!!

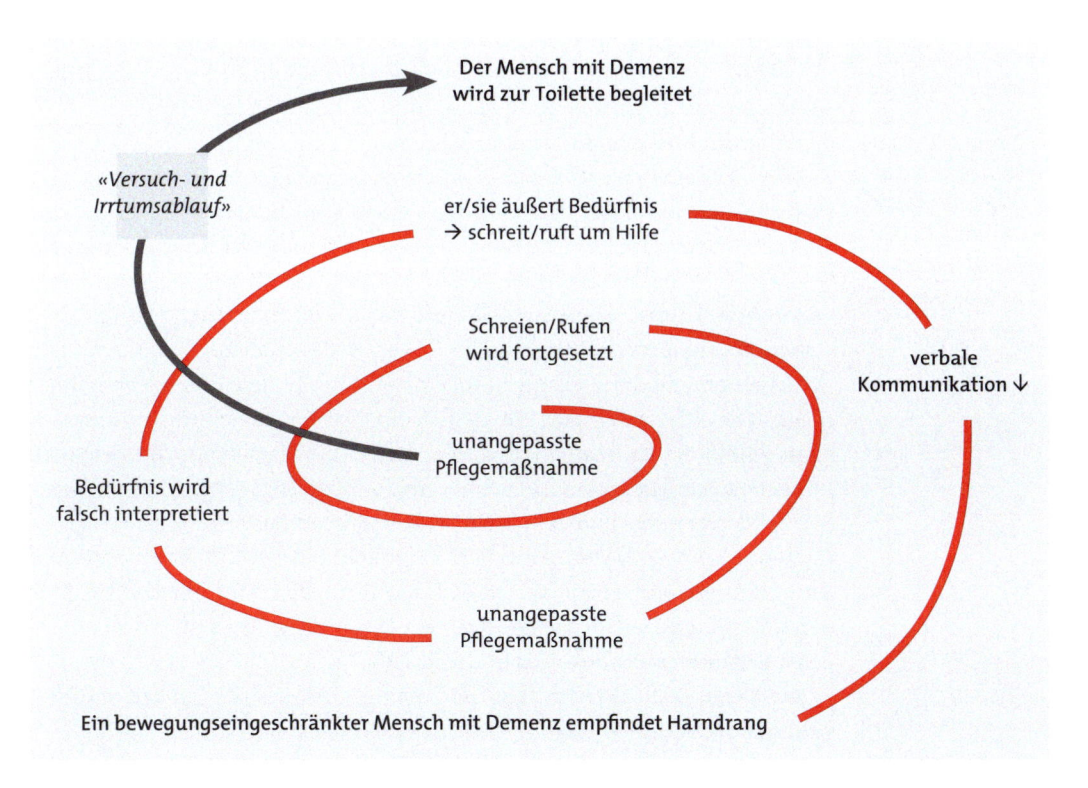

Abbildung 4-6: Versuch und Irrtum – Ein Beispiel aus der Pflegepraxis.

4.3 Emotionsfokussierte Interventionen

Emotionsfokussierte Strategien zielen auf die direkte Bedürfnisbefriedigung des Schrei- oder Rufgrundes und diese Interventionen orientieren sich direkt und indirekt an das Ziel «Wohlbefinden» und «Ruhe» der schreienden oder rufenden Menschen mit Demenz.

4.3.1 Interventionsbeispiel: reden und nachfragen

Wenn Menschen mit Demenz im fortgeschrittenen Stadium ihrer Erkrankung schreien, ist das häufig die einzig verbliebene verbale Kommunikationsmöglichkeit, die ihnen zur Verfügung stehen – nicht ohne Grund wurde bereits mehrfach auf diese Tatsache hingewiesen. Und bedenken Sie bitte, dass der schreiende Mensch den intendierten Sinn einzelner Worte vielleicht nicht mehr versteht. Eine verbale Kommunikation ist oft nicht mehr möglich. Viele Pflegende wissen das und integrieren dieses Wissen in ihre tägliche Arbeit. Sie suchen nach anderen Kommunikationswegen, wenn ein Mensch mit Demenz verbal nicht mehr erreicht werden kann. Eine Pflegende sagt: Man sollte «nicht verbal reagieren, also nicht auf den Menschen einreden, weil er es nicht versteht, sondern vielleicht durch Körperkontakt, das geht meistens sehr gut.» Dennoch, und das fällt deutlich auf, ist die Sprache, das gesprochene Wort, in nahezu allen direkten Begegnungen zwischen dem Pflegenden und dem Menschen mit Demenz bewusst oder unbewusst ein ständiger Begleiter.

Wenn ein Mensch mit Demenz schreit oder ruft, reagieren viele Pflegende mit der verbalen Frage: «Was ist denn los? Warum schreien Sie denn so?» und zwar obwohl sie wissen, dass der Mensch verbal nicht antworten kann. Eine verbale Antwort wird nicht erwartet, wie es ein anderer Pflegender indirekt beschreibt: «Man setzt sich halt mit hin und fragt mal, was ist denn, tut Ihnen was weh, warum schreien Sie? Aber oft, wir bekommen halt gar keine klare Antwort bei dementen Bewohnern.»

Die Sprache und das gesprochene Wort werden in diesen Begegnungssituationen von Pflegenden und Menschen mit Demenz zum Ritual, dem auch dann eine hohe Bedeutung zukommt, wenn der Mensch mit Demenz den Informationsinhalt auch ansatzweise verbal nicht mehr verstehen kann. Deutlich wird das unter anderem auch in den Begegnungssequenzen, in denen Pflegende schreiende Menschen mit Migrationshintergrund ansprechen und deren Muttersprache nicht sprechen. Diese Menschen mit Demenz haben die deutsche Sprache teils erst später in ihrem Leben gelernt und im fortschreitenden demenziellen Prozess wieder «vergessen».

An dieser Stelle ist der Hinweis wichtig, dass verbale Kommunikation natürlich nicht nur aus dem gesprochenen Wort besteht, sondern immer mit einem Satzduktus, der Stimmfarbe, der Körperhaltung, der Gestik und der Mimik eng verbunden ist. Das Wort selbst wird von dem Menschen mit

Demenz vielleicht nicht verstanden, aber die Körpersprache der Pflegenden sendet unendlich viele Signale, die verstanden werden und einen Weg zum Menschen mit Demenz öffnen können. Sprache kann damit zum therapeutischen Mittel werden, das Pflegende bewusst oder unbewusst einsetzen. Auf die Frage an eine Pflegerin, ob sie eine schreiende Frau verbal erreichen kann, antwortet sie:

> Die hört das, wenn da, wenn wir da sind. Ich glaube nicht, dass sie jedes Wort versteht, dass glaub ich nicht, nein, das, das kommt mit Sicherheit nicht an. Aber sie weiß, dass ich da bin und mit ihr spreche. Die merkt das schon. Das ist auch bei der Pflege an sich so, ne.

Dennoch: Bei vielen Pflegenden scheint eine Sehnsucht nach einer verbalen Antwort des Menschen mit Demenz zu bestehen. Es wäre so viel einfacher, sagen viele Pflegende, wenn der Hunger, der Durst, die Langeweile, die Schmerzen oder die empfundene Einsamkeit benannt werden könnten. Ein Pfleger, der in einer traditionellen Einrichtung tätig ist, reflektiert das Verhalten einer schreienden Frau, die er schon seit vielen Jahren kennt und deren fortschreitenden demenziellen Veränderungsprozess er kontinuierlich begleitet. Das Miterleben des Verlustes von Sprache ist für ihn ein schmerzhafter Prozess. Es fehlt eine gemeinsame Ebene, stellt er fest: «Wenn sie wenigstens noch gesprochen hätte, noch verbal reagiert hätte, könnte man ja auf 'ne vielleicht gewisse Ebene kommen. Aber sie kommunizierte nicht mehr verbal, nur noch nonverbal.» Er bemerkt in diesem Moment nicht, dass er schon eine Verbindung, nämlich die nonverbale Kommunikationsebene, zu der schreienden Bewohnerin gefunden hat und tagtäglich aufgrund des progredienten Verlaufs der Krankheit neu definiert. Der «wortfreie» Schrei besitzt einen Kommunikationsinhalt, und wenn die Worte und deren Bedeutungs- und Informationsinhalt fehlen, gilt es, diese Signale wertzuschätzen und zu hören, wie eine Pflegende mit gerontopsychiatrischer Weiterbildung deutlich in den Vordergrund rückt, wenn sie sagt: Wichtig ist, «dass man den Schrei genauso wertschätzt wie jedes andere gesprochene Wort auch». Die Schreie eines Menschen mit Demenz muss man genauso wertschätzen, «als würde er mir etwas sagen. Er sagt mir ja auch was. Dass ich es wertschätze als seine mögliche Ausdrucksform, er hat keine andere. Genauso und dass ich darauf eingehe.»

4.3.2 Interventionsbeispiel: sich einlassen (können, wollen)

Viele Pflegenden berichten übereinstimmend, dass eine der wichtigsten Voraussetzungen in der Arbeit mit schreienden oder rufenden Menschen mit Demenz die Fähigkeit ist, sich in die Gefühlswelt der Schreienden oder Rufenden einlassen zu können und zu wollen. Sie betonen, dass man bereit sein müsse, sich dem Menschen zu öffnen. Diese Pflegenden wollen das Verhalten verstehen und akzeptieren können. Das ist eine Grundhaltung, die Interesse an der Person des schreienden oder rufenden Menschen signalisiert, und es ist eine Haltung, die durch Akzeptanz des herausfordernden Verhaltens geprägt ist. Der Mensch mit Demenz wird in den Mittelpunkt gerückt, wobei die Individualität der beteiligten Personen die Bereitschaft dieser Begegnung (mit)bestimmt. Es ist eine Haltung, die den Körper, die Grundeinstellungen und die ganze Person der Pflegenden erfasst, wie ein Altenpflegeschüler treffend beschreibt. Es ist ein fast fünfzigjähriger Mann, verheiratet und wählte als Familienvater bewusst diesen neuen Beruf. Er sagt: «Und Augenkontakt ist ganz wichtig. Freundlichkeit ist wichtig, 'ne ruhige, sympathische Stimme ist wichtig. Die Berührung ist wichtig und die Bewohner reagieren darauf. Jetzt kann ich's nicht wissenschaftlich erklären, ich kann's nur von der Wirkung her erklären. Also, ich sag mal so, dass die Bewohner nicht objektiviert werden. Das sind keine Objekte, das sind Subjekte, und wenn ich das berücksichtige, bewusst berücksichtige, so ernst mach, das verinnerlicht habe», dann kann er durch seine Haltung einen Weg zu dem schreienden oder rufenden Menschen finden.

Ein zweites Interviewbeispiel zeigt eine empathische Grundhaltung, die die Person der Pflegenden in ihrer Gesamtheit zu erfassen scheint:

> Na ja, es ist eine freundliche Zuwendung zunächst einmal […] ein empathisches Verhalten, ich weiß nicht, wie ich's anders formulieren soll. Ich geh auf den Bewohner ein, versuch ihn zu beruhigen, zu trösten. Versuch auch in meinen Bewegungen vorsichtiger zu sein.» Dann betont diese Pflegende, dass neben dem empathischen Verhalten auch anlächeln oder gemeinsames Lachen wichtig ist und durch ihre «echte» Grundhaltung leicht möglich wird.

Sich einlassen wollen steht in direkter Verbindung zu der Bereitschaft, den schreienden oder rufenden Menschen Zuwendung geben zu wollen. Dies ist eine Grundhaltung, die viele Pflegepersonen in der Studie in unterschiedlich nuancierten Ausprägungen beschreiben. Diese Zuwendung ist auch geprägt durch Neugier – ein Wissenwollen im Sinne von: ich will das Verhalten verstehen, nachvollziehen und einordnen können. Dieses Verstehen ist die Grundbasis für die Arbeit mit Menschen mit Demenz und der Ausgangspunkt für die Interventionsgestaltung vieler Pflegenden. Auf die Frage an eine Pflegende, die eine segregative Wohngruppe für Menschen mit Demenz leitet, ob es für sie in Ordnung ist, wenn ein Mensch mit Demenz trotz ihrer verschiedensten Interventionsleistungen weiter schreit, antwortet sie:

> Das kommt drauf an. Also, ich stell mir immer vor, was das für eine Stresssituation für diesen Menschen ist. Und ich finde innerhalb dieser Krankheit hat man Stressfaktoren genug. Dass man – also, ich kann – ich

> versuch mir das immer vorzustellen, wie es ist, dement zu sein und dann denke ich immer, mein Gott, das ist vielleicht so, als wenn man gerade aus so 'ner Narkose aufwacht, irgendjemand spricht zu mir, ich versteh das nicht genau, es ist so grau schwammig. Und mein Ziel ist es, Menschen den Stress zu nehmen und die Angst und vielleicht die Wut, wenn er aus Wut schreit.

Damit keine Verzerrung in der Darstellung entsteht, ist der Hinweis wichtig, dass diese Haltung von den Pflegenden einen sehr hohen Anspruch einfordert. Es ist eine Leistung, die Pflegende nicht immer und nicht allzeit total und umfassend leben (können). In diesem Zusammenhang wird auf die Konflikt- und Stresssituationen verwiesen, die trotz dieser Grundhaltung immer wieder auftreten. Es ist zu berücksichtigen, dass der komplexe Pflegealltag durch eine Vielzahl wechselseitig wirksam werdender Faktoren unterschiedlich stark beeinflusst wird. Dass es den Pflegenden nicht immer gelingen kann, sich auf den Menschen mit Demenz «einzulassen», wird von vielen Pflegenden in unterschiedlichen Einrichtungen mit verschiedenen Wohnkonzepten beschrieben. Dies liegt an den extrinsischen und intrinsischen Faktoren, die ineinandergreifen und sich gegenseitig beeinflussen. Das folgende Fallbeispiel zeigt diese gegenseitige Beeinflussung.

> Eine gerontopsychiatrische Fachkraft, die in dem Segregationsbereich für schreiende Menschen mit Demenz arbeitet, lässt sich oft direkt auf einen schreienden Bewohner ein. Sie setzt sich zu ihm, nimmt sich die Minuten und gibt seinen Schreien damit Zeit und Raum. Das macht sie, weil sie sowieso ihre Arbeit in diesem Moment nicht fortsetzen könnte und ihre Gedanken immer wieder bei diesem Bewohner wären. Auf die Frage, ob ihr dieses Einlassen immer gelingt, antwortet sie nachdenklich und langsam: «Gute Frage, gute Frage, gute Frage. Fast immer. Nein, nicht immer. Nein, nicht immer.» «Manchmal ist entscheidend, was ich vorher getan habe», sagt sie, «wen ich gepflegt habe, wie mich diese Pflegesituation in Anspruch nahm und eingebunden hat». Sie betont, dass es auch wichtig sei, was sie danach machen «muss» und «wem sie auch gerecht werden muss». Einfach sei das nicht immer und manchmal fühle sie sich überfordert, sagt sie abschließend.

Ein potenzieller Einflussfaktor auf die Grundhaltung «sich einlassen wollen», wird in diesem Zusammenhang der zur Verfügung stehenden Zeit zugeschrieben. Dieser Einflussfaktor wird von den Pflegenden in unterschiedlichen Zusammenhängen immer wieder genannt. Ein weiteres exemplarisches Zitat aus einem Interview mit einer Gesundheits- und Krankenpflegerin, die in der

Gerontopsychiatrie eines Klinikums tätig ist, unterstreicht noch mal diesen Zusammenhang:

> Aber oft ist die Zeit einfach nicht da, weil der Pflegebedarf von den anderen Patienten und die allgemeine Arbeit auf Station teilweise so viel ist, dass man einfach gar nicht die Ruhe findet, sich auf den Patienten einzulassen.

Zusammenfassend ist festzuhalten, dass viele Pflegende diese Grundhaltung kennen, leben und leben wollen. Das Ausleben steht jedoch unter dem Einfluss von Faktoren, die nicht immer beeinflussbar scheinen. Trotzdem ist vor diesem Hintergrund wichtig, dass Pflegende dem herausfordernden Schrei oder Ruf unbedingt Zeit und Raum einräumen.

4.3.3 Interventionsbeispiel: Gemeinschaft erleben lassen

Für die befragten Pflegenden ist es wichtig, dass sie den schreienden oder rufenden Menschen an der Gemeinschaft teilhaben lassen. Es wird eine Gemeinschaft angestrebt, in der die Menschen mit Demenz zu Aktivitäten, zur lebendigen Kontaktaufnahme und zum Aufeinander-bezogen-Sein bewegt werden sollen. Diese Ziele basieren teils auf persönlichen Mutmaßungen der Pflegenden, die sie mit ihren eigenen Vorstellungen und Wünschen zu verknüpfen scheinen. Eine Pflegeperson betont: «es sind alles kranke Menschen und ich denke mal, [...] die wollen ja auch in 'ner gewissen Gemeinschaft leben». Es sind aber auch Mutmaßungen, die Pflegende aus ihren Beobachtungen des Pflegealltags ableiten. Eine Pflegeperson reflektiert in diesem Zusammenhang das Verhalten eines Mannes, der früher den Gruppenraum selbstständig aufsuchte und diesen Wunsch jetzt nicht mehr verbal äußern kann. «Weil [...] es gefällt ihm da [im Gruppenraum] besser», sagt sie. Für diese Pflegende bedeutet der ständige Aufenthalt des Menschen mit Demenz im eigenen Zimmer eine Isolation, eine Absonderung, aus der sie den Bewohner befreien will. Dieses Bestreben zeigt sich bei den Pflegenden immer deutlich, wenn der schreiende oder rufende Mensch aufgrund einer Bettlägerigkeit sein Zimmer nicht mehr verlassen kann und eine Mobilisation im Rollstuhl nicht möglich scheint. Die Zimmertüren werden dann weit geöffnet, um Partizipation an der Gemeinschaft zu ermöglichen, wie eine Pflegende betont:

> [Die Bewohnerin] kann ja nicht ständig immer die ganze Zeit hier äh nur Fernsehen gucken oder Radio hören, deshalb hab ich erstmals generell die Tür aufgelassen, damit sie von außen mal was mitkriegt, was auf'm Flur los is.

Die Intervention «Türe auflassen» geschieht nicht gegen den Willen der Bewohnerin. Bereits im Vorfeld wird ihr Einverständnis eingeholt oder aufgrund von Erfahrungen eingeschätzt. Die gleiche Pflegende berichtet, dass letztlich der Mensch mit Demenz der Taktgeber bleibe und so die Entscheidung treffe. Das Ganze geschieht vor dem Hintergrund einer Abwägung der Pflegenden, die von den beiden Polen Isolation und Partizipation geprägt scheint und den Willen des Menschen mit Demenz berücksichtigen will. «Wie gesagt, deshalb lass ich auch persönlich die Tür bei ihr auf. Ich hab jetzt nicht von mir aus die Tür aufgemacht, ich hab sie natürlich auch gefragt, ob sie damit einverstanden ist. Hätte sie jetzt gesagt: ‹Nein›, hätte ich die Tür auch zugemacht. Aber sie war damit einverstanden.», berichtet die Pflegende von einer Bewohnerin, die ihre Zustimmung verbal mitteilen kann.

Die Gemeinschaft wird in den offenen und zentralen Räumen der stationären Einrichtung herzustellen versucht, weil im Gegensatz zu den Privatzimmern den Pflegenden nur hier wechselseitiger Kontakt von Menschen möglich erscheint. Dieser Raum wird von den Bewohnern auch selbst- und fremdbestimmt als Wohnmittelpunkt genutzt. Mobile Bewohner sind in diesem Kontext Menschen, die ohne Hilfestellung gehen können, während immobile Bewohner bei einem Ortswechsel auf die Hilfestellung von Pflegenden angewiesen sind. Dieses Zimmer hat den Charakter eines offenen Raums der Begegnung. Es ist ein Zimmer, in dem soziale Kontakte immer wieder neu geknüpft werden können und ein Ort, in dem es den Menschen mit Demenz möglich ist, einfach nur dabei zu sein. Das Streben nach Teilhabe an Gemeinschaft wird von den Pflegenden gleichgesetzt mit der Vorstellung, dass der Mensch mit Demenz diese Gemeinschaft in den offenen Gruppenräumen am besten erleben kann. Dieser Raum soll darüber hinaus ein Ersatz für ein Wohnzimmer sein, das alle Bewohner aus ihrer früheren Wohnsituation kennen. Diese Art von Räumen ist ihnen bekannt, sagen die Pflegenden. «Hier der Wohnbereich ist ihr Zuhause mit bekannten Gesichtern», sagt ein Pfleger, der in einem Seniorenheim mit traditionellem Wohnkonzept arbeitet. Eine andere Pflegerin, die in einer Wohngemeinschaft für Menschen mit Demenz arbeitet, sieht es genauso:

> Sie werden sehen, wenn Sie morgen hinkommen, das ist eine ganz nette Wohnung, wirklich wie man es Zuhause eigentlich hat. Ein schönes Wohnzimmer, gemütlich. Jeder hat so seine persönlichen Sachen. Sein Wohnzimmerschrank [eines Bewohners, der herausfordernd schrie; Anm. des Autors] wurde ins Wohnzimmer gestellt, der steht heut noch drin, damit er sich wieder findet. Das ist ja auch ganz wichtig für uns in den Wohngemeinschaften, dass jeder von sich was entdeckt. Dass er wenigstens 'n bisschen ein Zuhause, ein Gefühl von Zuhause hat.

In diesem Interviewzitat wird aber auch deutlich, dass es der Wunsch der Pflegenden ist, dass sich die Bewohner in der stationären Einrichtung zuhause fühlen. Aus diesem Grund wird ein Raum geschaffen, der Erinnerung an eine glückliche Zeit weckt und der den Menschen mit Demenz ein Gefühl der Geborgenheit geben soll – ein Gefühl, das man möglicherweise ein Leben lang zuhause erfahren hat. Wenig später sagt die gleiche Pflegeperson über das Verhalten eines Mannes, der in dieser Wohngemeinschaft kontinuierlich herausfordernd schrie: «das war ihm alles – hat ihn alles nicht interessiert». Er schrie, obwohl versucht wurde, den Bezug zu seiner früheren Wohnung herzustellen. In diesem Zusammenhang bemerkt ein Interviewpartner, der in einem Seniorenheim mit traditionellem Wohnkonzept tätig ist, kritisch: «Deswegen [= Pflegebedürftigkeit und herausforderndes Schreien; Anm. des Autors] ist er ja auch hier, sonst könnte er nämlich noch gut zuhause wohnen, ne.» Es wird differenziert zwischen dem «richtigen» Zuhause aus der Vergangenheit und dem aktuellen Gefühl von Zuhause. «Es geht ja nichts über zuhause», sagt eine Pflegende und bemerkt weiter: «Viele sind jetzt hier angekommen und sehen das auch als ihr Zuhause an.» Das Annehmen von Zuhause vollzieht sich unterschiedlich und wird oft gleichgesetzt mit Eingewöhnung. Ein Leben in einem neuen Lebensumfeld, das dem Menschen mit Demenz vertraut ist und irgendwann zum Zuhause wird, so mutmaßen viele Pflegende. Das kann sehr schnell möglich sein, wie ein Pflegender aus einer gerontopsychiatrischen Klinik bemerkt: «Die Patientin war halt so schon eingewöhnt auf unserer Station, sie hatte es schon als ihr neues Zuhause angesehen.» Dieses Eingewöhnen in ein neues Zuhause wird von vielen Pflegenden insgesamt kritisch gesehen. Einzelne Pflegende, die in unterschiedlichen Wohnformen tätig waren, vergleichen die verschiedenen Wohnsettings. Eine Altenpflegerin, die früher in einem traditionellen Seniorenheim tätig war und seit einigen Jahren in einer Wohngemeinschaft für Menschen mit Demenz arbeitet, nimmt diesen Vergleich zwischen den beiden Wohnformen kritisch vor:

> Das war ganz, ganz schrecklich und da [= traditionelles Seniorenheim] ist nicht das geringste Gefühl von, von Heimat oder Heimeligkeit, obwohl auch die Pflegekräfte versuchen nett zu sein und Beziehungen aufzubauen, aber das steht in keinem Vergleich zu dieser Wohngemeinschaft. Das, das fand ich immer ganz schrecklich, das mit ansehen zu müssen, wie diese Menschen auf den Gängen auf und ab spaziert sind, total resigniert und hoffnungslos und so leben von einer Mahlzeit zur anderen – trotz mal Bastelstunde oder – aber nicht zuhause. Allein schon die Atmosphäre wie im Krankenhaus. Und, und nicht so viel Persönliches. Wohngemeinschaft, das ist wie wenn ich bei meiner Oma daheim wäre.

Die Interviewpartnerin beschreibt in dieser Sequenz die Wohngemeinschaft als optimalen Lebensraum und begründet ihre Einstellung mit der Atmosphäre, die sie an die Wohnung der «Oma» erinnert. An anderer Stelle des Interviews betont sie jedoch, dass auch in dieser Wohngemeinschaft Menschen herausfordernd schreien. Es handelt sich also um ein Verhalten, das allein durch das Wohnumfeld nicht in der Form beeinflusst werden kann, wie es vielleicht zu erwarten gewesen wäre.

> Reicht es wirklich für herausfordernd schreiende oder rufende Menschen mit Demenz aus, wenn in einem Wohnbereich beispielsweise ein alter Schrank steht, ein Ofen aus Großmutterzeiten und alte Haushaltsgegenstände geradezu museal drapiert werden, um Erinnerungen und ein intendiertes Gefühl vom (vergangenen) Zuhause zu wecken? Was bedeutet für Sie zuhause? Welche Rolle spielt für Sie zum Beispiel die Autonomie in diesem Zusammenhang? Gemeint ist die Autonomie, die es möglich macht, sein Zuhause jederzeit selbstbestimmend zu verlassen oder umgestalten zu können und zu dürfen. Jederzeit «der Herr im eigenen Haus zu sein» und Menschen um sich zu haben, die «zu einem gehören». Stellen Sie sich in diesem Zusammenhang bitte vor, dass mitten in der Nacht eine Ihnen fremde Person in Ihrem Schlafzimmer steht und Sie anspricht. Wie würden Sie sich in dem Moment fühlen? Zugegeben, der Vergleich hinkt, weil Sie nicht dement sind und auch nicht in einem Seniorenheim wohnen. Aber ein Mensch mit Demenz denkt das in dem Moment vielleicht auch. Er will gleich aufstehen, seine Frau dabei nicht wecken und zur Arbeit fahren! Ist das das Zuhause, wie Sie es sich vorstellen und vielleicht wünschen?

4.3.4 Interventionsbeispiel: Alltag (er)leben lassen

Pflegende begrenzen ihre Handlungen natürlich nicht allein auf ihr Bemühen, Atmosphäre zu schaffen, sondern sie versuchen neben der Wohnraumgestaltung, Tätigkeiten anzubieten, die das Gefühl von zuhause vermitteln sollen. Das gelingt immer dann sehr gut, wenn sie zum Beispiel hauswirtschaftliche Tätigkeiten anbieten. Diese Intervention kann allerdings nur in einem von der Einrichtung konzeptionell getragenen Rahmen realisiert werden. «Also, die Bewohner dürfen und sollen auch gerne in die Küche gehen. Wir haben ganz besondere Hygienevorschriften», sagt eine Pflegende, die in einer Einrichtung mit segregativem Wohnkonzept für Menschen mit Demenz tätig ist, in der die Bewohner aktiv in die Zubereitung der Mahlzeiten eingebunden werden. Ist dieser konzeptionelle Rahmen vorhanden, können die Bewohner einen weitgehend «normalen» Tagesrhythmus führen und damit Normalität erfahren. Sie können altbekannte routinemäßige Arbeiten in einem ihnen bekannten Tageszyklus erleben – ein Rhythmus, den sie aus ihrem früheren Leben kannten. Und der sie fordert und fördert, wie diese Pflegende sagt: «Das bedeutet, dass wir unsere Bewohner versuchen, halt in den Ressourcen natürlich, zu fördern […] auch speziell in dem Aspekt der hauswirtschaftlichen Tätigkeiten, weil das eben ein Gefühl von einem stärkeren Zuhause geben soll.»

Gleichzeitig integrieren viele Pflegende in dieser Intervention eine Ressourcenorientierung und sie nehmen Bezug zur Biografie des Menschen mit Demenz. Sie sollen eine Aufgabe erhalten, die sie nicht überfordert und die sie früher selbst tagtäglich ausführten. Eine Altenpflegerin beschreibt ihr Vorgehen so:

> Erinnerungsarbeit zu leisten, indem man die Menschen mit einbezieht in […] die normalen Haushaltstätigkeiten. Das, was sie früher gemacht haben, es muss nix – kein Ikebana, Blumenstecken sein. Es muss einfach sein, so: ‹Ich hab immer gespült und solange ich spülen kann, will ich weiterspülen›, ja. ‹Ich hab immer abgetrocknet und nie gerne gespült, also lass mich abtrocknen›, so.

Diese Tätigkeiten sollen Erinnerung wecken, und sie sind bewohnerorientiert. Im Vordergrund stehen für die Pflegenden keineswegs die Arbeitserleichterung und die Delegation von lästigen Aufgaben. Vielfach heißt die Ressourcenorientierung: «den Bewohnern […] in den Alltag mit einbeziehen, […] so wie ihre Fähigkeit eben noch sind und teilweise geht auch gar nix. Wir stellen was in der Küche hin, die räumen das irgendwo ab und stellen das irgendwo hin und ja räumen die Schränke wieder aus – wir tun's wieder rein. Aber eben in dem Alltag mit einbeziehen», das sei wichtig, sagt diese Pflegende. Dieses Herstellen von Alltag wird von vielen Pflegenden immer dann gezielt eingesetzt, wenn Bewohner schreien oder rufen:

> Bei uns wohnt eine alte Frau, sagt eine Altenpflegerin, die putzt für ihr Leben gerne Staub. Wir fragen uns, ja warum sollen wir sie daran hindern? Wir geben ihr einen Staublappen, eine Schürze und dann kann sie Staubwischen wann und wie lange sie will. Das war eine gute Idee, erinnert sie sich. Früher hat sie den halben Tag immer wieder «Schwester, Schwester, Schwester» gerufen. Immer wieder und ununterbrochen. Jetzt hat sie ihren Staublappen und ihre Schürze um und sie scheint glücklich. Jetzt ruft sie nicht mehr, sondern wir hören sie vergnügt summen.

Kontrollen ausüben (wollen)

In den Beobachtungssequenzen der vorliegenden Studie zeigt sich ein weiterer Aspekt, der von den Pflegenden mit der Gruppenintegration und dem Erleben von Gemeinschaft intendiert scheint. Das Zusammensein im offenen Gemeinschaftsraum bietet den Pflegenden die Möglichkeit, die dort anwesenden Bewohner beobachten zu können. Dieses Beobachten hat den Charakter einer

Aufsicht und einer Kontrolle. Die Pflegenden wissen, dass Schreien oder Rufen bei den Mitbewohnern zu aggressivem Verhalten führen kann und auch, dass diese Reaktion nicht plötzlich entsteht. Sie wissen, dass sich die Eskalation in einem dynamischen Prozess entwickelt und in einer Kettenreaktion gipfeln kann. Das alles geschieht, wenn nicht frühzeitig und regulierend interveniert wird. Das Gemeinschaftsleben zu beobachten, erscheint den Pflegenden als ein Garant dafür, das auslösende Moment frühzeitig erkennen zu können. Das Ausüben der Kontrolle wird von den Pflegenden in den Interviews nicht angesprochen, weil dieses Verhalten unbewusst abzulaufen scheint, wie eine Beobachtungssequenz zeigt:

> Gruppenraum in einer segregativen Einrichtung. Ein heller Raum. Ich nehme eine gemütliche Atmosphäre wahr und ich fühle mich wohl. Zwei Pflegende sitzen am Tisch, einzelne mobile Bewohner verlassen und betreten den Raum. Es ist hier ruhig. Im Hintergrund höre ich immer wieder einen Mann in der benachbarten Wohngruppe laut schreien. Vier Bewohner sitzen neben den Pflegenden am Tisch und zwei Frauen sitzen in abseits stehenden Sesseln. [...] Ich bemerke, wie die zwei anwesenden Pflegenden immer wieder den Blick durch den Raum schweifen lassen. Nur wenige Sekunden bleibt der zielgerichtete Blick auf die beiden Frauen gerichtet, die in den Sesseln sitzen. Ich sitze in ihrer Nähe, ebenfalls in einem Sessel und mich trifft dieser Blick nie. [...] Schon wieder dieser abtastende Blick auf die beiden Frauen und die Bewohnerin, die durch den Raum geht. Es ist für mich ein kontrollierender Blick in einem nahezu regelmäßigen Rhythmus, der abwechselnd auf jeden einzelnen anwesenden Bewohner gerichtet wird.

In allen Beobachtungssequenzen ließ sich dieses Verhalten der Pflegenden im Gruppenraum feststellen. Der offene Gemeinschaftsraum schafft also nicht nur Gemeinschaft, sondern er bietet den Pflegenden die Möglichkeit, dass sich die Menschen mit Demenz der Aufsicht durch die Pflegenden weniger entziehen können.

Ruhe ist Voraussetzung
Voraussetzung für das Erleben von Gemeinschaft im Gruppenraum ist eng mit der Zielsetzung verknüpft, dass ein Mensch mit Demenz dort nicht über einen längeren Zeitraum herausfordernd schreit oder ruft. Herausfordernde Schreie und Rufe können zur Störung der dort herrschenden Ruhe und zur Störung des Gemeinschaftslebens führen, weil unter anderem die Aufmerksamkeit der anwesenden Menschen auf die schreiende oder rufende Person gelenkt wird. Die Mitbewohner zeigen zwar teils Verständnis, aber sie erleben es dennoch

«als Störung, sie spüren Angst, beschweren sich, zeigen einen derben Umgangston und es kommt zu Drohung und Ausübung von Handgreiflichkeiten», so einige exemplarisch ausgewählte Beschreibungen von Pflegenden. Es kommt zu Antworten und Reaktionen der Mitbewohner, der Angehörigen und der Besucher des Wohnbereichs. Die Reaktionskette kann sogar zur Diskriminierung des Schreienden oder Rufenden führen. Ruhe als Interventionsziel soll das herausfordernde Verhalten und die Kettenreaktion der Mitbewohner verhindern. Diese Ruhe ist jedoch nicht zu verwechseln mit Inaktivität der Bewohner, wie eine Pflegende betont: «Also [es] soll ja kein aufgeregtes Durcheinander, Wirbel, Getüddel sein. Aber wenn alle in der Ecke sitzen und nur vor sich hinpennen, das ist auch tödlich. […] Also Friedhofsruhe ist auch tödlich. Nä, das ist nicht das Ziel, diese Spitzen daraus nehmen, das wäre das Ziel.»

In bestimmten Situationskonstellationen versuchen einige Pflegende, diese Ruhe durch ihr Verhalten zu «erkaufen»:

Die Schreie einer Frau mit Demenz werden von einer Pflegenden rückblickend als schrill, hysterisch und sehr laut beschrieben. Darüber hinaus auch als extrem störend und belastend. Eine Belastung, die diese Pflegende gerne «abstellen» oder verändern wollte. Sie konnte die Schreisituationen nicht mehr ertragen, sagt sie rückblickend und diese Haltung führte dazu, dass sie dieser Frau besondere Beachtung schenkte. Bereits in den Phasen der Ruhe «hat man ihr wirklich jeden Wunsch von den Augen abgelesen, nur damit wir unsere Ruhe hatten». Es herrschte Konsens im Pflegeteam, diese schreiende Bewohnerin bevorzugt zu behandeln. Das sollte garantieren, dass sie nicht schreit. Sie und ihre Kollegen wussten, sagt die Pflegende, die in einem Seniorenheim mit traditionellem Wohnkonzept arbeitet, dass es eine erkaufte Ruhe war. Scherzhaft sagt sie: «Was hab ich immer gesagt: ‹Am besten hol, bring ich morgen 'n Trichter und noch Puderzucker mit› [Interviewpartnerin lacht]. Weil sie kriegte schon alles. Wir haben also – dass war das Schlimme, was mich so wütend gemacht hat und dass ich das auch gemacht habe. Und dann war ich wütend auf mich selbst, warum ich's getan hab.» Sie empfand Wut über ihre Handlung und konnte sie dennoch nicht steuern. Wenig reflektiert stellte sie die Bedürfnisse der schreienden Frau mit Demenz überdeutlich in den Vordergrund und verband damit den Wunsch und die Erwartung, dass diese bevorzugte Behandlung doch mit Ruhe belohnt werden müsse. Die schreiende Frau müsse für diese bevorzugte Behandlung doch Dankbarkeit zeigen, forderte die Pflegende und erwartete Ruhe als Lohn für ihr Engagement. Auf die Frage, ob ihre Interventionen zur gewünschten Ruhe führten, antwortet sie: «Nein, absolut nicht, das war ja das Kuriose. Wir hatten trotzdem nicht unsere Ruhe.»

Das Schreien der Bewohnerin scheint in diesem Fallbeispiel nicht beeinflussbar, obwohl wir nicht wissen, was das Pflegeteam letztlich «alles getan hat». Das Verhalten dieses Pflegeteams zeigt sich aber als ein Ungleichgewicht zwischen der Erwartungshaltung der Pflegenden und dem scheinbar nicht beeinflussbaren Schreien der Bewohnerin im Sinne einer Zielsetzung von «Ruhe herstellen».

> Auch wenn sehr viele Informationen fehlen und eine Einschätzung der Schreisituationen und Schreianlässe letztlich spekulativ bleiben, ist die Frage doch interessant: War dieses Schreien wirklich nicht zu beeinflussen? Lässt sich Ruhe erkaufen? Muss Ruhe immer das Ziel sein?

Einfluss der Angehörigen

Das Gemeinschaftsleben in den Gruppenräumen wird nicht nur von den schreienden oder rufenden Menschen geprägt, sondern auch von dem Verhalten der Angehörigen und Besucher. Sie nutzen diesen Raum ebenfalls als Treffpunkt und partizipieren gleichzeitig am Gemeinschaftsleben. Durch ihre Anwesenheit nehmen sie darüber hinaus direkt und indirekt Einfluss auf das Miteinander. Die Pflegenden berichten, dass einige Angehörige sich während ihres Besuchs mit den schreienden oder rufenden Angehörigen beschäftigten. Diese Beschäftigung beziehungsweise diesen Kontakt schätzten zahlreiche Pflegenden als Arbeitserleichterung, weil die Angehörigen auf das Schreien oder Rufen vielfach Einfluss nehmen konnten:

> Wenn die [Angehörigen; Anm. des Autors] tagtäglich vorbei gucken und, und, und uns unterstützen dabei, dass sie sich neben das Bett setzen von dem Vater oder von der Mutter, ne. Dass man da sagt: ‹Mensch, ich bin froh, dass der Angehörige da ist, dass der mir diese Arbeit ein bisschen abnimmt›, ne. […] Und dann kann ich mich anderen Sachen widmen, die genauso wichtig sind.

Die Pflegende sagt in dieser Interviewsequenz, dass sie und ihre Kollegen die Anwesenheit der Angehörigen nutzten, um andere Tätigkeiten auszuführen. Indirekt bestätigt sie damit, dass das Schreien oder Rufen einen hohen Stellenwert in der Hierarchie der Interventionsanforderungen einnimmt. Die Anwesenheit von Angehörigen führt aber nicht immer dazu, dass Menschen mit Demenz nicht oder weniger schreien: «die schreit auch, wenn die Angehörigen […] da sind […], die ist dann auch so am schreien», sagt ein Altenpfleger. Diese Interviewsequenz gibt wiederum einen Hinweis auf die Tatsache, dass das Schreiverhalten und die Ursachen höchst variabel und vielfältig sind. Anwesenheit allein ist noch kein Garant für eine Veränderung des Schreiverhaltens, selbst dann nicht, wenn es sich um bekannte Menschen handelt.

Viele Pflegenden sehen ihre Arbeit auch dann unterstützt, wenn die Angehörigen Interesse zeigen: Wenn gefragt wird, warum der Mensch mit Demenz schreit. Dieses Informationsbedürfnis nutzen zahlreiche Pflegenden, um das herausfordernde Verhalten zu erklären, weil Wissen über eine Verhaltensweise dazu führen kann, dass eine Situation völlig anders eingeschätzt wird und ein neuer Blickwinkel eingenommen werden kann. Viele Pflegende geben deshalb gerne Auskunft und versuchen das herausfordernde Verhalten zu erklären:

> Die Tochter von Frau A. besucht regelmäßig ihre Mutter und jedes Mal hört sie die Schreie der Mitbewohnerin Frau B., die schon vor dem Einzug der Mutter in dem Seniorenheim mit traditionellem Wohnkonzept wohnte. Gesprochen hat sie mit der schreienden Frau noch nie und jedes Mal versucht sie, diese Schreie zu ignorieren und die Störung gegenüber dem Pflegepersonal möglichst nicht zu thematisieren. Sie will sich nicht beschweren, obwohl sie sich bei den Besuchen gestört fühlt. Bei einer günstigen Gelegenheit, wie sie glaubt, fragt sie dann doch eine Pflegende: «Warum schreit Frau B.? Sie muss doch schreckliche Schmerzen haben oder warum ist sie so fürchterlich laut?» Eine Altenpflegerin antwortet: «Wir erklären die Krankheit und dass wir Schmerzen als Schreigrund ausschließen können. Vielleicht schreit sie», erläutert sie, «weil sie alleine ist oder, oder, oder [...] Und dann passiert eigentlich schon mal bei den Angehörigen, dass sie nicht nur ihren Vater oder Mutter besuchen, sondern dass sie auch schon mal im Vorbeigehen dann sagen: ‹Guten Tag Frau Sowieso›, die Personen ansprechen.» Durch dieses eine erklärende Gespräch hat sich etwas verändert, bemerkt die Altenpflegerin. Nicht der Schrei stehe für diese Angehörige alles überdeckend im Vordergrund, sondern der Mensch, den sie zu verstehen versuche.

Darüber hinaus ist vielen Pflegenden wichtig, dass Angehörige integriert werden. Angehörige sind «oft ein Erschwernisfaktor», sagte eine Pflegeperson, die eine Wohngruppe für Menschen mit Demenz gegründet und viele Jahre geleitet hat. «Aber wenn die [Angehörigen], wenn sie merken und mit ins Boot genommen werden, dann akzeptieren sie» die Schreie oder Rufe der Menschen mit Demenz. Aufgabe der Pflegenden ist es also, sagt diese Pflegende, dass die Angehörigen als Ressource und Unterstützung in die Pflege und Betreuung integriert werden. Das kann aber nur dann gelingen, wenn Transparenz innerhalb einer Einrichtung und innerhalb des Pflegeteams gelebt wird und die Schreie und Rufe nicht tabuisiert werden.

Verallgemeinern lässt sich das allerdings nicht, weil Angehörige und Besucher auch völlig anders reagieren können und dann keine «Ressource» sind, wie eine Pflegende, die in einem segregativen Seniorenheim arbeitet, berichtet. Sie erzählt, dass Angehörige immer wieder mit massiven Beschwerden kamen. «So geht's doch nicht. Oder einmal kam sogar ein, das war kein Neurologe, das war ein Hausarzt von einem anderen Bewohner, als es auch sehr laut war und er sagte: ‹Wo sind wir denn hier? Der gehört doch hier nicht her›.» «Ich war dann schon erschrocken, so etwas von einem Arzt zu hören», sagt die Altenpflegerin, und gab ihm zur Antwort: «Wo soll er dann hin, wenn nicht hier?» Die Frage beantwortete der Arzt nicht, sondern drehte sich um und ging wort- und grußlos aus dem Seniorenheim.

Die Pflegende betont damit den Einfluss der Angehörigen und der Besucher auf das Zusammenleben im Gruppenraum. Sie erzählt, dass sie sich in eine Ecke gedrängt fühlte und das Gefühl hatte, sich rechtfertigen zu müssen. Das Ganze vollzog sich darüber hinaus vor dem Hintergrund, dass die Angehörigen wegen des schreienden Bewohners massiven Druck auf die Heimleitung ausgeübt hatten. Als Konsequenz sollte der herausfordernd schreiende Mann nicht mehr in dem vorderen Gruppenraum sitzen, sondern allein im hinteren Wohnraum bleiben. Jedem Mitarbeiter, der diese Anordnung missachtete, drohte eine Abmahnung. Das hinterließ Spuren bei den Pflegenden in diesem Seniorenheim mit segregativem Wohnkonzept. Die Pflegende äußert zusammenfassend: «Was mitunter von Angehörigen dann schon kam, das tat richtig weh, ne. Muss ich sagen.» Sie fühlte sich in einem Spannungsfeld gefangen, weil sie den Bewohner am Gemeinschaftsleben partizipieren lassen wollte. Gleichzeitig war ihr bewusst, wenn sie gegen die Direktive der Heimleitung handelte, drohten ihr arbeitsrechtliche Konsequenzen. Die Pflegende berichtet weiter, dass sie und ihre Kollegen sich in einem Feld der Machtlosigkeit gefangen fühlten, in dem sie hin- und hertrudelten und keine klare Linie erkennen konnten. Dabei, so sagt die Pflegende, empfand sie die Schreie des Mannes nicht einmal störend, sondern nur die auf die Schreie folgenden Reaktionen.

Ein anderer Pflegender, der als Wohnbereichsleitung in einem anderen segregativen Seniorenheim arbeitet, bestätigt diese Einstellung und auch er antwortet auf die Frage, ob er die Schreie einer Bewohnerin als störend einschätzt: «Nä, gar nicht. Nein. Ich glaube auch, im gesamten Team wird es nicht unbedingt als so störend angesehen. […] Ehr, mehr die Kommentare von, von Angehörigen und Besuchern.»

An anderer Stelle des Interviews sagt er allerdings, dass ihn die Schreie und Rufe von Menschen mit Demenz in bestimmten Situationen sehr wohl stören. Dies macht deutlich, dass die Angehörigen und die Besucher auf das Störempfinden der Pflegenden Einfluss ausüben. Durch ihre «negativen» Kommentare wird die Wahrnehmung eines Belastungsgefühls bei den Pflegenden potenziert. Das Schreien und Rufen, das Pflegende und Mitbewohner in der geschilderten Situation nicht stört, zwingt trotzdem zur Intervention, weil sich indirekt betroffene Akteure gestört fühlen.

4.3.5 Interventionsbeispiel: ablenken und umlenken

Die Strategien der Ablenkung, die viele Pflegenden in den unterschiedlichsten Schrei- und Rufsituationen beschreiben, stehen im direkten Zusammenhang mit dem Ziel, die Schreiphase zu unterbrechen und/oder zu beenden. Hierbei setzen die Pflegenden neue Anreize, wobei oft Interventionen gestartet werden, die gezielt in eine gemeinsame Aktivität übergehen. Es wird gemeinsam gekocht, zusammen gesprochen oder spazieren gegangen. Die Pflegenden setzen einen Impuls, führen dabei gewissermaßen lenkend Regie und versuchen so, das Verhalten des schreienden oder rufenden Menschen zu steuern. Es gibt allerdings auch Ablenkimpulse, die zu Aktivitäten führen, welche nicht zwingend die Anwesenheit von den Pflegenden einfordern. Eine Pflegende berichtet: «Wir haben 'ne Bewohnerin gehabt, [der] haben wir dann fünf, sechs Messer, fünf, sechs Gabeln hingelegt, ein Trockentuch und dann hat die angefangen Besteck zu polieren. [Sie] wurde dann auch ruhiger. Also das ist eigentlich schon sehr auffällig, sobald ich denjenigen dann was gebe, worauf sie sich konzentrieren müssen, womit sie sich beschäftigen können, werden die eigentlich ziemlich ruhig. Ich will nicht unbedingt sagen, dass sie dann aufhören zu rufen oder zu schreien [...] Aber es ist schon [...] zu sehen, dass sie etwas leiser sind.»

Vielfach versuchen Pflegende mit einer Ablenkung, den Schreienden oder Rufenden aus einer mutmaßlichen Krise «herauszuholen». Die Befragten der vorliegenden Studie verstehen in diesen Situationen den Schrei oder die Rufe als Ausdruck eines Zwangs, dem die Menschen mit Demenz sich nicht mehr entziehen können. Diese Interpretation eines verselbstständigten und nicht mehr steuerbaren Verhaltens beschreibt eine Pflegende einer Einrichtung mit segregativem Wohnkonzept:

> Auf der ersten Etage ist eine Bewohnerin, die hat angefangen, irgendwann so 'ne Art Tick zu entwickeln. Also, dann ging es darum, dass sie auf die Toilette musste und da war sie auch noch mobil – sie ist mittlerweile nicht mehr mobil – und sagte dann: ‹Ich muss Pipi machen›. So, dann ging sie zur Toilette, wir haben sie begleitet, sie ging dann wieder zurück. Fünf Minuten später war's dann wieder so weit, sie musste wieder Pipi machen, weil sie das eben von der, also die Situation vorher schon wieder vergessen hatte – demenziell veränderte Bewohnerin. Und irgendwann ging das soweit, dass sie ‹Pipi machen, Pipi machen, Pipi machen, Pipi machen› rief und das dauerhaft. Und da half am Anfang das wirklich sehr gut, sie abzulenken aus dieser Situation. Also, aus der Situation herauszuholen, mit Gesprächen abzulenken, mit Aktivitäten abzulenken, das funktionierte sehr gut.

Der «Zwang» wird von der Pflegenden durch Gespräche und Aktivitäten unterbrochen, wobei vorher (krankheitsbedingte) Symptome abgeklärt worden waren. Danach wurden neue Reize gesetzt, die das Interesse der Bewohnerin in eine andere Bahn kanalisierten, so dass die Konzentration von dem Schreigrund abgelenkt wurde. In dem genannten Beispiel wird der «gefühlte» Harndrang von der schreienden Frau vergessen und die Bewohnerin ist wieder offen für eine andere Aktivität. Die Ablenkung hatte in diesem Beispiel allerdings nur einen kurzen Erfolg. «Irgendwann hat sich das dann aber […] trotz alledem verselbstständigt. Also irgendwann war's dann nicht mehr dieses ‹Pipi machen›, sondern auch inadäquat geäußerte Laute im Grunde», berichtet die Pflegende. Sie erzählt, dass die Bewohnerin diese Schreiphasen als Stress erlebte und sich in die Rufphasen regelrecht hineinsteigerte. Es ging so weit, «dass sie motorisch total unruhig wurde und sie auch nicht mehr zu beruhigen war, […] weder validativ noch auf irgendeiner anderen Art und Weise. Und das sind natürlich dann die Situation, ja, da kommt, also da kommen wir irgendwie auch nicht mehr weiter» mit der Ablenkung, bemerkt die Altenpflegehelferin reflektierend. Sie sucht nach den Rufgründen und verweist auf den fortschreitenden demenziellen Abbauprozess der Bewohnerin.

Die Grenzen des Strategiebeispiels Ablenkung werden von vielen Pflegepersonen immer dann beschrieben, wenn die Ablenkaktivitäten das von ihnen gesetzte Ziel der Ruhe oder des Wohlbefindens nicht erreichen. Eine Interviewteilnehmerin, die seit mehr als 20 Jahren in der Pflege tätig ist, sagt in diesem Kontext:

> Aber ich denke, Schreien von Bewohnern die schreien, weil sie sich nicht anderes mehr artikulieren können, wo man selber nicht genau weiß, ist es Schmerz, ist es Trauer, ist es Wut – die einfach nur schreien. [Da] ist die ganze Sache dann schon 'n bisschen schwieriger. Die lassen sich auch sehr schlecht ablenken.

Andere Interviewpartner berichten dagegen, dass unter anderem Bewegung ein adäquates Mittel der Ablenkung ist. Durch Gehen oder Spazieren – und zwar nicht nur aktiv, sondern auch im Rollstuhl – findet immer ein Raumwechsel statt und dadurch werden neue Reize generiert, die Aufmerksamkeit verlangen. Der Schreigrund tritt in den Hintergrund, wobei allerdings im Vorfeld genau eruiert wird, was das Schreien oder Rufen ausgelöst haben könnte. Eine gerontopsychiatrische Fachkraft mit langjähriger Berufserfahrung sagt:

> Ja, durch ihren hohen Bewegungsdrang kann man sie gut immer erreichen, durch laufen, rumwuseln, irgendwelche Aufräumarbeiten, Saubermachen. Da kann man sie immer sehr gut ablenken, sehr gut runterholen.

Einen anderen Aspekt rückt eine Altenpflegehelferin in den Vordergrund, die in einem Seniorenheim mit segregativem Wohnkonzept arbeitet und ebenfalls langjährig im Pflegeberuf tätig ist. Sie erzählt, dass eine Bewohnerin immer sehr laut und oft rufe. Außerdem singe diese sehr gerne und ebenso gerne nehme sie an einer Trommelgruppe teil, wobei sie selbst aktiv mittrommle. Sie höre den dröhnenden Rhythmus und spüre die Vibration der Trommel. In diesem Zeitraum rufe sie nicht, weil die Aufmerksamkeit auf die Musik umgeleitet werde, so vermutet die Informantin:

> Das [Trommeln] ist wie mit dem Singen, darum sag ich jetzt auch Ablenkung. Das ist ja eigentlich keine Ablenkung, das ist ja eigentlich so 'ne Art Umleiten, aber es ist für 'ne Weile [...] es kommt immer wieder [das Rufen]. Also nach dem Trommeln, nach dem Singen – und es klappt ja auch nicht immer, manchmal klappt auch ein Spaziergang, manchmal überhaupt nicht. Manchmal klappt auch singen nicht, manchmal klappt ein Gebet. Manchmal sagt sie auch: ‹Ich will jetzt aber nicht›.

In diesem Zitat weist die Pflegende auf den Aspekt der Umleitung hin und grenzt diesen Begriff von der handlungsbezogenen Aktivität der Ablenkung deutlich ab. Die Energie, die jedem Schrei oder Ruf innewohnt, wird beim Umleiten in eine andere Aktivität umgelenkt. Ablenkung und Umlenkung verwendet diese Informantin nicht synonym. Zwar wird bei beiden Begriffen der Energie eine andere Richtung gegeben, aber diese Pflegende betont mit der Umleitung das korrigierende Moment der Aktivität. Die Korrektur ist notwendig, weil der Schreigrund vielleicht bekannt ist und nicht befriedigt und befriedet werden kann. Auf diese Nuancierung der Intervention verweist eine Pflegende, die in einer Wohngemeinschaft arbeitet. Sie sagt, dass sie den Grund der Schreie einer alten Frau zu glauben kennt, diesen Wunsch aber nicht erfüllen kann – sie kann die schreiende Frau nicht heimgehen lassen, allein deshalb nicht, weil die Wohnung der alten Frau schon lange aufgelöst wurde. In dieser Situation will sie die Energie umlenken und in eine andere Richtung leiten.

Die Begriffe Ablenken und Umlenken werden von vielen Interviewteilnehmern synonym verwendet, während andere Informanten eine deutliche Trennung zwischen diesen beiden Interventionsaktivitäten vornehmen. Gemeinsam ist ihnen die folgende Intention: Der schreiende oder rufende Mensch soll aus dem teils endlos und spiralförmig verlaufenden Kreis der Schrei- oder Rufphasen geholt werden. Seine Aktivitätsenergie soll in eine andere Richtung gelenkt werden – eine Richtung, die das Schreien oder Rufen für einen Moment vergessen lässt.

Tabelle 4-1 listet die unterschiedlichen Aktivitäten der Ablenkung der Pflegenden auf, die von ihnen genannt werden. In dieser Tabelle werden die Ablenkaktivitäten in Anreize zur gemeinsamen Aktivität und in Anreize zur Einzelaktivität unterteilt.

Tabelle 4-1: Interventionen, die den Charakter einer Ablenkung oder Umlenkung besitzen (Urselmann, 2011).

Ablenkung (Beispiele, die von Pflegenden genannt werden)	
Anreize zur gemeinsamen Aktivität	Anreize zur Einzelaktivität
• Beten (gemeinsam, in die Kirche/Kapelle gehen/fahren, …) • Bewegung (hin- und hergehen/fahren, tanzen, …) • Dufttherapie • Gedächtnistraining (aber auch: Schatzkiste, Schlüsselreize setzen, …) • Gemeinschaft herstellen (in Gemeinschaftsraum gehen/fahren, in Messe gehen, hausinterne Ausstellungen, Ballspiele/Gesellschaftsspiele/…) • Gespräche (Angehörige anrufen lassen, über Alltagsgeschehen, biografische Aspekte, beruhigend sprechen, bewusst Duzen (mit/ohne Vorname), erklären, flüstern, «gut» zureden, «liebevoll» anreden, nachfragen, Fantasiegeschichte erzählen, «Süßholz» raspeln, «Schwätzchen» halten, streng ansprechen, Validation, vorlesen, zuhören, …) • hauswirtschaftliche Tätigkeiten (zusammen kochen, …) • (eigene) Kinder mitbringen, Besuch des Kindergartens, … • körperliche Begegnung/Kommunikation (drücken, daneben setzen, gezielt Haare kämen, Hand halten, Klangmassagen, kuscheln, Nacken kraulen, streicheln, umarmen, sich mit ins Bett legen, …) • Musiktherapie (trommeln, singen, …) • Tiere (Hunde, Katzen, Vögel, Tiere im Park, …) • Snoezelen • 10-Minuten-Aktivierung	• biografische Aspekte (Fotoalbum, Schatzkiste, Schlüsselreize setzen, …) • Essen und Trinken (aber auch: mit Finger essen lassen, Lieblingsessen, Obst, Schokolade, Süßigkeiten anbieten, …) • Geräuschkulisse ändern (Fernsehgerät/Radio an/aus, …) • hauswirtschaftliche Tätigkeiten (Besteck polieren, abtrocknen, Staubwischen, Geschirr abräumen, Kaffee mahlen lassen, Wäschefalten, …) • hausinterne Aktivitäten (Ausstellung, Singkreis, Bastelgruppe, Wohnküchen(konzept) • Hörbücher einsetzen • Licht (Lichteffekte, Licht in der Nacht an, …) • Musik hören (beruhigende Musik, CD vorspielen, Meditationsmusik, Spieluhr einsetzen, …) • Puppen, Puppenwagen • Raumwechsel (Ziel: Bett, Flur, Gemeinschaftsraum, Park, Wintergarten, Wochenmarkt aber auch gezielt «Atmosphäre schaffen», …) • Stricken und Handarbeiten

4.3.6 Interventionsbeispiel: Anwalt sein

Bei der stellvertretenden Interessenwahrnehmung der Pflegenden handelt es sich um eine emotionsfokussierte Interventionsform, die nicht auf eine direkte Veränderung beziehungsweise Beeinflussung des herausfordernden Verhaltens zielt. In der praktischen Umsetzung ist sie ähnlich einer Anwaltsfunktion, die Pflegende für den Menschen mit Demenz ausüben. Sie vertreten deren Interessen gegenüber anderen Personen; das geschieht vielfach indirekt und oft unbewusst. Es kommt zu einer Identifikation der professionell Pflegenden mit den Wünschen der von ihnen betreuten Bewohner. Zu der «Anwaltsfunktion» der Pflegenden zwei Beispiele:

> Ein Mann, der immer sehr laut schrie und dessen Demenzerkrankung schon weit fortgeschritten war, konnte sich noch selbst fortbewegen, stürzte in der letzten Zeit aber sehr oft. Die Angehörigen wollten weitere Stürze verhindern und hatten entgegen der pflegerischen Beratung beim Gericht freiheitsentziehende Maßnahmen beantragt. Am Bett des Mannes sollte ein «Bettgitter» installiert werden und darüber hinaus sollten ein «Rollstuhlgurt» sowie ein «Fixiergurt im Bett» angebracht werden. Als der zuständige Richter in das Seniorenheim mit traditionellem Wohnkonzept kam, konnte der alte Mann aufgrund seiner verbalen Kommunikationseinschränkung seine Interessen nicht mehr selbst vertreten. Die beantragten freiheitsentziehenden Maßnahmen wurden genehmigt. Die Pflegende, die den alten Mann schon viele Jahre pflegte, versuchte in dem Gespräch mit dem Richter die Interessen des Mannes zu vertreten. Rückblickend sagt sie: «Ja, dann kam der Richter und das wurde auch zugestimmt, dass also das Bettgitter, der Rollstuhlgurt und der Fixiergurt im Bett angebracht werden sollten – so wurde es in der Verfügung angegeben. Und da hab ich aber von vornherein gesagt, dass Sie das eigentlich wieder streichen können, weil ich werde ihn im Bett nicht fixieren. Auf keinen Fall, weil dann flippt er mir ja tierisch aus, der dreht, der wär durchgedreht. Und das ist das, was ich nicht wollte.» Alternativ schlug sie vor, dass Hüftprotektoren zur Verfügung gestellt werden. Mit ihrer Argumentation überzeugte sie letztlich die Angehörigen und die vom zuständigen Gericht angeordneten freiheitsentziehenden Maßnahmen wurden nicht vorgenommen.
>
> In dem zweiten Beispiel schildert eine Pflegende ein Ereignis, das sie in einem traditionellen Seniorenheim erlebte. Es handelt sich um eine Einrichtung, in der Menschen mit und ohne Demenz in Einzelapartments wohnen. Hier lebte auch eine Frau mit Demenz, die im Verlauf ihrer demenziellen Erkrankung begonnen hatte, sehr laut und anhaltend zu schreien. Diese Schreie wurden von den Mitbewohnern als äußerst störend wahrgenommen. Die Pflegenden versuchten, die Mitbewohner zu sensibilisieren und deshalb erklärten sie ihnen immer wieder die Krankheit und das herausfordernde Verhalten als Symptom. Immer wieder baten sie um Verständnis. Sie erklärten den Mitbewohnern, dass die Frau nicht nur in ihrem Einzelzimmer leben will, sondern dass sie sich auch wünschen würde, am gesellschaftlichen Leben zu partizipieren. Im Verlauf der vielen Begegnungen fragte die Pflegende eine Mitbewohne-

> rin, die sich wieder lautstark beschwerte, was denn wäre, wenn sie die gleiche Krankheit schon morgen treffen würde. «Nein» bekam sie zur Antwort, das würde nicht passieren. «Das weiß man eben nicht», sagte sie und fuhr fort: «Sie hat sich das mit Sicherheit nicht ausgesucht. Und das kann Sie morgen am Tag treffen oder heute Abend noch.» Die Mitbewohnerin antwortete: «Ach, mit Ihnen kann ich sowieso nicht reden.» «Ja und das macht mich ein Stück wütend», sagte die Pflegende, die einen Wohnbereich des Seniorenheims leitet. Der schlimmste Spruch der von dieser Mitbewohnerin kam war: «So eine wär im Dritten Reich verschwunden.» «Ich werde jetzt gehen», sagte die Pflegende und die alte Frau gab zur Antwort: «Wieso?» «Weil ich das einfach ganz mies finde, was Sie gerade gesagt haben und jetzt möchte ich nicht mehr mit Ihnen sprechen», sagte die Pflegende, ging und hörte noch von der alten Frau: «Über den Schreihals kann ich mit Ihnen ja nicht sprechen.»

Viele Pflegende vertreten die Interessen der Menschen mit Demenz auch im Zusammenhang mit der Verordnung und Applikation von Medikamenten. Die genannte Interessenvertretung geht weit über die «normale» Zusammenarbeit mit Ärzten hinaus, weil vielfach ein Standpunkt eingenommen wird, der sich von den eigenen Interessen abgrenzt. Viele Pflegende sind bereit zu verhandeln und vehement die Interessen der schreienden oder rufenden Bewohner zu vertreten. «Nach langem Verhandeln hat er sich drauf eingelassen», sagt eine Altenpflegerin und bezieht sich auf eine langwierige Auseinandersetzung mit einem Arzt, der letztlich ihren Empfehlungen folgte und die Medikamente nicht weiter verschrieb, die stark sedierende Nebenwirkungen zeigten.

Gespräche mit den nicht dementen Mitbewohnern suchen

Eine anderes Beispiel für die Strategie der Interessenvertretung auf einer anderen Ebene beschreiben einzelne Pflegende in der genannten Studie, die in traditionellen Einrichtungen tätig sind: Sie suchen den Dialog zu den Mitbewohnern, die nicht demenziell erkrankt sind und tagtäglich die Schreie oder Rufe hören. Sie erklären diesen Bewohnern das schreiende Verhalten, zeichnen den Hintergrund auf und thematisieren die Bedingungen und Verflechtungen.

Ein Beispiel aus einem Interview, dass mit einer Pflegenden geführt wurde:

> [Mit-]Bewohner, da stelle ich immer wieder fest, wenn die dann so reagieren so von wegen: ‹Mein Gott, kann die jetzt mal den Mund halten› oder solche Aussagen dann oder die Leute dann auch anschreien: ‹Halt endlich die Klappe›. Solche Äußerungen kommen dann wirklich, also wörtlich auch, dass ich dann versuche den Leuten auch zu erklären, warum die das so machen, derjenige der da ruft oder schreit. Und bei

manchen trifft das auf Verständnis, die wissen dann, warum und die sagen das nie wieder. Sondern die gehen eher hin, streicheln denjenigen im, über den Arm und beruhigen den, so dass das Schreien dann auch aufhört, dieses Rufen, diese Sehnsucht nach Nähe, sag ich mal. Und andere die in dem Augenblick dann sagen okay, aber das dann natürlich durch ihre eigene Krankheit, durch ihre eigene Demenz eventuell, die beginnt, diese Vergesslichkeit im Alter einfach – die dann das vergessen und dann immer wieder so reagieren. Und bei anderen ist das auch manchmal einfach: ‹Mein Gott, dann gehört die hier nicht hin›. Und setzen sich überhaupt nicht damit auseinander. Kein Gedanke daran, dass man selbst eventuell mal so werden könnte, in die Situation kommen kann. Also, die unterschiedlichsten Reaktionen sind ganz – also es geht ganz weit auseinander.

4.3.7 Interventionsbeispiel: Sitzordnung beeinflussen und/oder bestimmen

Es wurde bereits kurz beschrieben, dass die Pflegenden einen direkten Einfluss auf die Sitzordnung der Bewohner in den «öffentlich» zugängigen Räumen ausüben. Das geschieht immer vor dem Hintergrund einer zielgerichteten Lenkung von Emotionen der schreienden oder rufenden Menschen und deren Mitbewohnern. Schreien oder Rufen kann innerhalb der Gruppe aggressives Verhalten der Mitbewohner generieren. Deshalb versuchen die Pflegenden, die Sitzordnung in den offenen Gemeinschaftsräumen so zu beeinflussen, dass es nicht zu Störungen kommt. Diese Veränderung orientiert sich allein an den Vorstellungen und der Intention der Pflegenden. Sie wollen in den «öffentlichen» Räumen Ruhe herstellen beziehungsweise sichern. Das Ergebnis dieser Intervention ist oft die räumliche Trennung zwischen den schreienden oder rufenden Menschen mit Demenz und den auf dieses Schreien reagierenden Bewohnern. Es wurde bereits gesagt, dass die Fragen, wer wo, neben wem und wie lange sitzt, den favorisierten Gesichtspunkten der Pflegenden folgt, die nicht immer den Wünschen der immobilen Menschen mit Demenz entsprechen müssen. Eine Altenpflegerin sagt in diesem Zusammenhang:

Also wir haben die beiden dann getrennt [...], die saßen zu dem Zeitpunkt zusammen, also nebeneinander. Wir haben die [schreiende Bewohnerin... Anm. des Autors] dann an die andere Seite gesetzt und wir hatten auch in der Wohnküche die Möglichkeit, sie dann in den – die andere am Tisch zu belassen und sie dann, wenn sie wirklich sehr laut geschrien hat, einfach vom Tisch weg, mit dem Rücken zu den Leuten.

In dieser Interviewsequenz berichtet die Pflegende, die in einem Seniorenheim mit traditionellem Wohnkonzept arbeitet, dass der Mensch, der schreit oder ruft, seinen Sitzplatz wechseln muss, während seine Mitbewohner ihre Sitzposition behalten können. Es wird aber auch deutlich, dass es sich in dieser Schilderung um einen immobilen Bewohner handelt, der «einfach vom Tisch weg» gefahren werden kann. Eine überaus aktive Handlung einer Pflegeperson, die eine passive Duldung des Pflegebedürftigen voraussetzt oder letztlich sogar erzwingt! «Einfach weg und mit dem Rücken» zu den anderen Bewohnern, sagt die Pflegende, ohne scheinbar zu reflektieren, dass es nicht wirklich «einfach» ist, einen Menschen aus einer Gruppe in dieser Weise zu isolieren. Wenn diese Vorgehensweise auf einen anderen Kontext übertragen würde und die Akteure nicht demenziell erkrankt wären, könnte die Pflegende mit ihrer Intervention einen handfesten Streit auslösen. Wer ließe es sich schon «einfach» gefallen, dass seine Sitzposition in dieser Weise verändert wird und man mit dem Rücken zu seinen Kommunikationspartnern sitzt. In der Vorgehensweise der Pflegenden werden deutliche Spuren von Macht und Machtausübung transparent, und es schwingt Gewalt in dieser Intervention mit. Auf die Frage, ob diese Bewohnerin in ihrer neuen Sitzposition weiter gerufen hat, sagt die Pflegende: «Sie hat weiter gerufen […] Aber, wie ich schon vorhin gesagt hab, man […] man konnte nicht wirklich auf sie eingehen». So versucht sie ihre Handlungsweise zu erklären, sie spürt Druck und sieht sich im Handlungszwang, weil sie abwägen muss, welche Prioritäten sie in der Situation wie und wann setzen soll. Die Mitbewohner haben sich beruhigt, sagt sie und in einem hypothetischen Gedankenspiel konstruiert sie deren Gedanken: «Ah ja, dieses Laute ist von meiner Seite weg, das ist schon mal gut jetzt. Ja ich mein, sie sitzt jetzt zwar da hinten, aber da wird sich jetzt um sie gekümmert.» In diesem Gedankenspiel formuliert sie gleichzeitig eine Entschuldigung, die sie der Mitbewohnerin imaginär in den Mund legt.

Wichtig ist der Hinweis, dass in anderen Pflegesituationen die Veränderung der Sitzordnung bei schreienden oder rufenden Menschen im Bedarfsfall stattfindet und der Gesamtkontext einer Pflegeanforderung berücksichtigt wird. Dieser Zusammenhang wird auch in einem Beobachtungsprotokoll bestätigt:

> Wohnküche in einer Wohngemeinschaft. 10:00 Uhr. Im Flur höre ich aus der Küche Lachen und sofort spüre ich eine sehr gemütliche und angenehme Atmosphäre, als ich den Raum betrete. In der Mitte steht ein großer Tisch, an dem 20 Menschen sitzen könnten, aber jetzt sitzen dort nur vier Bewohner – weit voneinander getrennt. Eine Bewohnerin neigt den Kopf tief nach vorne und es sieht aus, als ob sie eingenickt wäre. Eine andere alte Frau frühstückt. Nach jedem Biss in ein Butterbrot nimmt sie einen Schluck aus ihrer großen Kaffeetasse. Sie schaut zu den Pflegenden, die an der Küchenzeile stehen, die neben der Tür positioniert ist und entlang der oberen Zimmerfront verläuft. Die Pflegenden unterhalten sich miteinander und bereiten das Mittagessen vor. Immer wieder

> beziehen sie die Bewohner in ihre Gespräche ein und laden sie ein, bei den Vorbereitungen zu helfen. «Frau X [Familienname] wollen Sie schon mal die Zwiebeln schneiden»? «Ja, ja, ist gut», antwortet die angesprochene Frau. «Warten sie, ich bringe Ihnen das Brettchen und das Messer», sagt die Pflegeperson. Immer wieder kommen Bewohner in den Raum, schauen sich um, wechseln ein Wort und verlassen den Raum wieder [...] Eine Pflegende, die einen alten Mann am Arm stützend begleitet, betritt den Raum [...] Sie führt ihn zu einem Sitzplatz an dem großen Tisch [...] Vor Beginn der Beobachtungssequenz hatte mir eine andere Pflegende gesagt, als ich mich gerade setzen wollte, dass ich auf diesem Stuhl bitte nicht sitzen soll, weil gleich Herr Y [...] frühstücken wird und er dort sitzen muss. Dieses «Muss» hatte sie sehr betont. Durch das «Gerufe» von Frau X. würde er immer so nervös, sagte sie und deshalb müsse er am anderen Ende des großen Tisches sitzen.

4.3.8 Interventionsbeispiel: das Wohnsetting anpassen

Die für die zugrunde liegende Studie befragten Pflegenden versuchen, die Wohnsituation für jeden schreienden oder rufenden Menschen mit Demenz individuell anzupassen. Hierbei berücksichtigen sie seine emotionale Verfassung, seine Wünsche und seine individuellen Pflegeanforderungen. Sie übernehmen eine Beraterrolle, die allerdings von ihren eigenen subjektiven Vorstellungen beeinflusst ist. Diese Anpassung zielt nicht nur auf das vorhandene Wohnumfeld, sondern stellt die Wohnform selbst zur Disposition. Es ist eine kritische Auseinandersetzung mit der Frage, die nicht nur die Pflegeperson, sondern gleichzeitig auch den Menschen mit Demenz und seine emotionale Verfassung direkt betrifft. Grundlage scheint die Vermutung zu sein, dass es keine Wohnform gibt, die per se immer optimal zu einem bestimmten Bewohner in einer bestimmten Lebenslage passt. Es gibt Wohnsettings, schlussfolgern viele Pflegende basierend auf ihren Vermutungen und resultierend aus ihren Erfahrungen, die für einen Bewohner eine bessere Wohnqualität darstellen könnten, als es die aktuelle Situation vielleicht bietet. Das resultiert unter anderem aus einer Veränderung einzelner Kontextfaktoren oder veränderter Pflegeanforderungen. Diese Vergleiche können Pflegende nur deshalb vornehmen, weil sie in ihrem Berufsleben in unterschiedlichen stationären Einrichtungen gearbeitet haben und die gesamten Bedarfe des schreienden oder rufenden Menschen berücksichtigen.

Eine Pflegende, die viele Jahre als Wohnbereichsleitung tätig ist, beschreibt einen Veränderungsprozess, der sich auf die grundlegende Umgestaltung der Wohnsituation für die Menschen mit Demenz bezog. Die Wohnräume wurden umgebaut und den veränderten Anforderungen angepasst. Dieser Veränderungsprozess nahm seinen Anfang, als in der stationären Einrichtung immer mehr Bewohner störend zu schreien begannen. Die Pflegende entwickelte ein Konzept, das von der Leitungsebene unterstützt wurde. Diese Umgestaltung war aber nur deshalb möglich, weil der Umbau den Charakter des Seniorenheims nicht wesentlich veränderte und die Grundstruktur erhalten blieb. Die Pflegende blickt zurück und berichtet:

> Ich hab mir dann meine eigenen Gedanken gemacht, wie man diese, diese Unruhe auffangen könnte und bin mit meinen Vorgesetzten dann übereingekommen, dass wir versuchen, jede Etage als eigene Wohngruppe mal auszuprobieren, wie es ist. [Wir] haben in den einzelnen Wohnzimmern Küchen eingebaut und konnten durch diese Veränderungen erst einmal eine gewisse Unruhe wegmachen. Schlecht ausgedrückt, aber die Leute wurden etwas ruhiger, weil sie plötzlich alles durften. Sie durften an den Kühlschrank gehen, sie durften sich Gläser rausholen, sie durften sich an den Haushaltstätigkeiten beteiligen. Jeder in seinem Umfang, [so] wie er konnte. Dazu [...] wurde das Betreuungsangebot ausgeweitet. Wir hatten dann dieses unverschämte Glück, das wir eine Beschäftigungstherapeutin nur für unser Haus bekamen, die sich in diesen Stationsablauf auch mit integrierte und ihre Gruppen nach den Erfordernissen der demenzerkrankten Menschen abstellte. Wir arbeiten hier zur Erklärung also mit 10-Minuten-Aktivierung, wir sind geschult in Validation, Basale Stimulation ist uns auch nicht fremd.

In diesem Zitat und den Inhalten des weiteren Gesprächs mit der Pflegenden wird ein Zusammenspiel von unterschiedlichen Faktoren deutlich, die zeitgleich ihren Anfang nahmen beziehungsweise fließend ineinandergriffen:

- Bereitschaft zum Engagement der Pflegenden
- Unterstützung durch die Leitungsebene
- räumliche Umgestaltung der Wohnbereiche
- Veränderung des Betreuungskonzepts, so dass restriktive Auflagen entfielen beziehungsweise gelockert wurden und die Bewohner plötzlich «alles durften», das heißt auch einen biografischen Bezug herstellen
- Normalität leben lassen (zum Beispiel: Zum Kühlschrank gehen und sich selbstständig Inhalte entnehmen können, wann und wie viel man will – eine Selbstverständlichkeit?!)
- Integration von Haushaltstätigkeiten in den Tagesablauf der Bewohner
- multiprofessionelle Zusammenarbeit
- Weiter- und Fortbildung (Schulung) der Mitarbeiter
- Orientierung an den Bedürfnissen (Erfordernissen) der Bewohner, die damit zum Taktgeber werden.

Der Pflegenden gelang es, ihre Ideen umzusetzen, und das Konzept erwies sich als so tragfähig, dass es heute noch in dieser Form nahezu unverändert gelebt wird. Auf die Frage, ob das von ihr geschilderte Zusammenspiel das Schreiverhalten der Menschen mit Demenz beeinflusst, antwortet sie: Wir haben «manche Unruhe und manches Schreien auf[ge]fangen. Was natürlich nicht immer so klappt.» Sie erzählt im Verlauf des Interviews, dass auch in optimierten Wohnsettings das Schreien oder Rufen von Menschen mit Demenz auftreten kann und sich scheinbar einer umfassenden Beeinflussung entzieht. Das verwundert letztlich nicht, weil die Schrei- und Rufgründe vielfältig sind, wie diese Pflegende in dem Interview später selbst sagt und sie bemerkt ebenso, dass sie den Schreianlass nicht immer eruieren und deshalb auch vielfach nicht befriedigen kann.

4.4 Körperlich-therapeutische Interventionsansätze

Diese Interventionsansätze zielen neben der Schaffung von Ruhe auch auf das Wohlbefinden der Menschen mit Demenz, wobei die Pflegenden häufig auf der Beziehungsebene agieren. Viele Pflegenden berichten, dass körperliche Berührung eine direkte Verbindung zum schreienden oder rufenden Menschen schafft. Dieses Wissen wird geplant und ungeplant, spontan und gezielt eingesetzt. Körperkontakt wird wie eine Brücke beschrieben, die jenseits der verbalen Kommunikationsebene immer eine Verbindung zu schaffen verstehe. Hierbei werden die kontextuellen Bedingungen situativ berücksichtigt und es wird eine Verknüpfung zum Fachwissen hergestellt. In den Interviews und Beobachtungsprotokollen der zugrunde liegenden Studie wurde deutlich, dass Fachwissen zu dieser pflegerischen Intervention gehört, weil «drücken» und «in den Arm nehmen» jenseits von plumpen Annäherungen stehen. Diese Berührungen sind zwar teilweise spontan, haben dennoch eine Intention und berücksichtigen den Menschen in seiner Person. Damit stehen sie jenseits von jovialen Ritualen, die auch Ausdruck von Macht sein können. Etwa wie ein Vorgesetzter, der seinem Angestellten pseudo-vertraut auf die Schulter klopft und damit sein Wohlwollen auszudrücken versucht, dabei allerdings indirekt seinem gesellschaftlichen Status Ausdruck verleiht.

Im besonderen Maße ist Fachwissen unter anderem für die «Basale Stimulation», deren Einsatzbereich und Wirkungsspektrum erforderlich. Dies ist ein Interventionsansatz, den alle Pflegenden kennen (sollten) und der deshalb in diesem Kapitel neben anderen Ansätzen kurz vorgestellt wird.

4.4.1 Interventionsbeispiel: «drücken» und «in den Arm nehmen»

Körperlicher Kontakt ist Ausdruck von Nähe und ein Kommunikationskanal, dem immer dann besondere Bedeutung zukommt, wenn Menschen mit Demenz in ihrer verbalen Ausdruckskraft eingeschränkt sind. Dieser körperliche Kontakt kann gezielt, aber auch intuitiv und ungeplant eingesetzt werden. Pflegende «spüren» das «Bedürfnis nach Nähe» der schreienden oder rufenden Menschen und nehmen deshalb Körperkontakt auf. Sie nehmen die Signale der Menschen mit Demenz wahr und durchbrechen die routinemäßigen Abläufe. Das geschieht keineswegs immer geplant, sondern läuft vielfach spontan ab. Nur ist diese scheinbare Spontaneität der Pflegenden oft die Summe von kumulierenden Signalen, die bewertet werden und die innerhalb eines Entscheidungsprozesses zusammenfließen. Die Realisation und der Impuls, direkten Kontakt zu dem schreienden oder rufenden Menschen aufzunehmen, verlaufen spontan, manchmal auch unbewusst, wobei individuelle Präferenzen der schreienden oder rufenden Menschen beachtet werden. Eine Altenpflegehelferin, die in einer Einrichtung mit segregativem Wohnkonzept tätig ist, streichelt einen Bewohner zum Beispiel zwischen den Schulterblättern und der alte Mann reagiert auf diesen Körperkontakt – er wird ruhiger. Die nonverbale Kontaktaufnahme wird zur «körperlichen Kommunikation», die durch gegenseitige Wertschätzung geprägt ist und Geborgenheit und Vertrautheit signalisiert:

> Herr S. wohnt seit etwa vier Jahren in einem Seniorenheim für Menschen mit Demenz. Er hat einen Rollstuhl und bewegt sich manchmal selbstständig in dem Wohnbereich. Bereits vor wenigen Monaten sprach er selten und dann nur einzelne Worte, diese aber sehr laut. Heute spricht er nicht mehr und schreit oft laut und anhaltend. Die Pflegenden interpretieren diese Schreie als Signal und deuten es als Mitteilungswunsch. Weil den Pflegenden bekannt ist, dass Herr S. nicht sprechen kann und seine Wünsche verbal nicht mehr formuliert, beobachten sie seine Äußerungen und sein Verhalten sehr genau. Aus Erfahrung wissen sie, wann Körperkontakt ihn beruhigen kann. Eine Pflegehelferin sagt: «Herr S. mag das unheimlich gern, wenn man ihn hinten so zwischen den Schultern mal killert [gemeint ist gefühlvoll streicheln; Anm. des Autors]. Und wenn man bei ihm dann 'ne gewisse Unruhe verspürt und macht das dann mal und legt vorsichtig die Hand hinten auf die Schulter, dann hört man ein ‹Naaaahhh› und man merkt, dass er dadurch ruhiger wird.» Herr S. liebt in diesen Situationen die Nähe von Menschen, und die Pflegenden sagen, dass er bestimmt ein Gefühl von Geborgenheit wahrnimmt, denn sonst würde er sich anders verhalten.

Die Pflegeintervention «drücken» und «in den Arm nehmen» ist eine direkte Form der Aufnahme von engem Körperkontakt und kann in dieser Weise nicht immer und nicht mit jedem Bewohner durchgeführt werden. Die Intervention ist situationsabhängig und interagiert bewusst und/oder unbewusst mit Sympathie und Antipathie, die gegenüber den Bewohnern empfunden wird. Darüber hinaus sind der Zeitpunkt sowie die Reaktion der Menschen mit Demenz wichtig. Wenn der Körper des schreienden Menschen sich anspannt und er wieder zu schreien beginnt oder wenn er sich dem Körperkontakt zu entziehen versucht, ist das der Punkt, an dem die Pflegesituation sofort modifiziert werden muss. Es ist einfach nicht der richtige Zeitpunkt für diese Art der pflegerischen Aktivität.

Pflegende sollten wissen, dass dieses (Kommunikations-)Verhalten auf einer verbal-kommunikativ fernen Ebene kein Allheilmittel ist. «Drücken» muss mit Fachkompetenz verknüpft werden und erfordert umfassendes Wissen, soll es nicht zur plumpen und distanzlosen Annäherung verkommen. Das «therapeutische» Moment ist nur dann gegeben, wenn Pflegende die Signale erkennen und mit Respekt vor einem Menschen und seiner Würde einsetzen.

Wenn diese körperliche Nähe nicht zugelassen werden kann, liegt es manchmal daran, dass Menschen mit Demenz Berührung von anderen Menschen schon immer nur schlecht zulassen konnten. In diesen Situationen muss das Verhalten akzeptiert und respektiert werden. Es gilt, die Signale, den Rückzug und die ablehnende Haltung des Menschen mit Demenz zu akzeptieren.

Die ablehnende Reaktion auf die körperliche Nähe zwischen den schreienden oder rufenden Menschen mit Demenz und den Pflegenden ist nicht selten. Das «Nicht-annehmen-Können» der Nähe sollte demnach als mögliche Option erkannt und berücksichtigt werden. Es ist «normal», dass in einer bestimmten Situation diese Nähe nicht angenommen wird. Diese Reaktion sollten die Pflegenden also nicht (zwangsläufig) persönlich nehmen. Sie müssen wissen, wenn ein Mensch mit Demenz «gedrückt» wird, ist das immer mit Wechselwirkungen von sozialen und persönlichen Faktoren verbunden. Dabei ist die Spannweite dieses Drückens sehr breit gefächert und geschieht nie isoliert, sondern immer in Verbindung mit anderen pflegerischen Tätigkeiten. Wichtig ist hierbei, dass Maßnahmenhektik vermieden wird, weil sie völlig fehl am Platz ist. Es gilt, sehr «leise» zu agieren – leise im Sinne von empathisch.

Der Zugang zu dem Menschen mit Demenz geschieht vielfach über Hautkontakt, und der Pflegende sollte sich dabei auf die gleiche räumliche Ebene begeben, wobei Augenkontakt wichtig sein kann. Manchmal heißt Körperkontakt auch einfach nur danebensetzen, die Hand halten, die Hand streicheln und leise sprechen.

Ein weiteres Beispiel für die Vielfalt der Spannweite von Gestaltungsmöglichkeiten dieser Interventionsform zeigt das folgende Beispiel aus einem Seniorenheim mit traditionellem Wohnkonzept.

> Eine Pflegende berichtet, dass eine schreiende Frau mit Demenz in Schreisituationen oft suchend nach ihren Händen greife und die Pflegende würde erkennen, dass diese alte Frau Kontakt haben wolle. Die Pflegende berichtet: «Und wenn man das merkt, und wenn man sich dann langsam vortastet, man merkt dann also sehr genau, ob sie engen Körperkontakt wünscht oder nicht. Nee. Und dann nimmt man die [Bewohnerin] so nach und nach, so halt richtig, so wie so ein kleines Kind in den Arm irgendwie. Spricht beruhigend, streichelt. Kopf am besten so an die Brust, irgendwo und so richtig in den Arm nehmen.»

Diese enge Beziehungsgestaltung zwischen Pflegenden und Menschen mit Demenz, die schreien oder rufen, kennen viele Pflegenden und diese Intervention lässt sich oft beobachten. Auffallend ist, dass zwischen den weiblichen und männlichen Pflegepersonen kein Unterschied in dieser Interventionsgestaltung besteht. Es ist also nicht allein Ausdruck von geschlechtsspezifischen (Schutz-)Bedürfnissen, sondern gehört zum Repertoire der Pflegenden, die geschlechtsunabhängig auf einer höheren Ebene anzusiedeln ist. Die Fähigkeit, anderen Menschen sehr nahekommen zu können, scheint das Ergebnis einer grundsätzlichen Berufsidentität zu sein, die durch eine emotionale Stabilität und eine kognitive Anpassungsfähigkeit geprägt ist. Pflegende leben Nähe und sind bereit, Nähe zu leben – eine Grundhaltung, die allerdings in direkter Verbindung zu der bestehenden und gelebten Individualbeziehung steht. Das wird besonders deutlich, wenn die Haltung der Pflegenden in gerontopsychiatrischen Kliniken betrachtet wird. Hier dominiert eine wesentlich kürzere Verweildauer von Menschen mit Demenz, die schreien oder rufen, die Beziehung und es scheint eine andere Beziehungsqualität zu bestehen. Diese Beziehung macht es zwar möglich, körperlich betonte Interventionen zu realisieren, aber hier ist eine größere Distanz erkennbar, wie das nächste Fallbeispiel deutlich macht:

> Eine Pflegende, die in der gerontopsychiatrischen Abteilung einer Klinik arbeitet, berichtet, dass sie die Patienten in und nach Schreiphasen «durchaus auch mal» in den Arm nimmt. Aber, «ich versuch schon Distanz zu wahren. Ich mein, es kommt immer drauf an, was es für Personen sind. Ich mein, wie der Patient auf mich auch reagiert und zugeht». Sie erzählt weiter: «Wenn die Patienten mir schon herzlich entgegenkommen, dann kann man auch durchaus mal über die Wange streicheln oder so, um einfach zu signalisieren, sie wird geliebt [...] Aber immer mit Abstand.» Dieser Abstand resultiert für sie aus dem eher lockeren Verhältnis, welches dadurch entsteht, dass sie die Patienten höchstens für wenige Wochen pflegt und betreut. Das betont die Pflegende immer wieder sehr deutlich.

Insgesamt betrachtet sind es immer sehr vertraute und intime Situationen, die es möglich machen, dass Pflegende und Menschen mit Demenz, die herausfordernd schreien oder rufen, sich so öffnen können. Dieses wird von vielen Pflegenden in ähnlicher Weise berichtet und mitten im komplexen Pflegealltag tagtäglich realisiert. Man könnte es als eine «Oase der Begegnung», des gegenseitigen Öffnens, Sich-einlassen-Wollens oder -Könnens bezeichnen und es zeigt, dass Pflegende dem Menschen, der herausforderndes Verhalten in Form von Schreien oder Rufen zeigt, trotz seines «störenden» Verhaltens begegnen wollen. Viele Pflegende versuchen, die Perspektive des schreienden Menschen einzunehmen, dabei verlassen sie ihre räumliche Distanz, um ein Begegnen auf gleicher Ebene möglich zu machen.

4.4.2 Interventionsbeispiel: den Körper spüren lassen – «Basale Stimulation»

Im Gegensatz zu der Intervention «drücken», die teils einen hohen Spontaneitätsfaktor besitzt und damit nicht beziehungsweise weniger stark geplant stattfindet, gibt es Pflegetätigkeiten, durch die ein gezielter und reflektierter Körperkontakt hergestellt wird. An erster Stelle ist hier die «Basale Stimulation» zu nennen, die vielen Pflegenden bekannt ist. Das Fachwissen zur «Basalen Stimulation» wird meistens während der Ausbildung erlernt oder/und in Fort- und Weiterbildungen regelmäßig aufgefrischt und aktualisiert. Ein beispielhaftes Interviewzitat zeigt die Bandbreite der Einsatz- und Aktivitätsmöglichkeiten. Hier reflektiert eine Altenpflegerin mit gerontopsychiatrischer Weiterbildung den Einsatz dieser Interventionsoption bei einer Bewohnerin, die sehr viel schrie:

> **Pflegende:**
> [Mit Basaler Stimulation] da hab ich einen großen Erfolg meiner Meinung nach gehabt. Also in der beruhigenden Ganzwaschung und auch nachher in der beruhigenden Einreibung, hat derjenige sein, sein Schreien deutlich minimiert und bis hin – also zum Schluss soweit, dass gar nicht mehr laut geschrien wurde. Es hielt nicht sonderlich lange an, das war dann halt so der Nachteil, also 'ne Stunde nach der Basalen Stimulation oder anderthalb ging dieselbe Prozedur von vorne an. Aber immerhin ein Zeitraum von zwei, zweieinhalb Stunden, die schreifrei waren.
>
> **Interviewer:**
> Haben Sie das ganz gezielt eingesetzt?
>
> **Pflegende:**
> Ja, bewusst [zustimmendes Kopfnicken der Pflegenden].

Der Einsatz dieser Intervention bei Schreien oder Rufen von Menschen mit Demenz wird als erfolgreich im Sinne der Interventionsziele Wohlbefinden und Ruhe beschrieben. Allerdings kennt auch der Einsatz der basalen Stimulation individuelle Grenzen. Eine Pflegende berichtet, dass sich das Schreien einer Bewohnerin durch die «Basale Stimulation» nicht beeinflussen ließ. Auf die gezielte Nachfrage, ob die Bewohnerin auch nicht ansatzweise leiser wurde, schüttelte sie resigniert den Kopf und antwortete: «Nichts, nichts». Eine Pflegende mit gerontopsychiatrischer Weiterbildung, die in einer segregativen Einrichtung tätig ist, beschreibt es ähnlich. Sie verknüpft in ihrer Beschreibung unterschiedliche Interventionsansätze miteinander und betont, dass immer wieder Grenzen des Machbaren erreicht werden. Das erstaunt diese und andere Interviewteilnehmer nicht, weil sie wissen, dass im komplexen Pflegealltag unterschiedliche Einflussfaktoren zusammenkommen. Sie sagt in diesem Zusammenhang:

> Wir machen ja immer so Radio an, CD an mit, sagen Sie mal, Geschichten dann auch, ne. Und dann müssen wir das richtig laut machen, dass sie es letztendlich übertönt und dann hört sie nach 'ner Zeit auf, weil sie meint – den Ton nimmt sie nicht wirklich wahr, ne. Wir legen unterschiedliche CDs rein, manchmal reagiert sie drauf, manchmal nicht. Manchmal haben wir 'ne Spieluhr von zuhause mitgebracht [...] meine Kinder, die brauchten das nicht mehr. Mal reagiert sie, mal reagiert sie nicht, ne. Wir haben 'ne Kollegin, die macht Basale Waschungen mit so verschiedenen Arten dann auch. Mal reagiert sie ganz positiv, dann ist sie ruhiger und manchmal bringt das überhaupt nix, so wirklich, ne.

Ein weiterer möglicherweise verzerrender Aspekt wird von Pflegenden genannt. Eigentlich ist davon auszugehen, dass bei den überwiegend positiven Erfahrungswerten der unterschiedlichen Ansätze der «Basalen Stimulation» (Kommunikationskanäle: taktil, olfaktorisch, haptisch, …) diese regelmäßig, wenn auch nur in Kernansätzen, eingesetzt werden. Viele Informanten der Studie berichten jedoch übereinstimmend, dass ihnen dies aus zeitlichen Gründen nicht möglich ist. Eine Altenpflegerin, die ihre Ausbildung vor wenigen Jahren abschloss und jetzt in einem traditionellen Seniorenheim tätig ist, sagt:

> **Pflegende:**
> [...] Ich hab die entspannende Waschung gemacht, also die ruhige Waschung bei ihr, damit sie sich entspannt, ja. Hab ihr dann nach der basalen Stimulation den Rücken auch gewaschen, generell hab ich sie auch mit, mit angeleitet dabei. Und da war sie auch ruhig, also sie hat auch nicht geschrien oder so.

> **Interviewer:**
> Machen Sie das auch sonst bei der Grundpflege?
>
> **Pflegende:**
> Selten, sehr selten. Also ich mach das wirklich, wenn ich weiß, ich hab jetzt Zeit und ich kann mir jetzt wirklich für die Bewohner oder Bewohnerin Zeit nehmen, dann ja. Aber wenn man jetzt da, wenn jetzt sich wieder einer krankmeldet zum Beispiel, dann schafft man das nicht.

In einer Wohngruppe mit segregativem Wohnkonzept für Menschen mit Demenz, die sich nur schreiend verbal artikulieren können, gehört die Basale Stimulation zum tagtäglichen Interventionsrepertoire. Im Gegensatz zu den inkludierten Einrichtungen mit traditionellem Wohnkonzept ist hier ein höherer Personalschlüssel vorhanden. Auf die Frage, was sie unter den unterschiedlichen Strategien der basalen Stimulation versteht, antwortet eine Fachkraft mit gerontopsychiatrischer Weiterbildung:

> **Pflegende:**
> Ja, wir haben so Rollen, wir haben Bälle, diese, diese Igelbälle – und viel auch mit der Hand selbst, mit runden Bewegungen, kreisende Bewegung, diese Berührung. Und bei Frau [...] ist sehr spürbar, wenn wir diese kreisende Bewegung über den Rücken machen – so bestimmte Punkte – dass sie dann so richtig, ganz vorsichtig nach vorne kommt, sich so Richtung Tisch beugt, wenn sie am Tisch sitzt und dann so: ‹Aahhnhhhhhhhhhh›, dann kommt auch mal so'n ‹Jaaaaaaaaaaaaaaa› so, dass wir sie wirklich schon stützen müssen, dass sie das so genießen kann, und nicht mit dem Kopf irgendwie auf dem Tisch zu kommen.
>
> **Interviewer:**
> Wie fühlen Sie sich denn, wenn Sie das geschafft haben?
>
> **Pflegende:**
> Ahhhhhhhhhh, gut [Lachen der Pflegenden und des Interviewers], ja. Wieder ein Mosaiksteinchen gefunden.

Ein Kollege, der in der gleichen Einrichtung tätig ist, beschreibt neben dem Einsatz der Basalen Stimulation bei schreienden Bewohnern darüber hinaus den zeitgleichen Einsatz einer «Therapieschaukel»: «Und wenn denn noch vielleicht so Stimmungsmusik, so Naturgeräusche dazu kommt, also haben wir des Öfteren auch schon gehabt, dass die Bewohner kurz davor sind einzuschlafen auf dieser Schaukel.»

Festzuhalten ist, dass viele Pflegenden die «Basale Stimulation» überwiegend als wirkungsvoll beschreiben – wirksam im Sinne der Interventionsziele Ruhe und Wohlbefinden der Menschen mit Demenz, die herausfordernd schreien und rufen. Grenzen werden von vielen Pflegenden im restriktiven Zeitrahmen gesehen, der einen regelmäßigen Einsatz der geplanten körperlichen Interventionseinsätze nicht möglich macht, aber auch in der Tatsache, dass nicht alle Schreisituationen befriedet werden können.

4.4.3 Interventionsbeispiel: Anwesenheit «geben»

«Nähe geben» und «anwesend sein» vollziehen sich in stationären Einrichtungen oft vor dem Hintergrund eines zeitlichen Orientierungsrahmens, der als Diktat verstanden werden kann. Es sind Vorgaben, die für zeitintensive Maßnahmen (oft) keinen Raum lassen. In diesem Kontext ist es nach Meinung vieler Pflegenden wichtig, dass bei der körperlichen Begegnung und der Kontaktaufnahme immer der Aspekt der Anwesenheit implizit enthalten sollte. Körperliche Nähe und Anwesenheit werden als Signale verstanden, die dem schreienden oder rufenden Menschen zeigen, dass er nicht allein ist und als Teil einer Gemeinschaft in der stationären Einrichtung lebt.

Ein Pflegender einer Einrichtung mit segregativem Wohnkonzept sagt: «oder sich wirklich mal fünf Minuten mit dem Bewohner einfach nur hinzusetzen, die Hand zu nehmen und sich einfach mit ihm zu unterhalten. Ihm auch zu zeigen, es ist jemand da. Bei 15 Bewohnern so in unserem Bereich ist das nicht jedes Mal einfach», aber es sei möglich, betont er abschließend.

Aufmerksamkeit heißt Beachtung schenken und das Gefühl vermitteln, dass Interesse an der Person besteht. Das ist vielen Menschen mit Demenz wichtig, wie zahlreiche Pflegende in der Studie übereinstimmend berichten. Aufmerksamkeit heißt auch, den Menschen anzunehmen und in der Hektik des Alltags in den Mittelpunkt rücken, wie eine Pflegende einer traditionellen Einrichtung mit mehr als fünfzehnjähriger Berufserfahrung sagt. Mit «Aufmerksamkeit geben» ist Kontakt hergestellt und der schreiende oder rufende Mensch findet einen Ankerplatz. «Irgendwann wird das ganz viel schreien, das passiert aber immer dann, wenn alles Drumherum passiert, aber sie keiner anspricht, ne. So nach dem Motto: ‹Ich bin doch auch noch da›, so kommt mir das wirklich vor. Geh ich dann hin und sprech ein bisschen mit ihr: ‹Ich bin da, alles ist gut. Gibt gleich Mittagessen› oder sonst irgendwas: ‹Wir singen jetzt gleich› oder sonst irgendwas erzählt, dann hört die wieder auf. Dann fängt die wieder nur an ‹RRRRRRR› […] und dann lacht sie wieder.»

Allerdings steht auch diese Intervention immer in Abhängigkeit zum aktuellen Progredienzstadium. Eine Gesundheits- und Krankenpflegerin, die in einer Gerontopsychiatrie eines Klinikums tätig ist, betont das deutlich. Sie unterstreicht, dass neben der Individualität des schreienden Menschen auch der Krankheitsverlauf wichtig ist. Irgendwann gebe es einen Punkt, wo das Schreien oder Rufen nur noch durch Medikamentengabe beeinflussbar scheint. Sie stellt in dem folgenden Zitat die Ruhe als Interventionsziel isoliert und handlungsleitend in den Vordergrund. Konkret sagt sie: wenn ich «mich dann mit dem Patienten beschäftige, dann kommt's immer drauf an: Manche Patienten brauchen das wirklich, dass sie dann mal rausfahren in den Garten und eine Person haben, die da ist, mal ihm, mal die Hand gibt – die beruhigen sich dann. Und dann gibt es aber auch Patienten, wo das Schreien und Rufen so penetrant ist, dass auch solche Maßnahmen, wie jetzt der Kontakt und so, dass dann auch nicht besser wird. Also, es gibt auch Patienten, wo dann gar nix hilft, außer der Medikamenteneinstellung.»

Dieses Vorgehen wird von vielen Informanten der Studie ähnlich beschrieben. Für einige Pflegende scheint allerdings das «Wohlbefinden des schreienden Menschen» nicht immer der leitende Beweggrund zu sein.

4.4.4 Interventionsbeispiel: Bewegung – «spazieren gehen»

Zu den körperlich-therapeutischen Interventionsansätzen, die das herausfordernde Verhalten der schreienden oder rufenden Menschen mit Demenz mehr oder weniger nachhaltig beeinflussen, gehört auch die körperliche Bewegung. Die Informanten beschreiben, dass sie mit den Bewohnern spazieren gehen. Auf die Bedeutung der Bewegung im Rahmen des «Ablenkens und Umlenkens» wurde bereits hingewiesen. Pflegende nutzen die Bewegung aber nicht nur als Ablenkung, um neue Reize zu generieren oder Energie umzulenken, sondern viele Pflegende greifen biografische Aspekte auf und lassen die Bewohner ihren Bewegungsdrang bewusst ausleben. Eine Altenpflegerin mit gerontopsychiatrischer Weiterbildung, die in einem Seniorenheim mit segregativem Wohnkonzept tätig ist, nutzt den Bewegungsdrang als Vorbereitung zur Basalen Stimulation. Sie berichtet, dass sie mit zwei Pflegenden einer schreienden Frau die Möglichkeit gibt, spazieren zu gehen und diese Bewegung lasse die Frau ruhig werden. Bewegung bedeutet bei ihr nicht nur, neue Impulse zu setzen oder Energie umzuleiten, sondern auch, dass sie ihren «inneren Druck» abbauen kann. Es ist eine geplante Intervention mit den Effekten: Ruhe im Sinne einer körperlichen Ausgeglichenheit und Ruhe im Sinne von Nichtschreien. Die Pflegende sagt: «Dann versuchen wir erst mal, mit Basaler Stimulation an sie ranzukommen. Lässt sie das nicht zu, kann sie das nicht annehmen? Dann versuchen wir, diesen – weil sie einen starken Bewegungsdrang hat, dass wir mit zwei Mitarbeitern dann mit ihr laufen. Und das ist meistens der richtige Punkt, weil wir dann auch merken – sie bestimmt ihr Tempo selbst, sie läuft und läuft und läuft und das muss man zu zweit machen, weil's alleine nicht geht. Sie lässt sich einfach zwischendurch fallen. Und wenn wir das so 10 Minuten, 'ne Viertelstunde gemacht haben, dann merken wir, dass so ihre – ihr innerlicher Druck, wie wir das so spüren, ja, ablegen konnte.»

Andere Pflegende beschreiben es ähnlich; eine Altenpflegerin mit einer nahezu dreißigjährigen Berufserfahrung sagt in diesem Zusammenhang: «Manchmal versuchen wir, dass jemand mit ihr durch die Gegend ein bisschen marschiert. Wenn jemand da ist, aber wenn ich alleine bin und ich bin in der Pflege, dann lass ich sie dann auch sitzen.» In dieser Interviewsequenz wird deutlich, dass die Realisation von «Spaziergängen» von intervenierenden Faktoren abhängig ist, die einengend wirken oder die Realisation sogar unterbinden können.

4.4.5 Interventionsbeispiel: Musik und Musiktherapie

Der Einsatz von Musik wird bei dem herausfordernden Verhalten in Form von Schreien oder Rufen von vielen Pflegenden genannt. Musik wird als eine wichtige Interventionsoption betrachtet und integrativ in einen Gesamtkontext aller Pflegemaßnahmen gestellt. Hierbei wird ein Zusammenhang zwischen den biografischen Aspekten des schreienden oder rufenden Menschen und den Beobachtungsergebnissen während der täglichen Pflegearbeit hergestellt. Eine Pflegende berichtet: «Hab dann halt beobachtet – und hab denn gemerkt, dass der eine oder andere, sprach auch auf Musik so, auf Kassette oder CD an und so, das war Volksmusik unter anderem auch halt biografische Musik von früher und so, so was halt Marlene Dietrich oder was mir jetzt zur Zeit einfällt und alles diese ganzen Operettenstars und so und was da zu der Zeit gehörte.»

Die Pflegenden bauen jedoch nicht nur biografische Brücken, sondern suchen immer wieder neue Wege zu den schreienden oder rufenden Menschen. Musik besitzt die Kraft, dass schreiende oder rufende Menschen sich entspannen können und daher nicht mehr schreien oder rufen. Ein Pfleger berichtet zum Beispiel, dass er immer dann Musik einsetzt, wenn der schreiende oder rufende Mensch mit Demenz in einem speziellen Therapiestuhl sitzt. Seine Kollegin bestätigt diese Erfahrung und sie berichtet: «Und wenn diese [...] Musik läuft, dann wird dieses, dieses Rufen ganz leise, dann – wie soll ich das beschreiben – ja, richtig leise. Dann kommt auch mal so'n: ‹Jaaaaaaaah›, so'n, so Wohlbefinden, drückt das eher aus.»

Musik wird gezielt eingesetzt und in diesem Zusammenhang wird von Pflegenden unter anderem die Musiktherapie genannt. In einem Seniorenheim mit segregativem Wohnkonzept ist eine Musiktherapeutin tätig, die mit den schreienden Bewohnern «arbeitet». Sie kommt regelmäßig in diese Einrichtung und ist in das Pflegeteam integriert, wie die dort tätigen Pflegenden ausdrücklich betonen. Eine Pflegende, die nur unregelmäßig in dem Wohnbereich tätig ist, in der schreiende oder rufende Bewohner leben, erzählt von der beruhigenden Wirkung. Sie berichtet, was eine Kollegin in diesem Zusammenhang zu ihr gesagt hat: «Es läuft mir immer ein Schauer über'n Rücken, so schön ist das, wie er drauf eingeht oder wie die Musiktherapeutin auf ihn eingeht, ne. Dann wird er ruhiger und sie bringt ihn teilweise eben sogar dazu, dass er ihre Lieder mitsingt, ne. Also ist irgendwie ganz toll.»

Von der völlig konträren Wirkung der Musiktherapie berichtet eine Pflegende, die als Wohnbereichsleitung in einem anderen Seniorenheim mit segregativem Wohnkonzept tätig ist. Sie erzählt von einer Bewohnerin, die gereizt und schreiend reagiert, wenn die Musiktherapie beginnt. Die Pflegende vermutet einen direkten Zusammenhang zwischen dem fortschreitenden Krankheitsverlauf und der damit veränderten Lärmempfindlichkeit der Bewohnerin mit Demenz. Eine Veränderung, die eine Differenzierung zwischen unterschiedlichen Geräuschquellen einschränkt beziehungsweise unmöglich macht. Als Beispiel nennt sie die Bewohnerin, die als Antwort auf jedes laute Geräusch zu schreien beginne. Dabei scheint es für sie keine Unterschiede in der Geräuschquelle zu geben, so dass sie zwischen dem Klappern von Tellern beim Eindecken eines Tisches und dem therapeutischen Einsatz von Musik nicht unterscheide.

> Wir haben eine Bewohnerin, da wissen wir ganz genau, wenn der Musiktherapeut kommt, der kommt dreimal die Woche und singt mit den Leuten und durch die WGs. Wenn er in ihrer WG ist, hat das keinen Zweck, weil sie darauf gereizt reagiert und anfängt zu schreien. Sie ist sehr lärmempfindlich, das beobachten wir auch. Je weiter die Demenz fortschreitet, dass die Menschen lärmempfindlicher werden. Also, geräuschempfindlicher werden. Wenn man Spülmaschine ein- und ausräumt oder ganz normal den Tisch deckt, das irritiert schon.

In den Zitaten wird deutlich, dass die Wirkung der Musik auf den schreienden oder rufenden Menschen von vielen Pflegenden reflektiert und kritisch hinterfragt wird. So fällt beispielsweise auf, dass sich in allen Interviews die teilnehmenden Pflegenden von dem unreflektierten Einsatz von Musik distanzieren. Allerdings waren in einzelnen Einrichtungen, die an der Studie teilnahmen, in den Gemeinschaftsräumen Radiomusik oder laute Fernsehsendungen zu hören, obwohl kein Bewohner in diesen Räumen saß. Dass Pflegende diese Geräuschkulisse kritisch reflektieren, wird in einer Interviewsequenz deutlich, in der eine Pflegende berichtet, dass sie die «Totalbeschallung» mit Musik oder den unkritischen Fernsehkonsum sofort änderte, als sie eine Wohngruppe für Menschen mit Demenz einrichtete. «Ich hab die Fernseher ausmachen lassen, schon auf meiner alten Wohngruppe», berichtet sie und fährt fort: «Hab gedacht: ‹Boh›, das ist so 'ne Beschallung hier, man wird richtig aggressiv, man wird richtig wibbelig. Und dann hab ich die Fernseher ausmachen lassen und dann kehrte schon eine gewisse Ruhe ein.»

Auf einen anderen Aspekt des Musikeinsatzes weist eine Pflegende hin, die in einem Seniorenheim mit segregativem Wohnkonzept arbeitet. Sie berichtet, dass sie den Musikeinsatz ebenfalls mit biografischen Aspekten verknüpft und darüber hinaus eine Bewohnerin des Seniorenheims auffordert, aktiv zu musizieren. Ihre Mundharmonika soll sie an zurückliegende Zeiten und frühere Fähigkeiten erinnern, an eine Zeit, in der sie musizierend eine Singrunde begleitet hatte. «Also haben wir ihr die Mundharmonika in die Hand gegeben», sagt sie, «haben 'ne Singrunde gemacht, haben sie Mundharmonika spielen lassen, zum Beispiel. Das hat aber auch nur funktioniert, als sie wesentlich fitter war. Und auch nur, wenn sie sich noch nicht so hineingesteigert hat. Das ging so in den, in den Anfängen dieser Unruhe, da ging das gut.» Hier wird deutlich, dass der Einsatz von Musik hinsichtlich der Pflegeziele Ruhe oder Wohlbefinden auch begrenzt sein kann. Schreit die Bewohnerin «ruhig und entspannt», kann die Informantin sie erreichen und sie erfolgreich auffordern, dass sie musiziert. Ist die Bewohnerin jedoch in ihren Schreiphasen gefangen, gelingt es der Pflegenden nicht mehr, die Schreisituation mit Musik zu beeinflussen.

Übereinstimmend wird der Einsatz von Musik von vielen Pflegenden als erfolgreich beschrieben. Ebenso deutlich wird betont, dass der Einsatz von Musik, wie alle anderen Interventionsansätze, seine Grenzen hat: «Wir haben probiert mit ins Zimmer bringen, dass sie 'ne ruhige Atmosphäre hat. Wir haben klassische Musik versucht und wir haben selbst kirchliche Musik versucht. Wir haben Hörbücher versucht, wir haben Duft versucht. Wir haben all das durch.» Die Frau schreit weiterhin, sagt eine Pflegende, die nach ihrer Ausbildung Pflegemanagement studiert hat.

Zusammenfassend ist festzuhalten, dass in manchen Schrei- oder Rufsituationen das Verhalten des schreienden oder rufenden Menschen mit Demenz mit individuell eingesetzter Musik beeinflusst werden kann, während es in anderen, manchmal sehr ähnlichen Situation nicht möglich ist. Die Gründe sind hierfür vielfach nicht erklärbar.

4.5 Medizinisch-medikamentös orientierte Interventionsansätze

Die Applikation von Medikamenten gehört zu den Interventionen der Pflegenden, die in enger Zusammenarbeit mit dem Arzt erfolgen. Es handelt sich um eine Tätigkeit mit zugeordneten Aufgaben, in der, reduziert und auf die Kernstrukturen vereinfacht, der Arzt die Medikamente auf der Grundlage seiner Untersuchungen und anhand der Angaben der Pflegenden verordnet.

In diesem Kapitel werden explizit nur Beispiele der medizinisch-medikamentösen Interventionsansätze betrachtet, die jene Arzneistoffe beinhalten, die das Verhalten «störendes» Schreien oder Rufen beeinflussen sollen. Hierbei fällt auf, dass die Gabe dieser Medikamente von vielen Pflegenden als sehr kritisch gesehen wird, weil immer eine direkte Verknüpfung zwischen der intendierten Wirkung der Arzneistoffe und den Nebenwirkungen vollzogen wird. Kritisch sagt ein Schüler der Altenpflege im dritten Ausbildungsjahr: «Man kann dem Ganzen [= den Schreien oder Rufen] mit Medikamenten ein wenig entgegenwirken, mit Neuroleptika und Antipsychotika, allerdings bekämpft das nicht die Ursache, ne, sondern eben halt nur die Symptomatik. Die Leute schreien halt weniger, aber sind trotzdem noch in einer ähnlichen Gefühlslage.» Eine andere Pflegende vollzieht in diesem Zusammenhang einen retrospektiven Blick. Sie vergleicht ihre Erfahrungen, die sie in verschiedenen stationären Einrichtungen gesammelt hat, und sagt: «Die Bewohner haben da ruhig gesessen, aber da war auch kein Leben mehr drin – das ist ja nicht das, was wir wollen.» Die sedierende Wirkung der Medikamente ist für alle Pflegende, die an der Studie teilgenommen haben, von großer und von entscheidender Bedeutung und kann ihr Pflegehandeln wesentlich bestimmen. Nebenwirkungen von Medikamenten, die Menschen mit Demenz nach der Applikation zeigen, können dazu führen, dass Pflegepersonen immer wieder Grenzsituationen erleben.

Das Schreien oder Rufen kann durch die Nebenwirkungen der applizierten Medikamente völlig verstummen, so dass sich gleichzeitig das Verhalten des Menschen mit Demenz gravierend verändert und im Extremfall mit einer stark ausgeprägten Sedierung einhergeht. Auf die Frage, wie sie sich in diesen Extremsituationen fühlen, antworten viele Pflegenden: «Schlecht», «unbefriedigt», «schlimm», «unwohl», «belastet», «frustriert» und «teils verlassen» [ausgewählte Interviewzitate]. «Man muss ein gesundes Mittelmaß finden für den Bewohner», sagt eine Pflegeperson und unterstreicht damit eine Grundhaltung vieler Informanten. Eine Pflegende äußert in diesem Zusammenhang: «Man muss ja gucken, dass der Mensch nicht überdosiert ist und dass er nur noch schläft. Dass er auch noch dran teilnimmt am Leben, ne. Also auch munter bleibt. Und da muss man natürlich die Dosierung richtig raus finden und das macht dann der Neurologe. Und dann kann man schon die Kommunikation mit dem Neurologen machen.»

Diese Pflegende spricht von der Möglichkeit der Überdosierung und von der Zusammenarbeit mit einem Neurologen. Diese Zusammenarbeit ist in vielen stationären Einrichtungen scheinbar keine Selbstverständlichkeit, betonen einige Informanten. Vielfach werden «Neuroleptika oder Psychopharmaka» von Hausärzten verordnet und es wird von den an der Studie teilnehmenden Pflegepersonen unterstellt, dass diesen Ärzten eine umfassende Fachexpertise und das notwendige Wissen fehlen. Ein Wissen, dass sie fachkompetent agieren lässt und das potenzielle Nebenwirkungen im Abwägungsprozess (Verhaltensbeeinflussung ⇔ Sedierung) einbezogen werden. Daher wünschen alle teilnehmenden Pflegenden, dass gerade die Verordnung von Medikamenten bei herausfordernden Verhaltensweisen immer in den Händen von Fachärzten liegt beziehungsweise liegen sollte/müsste.

Abbildung 4-7 zeigt einen Abwägungsprozess, so wie er von vielen Pflegenden beschrieben wird. Dieser Verlauf scheint ihnen mit ihrer Grundhaltung (manchmal) unvereinbar und sie sehen ein Auseinanderdriften in verschiedene Richtungen.

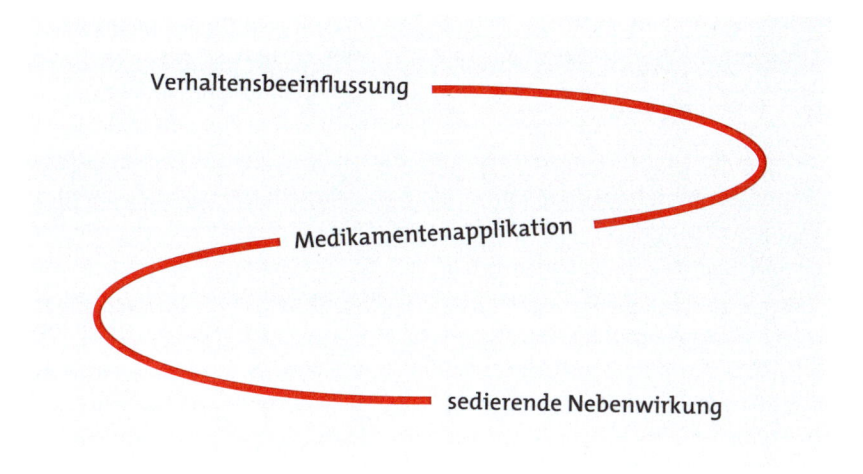

Abbildung 4-7: Von Pflegenden beschriebener Abwägungsprozess mit Alternativverlauf bei der Medikamentengabe. Ihnen erscheint er (manchmal) als unvereinbar und in verschiedenen Richtungen auseinanderdriftend.

- Verhaltensbeeinflussung
- Medikamentenapplikation
- sedierende Nebenwirkung

Die Bedeutung der Medikamente im Zusammenspiel aller möglichen Interventionsansätze wird von allen Pflegenden, die an der Studie teilgenommen haben, erkannt. Eine Pflegende mit langjähriger Berufserfahrung berichtet rückblickend, dass sie früher wenig Medikamente geben wollte. Sie musste laut eigener Aussage erst lernen, dass Medikamente eine wichtige Rolle spielen können:

> [...] ich hab am Anfang wirklich einen Fehler gemacht, muss ich sagen, ich hab versucht, so wenig wie möglich Medikamente zu geben, wie nur möglich, weil ich's einfach nicht gut fand. Und ich hab meine Mitarbeiter da drauf hingewiesen, dass sie eben validierend drauf eingehen [...] Wir hatten sehr viel Arbeit dadurch, wirklich sehr viel. Und die Bewohner waren zeitweise, zeitweise dann auch sehr auffällig, sehr auffällig. Und dadurch, dass wir aber mit, mit dem Psychiater aus dem LKH eng zusammengearbeitet haben und er alle 14 Tage zur Visite kam und wir dann die Bewohner durchgegangen sind, die sehr auffällig waren, wurde es ziemlich schnell – ihm bewusst, dass – oder er hat mir bewusst gemacht – dass Medikamente wichtig sind. Und dass man die auch dafür einsetzen kann um nicht, nicht nur um ihn zu sedieren, sondern um ihn zu beruhigen und so dass ich mit ihm arbeiten kann, mit dem Bewohner, ne. Das musste ich halt erst lernen und hab es dann auch in ma – also dann auch die Medikamente richtig eingesetzt. Und wir sind halt alle 14 Tage drüber gegangen über die Medikamente, die wurden wirklich milligrammweise verändert.

Diese Pflegende spricht glaubhaft von dem sensiblen Umgang mit Medikamenten sowie der Zusammenarbeit mit dem Arzt, und zwar wissend, dass die sedierende Nebenwirkung von entscheidender Bedeutung sein kann. Sie betont, dass bei der Medikamentengabe nicht allein nur die Nebenwirkungen betrachtet werden sollten, sondern dass sich jede unreflektierte Medikamentengabe grundsätzlich verbietet. Eine andere Pflegende, die über 15 Jahre in der Pflege tätig ist und eine gerontopsychiatrische Weiterbildung absolviert hat, beschreibt es ähnlich: Sie betrachtet vor dem Hintergrund ihrer Erfahrungen die Vorteile der Medikamentengabe. Interessant ist ihre Verknüpfung der Veränderung der Arzneiquantität und dem wachsenden Wissen der Pflege und der Medizin:

> Wenn ich daran denke, mein Gott, vor 15 Jahren Atosil, Haldol, Melperon – da gab es die feinsten Cocktails morgens schon zum Frühstück. Also wir haben – ich hab in meinem Wohnbereich nicht einen, der Atosil bekommt, keinen der Haldol bekommt, Melperon gibt es meistens höchstens abends, damit die so'n bisschen runterkommen. Klar, ganz ohne geht es nicht, das ist, ist Tatsache, da – aber es ist unwahrscheinlich wenig geworden im Vergleich zu vor 10, 15 Jahren. Und dass denke ich mir, liegt allgemein einfach daran, dass wir heute einfach allgemein mehr wissen über den Umgang mit solchen Menschen, jo. Vielleicht brauchen wir demnächst noch weniger, mal gucken.

4.5.1 Bedarfsmedikation

Ein anderer Aspekt bei der Applikation von Medikamenten ist die Gabe der Bedarfsmedikation. Hier hat die Pflegeperson einen wesentlich größeren Handlungs- und Entscheidungsspielraum, weil sie einschätzen muss, ob die ärztlich verordneten Voraussetzungen für eine Bedarfsgabe vorliegen. Es kommt immer zu einer subjektiven Bewertung der Bedarfslage und diese Einschätzung zeigt bei den Pflegemitarbeitern eine große Spannweite, wie eine Altenpflegerin mit langjähriger Berufserfahrung kritisch feststellt. Auf die Frage, ab wann Bedarfsmedikamente gegeben werden, antwortet sie:

> Mhmmh, mhmhmhmh. Also ich denke, es kommt so ein bisschen auf die Kollegen drauf an und auf die Stimmung in der Gruppe. Also wenn die Kollegen das schlecht aushalten können oder die Angehörigen sagen was – oder die Bewohner sind allgemein sehr aufgebracht, unruhig. Ist halt eben mal so 'ne Notlage, also es wird nicht, sagen wir mal so, es wird nicht regelmäßig die, der Bedarf eingesetzt.

Bedarfsmedikamente werden in vielen Einrichtungen gegeben, und es liegt (immer) im Entscheidungsspielraum der Pflegenden, ab wann sie hier aktiv werden. Das wiederum steht vielfach im direkten Zusammenhang mit den unterschiedlichsten Einflussfaktoren, von denen einige im letzten Interviewzitat beschrieben wurden. Ein in einer Klinik tätiger Pflegender mit etwa fünfjähriger Berufserfahrung sagt:

> Ja, natürlich gibt es Kollegen, die, die greifen schon schneller zum Bedarf als ich zum Beispiel. Vielleicht hab ich da noch nicht so viel Erfahrung. Ich stopf die Patienten nicht sofort voll. Also, auf Anraten von meinen Kollegen, die sagen denn: ‹Gib dem mal jetzt Dipi›, dann mach ich das natürlich. Sehe ich das natürlich ein, wenn das meine Kollegen sehen. Ich kann das natürlich genauso entscheiden, aber ich bin, ich hab da selber ein Gefühl, wann ich sage, also, jetzt ist der Punkt gekommen, jetzt möchte ich ihr einfach was geben und auch was anbieten. Andere – ja, natürlich, andere, ich denke auch, sehr viele sind da einfach schneller als ich. Die da einfach der Patientin schneller was geben. Auf der einen Seite vielleicht gut, dann ist die Patientin ruhig und auf der anderen Seite denke ich immer, ich bin da immer – nicht vorsichtig, aber ich greif dann nicht gleich zum, zur Medikation, zu irgendwelchen Wirkstoffen, sondern versuche erstmals durch andere Methoden natürlich die Patienten zu beruhigen.

Die Gabe von Medikamenten, die das Schrei- oder Rufverhalten der Menschen mit Demenz beeinflussen soll, steht für viele befragte Pflegepersonen in einem Spannungsfeld, das durch die Gegenpole «Sedierung» und «Ausleben» der Schreie oder Rufe gekennzeichnet ist. Herausfordernde Schreie oder Rufe können allerdings auch Ausdruck einer Depression oder von Schmerzen sein. Hier werden sowohl die Medikamentengabe als auch die Applikation von Bedarfsmedikation von den Informanten anders gewertet. Viele Pflegende bewerten die Medikamentengabe immer nur dann problematisch, wenn mit der Gabe von Arzneistoffen «Ruhe erkauft» werden soll, ohne den zugrunde liegenden Schrei- oder Rufanlass zu kennen oder eingrenzen zu können. Sie wollen kein «lästiges» Symptom behandelt wissen, sondern eine «Krankheit» soll behandelt werden.

4.5.2 «Stummes» Schreien erleben

Viele Pflegende der zugrunde liegenden Studie spüren eine innere Zerrissenheit, weil sie sich zwischen dem Anspruch nach Ruhe und dem möglichst großen Freiraum für die schreienden oder rufenden Menschen hin- und hergerissen fühlen. Sie berichten, dass sie einerseits Ruhe herstellen wollen, weil das Schreien oder Rufen eine eskalierende Kettenreaktion provozieren kann, und andererseits wollen sie den Menschen seine Schreie oder Rufe leben lassen. Das stößt in den stationären Einrichtungen jedoch an Grenzen. Oft wird ein Punkt erreicht, an dem «nichts mehr geht», wie viele Pflegepersonen übereinstimmend hervorheben. Ein Pflegender berichtet in diesem Zusammenhang, dass eine Frau, die im Gemeinschaftsraum eines Seniorenheims mit traditionellem Wohnkonzept sehr oft und extrem laut schrie, durch Beschäftigungsaktivitäten abgelenkt werden konnte. Die Phasen der Ruhe waren jedoch immer nur sehr kurz, «mal vielleicht für 30 Minuten hat sie aufgehört, aber es war immer nur so zeitlich begrenzt bei ihr, dass sie sofort wieder angefangen hat zu schreien». Wenn diese Schreiphasen nicht mehr aufhören, sagt der Pflegende, «dann haben wir sie ins Zimmer gefahren und haben sie da isoliert. Und des war dann meist der Zeitpunkt, wo sie dann wirklich Bedarfsmedikation bekommen hat.» Die schreiende Frau wird aus der Gemeinschaft in ihr Zimmer gebracht und der Pfleger spricht von Isolation und zeitgleicher Applikation von Bedarfsmedikation. Das Ziel dieser Handlungsschritte ist Ruhe. Zu Beginn des Interviews hatte er deutlich betont: «wir gehen hier im Haus sehr, sehr sparsam mit Psychopharmaka um». Viele Informanten beschreiben übereinstimmend, dass es bei dem Schreien oder Rufen immer einen Punkt gibt, ab dem Medikamente mit sedierender Nebenwirkung appliziert werden. In einer Einrichtung mit segregativem Wohnkonzept sagt eine Pflegende in diesem Kontext:

> [...] es gibt aber auch Patienten, wo das Schreien und Rufen so penetrant ist, dass auch solche Maßnahmen, wie jetzt der Kontakt und so, dass es dann auch nicht besser wird. Also, es gibt auch Patienten, wo dann gar nix hilft, außer der Medikamenteneinstellung.

Die Medikamentenapplikation wird als letzter Schritt in einer langen Kette von Interventionsaktivitäten beschrieben. Die Interviewteilnehmer berichten, dass die Medikamentengabe mit Nebenwirkungen verbunden ist, beispielsweise Sedierung. Diese Sedierung wäre manchmal so stark, dass sie nicht mehr schreien können, weil die Kraft für die verbale Äußerung einfach fehle. Das Symptom Schreien oder Rufen werde behandelt, nicht aber die Ursache, betont eine Pflegerin, die fast 15 Jahre in der Pflege tätig ist. Sie sagt, dass ihr die in dem Fall betroffene Frau «leid getan» habe. Sie merkt an, dass, wenn diese Frau diese Medikamente nicht bekommen hätte, sie weiter schreien würde. Sie «ist ruhiggestellt». Damit beschreibt die Pflegende indirekt einen wichtigen Kern der Aktion: Die schreiende Frau hat diese Ruhigstellung passiv dulden müssen. Sie wurde nicht gefragt beziehungsweise konnte aufgrund ihrer Krankheit ihre Meinung nicht äußern, genauso wie sie ihr Schreiverhalten nicht in der gewünschten Art und Weise beeinflussen kann. «Und als sie dann eben so stark sediert war und einfach dann gar nimmer mehr [gemeint ist Schreien; Anm. des Autors] konnte, weil sie keine Kraft mehr gehabt hat», so die Pflegende, «war Ruhe. Ruhe im Gemeinschaftsraum, Ruhe im Wohnbereich und Ruhe in der stationären Einrichtung. Auf der einen Seite hat sie mir leid getan, weil ich das Gefühl gehabt hab, sie ist jetzt immer noch nicht – sie ist ja nicht zufrieden. Sie ist nicht ruhig, sie ist ruhig gestellt, aber sie ist nicht wirklich ruhig. Wenn sie könnte, dann würd sie immer noch schreien.»

> In einem Seniorenheim mit segregativem Wohnkonzept wohnt eine Frau, die manchmal am Tag, aber besonders gegen Abend und nachts laut schrie. Den Grund konnte das Pflegeteam nicht eruieren und die einzige Tochter der alten Frau war viele Jahre vor dem Einzug der schreienden Frau verstorben. Andere Verwandte lebten schon lange nicht mehr, so dass biografische Informationen nur rudimentär vorlagen. Die Frau schrie, schrie und schrie und zwar immer «aus Leibeskräften und mit enormer Energie». Irgendwann erhielt die Frau Medikamente, berichtet eine Pflegende, und diese zeigten eine starke sedierende Wirkung: Die Frau schrie nicht mehr und [...] das Pflegeteam erlebt jetzt ein Gefühl der Zerrissenheit. Auf der einen Seite wollen sie Ruhe und diese Ruhe soll auch hergestellt werden, weil es gilt, Kettenreaktion unter den Bewohnern zu verhindern. Andererseits sehen sie die schreiende Frau mit Demenz, der sie es ermöglichen wollen, zu schreien. Potenziert wird diese Zerrissenheit durch die Medikamentengabe mit ihren Nebenwirkungen. Der Schrei in seiner alten Qualität ist nicht mehr hörbar, es herrscht Ruhe beziehungsweise die Schreie weisen eine andere Qualität auf, es sind stille Artikulationen. «Das sind jetzt so Schreie, also Geräusche, als wenn jemand schreien möchte», beschreibt eine Altenpflegerin die aktuelle Situation und «man [kann das] manchmal gar nicht beschreiben. So würgen oder so laut. Das sind manchmal auch so ganz komische, so Aufschreie, so wie so plötzlich, so'n würgen mit so'n Schrei verbunden und so.» Es ist ein stiller, ein (fast) stummer Schrei geworden.

Ein Altenpflegeschüler nennt einen weiteren wichtigen Aspekt, der zu diesem Belastungsempfinden der Pflegenden führen kann, wenn er sagt: «das Problem wird nicht behandelt, eben halt nur das Symptom des Schreiens». Würde der Mensch mit Demenz keine Medikamente erhalten, die sedierende Nebenwirkungen haben, würde er weiter schreien, sagen viele Informanten.

> Wie würden Sie sich fühlen, wenn Sie wie in diesem Beispiel aus der Pflegepraxis diese Medikamente applizieren «müssen»? Medikamente, die mit ihrer (Neben-)Wirkung so stark sind, dass es zu «stummen Schreien» kommt. Wie würden Sie sich fühlen, wenn Sie feststellen, dass nur ein Symptom behandelt wird, aber die Pflegeanforderung in ihrem Kerninhalt unverändert bestehen bleibt? Ist das Gewalt, Gewalt an Menschen mit Demenz, die nun nicht mehr schreien können, und Gewalt gegenüber den Pflegepersonen? Was würden Sie machen, wenn Sie diese reale Pflegesituation ebenfalls so erleben würden? Wie ließe sich die «Zerrissenheit» zerreißen? Welche Akteure wären zu involvieren?

4.5.3 Krankenhauseinweisung

Einen anderen Aspekt der medizinisch-medikamentös orientierten Interventionsansätze sprechen zahlreiche Pflegende an: Vielfach ist das «störende» Schreien oder Rufen der Anlass für eine Krankenhauseinweisung beziehungsweise Einweisung in eine Fachklinik.

> «Die Dame ist dann hier irgendwann auf die Acht gekommen, also hier ins benachbarte Krankenhaus zum Einstellen, medikamentöse Einstellung», berichtet eine Pflegende mit gerontopsychiatrischer Weiterbildung und erzählt, dass eine Bewohnerin immer verstärkter sehr vulgär rief. Die Rufe hörte man auf dem Wohnbereich, im benachbarten Wohnbereich und sogar in der Nachbarschaft des Seniorenheims. Alle fühlten sich gestört und die Nachbarn sprachen von Belästigung, weil sie mit ihren beiden Kindern auch mal in Ruhe im Garten spielen wollten und nicht ständig mit den teils sehr derben und obszönen Worten konfrontiert werden wollten. Die rufende Frau kam ins Krankenhaus. Als sie dann zurückkam, berichtet die Pflegende, galt sie als austherapiert. «Also, dass Spielchen ging so weiter. Den ganzen Tag, den ganzen Tag: ‹Du Arschloch, Du Drecksau›», hörten wir sie wieder laut rufen.»

Das Ziel des Klinikaufenthalts in diesem Fallbeispiel war mit dem Wunsch der Pflegenden, der Mitbewohner und besonders der Nachbarn verknüpft, dass sich das herausfordernde Verhalten ändern und ein ruhiger Mensch mit Demenz in die stationäre Einrichtung zurückkehren würde. Manchmal kann dies durch eine Medikamenteneinstellung erreicht werden kann und manchmal aber auch nicht!

> Sind die Rufe eines Menschen mit Demenz mit vulgärem Ausdruck als Belästigung zu werten?

Zwischenbemerkung oder Fazit
Alle befragten Pflegenden bestätigen, dass sie mit den Ärzten regelmäßig zusammenarbeiten, wobei die Medikamentenverordnung und -applikation deutlich im Vordergrund der partnerschaftlichen Beziehung stehen. Es zeigte sich aus Sicht der Pflegenden, dass der Hinweis von Class et al. (1997) richtig ist, dass bestimmte Verhaltensweisen und Symptome von Menschen mit Demenz relativ pharmakoresistent sind und herausfordernde Verhaltensweisen in Form von Schreien oder Rufen medikamentös weniger gut behandelt werden können. Damit werden ebenfalls List und Supprian (2009: 117) bestätigt, die

in diesem Zusammenhang bemerken, dass «die Datenlage zur Wirksamkeit von Arzneimitteln (bei der Behandlung von inadäquaten Vokalisationen) generell noch unbefriedigend ist».

Diese Einschätzung steht in ursächlicher Beziehung zu den Schrei- und Rufursachen. Wenn Schmerzen als Schrei- oder Rufgrund eruiert werden können, wird an der Wirksamkeit der Medikamente kein Zweifel geäußert. Anders sieht es jedoch aus, wenn ätiologisch relevante Parameter nicht erkennbar sind und die pharmakologische Behandlung mit starken Nebenwirkungen verbunden ist. «Das Evidenzniveau der Studien zum Einsatz psychotroper Substanzen bei inadäquaten Vokalisationen überschreitet in der Regel nicht das von Fallstudien», sagen List und Supprian (2009: 114), und diese Bewertung teilen die teilnehmenden Pflegenden. Besonders die Nebenwirkungen, hier ist in erster Linie die starke Sedierung gemeint, führen die Pflegenden an ihre Grenzen. Es zeigte sich, dass das Erleben der «stummen Schreie» als höchst belastend eingestuft wird. Die Mehrzahl der interviewten Pflegenden will keine inaktiven und sedierten Bewohner, die still sind, sondern sie sehen im Schrei oder Ruf ein Aktivitätspotenzial, dem Raum gegeben werden muss. Die Applikation von Bedarfsmedikamenten müsse auf ein Minimum reduziert werden, fordern sie und verlangen, dass die Indikation immer wieder neu zu überprüfen ist.

Die Gabe von Bedarfsmedikamenten sollte beispielsweise immer nur dann erfolgen, wenn dem schreienden oder rufenden Menschen eine Ruhephase vom eigenen Schreien oder Rufen eingeräumt werden soll. Es darf kein Grund sein, dass Pflegende sich selbst in Grenzsituationen befinden. In den Interviews wurde dargestellt, dass selbst in diesen Phasen ein höchst sensibler und individuell orientierter Medikamenteneinsatz beschrieben wird. Wirksamkeit und Notwendigkeit der Medikamentengabe werden nicht angezweifelt, sondern die Medikation nimmt als mögliche Interventionsoption im Pflegealltag einen festen Platz ein. In der Zusammenarbeit mit dem Arzt übernehmen die Pflegenden deshalb manchmal die Rolle eines Anwalts, weil sie die Interessen des Menschen mit Demenz vertreten wollen und sie mutmaßen, dass die Nebenwirkungen die Lebensqualität der schreienden oder rufenden Menschen negativ beeinflussen.

Pflegende können das herausfordernde Schreien oder Rufen akzeptieren, wenn als Alternative die Menschen mit Demenz unreflektiert und unnötig sediert werden. In diesen Situationen sind die Pflegenden, die an der Studie teilgenommen haben, mehrheitlich bereit, das herausfordernde Schreien oder Rufen «auszuhalten». Dieses Ergebnis steht im Gegensatz zu den Aussagen von List und Supprian (2009), die in ihrer Schlussfolgerung bemerken, dass gerade bei Vokalisationen als Folge von Enthemmungsmechanismen «von den Pflegenden oft der Wunsch geäußert (wird), die Verhaltensstörung durch medikamentöse Behandlungen zu beeinflussen» (ebd.: 116). Dieser Widerspruch erstaunt, weil die Pflegenden eine zeitnahe Überprüfung der Behandlung einfordern. Sie bestätigen damit Stoppe und Staedt (1999: 156), die betonen, dass «im Verlauf die Notwendigkeit einer Fortsetzung der Behandlung regelmäßig überprüft werden (muss) und stets bezüglich des Nutzen-Risiko-Profils evaluiert werden» sollte. «Im Zweifel (ist) durch ein Reduktions- beziehungsweise Absetzversuch» (ebd.: 153) die Therapie zu modifizieren.

Die in der Literatur diskutierten Behandlungserfolge der Elektrokrampftherapie (Sauer/Lauter, 1987; Folkerts et al., 1996, 2003; Roccaforte et al., 2000) sind vielen teilnehmenden Pflegenden in stationären Einrichtungen der Altenhilfe im Zusammenhang mit herausforderndem Schreien oder Rufen nicht bekannt. Es wurde lediglich von den Interviewteilnehmern, die in der gerontopsychiatrischen Klinik tätig sind, berichtet, dass EKT-Behandlungen durchgeführt werden. Diese Behandlung schließt den Personenkreis der Menschen mit Demenz allein aus ethisch-moralisch relevanten Gründen aber ausdrücklich aus.

4.6 Abwehrorientierte und «restriktive» Interventionsansätze

Die Interventionsgestaltung der Pflegenden, die das Schreien oder Rufen von Menschen erleben, ist differenziert und sehr vielseitig. Alle befragten Pflegenden berichten, dass es immer wieder Situationen gebe, in denen Strategien gewählt würden, die – unreflektiert betrachtet – als restriktiv eingestuft werden könnten. Warum? Weil sie den Menschen mit Demenz einschränken, so scheint es, weil sie die Entfaltung seiner Persönlichkeit und seiner Bedürfnisse hemmen und weil sie einengend oder begrenzend wirken. Diese Strategien sind durch Merkmale charakterisiert, die losgelöst von kontextuellen Bedingungen in die Nähe von Gewalt gerückt werden können. Hierbei ist allerdings zu beachten, dass nicht nur der Mensch mit Demenz mit gewaltähnlichen Strukturen konfrontiert wird, sondern auch die Pflegenden unter anderem strukturelle Gewalt erleben. Die Analyse der Interviews zeigt, wie kompliziert das Geflecht ist, so dass eine komplexe Betrachtung der Gesamtsituation immer vorzunehmen ist. Das Phänomen «schreien oder rufen lassen» ist ein Beispiel für den vielschichtigen Bedeutungsinhalt einer Strategie, weil hier eine differenzierte und nuancierte Betrachtung den ersten Eindruck der Restriktion (teils) aufheben kann.

Aus den genannten Gründen wurde das Adjektiv «restriktiv» auch in Anführungszeichen gesetzt. Diese Schreibweise soll unterstreichen, dass eine differenzierte Betrachtung unter Einbezug der kontextuellen Bedingungen zwingend vorzunehmen ist.

Bei den in diesem Kapitel vorgestellten Interventionsansätzen fällt auf, dass Ruhe als Handlungsziel scheinbar im Vordergrund steht und dass das Wohlbefinden der schreienden oder rufenden Menschen (völlig) ignoriert wird.

Vielmehr scheint es, dass mit diesem Interventionsziel allein das Wohlbefinden der Pflegenden angestrebt wird. Diese verkürzte Sicht lässt jedoch Faktoren wie Wohn- und Arbeitssituation, Zeitmangel und weitere unberücksichtigt, die die Situation allerdings bestimmend beeinflussen können. In diesem Sinne ist auch das Adjektiv «abwehrorientiert» zu verstehen. Die Pflegenden wollen der Schrei- oder Rufsituation im Kontext Seniorenheim ausweichen (siehe **Abbildung 4-8**) und sie möchten den Schreien oder den Rufen nicht unbegrenzt ausgesetzt sein. Diese Haltung kommt einem Rückzug aus der Pflegesituation gleich.

> Im Mittelpunkt steht der Mensch – der Mensch mit Demenz, der im Seniorenheim wohnt, aber auch die Akteure, die dort agieren und involviert sind. So oder so ähnlich steht es in vielen Hochglanzprospekten von stationären Einrichtungen. Gemeint ist vielfach, dass ein Höchstmaß an Zufriedenheit zu garantieren und anzustreben ist. Der Mittelpunkt ist ein Idealzustand, der immer und überall strahlend die Außenwirkung suggerierend präsentiert. Ist das wirklich so, wenn dort restriktive oder abwehrorientierte Handlungen im Zusammenhang mit herausfordernden Schreien und Rufen stattfinden? Handlungen, die Gewalt sein können – Gewalt gegenüber den Bewohnern und gegenüber den dort tätigen Mitarbeitern.

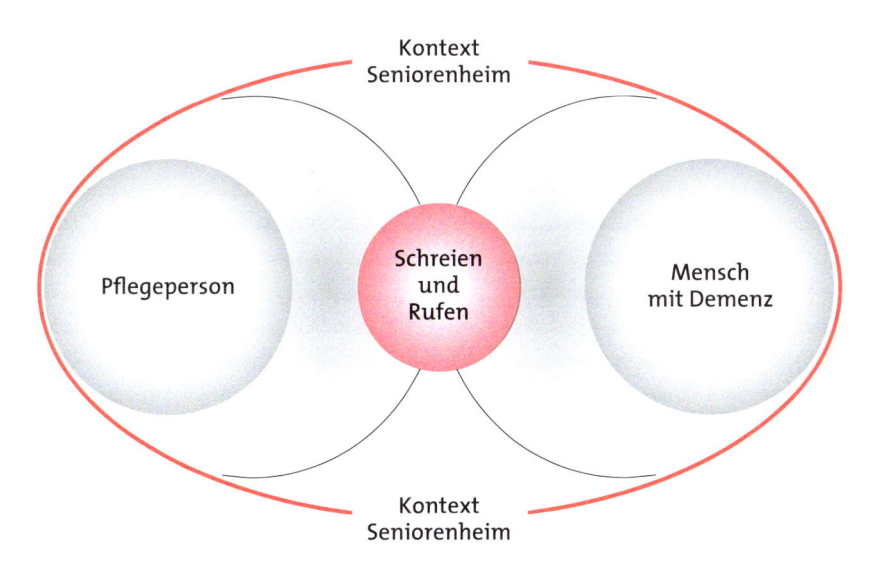

Abbildung 4-8: Spannungsfeld Seniorenheim – Ist es ein Spannungsfeld?

4.6.1 Interventionsbeispiel: «schreien oder rufen lassen»

Im Pflegealltag kommt es immer wieder zu Situationen, in denen die Schreie oder Rufe der Menschen mit Demenz sehr bewusst, geplant und gezielt überhört werden. Die Schreie werden zwar wahrgenommen, aber sie führen (scheinbar) zu keiner direkten Intervention. Dieses Verhalten ist ein Punkt in einer langen Kette, an deren Beginn die Pflegenden eine Vielzahl von Interventionen durchgeführt haben, die allerdings nicht zu dem intendierten Interventionsziel Ruhe oder Wohlbefinden der schreienden oder rufenden Menschen geführt haben. Ein Pflegedienstleiter, der in einem Seniorenheim mit traditionellem Wohnkonzept tätig ist und über 20 Jahre im Beruf arbeitet, sagt in diesem Zusammenhang: «Wenn jetzt einer, ich sag jetzt mal, in seinem Zimmer ist und da schreit und schreit, dann kann ich natürlich versuchen, auf ihn einzugehen und wenn ich keinen Erfolg habe, geh ich einfach, ne.» Er lässt den Bewohner schreien und findet sich gewissermaßen mit der Schreisituation ab. Hier zeigen sich enge Parallelen zu den Auswirkungen und Konsequenzen in Form von «ertragen und aushalten müssen», die später noch genauer betrachtet werden. Dieser Pflegende erzählt im Verlauf des Interviews, dass er das «Schreienlassen» im Zimmer des Menschen mit Demenz weniger als Problem betrachte. Für ihn sei die Reaktion der Kollegen, der Angehörigen und der Mitbewohner viel wichtiger, besonders dann, wenn im Gemeinschaftsraum geschrien oder gerufen werde. «Alle gucken einen schon an: ‹Mach doch was.› Und man weiß selbst nicht, was man machen soll.» Er unterstellt eine Erwartungshaltung des Umfelds, die ihn unter Druck setzt und ihn an seine Grenzen führt. Dies wird von vielen anderen Pflegenden ähnlich beschrieben.

In einem anderen räumlichen Kontext, einer Gerontopsychiatrie eines Klinikums, wird ein weiterer Aspekt dieser Interventionsform sichtbar: Eine Gesundheits- und Krankenpflegerin berichtet, dass es immer wieder zu Situationen komme, in denen sie und ihre Kollegen «schreien oder rufen lassen». In diesen Schrei- oder Rufsituationen grenzt sie letztlich den eigenen Aktionsradius deutlich ein und überträgt die Anforderung der Schreie oder Rufe an die Ärzte, die «irgendwas machen müssen», wie sie deutlich sagt:

> [...] entweder wir lassen ihn dann schreien, wenn wir keine anderen Lösungsansätze mehr finden. Entweder wir lassen ihn dann schreien oder wir sagen dem Arzt Bescheid, er muss irgendwas machen, das ist nicht mehr zum Aushalten. Und dann kommen eben die Medikamente zum Einsatz.

Andere Pflegende berichten ebenfalls, dass sie den Menschen mit Demenz schreien oder rufen lassen. Eine Interviewteilnehmerin, die in einem Seniorenheim mit traditionellem Wohnkonzept arbeitet, sagt dazu: «und ich sag mal so ganz lapidar – ich stell meine Ohren auf Durchzug». Eine gerontopsychiatrische Fachkraft, die in bestimmten Situationen ebenfalls eine alte Frau in ihrem Zimmer schreien ließ, antwortet auf die Frage, wie sie sich in dieser Situation fühlte: «Auch nicht wirklich gut, aber ich muss ehrlich sagen, dass es mir irgendwann wirklich egal war, weil's bei der personellen Unterbesetzung – da stumpft man ab.» Hier werden institutionelle Rahmenbedingungen angesprochen, und es stellt sich die Frage, ob die Pflegende vielleicht anders gehandelt hätte, wenn die kontextuellen Einflussfaktoren anders gestaltet gewesen wären.

Viele Pflegende, die an der Studie teilgenommen haben, reflektieren ihr Handeln beim «Schreien- oder Rufenlassen» und sie scheinen dennoch in einem Netz von kontextuellen Bedingungen gefangen. In den letzten Zitaten wurde deutlich, dass «schreien oder rufen lassen» immer dann auftritt, wenn die Menschen mit Demenz in ihren Zimmern sind. Tritt das Schreien oder Rufen in der Gemeinschaft oder in den Gemeinschaftsräumen auf, kommt es selten vor, dass von Pflegenden «nicht» reagiert und dass nicht agiert wird. Dem Schrei- oder Rufstandort kommt damit eine wichtige Bedeutung zu. Aber auch die Fähigkeit, die Schreie oder Rufe differenzieren zu können, besitzt ein besonders Gewicht. Viele Pflegenden sind überzeugt, die Schreiqualität unterscheiden zu können, wie in folgendem Zitat deutlich wird, in der eine Pflegende einen Vergleich zu den Schreiäußerungen von Kindern vornimmt:

> [...] es gibt ja verschiedene Arten von Schreien. Ja, das merkt man ja schon bei Babys, ne. Wenn Babys, sag ich mal, Aufmerksamkeit haben wollen, da hört sich das Schreien anders an, als wenn sie Bauchweh haben oder Hunger haben, da ist das Schreien irgendwie fordernder, finde ich.

Auf die Frage, ob diese Einschätzung und Differenzierung auch auf die Schrei- oder Rufäußerungen von älteren Menschen mit Demenz übertragbar ist, sagt sie: «Ich finde, dass ist – kann man gleichsetzen.»

> Kann der Schrei eines Säuglings mit dem Schrei eines Menschen mit Demenz in dieser Weise wirklich gleichgesetzt werden? Ist es nicht so, dass eine Gleichsetzung nicht möglich ist, weil der Mensch mit Demenz auf ein gelebtes Leben zurückblickt und sich von den präverbalen Äußerungen eines Säuglings allein deshalb im höchsten Maße abgrenzt?
> Das in einigen Interviews genannte (scheinbare) Nichthandeln der Pflegenden ist allerdings nicht gleichzusetzen mit «Nichtstun», weil «Schreien- oder Rufenlassen» immer implizit einen Aspekt der Aktion enthält. Es scheint wie ein Widerspruch, aber das Schreien oder Rufen ist hörbar, und deshalb berichten viele Pflegende, dass ein direkter oder indirekter Kontakt bewusst oder/und unbewusst gehalten wird. Die Schrei- oder Rufsituation wird reflektiert, und zwar auch dann, wenn die schreiende oder rufende Person nicht gehört wird. In diesen Situationen wird gefragt, warum man den schreienden oder rufenden Menschen nicht mehr hört und inwieweit die Schreiphasen sich verändert haben. Eine Pflegen-

de, die als Pflegefachperson in einem Seniorenheim mit segregativem Wohnkonzept tätig ist, sagt, «das könnte ich mit meinem Gewissen nicht vereinbaren», wenn sie einen schreienden Bewohner stundenlang schreien lassen würde und nie nach ihm schaue. Es könnte zwar sein, dass er eine Zeit lang schreit, aber «es kann ja immer mal sein, dass irgendwie einer gefallen ist oder dass sich zwei mal in die Haare haben, was ja auch schon mal passiert. Dann muss man ja dann da sein [...] Aber, nä, nä, um Gottes willen, also das ist vielleicht, dass er drei, vier, fünf Mal schreien muss, aber das ist keine halbe Stunde, nä, nä.» Den Schrei verbindet diese Pflegeperson immer mit einem Informationsgehalt, der einen Aufforderungscharakter enthält. Ebenso wie die «Klingel» [Rufanlage für die Heimbewohner; Anm. des Autors] nicht ignoriert wird beziehungsweise unbeachtet bleiben kann, werden auch die Schreie und Rufe nicht ignoriert.

Recht auf Schreien einräumen

«Schreien oder rufen lassen» besitzt auch eine völlig konträre Komponente zu dem, was bisher dargestellt wurde. Es ist ein Aspekt, der von sehr vielen Pflegenden in vielen Einrichtungen beschrieben wird und der in einer segregativen Segregationswohngruppe für drei Menschen mit Demenz besonders deutlich wird. Hier können alle drei Bewohner ihre Schreie oder Rufe grenzenlos ausleben und hier wird ihnen ein Recht auf Artikulation uneingeschränkt eingeräumt. Das Schreien wird als Kommunikationen ohne Worte verstanden:

Pflegende:
Ja und die Drei [...] die sitzen alleine in einem Bereich [...]. Und dann unterhalten die sich [gemeint sind die drei Bewohner; Anm. des Autors]. Also, wenn der eine schreit, dann gibt der andere auch Geräusche und der andere auch. Also, das ist Wahnsinn.

Interviewer:
Wieso glauben Sie denn, dass sie sich unterhalten?

Pflegende:
Haben wir [gemeint ist das Pflegeteam; Anm. des Autors] so drüber gesprochen, weil jeder reagiert auf den anderen. Also, das war auch nicht von Anfang an, klar. Also, jetzt wenn der, die eine Dame da was dann gesagt hat, dann hat – ‹Pass auf [Vorname der Pflegenden; Anm. des Autors] gleich kommt die Dame›, als wenn die so reagiert darauf. Aber das wusste ich auch nicht, ich hab gedacht ‹Oh Gott› was ist passiert, der eine will nicht, dass der andere schreit, so würde man das denken, ne. Oder dazwischen gehen irgendwie, aber das wird da nicht. Das ist in Ordnung so, die sind alle drei zusammen ruhig und die sind alle drei zusammen, ja, aktiv.

In diesem Seniorenheim wurden die institutionellen Rahmenbedingungen auf die Bedürfnisse der schreienden und rufenden Bewohner gezielt und geplant abgestimmt. Es wurde eine Veränderung vorgenommen, die so umfassend und total in keiner anderen teilnehmenden Einrichtung realisiert wurde. Hier wird von den Menschen mit Demenz herausfordernd geschrien und hier lässt man herausfordernd schreien. Nicht, weil man den Schrei ignoriert, sondern weil der Schrei als individueller Ausdruck verstanden wird, der frei artikuliert werden darf. Dieser Freiraum, dass immer geschrien und gerufen werden darf, wird den Menschen mit Demenz in den anderen teilnehmenden Einrichtungen in diesem Umfang nicht so umfassend eingeräumt. Hier wird ihnen zwar ebenfalls ein Recht auf Schreien oder Rufen gewährt, aber diese Möglichkeiten sind die Ausnahme und bleiben begrenzt. «Wenn dann einer mal laut ist und so, dann ist das für mich vollkommen ok, ne. Das gehört ja auch irgendwo zum Leben dazu, auch mal laut sein zu dürfen.», sagt eine Pflegende, die in einer Einrichtung mit segregativem Wohnkonzept arbeitet. Eine andere Altenpflegerin, die in einem Seniorenheim mit traditionellem Wohnkonzept tätig ist, beschreibt dagegen Grenzen – Schranken, die dem Recht auf Schreien- oder Rufenlassen einen temporären Charakter zuweisen:

> [...] dass der Bewohner einfach schreit, weil er dazu Lust hat und man den einfach nicht wegsperren kann. Er kann ja die Zeit lang – natürlich soll er auch nicht ein Störfaktor sein für alle 160, die im Hause sind, ne. Aber dass er auch das Recht hat, von Zeit zu Zeit zu schreien [ist wichtig].

«Schreien oder rufen lassen» hat mindestens zwei Komponenten, die in allen teilnehmenden Einrichtungen beschrieben wurden. Darstellen lässt sich die Situation auf einer Geraden mit zwei Achsenendpunkten. Auf der Seite dieser Geraden positioniert sich das Ende einer langen Interventionskette, die durch Resignation und das Gefühl «nicht mehr zu können, nichts mehr zu wissen und nicht mehr zu wollen» gekennzeichnet ist. Auf der anderen Seite steht das von allen Pflegenden eingeräumte Recht auf Schreien oder Rufen. Dieses Recht stößt in den stationären Einrichtungen an Grenzen, weil hier Menschen leben, die diese Schreie oder Rufe nicht ununterbrochen hören wollen und können. Allein in einer einzigen teilnehmenden Einrichtung, die einen Wohnbereich für schreiende und rufende Menschen eingerichtet hat, erfahren die Schreienden und Rufenden keine Grenzen und nur hier kann das Recht auf Schreien oder Rufen uneingeschränkt gelebt werden.

4.6.2 Interventionsbeispiel: zurückschreien

Wenn Pflegende im komplexen Pflegealltag herausforderndes Schreien oder Rufen von Menschen mit Demenz erleben, kann das zu einer emotionalen Belastung führen. Eine Situation, die durch ungünstige Dienstzeiten, fehlende beziehungsweise unzureichende Aktivierung von «Energiequellen», ungünstige Rahmenbedingungen, fehlende Fort- und Weiterbildung und zum Beispiel durch fehlende Beratung zu einer Belastungskumulation führt. So kann es zu Momenten der Überforderung kommen, die situativ nicht ausgeglichen werden können. In diesen Situationen kann es zu Reaktionen kommen, die die Grenze zur Gewalt tangieren und letztlich in Gewalt gipfeln. Diese Gewalt ist, und das wurde bereits im vorigen Kapitel angedeutet, auf den Menschen mit Demenz gerichtet. Er wird als Quelle der Störung betrachtet, und er ist der direkte Empfänger von Gewaltattacken. In **Kapitel 4.6.1** wurde aber ebenso deutlich gesagt, dass auch die Pflegeperson als Opfer zu betrachten ist. Gewalt hat immer mehrere Ebenen, die zusammenfließen und deshalb zusammen betrachtet werden müssen.

Bei der Datenerhebung der zugrunde liegenden Studie war zu erwarten, dass (direkte) Gewalt bei dem Phänomen Schreien oder Rufen durch Pflegende tabuisiert wird, und es wurde ebenso vermutet, dass in den Beobachtungssequenzen diese Verhaltensformen nicht gezeigt werden. Gewaltähnliche Strukturen ließen sich erwartungsgemäß auch nicht beobachten. Anders stellen sich die Ergebnisse in den Interviews dar, weil hier dieser Aspekt offen angesprochen wurde. In einem Interview berichtet ein Pflegender, dass er immer leiser sprechen würde, je mehr ein Mensch mit Demenz laut werde und das wäre, betonte er, auch wesentlich besser, als wenn er zurückschreien würde. Auf die Frage, ob er das denn schon mal erlebt hätte, dass zurückgeschrien wird, antwortet er: «Von meinen Kollegen nicht und so direkt jetzt von anderen Kollegen jetzt im Haus oder so eigentlich auch nicht. Aber ich denk mal, dass würde auch eher tabuisiert werden, so was, könnt ich mir vorstellen, wenn es so wäre.» Eine andere Pflegeperson thematisierte diesen Aspekt in einem Interview ebenfalls; sie antwortete auf die Frage, ob es ihr denn schon mal passiert wäre, dass sie in Extremsituationen zurückschreit:

> Nein. Also ich bin eigentlich ein ruhiger Mensch, und bevor ich zurückschrei, geh ich lieber raus. Und beruhig mich selber für mich ein bisschen und wahrscheinlich der Bewohner denn auch mit dem Schreien. Und wenn nicht, dann versuch ich das halt noch mal dann. Und dann versuch ich ein bisschen denn zu validieren. Weil ich hab auch eine Fortbildung in Validation mitgemacht.

Ein weiteres Beispiel für die direkte Thematisierung des Aspekts «zurückschreien»:

> Ich denk mir mal, dass ich nicht so 'ne Person dafür bin, dass ich einfach so zurückschrei. Weil ich hab immer den Gedanken, die Leute, die sind dement, die können nix dafür. Das ist das Krankheitsbild und die können da nix dafür, dass die jetzt auf einmal rumschreien oder aggressiv werden. Ja wie gesagt, wie die eine Bewohnerin: Fünf Minuten war sie lieb

und nach zwei Minuten hätte man schon das Messer in dem Rücken gehabt. Und da kann die Bewohnerin ja nix für.

Eine Pflegende berichtet in einem Interview von Extremsituationen der Überlastung. Sie erzählt, dass sie und ihre Kollegen regelmäßig Nachtbereitschaft leisten, in der sie zwar schlafen dürfen, jedoch jederzeit präsent sein müssen. Sie berichtet weiter, dass sie in verschiedenen Nächten immer wieder subjektive Belastungsspitzen durch das anhaltende und sehr laute Schreien einer alten Frau erlebte. Diese Schreie brachten sie oft an ihre emotionale Grenze, und sie sagt, dass sie für sich einen Weg gefunden hatte, um eine drohende Eskalation abzuwenden:

> Und das ist das, was mich dann manchmal ärgert und da muss ich mich, wenn ich auf sie zugeh oder auch in der Nacht, wenn ich – die hat ja schon böse Nächte gehabt. Also, ausgerechnet bei mir. Da muss ich dann wirklich langsam die Treppe hochgehen, nicht schnell, dass ich mich sammeln kann, damit ich in Ruhe auf sie zugehen kann. Das ich nicht mit ihr schrei. Weil das will ich nicht [...] und da muss ich mich vorher dann immer selber runterholen.

Eine Pflegende, die in der Gerontopsychiatrie einer Klinik arbeitet, berichtet, sie habe schon erlebt, dass Kollegen zurückgeschrien hätten. Die Befragte stellt aber deutlich dar, dass Zurückschreien ihre Meinung nach als Intervention abzulehnen ist. Sie erklärt das Verhalten ihrer Kollegen mit einer emotionalen Belastungsspitze, die sich dann regelrecht entladen hätte. Ein Verhalten, das sie unter Berücksichtigung der bestehenden Verhältnisse verstehen könne und nicht verurteile, da sie die Gefahren der Überforderung und fehlender Flexibilität bei der notwendigen und gebotenen Anpassung an die bestehenden Extrembelastungsphasen kenne. Auf die Frage, ob der Mensch mit Demenz in diesen Situationen aufhören würde zu schreien, antwortet sie:

> **Pflegende:**
> Ehh, ehh [Kopfschütteln der Pflegenden]. Ehh ehh, eigentlich nicht. Also dieses Schreien und Rufen in den Griff zu kriegen ist ganz schwierig und das hat keinen Erfolg, wenn man zurück schreit, gar nicht.
>
> **Interviewer:**
> Wird es trotzdem gemacht?
>
> **Pflegende:**
> Wird auch gemacht, ja. Aber bringt nix. Ich denk, das ist einfach nur die eigene Emotion, die jetzt grad hochkocht und die sich da sich jetzt entladen muss. Aber bringen tut's nix und es weiß eigentlich auch jeder, das es nix bringt.

Einige Pflegende erzählen sehr offen, dass sie in den Momenten der emotionalen Überlastung auch schreien würden. Diese Reaktion wird immer als spontane Entgleisung beschrieben, die situativ nicht gesteuert werden kann. Es sind Spontanreaktionen, die sie erschrecken und die sie zur Reflexion zwingen, aber auch Momente, die die folgende von den Befragten genannten kontextuelle Einflussfaktoren transparent werden lassen:

- lange Dienstperioden (ohne ausreichende Freizeiten)
- häufige Vertretung im Krankheitsfall (ohne zeitnahen Ausgleich)
- fehlende oder unzureichende Kompensationsmöglichkeiten des Belastungsempfindens am Arbeitsplatz und im häuslichen Umfeld
- empfundener Druck durch Angehörige und Mitbewohner
- empfundener Druck durch die Leitungsebene(n)
- fehlende oder unzureichende Anerkennung (beziehungsweise Wertschätzung der Arbeitsleistung)
- unzureichende Möglichkeit der Fort- oder Weiterbildung
- eingeschränkte Entscheidungs- und Handlungsautonomie
- fehlender oder unzureichender Austausch im Team.

Es sind Momente, die in kumulierter Form situativ nicht mehr ausreichend kompensiert werden können. Um es ganz deutlich zu sagen: Zurückschreien ist Gewalt, die den Menschen mit Demenz trifft. Es wird aber ebenso deutlich, dass auch der Pflegende, der diese Form der Gewalt ausübt, unter anderem durch die Kontextbedingungen Gewalt erfährt. Das soll und kann das Verhalten allerdings nicht entschuldigen! Die befragten Pflegenden wollen nicht zurückschreien und sie leiden, sagen sie, wenn sie zurückschreien. «Ich verachte mich selber, wenn ich dann wieder so mit ihm schimpfen muss. Weil ich mich denn nicht gut dabei fühle, wenn – wenn ich ihn dann wieder anschreien muss», sagt eine Pflegende und sie berichtet von einer Situation, wie es zum Zurückschreien kam:

«‹Du bist eine blöde Kuh, Du blöde Kuh, Du blöde Kuh›, das ruft immer ein alter Mann, den ich seit vielen Jahren pflege, wenn ich seine eingenässte Hose wechsle. Wenn ich das nicht machen würde, säße er den ganzen Tag und die ganze Nacht in den nassen Kleidern. Ich höre das eigentlich fast schon nicht mehr. Es gehört zu ihm, wie sein Lächeln und seine Wutausbrüche. Schlimm finde ich allerdings, wenn er mich wieder anschreit: ‹Ich haue Dich tot› und seine Hand ballt und mit seiner Faust nach mir schlägt. Er gestikuliert mit seiner Faust und sein Gesicht ist dann wutverzerrt. ‹Ich haue Dich tot› schrie er gestern wieder, ‹ich haue

Dich tot, ich haue Dich tot›. Seine Schreie wurden immer lauter, immer wutverzerrter sein Gesicht, sein Speichel spritzte mir auf meine Kleidung und er wedelte mit der Faust wieder vor meiner Nase. Er schrie immer lauter und lauter und der Schrei schien sich zu verselbstständigen. ‹Ich haue Dich tot›, schrie er aus Leibeskräften. Aus Erfahrung weiß ich, dass ich ihn in diesen Situationen nur dann aus der Schreidynamik lösen kann, wenn ich auch schreie. Ich muss sehr laut schreien, nur dann kann ich ihn übertönen und nur so wird er ruhiger. Oft stelle ich mir die Frage, was wohl Besucher denken und vermuten, wenn die mich so laut schreien hören. Die denken doch, dass ich ausflippe und einen schreienden Mann anschreie. Tja, anschreien tue ich ihn ja wirklich. Ich weiß aber, dass er sich durch meine Schreie aus der Schreischleife lösen kann und er runterkommt. Ich verachte mich, dass ich das mache und keinen anderen Weg kenne. Ich würde mir so wünschen, dass ich die Bedingungen verändern könnte. Aber soll ich ihn in den total eingenässten Kleidern sitzen lassen? Danach sagt er dann zu mir ‹Dieses, dieses› und ballt seine Hand wieder zur Faust, ‹dieses hier, macht mich ganz kaputt›. Er will mir damit sagen, vermute ich, dass er mir nicht wirklich drohen will oder zuschlagen möchte, aber in den Momenten seine Emotionen nicht mehr kontrollieren kann. Er will mir deutlich machen, dass ich in den Pflegesituationen Macht ausübe, Macht über ihn habe und das ärgert ihn. Er ist, und das meine ich wirklich ehrlich, ein so sympathischer Mann, den ich sofort mochte, als ich ihn das erste Mal sah. Früher, als er noch sprechen konnte, was hat er da spannende Geschichten aus seinem Leben erzählt und er sagte mir immer, dass ich ihn an seine verstorbene Tochter erinnere, die er so geliebt hat.»

Die Pflegesituation ist mit den geschilderten Informationen für den Leser immer noch sehr lückenhaft, aber es stellen sich spontan folgende Fragen: Gäbe es für diese Pflegeperson in dieser Pflegesituation andere Interventionsoptionen? «Muss» die Pflegende als Antwort auf die Schreie und angedrohte Gewalt zurückschreien? Wie würden Sie reagieren? Bedenken Sie hierbei die Gesamtsituation und die Gesamtanforderungen der Pflegekonstellation. Was müsste geändert werden, um dieses Zurückschreien verhindern zu können?

Verhalten spiegeln

In dem letzten Beispiel sagt die Pflegende, dass sie mit ihrem «Zurückschreien» den Bewohner erreichen und ihn zur Reflexion zwingen würde beziehungsweise die Schreikette unterbreche. Sie erzählt im Verlauf des Interviews später, dass sie dem Bewohner sein Verhalten mit ihrem Schrei spiegle. Ein Vorgehen, das auch andere Pflegende beschreiben, die an der Studie teilgenommen haben:

> Das mache ich. Ich schrei auch zurück. Ja jetzt, ich kann ja nur von unserer Bewohnerin sprechen [...] Aber sie wird dann ja auch ziemlich mal sehr laut und manchmal ruft sie ja nicht nur ‹Hallo› oder ‹Hilfe›, sondern manchmal ruft sie auch: ‹Ich möchte Wasser haben›, ganz laut, ganz laut, ganz laut und wird immer lauter. Und dann geh ich auch dahin und schreie. Dann schreie ich genau so laut wie sie und dann schrei ich hinterher noch ‹Bitte›, dann guckt sie mich an und lacht und schreit dann auch ‹Bitte› und, so. Und da hab ich sie mal gut erreicht dann. Manchmal hat sie sich dann so eingeschrien, da kommt man mit singen auch nicht mehr durch und wenn man dann so ihre Worte wiederholt, auch laut, genauso laut wie sie ist, dann erreicht man sie.

In den genannten Beispielen wird berichtet, dass das Zurückschreien das Verhalten der schreienden Bewohner spiegeln würde. Der Mensch mit Demenz werde nach Meinung einiger Pflegender in diesen Situationen erreicht und die Schreiphase somit durchbrochen. Aber es wird deutlich, dass es Einzelfälle sind, die individuelle Eigenheiten des Menschen mit Demenz aufgreifen und nicht verallgemeinert werden können. Zurückschreien kann Verhalten spiegeln, sagen einige Pflegende, aber von der Mehrzahl der Informanten wird das Zurückschreien kritisch betrachtet. Sie beschreiben die Schwelle zwischen adäquater Intervention und Gewalt als einen Spalt mit hauchdünnen Übergängen.

4.6.3 Interventionsbeispiel: «ins Zimmer bringen»

Wenn Menschen mit Demenz in den Gemeinschaftsräumen einer stationären Einrichtung sitzen und herausforderndes Verhalten zeigen, kann es zu Kettenreaktionen und eskalierenden Situationen kommen. Die Konsequenz dieses Verhaltens kann dazu führen, dass die schreienden oder rufenden Menschen die Gemeinschaft verlassen (müssen). Dies sind Kausalzusammenhänge, die durch die Schreie oder Rufe ausgelöst werden und die letztlich in (scheinbar) restriktiven Handlungsweisen der Pflegenden gipfeln. Es ist ein Prozess des Abwägens, den die Pflegenden immer wieder neu vornehmen müssen. Sie müssen abwägen zwischen den berechtigten Ansprüchen unterschiedlicher Bewohner.

Eine Pflegende, die in einem segregativen Seniorenheim arbeitet, sagt in diesem Zusammenhang: «durch dieses Schreien mussten wir sie dann wieder ins Zimmer schieben». Dieses Interviewzitat ist ein Beispiel für sehr viele Interviewsequenzen. Schreiende oder rufende Menschen mit Demenz, die in der Gemeinschaft der Mitbewohner laut artikulieren, müssen den Raum verlassen. Mit der Wortwahl «schieben» und «müssen» werden zwei Aspekte deutlich:

- **Erstens:** Schreiende oder rufende Menschen mit Demenz erleben eine überaus aktive Handlung der Pflegenden. Passivität steht einer aktiven Intervention gegenüber, der Handlungsspielraum des Menschen mit Demenz scheint begrenzt.
- **Zweitens:** Die Pflegenden «müssen» handeln, weil es zu Kettenreaktionen und zu eskalierenden Reaktionen kommen kann. Die Pflegenden müssen in einer Weise handeln, die bei einer anderen Konstellation der Einflussfaktoren vielleicht völlig anders aussehen würde.

In den folgenden ausgewählten Interviewzitaten aus der vorliegenden Studie mit Pflegenden, die in unterschiedlichen Wohnformen tätig sind, werden die beiden Aspekte transparent:

Traditionelle Wohnform:

> Aber das [Schreien eines Menschen mit Demenz] ging ja über die Essenszeiten auch durch und da kann man ja nicht machen, dass man 34 anpasst an eine. Und dann haben wir auch schon versucht zwischendurch sie ins Zimmer zu schieben.

> Oftmals werden Menschen [die schreien oder rufen] quasi isoliert, also wenn's gar nicht anders geht, wenn zehn Leute im Speisesaal sind und einer flippt aus, rastet aus. Der wird dann halt isoliert schon mal, kommt auf's Zimmer und darf dann da essen.

Segregative Wohnform:

> [...] wenn er also im Aufenthaltsraum, sprich Wohnzimmer, schreit, versuchen wir ihn dann zu entfernen, dass wir mit ihm über den Flur gehen bis in sein Zimmer, wo er dann alleine bleiben kann.

> Aber sobald man merkt, es ist 'ne gewisse Lautstärke, wo die – wo es die Mitmenschen nicht mehr tolerieren, dann bringen wir sie [die schreiende oder rufende Person] wieder ins Zimmer.

Der Handlungsspielraum der Pflegenden ist durch extrinsische Einflussfaktoren geprägt, die wiederum kumulierend und wechselseitig zusammenhängen und den Gestaltungsfreiraum eng begrenzen. Viele Pflegende berichten, dass sie zu Handlungen gewissermaßen gezwungen werden beziehungsweise einem enormen Handlungsdruck ausgesetzt sind, wie in den folgenden exemplarischen Interviewsequenzen deutlich wird:

> Wo sich dann auch die Nachbarschaft beschwert. Das heißt, wir müssen, wir sind auch gezwungen, im Sommer die Fenster zuzuhalten. Wir müssen sie ins Zimmer stellen. Ähm, was alles natürlich keine glückliche und schöne Lösung ist. Und ich muss sagen, das ist 'ne Sache, die mich im Moment auch sehr ärgert, weil ich auch nicht so richtig weiß, wie ich dieses Problem anpacken soll. Also, sie ist zwar in neurologischer Behandlung, aber auch da im Prinzip – die Frau ist austherapiert. Man hat alles Mögliche versucht in den letzten Jahren. Das ist so. Das Einzige, was man machen könnte, sie wirklich so medikamentös abzuschießen. Nur dann ist die Lebensqualität ganz weg. Ähm, und das ist 'ne Sache, wo ich sagen muss, die belastet mich im Augenblick auch 'n bisschen.
>
> Und dann gibt's noch Angehörige, die natürlich genauso reagieren, wie ihre Eltern, die dann sagen: ‹Dann gehört die hier nicht hin [gemeint ist die schreiende Bewohnerin; Anm. des Autors]›. ‹Oder können Sie die dann nicht mal in ihr Zimmer bringen, wenn sie so unruhig ist?›.

Viele der befragten Pflegenden berichten, dass sie einen Menschen mit Demenz, der «störend» schreit oder ruft, nur ungern in sein Zimmer bringen, weil sie dieser Intervention vielfach einem isolierenden Charakter zuschreiben. «Weil, wir möchten die Leute nicht so irgendwo hin abschieben, abstellen», sagt eine Pflegende die in einem Seniorenheim mit traditionellem Wohnkonzept arbeitet. Die Pflegenden suchen nach Auswegen, die ihren Handlungsspielraum erweitern sollen. Ein Beispiel dafür berichtet die Pflegende, die in dem letzten Interviewzitat auf das Verhalten der Angehörigen hinwies. Sie sagt, dass sie die Reaktionen der Angehörigen nur sehr schwer ertragen kann. Offen thematisiert sie ihre Meinung gegenüber diesen Angehörigen und sucht das klärende Gespräch:

> Und dann geh ich dahin und dann sag ich auch: ‹Stellen Sie sich mal vor, ne, Ihre Mutter liegt da und dann kommt die und sagt: Ihre Mutter gehört eingesperrt›. Ich setz die damit auseinander. Dann sind die ganz geschockt, dann entschuldigen die sich meistens für die Äußerung. ‹Ja, aber Sie müssen auch zugeben, dass das schon etwas anstrengend ist›. Ich sag: ‹Ja, aber Sie sind in der Situation zu sagen, ich kann auch um die Ecke gehen, wenn es mir zu viel wird. Die kann nicht gehen›. Und ich hab da also auch keine Ängste, mich persönlich mit den Leuten dann auch in unangenehmen Gesprächen auseinanderzusetzen. Weil ich denke mir, die müssen die Wahrheit sehen. Wir sind hier nicht im Hotel irgendwo auf Mallorca oder sonst was, sondern wir sind hier in einem Haus, in dem die Menschen mit den unterschiedlichsten Krankheiten, Fähigkeiten, Möglichkeiten und Einschränkungen zusammenleben. Und jeder erwartet Rücksicht und da kann ich natürlich auch erwarten, dass sie Rücksicht haben auf andere, ja.

Ruhige Atmosphäre schaffen

Auf einen weiteren Aspekt weisen viele Pflegende hin, die an der Studie teilgenommen haben: Sie erkennen den restriktiven Charakter der Intervention und wählen dennoch diesen Weg, weil sie wissen, dass sich der schreiende oder rufende Mensch in seinem Zimmer beruhigen kann. Hier ist der schreiende oder rufende Mensch mit Demenz den teils sehr aggressiv geprägten Reaktionen der Mitbewohner nicht mehr ausgesetzt und hier findet er eine vertraute Atmosphäre, die er einschätzen kann. Eine Pflegehelferin, die in einem Seniorenheim mit traditionellem Wohnkonzept arbeitet, sagt in diesem Zusammenhang: «wenn er gar nicht irgendwie zu beruhigen ist oder herauszufinden ist, warum und weshalb, dann kann das passieren, dass man dann mit ihm ins Zimmer geht, um 'ne ruhigere Atmosphäre auch zu schaffen, ja». Ein weiteres Beispiel dieser Intervention aus einem anderen Interview mit einer Altenpflegerin, die in einem Seniorenheim mit segregativem Wohnkonzept arbeitet, zeigt darüber hinaus, dass biografisch bezogene Impulse die Pflegeintervention beeinflussen sollen:

> Also, wir sind mit ihr ins Zimmer gegangen, ja und haben dann eben versucht sie aus, aus – aufgrund des Ortswechsels vielleicht so'n bisschen aus der Situation auch zu holen. Weil auch das Zimmer mit Bildern dekoriert ist, die die Tochter mitgebracht hat von der Familie und so. Und wir haben gedacht: Gut, wenn wir sie da irgendwie, ne, Fotos zeigen oder sie sich die Bilder eben angucken kann […] dass sie aus der Unruhe herauskommt. Aber das hat nicht funktioniert. Und wenn das nicht funktioniert hat, dann haben wir sie dann auch erst mal allein in ihrem Zimmer gelassen, ja. Aber die Tür war auf natürlich.

Vielfach wird das Zimmer des Menschen mit Demenz aufgesucht, weil er hier seine Schreie oder Rufe leben kann, wie bereits dargestellt wurde. Im eigenen Zimmer wird der Störfaktor geringer eingestuft, wie eine Pflegende mit über zwanzigjähriger Berufserfahrung betont, die in einer Einrichtung mit segregativem Wohnkonzept tätig ist. Sie berichtet, dass die Bewohnerin dort nicht still ist, sondern weiter sehr laut schreit. «Wir haben jemanden, die schreit weiter und da können wir auch gar nichts dran ändern. Und da kann man nur sagen: ‹So, hier im Raum dürfen sie schreien so viel, wie sie wollen›.» Die Türen bleiben auf und es besteht eine Verbindung zwischen dem schreienden oder rufenden Menschen und den Pflegenden. Die Schreie sind über weite Distanz hörbar. Darüber hinaus üben die Pflegenden auch Kontrolle aus, wie die gleiche Information weiter berichtet:

> Das hören wir zwar und wir gehen auch regelmäßig kontrollieren, dass bloß nix passiert. Aber irgendwann hat sich das dann auch ausgeschrien, ne. Wenn der derjenige dann still ist, dann holen wir ihn wieder in den

> Tagesraum. Das ist jetzt keine Bestrafung [dass wir sie ins Zimmer bringen], das ist nur eine Möglichkeit, um die restlichen neun oder zehn Bewohner, die noch in dem Tagesraum sitzen, dass die nicht auch anfangen, nervös zu werden. Es gibt ja dann dieses, so'n Kettensystem, ja, einer fängt an zu schreien, einer fängt an zu schimpfen, ne, und der Dritte kann es gar nicht verstehen und sagt: ‹Wenn du jetzt nicht die Klappe hältst, dann schlag ich dir 'n paar rein›. Das sind ja die, die Ausdrücke hier, ne. Und um das, das zu verhindern, dann nehmen wir denjenigen mit raus.

Dieses Interviewzitat zeigt, dass die Intervention «ins Zimmer bringen» einen restriktiven Charakter aufweisen kann. Deutlich wird aber auch, dass diese Intervention (vielfach) auf einem reflektierten Abwägungs- und Entscheidungsprozess basiert. Die Pflegenden berichten, dass sie einschätzen, was in der Situation wichtiger scheint und wie eine Entzerrung gelingen kann. Hierbei wird der schreiende oder rufende Mensch in sein Zimmer gebracht, aber er bleibt nicht unbegrenzt in diesen Räumlichkeiten. Es kommt zu einer regelmäßig wiederkehrenden Abwägung mit dem Ergebnis, dass der Mensch mit Demenz immer wieder neu in die Gemeinschaftsräume gebracht wird, so dass die Teilhabe am Gemeinschaftserleben garantiert ist. Das berichten fast alle teilnehmenden Pflegenden übereinstimmend. Es gibt aber auch Ausnahmen:

> «Irgendwann waren wir mit unserem Latein am Ende», sagt ein Pflegender, der in einem Seniorenheim mit traditionellem Wohnkonzept tätig ist. «Ja, wir wussten nicht mehr, was wir noch hätten machen können.» In der letzten Woche ist die Frau gestorben und besonders in den letzten Monaten schrie sie immer lauter. Außerdem hatte sich ihr Allgemeinzustand immer mehr verschlechtert. «Dann kam sie gar nicht mehr aus dem Bett raus zum Mobilisieren und ja», sagt der Pfleger, tief ausatmend und nach einer Pause des Schweigens, dann war es so, dass «dann halt einfach nur die Tür zugemacht wurde und wenn sie mal so geschrien hat, hat man's halt nicht so mitbekommen.»

Die Pflegenden, die von ähnlichen Situationen berichten, betonen deutlich, dass sie sich in diesen Situationen nicht «gut fühlen» und das sie die Empfindung haben, zu einer Handlung gezwungen zu werden. Sie spüren eine Ohnmacht und sehen in der Handlungsfolge keine Lösung, wie der Konflikt zwischen Anspruch und gelebter Realität anders gestaltet werden kann. Es wird eine Intervention beschrieben, die durch nicht veränderbare Einflussfaktoren bestimmt scheint. Es handelt sich um eine Intervention, die einen restriktiven Charakter aufweisen kann und die Schwelle zur Gewalt deutlich berührt und/

oder überschreitet. Es ist ein Gewaltszenario, das sowohl den Menschen mit Demenz als auch den Pflegenden gleichermaßen tangiert.

4.6.4 Fazit

Zu beachten ist allerdings – und das ist wichtig zu wissen –, dass der Mensch mit Demenz eine weitaus schwächere Position in diesen Szenarien einnehmen muss als die Pflegenden. Allein aufgrund seiner Erkrankung ist seine Anpassungsplastizität teils extrem stark eingeschränkt. Er kann meist kaum Veränderungen vornehmen und muss weitgehend passiv dulden, was Pflegende und Kontext auf ihn ausüben: Es muss in der Gesamtschau völlig unbewertet bleiben, dass er durch seine Schreie und Rufe die als Belastungsphasen wahrgenommenen Momente selbst generiert hat.

Viele der befragten Pflegenden lehnen die in dem letzten Beispiel genannte Reaktion des Pflegenden aber deutlich ab und stufen sie als undenkbar ein. Auf die Frage, wie sich eine Pflegende fühlen würde, wenn diese Intervention zum Standard gehören würde, antwortet sie vehement: «Zimmer rein, Tür zu? Nein, da käme ich mit meinem Gewissen nicht klar. Kann ich nicht.»

In der stationären Einrichtung mit segregativem Segregationsbereich für schreiende Menschen werden die Bewohner aufgrund ihres schreienden Verhaltens nie in ihr Zimmer gebracht. Dieses Ergebnis wurde aber bereits ausführlich beschrieben, so dass an dieser Stelle der Hinweis (**Kapitel 3.1.2** beispielsweise) genügen soll.

Bei allen Handlungen bildet die Suche nach dem Schrei- oder Rufgrund den Anfang einer Interventionsabfolge. Viele Pflegenden wollen zielgenau agieren und auffallend ist das sehr differenzierte Suchprozedere, das biografische Aspekte des Menschen mit Demenz aufgreift, das herausfordernde Verhalten analysiert und damit einen bedürfnisorientierten Ansatz darstellt. Dieser Suche folgt ein Versuch-und-Irrtumsablauf, der zeitlich wesentlich aufwändiger ist und ebenfalls eine analytische Vorgehensweise darstellen kann.

Das Spektrum der Interventionsgestaltung ist breit gefächert und immer stehen zwei Ziele deutlich im Vordergrund: die Ruhe und/oder das Wohlbefinden der schreienden oder rufenden Menschen. Es sind zwei Ziele, die sich gegenseitig nicht zwingend ausschließen, sondern sogar eng miteinander verbunden sein können. Es kommt jedoch häufig auch zu Interventionen, die allein die Wiederherstellung der Ruhe anstreben und damit das Wohlbefinden des schreienden oder rufenden Menschen zwar nicht immer gänzlich ignorieren, aber doch deutlich in den Hintergrund stellen. Diese differenzierte Zielsetzung zeigt sich besonders bei den restriktiv orientierten Interventionen. In diesem Zusammenhang ist zu berücksichtigen, dass das Handeln der teilnehmenden Pflegenden immer in untrennbarer Beziehung zu den intervenierenden Bedingungen steht und immer eine Auseinandersetzung mit dem Phänomen darstellt. Eine Ausnahme bilden allein die Strategien, die einen abwehrenden und teils restriktiven Charakter aufweisen. Dieses Handeln steht vor dem Hintergrund, dass Pflegende die Schrei- oder Rufsituation abzuwehren versuchen. Die Pflegenden werden von dem Ziel geleitet, Ruhe herstellen zu wollen und trotzdem wird dabei eine Änderung des herausfordernden Verhaltens nicht direkt vorgenommen. Dem menschlichen Ausdruck der Schreie oder Rufe wird keine oder nur eine unwesentliche Bedeutung verliehen. Aber auch diese restriktiven Aktivitäten können einen völlig konträren Charakter besitzen, wenn Ruhe nicht das einzige Ziel ist. Zum Beispiel kann «schreien oder rufen lassen» nach Meinung einiger Pflegender auch ein Recht auf Schreien oder Rufen widerspiegeln, und damit ist eine andere Zielsetzung intendiert. Die Interventionsgestaltung der Pflegenden muss also differenziert betrachtet werden, wobei die Zielsetzung (Ruhe oder Wohlbefinden der Schreienden oder Rufenden) ein wichtiger Indikator ist.

Restriktives Verhalten von Pflegenden kommt in stationären Einrichtungen der Altenhilfe vor, wenn Menschen mit Demenz herausfordernd schreien oder rufen – das zeigen die hier präsentierten Ergebnisse. Aber ein Rückschluss oder eine Quantifizierung ist mit diesen Ergebnissen **nicht** möglich! Die Darstellung oder Beschreibung restriktiven Verhaltens in deutschen Seniorenheimen darf nicht zur Verallgemeinerung führen, wenn einzelne Fallbeispiele betrachtet werden. Das würde zu Verzerrungen und Vorurteilen führen. Ein Beispiel: Sicher wird es Schotten geben, die geizig sind. Aber ist es richtig, dass alle Schotten geizig sind? Zugegeben, dieses Beispiel passt nicht wirklich, zeigt aber die Problematik. Gewalt in der Pflege ist immer und uneingeschränkt völlig inakzeptabel. Gewalt besitzt viele Gesichter und Komponenten, deshalb ist wichtig, dass der Gesamtkontext und unter anderem die intervenierenden Bedingungen analysiert werden und zwar vorurteilsfrei!

Herausforderndes Schreien und Rufen kann Pflegende an ihre Grenzen führen. Es sind Momente der höchsten Belastung und diese können mit einem situativen Kontrollverlust korrespondieren. Es sind Ausnahmesituationen! Die restriktiven Interventionsansätze werden von den teilnehmenden Pflegenden teils als fiktive Gedankenspiele konstituiert. Überraschend ist allerdings, dass viele Pflegenden offen über ihre Handlungsweisen in Grenzsituationen sprechen und ihr Verhalten kritisch reflektierten. Es ist deshalb so überraschend, weil eigentlich zu erwarten ist, dass grenzüberschreitende (beziehungsweise grenztangierende) Pflegehandlungen tabuisiert werden, wie es in auch anderen Studien (Koch-Straube, 1997; Höwler, 2008) beschrieben wird.

Beispiele der abwehrorientierten Aktivitäten der Pflegenden sind die beschriebenen Interventionen: «ins Zimmer bringen», «schreien oder rufen lassen», «überhören», «ignorieren», oder «zurückschreien». Es ist allerdings ein differenzierter Blick erforderlich, weil diese Handlungsweisen immer auch einen gegenläufigen Intentionsaspekt beinhalten können. Wenn ein Mensch mit Demenz in sein Zimmer gebracht wird, muss das nicht Zeichen von schweren Belastungsempfinden der Pflegenden sein, sondern kann bedeuten, dass zum Beispiel ein Freiraum für das Schreien und Rufen in vertrauter Umgebung geschaffen wird.

Die von Theunissen (2001) genannte «institutionelle Entmündigung», die eintreten kann, wenn Mitarbeiter sich bedenkenlos mit der strukturellen Gewalt arrangieren und sich kritiklos anpassen, konnte so nicht bestätigt werden. Der Hinweis von Theunissen ist deshalb so bemerkenswert, auch wenn der Bezug auf heilpädagogische Einrichtungen gerichtet ist, weil die von ihm genannte Entmündigung zur Demotivation führen kann und «am Arbeitsplatz in vielschichtigster Weise an die betroffenen Bewohnerinnen und Bewohner weiter gegeben werden» (ebd.: 147) könnte. Interessant ist diese Aussage besonders hinsichtlich der Gewalt gegen Pflegende, die gleichermaßen Täter und Opfer sein können.

Höwler (2008) beschreibt beim Erleben der Pflegenden ähnliche Verhaltensmuster, die sie unter dem Begriff «Ärger» subsumiert. Sie schreibt, dass «ständiges Rufen traumatisierter demenziell veränderter Personen, auf das keine adäquate Reaktion der Pflegenden möglich scheint, […] bei den Betroffenen Abwehrreaktionen [verursacht]. Verärgert und ‹genervt› können Pflegende zu Tätern werden.» (ebd.: 55). Sie merkt an: Wenn Pflegende die Kontrolle über das Verhalten der Menschen mit Demenz verloren hätten, erlebten sie emotionalen Stress, der durch Hilflosigkeit, Überforderung, Ärger, Unzufriedenheit, Bedrohung und Neutralität gekennzeichnet sei und zu einem Bedürfniskonflikt führe. «Je größer der emotionale Stress empfunden wird, desto geringer ist die Motivation zu helfen.» (ebd.: 119). Ihr Erkenntnisgewinn widerspricht in vielen Teilen den hier dargestellten Ergebnissen. Höwler geht nämlich davon aus, dass «die Motivation zum Helfen unabhängig vom gezeigten Verhalten ist, und das Helfen von persönlichen, fachlichen und psychosozialen Kompetenzen der Pflegenden geprägt ist» (ebd.: 119). In der hier zugrunde liegenden Studie zeigte sich, dass die Motivation zum Helfen zwar auch durch die von Höwler genannten Zusammenhänge geprägt wird, allerdings wird die Antriebskraft zum Helfen darüber hinaus durch das Verhalten und die Beziehungsqualität zu den Menschen mit Demenz entscheidend mitbestimmt. Es besteht hier ein untrennbarer Zusammenhang, der die Pflegenden in unterschiedlich stark ausgeprägten Anteilen beeinflusst. Die Ergebnisse von Höwler basieren auf zwölf Interviews mit Pflegenden, die sie als Experten bezeichnet und die allesamt eine gerontopsychiatrische Weiterbildung absolviert haben. Die in diesem Buch dargestellten Ergebnisse basieren auf 50 Interviews mit Pflegenden unterschiedlicher Qualifikation und darüber hinaus auf Beobachtungssequenzen in verschiedenen Einrichtungen der Altenhilfe. Einschränkend muss außerdem bemerkt werden, dass Höwler herausfordernde Verhaltensweisen der Menschen mit Demenz insgesamt untersucht hat und nicht explizit das Schreien oder Rufen von Menschen mit Demenz.

5 Auswirkungen und Konsequenzen

Strategien, die Pflegende im Zusammenhang mit dem Phänomen Schreien oder Rufen in den unterschiedlichsten Situationen anwenden, haben nicht nur auf ihr eigenes Erleben Auswirkungen, sondern direkt und indirekt auch immer auf das Erleben der Menschen mit Demenz. Vielfach ist ihr Verhalten der Initialpunkt für die Interventionen der Pflegenden, die dieses in irgendeiner Weise beeinflussen wollen. Das Verhalten der Menschen mit Demenz, die schreien oder rufen, die Interventionsgestaltung der Pflegenden und ihr Erleben sind untrennbar miteinander verbunden, sie sind das Resultat von wechselseitigen Beziehungen.

Es besteht jedoch ein wesentlicher Unterschied in diesen beiden Positionen: Während Pflegende aktiv agieren können, fehlt den Menschen mit Demenz diese Handlungsoption allzu oft. Sie besitzen einen weitaus geringeren Spielraum, ihre Position ist vielfach durch eine erzwungene Passivität gekennzeichnet. Der Mensch mit Demenz ist, zugespitzt formuliert, den Aktionen der Pflegenden in einer stationären Einrichtung mehr oder weniger schutzlos ausgeliefert. Andererseits ist der Handlungsspielraum der Pflegenden ebenfalls eingeengt, weil viele Einrichtungen mit den dort vorherrschenden Bedingungen und den komplexen Beziehungsverflechtungen eine Handlungsstrategie der Pflegenden auch erzwingen oder deutlich beeinflussen können. Letztlich sind beide dem Einfluss der Institution und dem Charakter einer stationären Einrichtung in hohem Maße unterworfen.

Die in diesem Kapitel genannten Auswirkungen und Konsequenzen zeigen, dass das Selbstbestimmungsrecht der involvierten Akteure von den wirksam werdenden Einflussfaktoren begrenzt wird. Ebenso deutlich zeigt sich, dass sich die Strategien der Pflegenden vor dem Hintergrund des wechselseitigen Beziehungserlebens vollziehen und von diesem geprägt sind.

Die Auswirkungen der Strategien und Aktivitäten der Pflegenden wurden in den Kapiteln der Interventionsgestaltung teils implizit beschrieben, so dass hier nur einige exemplarische Beispiele genannt werden, die besonders die erzwungene Inaktivität der Menschen mit Demenz aufgreifen und/oder diese deutlich werden lassen.

Die genannten Strategien und Interventionen zeigen in ihrer Konsequenz immer Auswirkungen auf die involvierten Beteiligten. Diese Auswirkungen und Konsequenzen werden im folgenden Kapitel dargestellt: Hierbei ist zu berücksichtigen, dass enge wechselseitige Verknüpfungen zwischen den Einflussfaktoren, den Strategien und den Konsequenzen für die beteiligten Akteure im komplexen Pflegealltagsgeschehen bestehen.

5.1 Hilflosigkeit spüren

Viele Pflegende berichten übereinstimmend und weitgehend unabhängig von ihrer beruflichen Qualifikation, dass das Erleben des Phänomens Schreien oder Rufen auch mit dem Gefühl der Hilflosigkeit verbunden sein kann. Sie schildern gleichzeitig, dass der von ihnen subjektiv wahrgenommene Aktionsradius eingeengt sei und das Gefühl generiert werde, eine Schrei- oder Rufsituation nicht mehr beherrschen zu können. Dieses Empfinden ist für viele Pflegende jedoch nicht mit Hoffnungslosigkeit und Handlungsstillstand verbunden, sondern steht für diejenigen, die an der Studie teilgenommen haben, mit der Erkenntnis in engem Zusammenhang, dass es Schrei- und Rufphasen gibt, die sich nicht beeinflussen lassen. Das wiederum steht in direkter Beziehung zu dem Wissen, dass es Schrei- oder Rufgründe gibt, die nicht erkannt werden können. Dieses Wissen führt dazu, dass sich viele Pflegende nicht zurückziehen, sondern das Schreien oder Rufen als Ausdruck einer Krankheit sehen. Auf die Frage, wie sie sich fühlt, wenn sie eine Schreisituation nicht befrieden kann, antwortet eine Altenpflegerin, die in einer Wohngemeinschaft arbeitet:

> Tja, hilflos [Kurzes Lachen der Pflegenden] [...] aber das, das war gar nicht so schlimm. Ich weiß ja, der ist dement, der hat Probleme, und der kann nicht anders, aus welchen Gründen auch immer. Für mich war immer nur das, das Problem, warum finden wir nicht raus, was los ist? Warum finden wir nicht irgendwas, was ihm hilft? Weder ein Arzt noch wir als Pflegepersonal. Wir haben wirklich viele Sachen probiert, über Musik, über beten, erzählen, und, und. Wir haben auch immer wieder versucht ihn rauszunehmen aus diesem, aus seinem Zimmer raus. Er hatte ja auch ein sehr kleines Zimmer und wir haben immer wieder versucht ihn rauszunehmen und ins Wohnzimmer, beim Fenster raus schauen lassen.

Dieses exemplarische Zitat zeigt, dass die Wahrnehmung von Hilflosigkeit immer dann eintritt, wenn der Schrei- und Rufgrund nicht erkannt wird. Eine zielgenaue Bedürfnisbefriedigung ist dann nicht möglich, und das Schreien oder Rufen erscheint nicht beeinflussbar. Da der Schrei- oder Rufgrund sehr oft nicht gefunden werden kann, erleben viele Pflegenden diese Situation sehr häufig. «Macht sie's wirklich einfach aus Langeweile, macht sie's um Aufmerksamkeit zu haben?», fragt sich eine Altenpflegerin mit langjähriger Berufserfahrung. Im nächsten Satz beschreibt sie ihr Gefühl in dieser Situation: «Es ist schon schwierig, und man fühlt sich auch manchmal ein bisschen hilflos.»

Viele Pflegepersonen berichten, dass sich die Beziehungsqualität zu den schreienden oder rufenden Menschen mit Demenz nicht ändert, wenn sie Hilflosigkeit spüren. Ein Pfleger, der über zwanzig Jahre in der Pflege tätig ist und in einem traditionellen Seniorenheim arbeitet, antwortet auf die Frage, wie er sich fühlte, als er die Schreiphasen einer alten Frau erlebte:

> Total hilflos. Dass ich da manchmal saß, da hab ich ihr nur die Hand gehalten und sie zappelte und schrie und verbal hörte sie mir gar nicht zu oder ich ihr, aber nonverbal, Hautkontakt und [...] Ich hab einfach die Hand so genommen [Informant legt seinen linken offenen Handrücken auf die rechte offene Hand, kein Festhalten], hab die gehalten, die zog die auch öfters weg.

Im Interview berichtet der gleiche Pflegende, dass er diese Verhaltensweise erst lernen musste. «Es war am Anfang sehr schwer, einfach so in meiner Hilflosigkeit, wenn ein Bewohner vor mir stand und schrie mich da an», sagt er. Zu Beginn seiner Berufstätigkeit hätte er einen «symbolischen Schlüsselbund» genutzt und immer nach dem richtigen «Schlüssel» für die aktuelle Schreisituation gesucht. Er erzählt, dass er sehr schnell lernte, intuitiv auf das Schreien zu reagieren, weil präparierte und vorbereitete Handlungsmuster sich letztlich als nicht hilfreich erwiesen. Sein Verhalten hat sich verändert. Eine andere Pflegende, die in einem Seniorenheim mit einem segregativen Wohnkonzept arbeitet und ebenfalls auf eine fast zwanzigjährige Berufserfahrung zurückblicken kann, reflektiert ihre Erfahrungen ähnlich. Sie berichtet, dass besonders Fortbildungsmaßnahmen ihr Erleben von Hilflosigkeit verändert hätten:

> Früher hab ich mich eher da hilflos gefühlt, weil man einfach nicht wusste, wie man mit diesen Menschen umgehen kann. Weil ja, wie gesagt, war man irgendwie noch nicht so weit – so den Hintergrund bekam man nicht immer mit. Die Ärzte waren nicht so offen, dass sie so viel mit uns kommuniziert haben – am Anfang nicht so. Und da war man auch oft hilflos, weil man hatte kein Handwerkszeug, man wusste sich irgendwie nicht anders zu helfen. Es war einfach so, die Bewohner bekamen irgendwas, ging – kamen ins Bett [...] Und jetzt hat man was durch die Fortbildung, hat man einfach ein bisschen mehr Ahnung. Man weiß, wie man besser mit diesen Menschen umgehen kann und auch noch einen Weg zu ihnen findet, wenn sie sich auch nicht mehr so verbal äußern können.

Dieses Wissen scheint der Grund dafür zu sein, dass Hilflosigkeit nicht (immer) als subjektives Versagen interpretiert wird. Das gelingt jedoch nicht allen teilnehmenden Informanten. Eine Pflegende, die in einem Seniorenheim mit traditionellem Wohnkonzept arbeitet und erst wenige Jahre im Beruf tätig ist, empfindet die Schreiphasen in der Wohnküche der stationären Einrichtung sehr oft als belastend, und sie spürt ebenfalls Hilflosigkeit. Dieses Gefühl ist für sie der Anfang einer Abfolge, bis sie in «Maßnahmenhektik verfällt»:

> [...] und hört sich dann über drei Stunden dieses ‹Hilfe› und ‹Gott› und ‹Gott› und ‹Hilfe› oder überhaupt Schreien an. Dann ist das oft für einen selber so belastend, weil man dann manchmal hilflos daneben steht. Und durch seine Hilflosigkeit wird man selber so hhhaaa [Stöhnen der Interviewpartnerin], [...] kann die nicht mal ruhig sein und [...] wie kannst du ihr dann helfen. Und auch durch dieses Schreien [...] werd ich oft selber so ganz hektisch. [...] Und diese Hektik macht mich dann selber innerlich so aufgewühlt ne, weil ich mir denke, was, was wär, wenn du da jetzt sitzen würdest, und würdest um Hilfe rufen und keiner, oder derjenige der um dich rum steht, kann dir nicht helfen.

Interessant ist in diesem Zusammenhang die Verbindung der Wörter, die in **Abbildung 5-1** gezeigt wird.

Der Schreigrund der Schreienden kann nicht gefunden und befriedet werden, das führt für diese Pflegeperson zu einem Zustand, den sie als unangenehm wahrnimmt. Es führt aber auch zu der Frage, was «noch getan werden kann», wie ein Informant betont: «sie lag, sie war dann nachher auf 'm Zimmer und schrie das halbe Haus zusammen. Das ging wirklich manchmal durch Mark und Bein, ist so. Aber auch diese Hilflosigkeit, die wir dabei hatten. Was machste jetzt in dem Fall? Wie kannste der Frau helfen?»

Einen weiteren Aspekt der Genese von Hilflosigkeit nennt eine andere Pflegende, die über 30 Jahre im Beruf tätig ist und jetzt als Pflegedienstleiterin arbeitet. Sie antwortet auf die Frage, wie sie sich fühlte, als sie trotz biografieorientierter Interventionsansätze das Schreien nicht beeinflussen konnte: «Ja, [da] hab ich mich ziemlich hilflos gefühlt, weil ich ja den Anspruch an mich

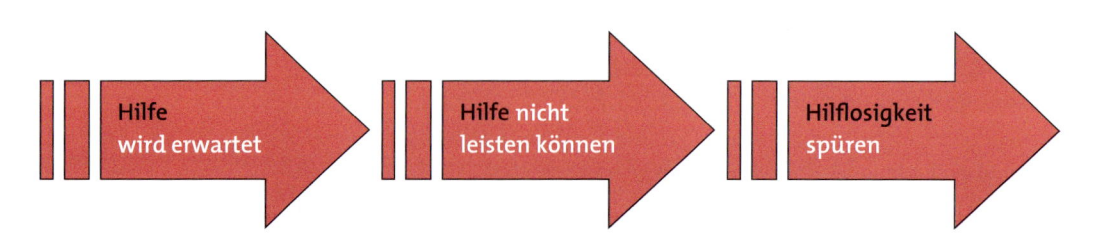

Hilfe wird erwartet → Hilfe nicht leisten können → Hilflosigkeit spüren

Abbildung 5-1: Wortkette Hilfe bei Schreien und Rufen von Menschen mit Demenz.

hatte, dass ich das schaffe, dass ich ihm die Sicherheit gebe und ich wollt ja ganz wenig Medikamente einsetzen.» Diese Pflegende konnte ihrem eigenen Anspruch mit ihren selbst postulierten Pflegezielen nicht genügen, so dass dieses Ergebnis ein Gefühl von Hilflosigkeit generierte, obwohl sie wusste, dass es letztlich nicht in ihrer Person, ihrem Wissen und ihrer Interventionsgestaltung lag, dass der Mensch weiter schrie. Ähnlich beschreibt es eine Altenpflegerin mit einer gerontopsychiatrischen Zusatzqualifikation und einer über zehnjährigen Berufserfahrung. Sie differenziert zwischen den Schreiäußerungen und empfindet Wut – nicht über den Schreienden oder sich als Pflegeperson, sondern über die Situation, die sie hilflos macht und nicht beeinflussbar scheint:

> **Pflegende:**
> Teilweise [spüre ich] einfach nur pure Hilflosigkeit, bis hin zur Verzweiflung. Also je nachdem, in welchen Situationen die Leute halt schreien, ne. Manche schreien halt – hier zurzeit eigentlich weniger – permanent den ganzen Tag, aus irgendwelchen Gründen. Aber es ist dann kein Fimmern und kein wehleidiges Schreien. Andere wiederum in 'ner Sterbephase, in der Endphase oder auch sonst bei Krankheit, Fimmern und Leiden und das führt dann schon zur Hilflosigkeit und dann auch wiederum zur Wut, weil man halt nicht intervenieren kann.
>
> **Interviewer:**
> Warum können Sie nicht intervenieren?
>
> **Pflegende:**
> Ja, weil man an manchen Punkten einfach hilflos ist, ne. Dann erreicht man die Leute über Basale Stimulation oder sonst irgendwas, nicht mehr, Medikamente sind dann ausgeschöpft.

In diesen Situationen, berichtet diese Pflegende im weiteren Verlauf des Interviews, achteten sie und ihre Kollegen besonders darauf, dass der Schreigrund nicht in Zusammenhang mit Schmerzen stehe.

Eine Verbindung zwischen empfundener Hilflosigkeit und den institutionellen Bedingungen verknüpfen einige Pflegende mit dem Faktor Zeit. Eine befragte Pflegeperson berichtet, dass sie die Schreie einer Frau mit Demenz als «Katastrophe» erlebte, weil ihr und ihren Kollegen «die Zeit» fehlte. Dieses Erleben ist jedoch wiederum nicht der Schlussstein in einer Interventionskette, sondern trotz der empfundenen Belastungsmomente werden die Interventionsaktivitäten nicht eingestellt. Diese Pflegende erzählt, dass eine alte Frau in das Seniorenheim einzog und «ununterbrochen. Tag und Nacht – ununterbrochen» schrie. Diese Schreiphasen empfand sie als:

> Ganz, ganz schlimm. Ganz, ganz schlimm. Vor allen Dingen ununterbrochenes Schreien, ununterbrochen und laut durch die ganze Station, ne. Man ist so hilflos, ne. Man muss die anderen Bewohner fertig machen, man muss für die anderen Bewohner da sein und gerade da liegt jemand, der wirklich die Hilfe am allernötigsten hat und man hat keine Zeit dafür und auch kein anderer im Haus ist da, der, der diese Zeit hat. Es ist katastrophenmäßig gewesen. Auch die Nachtwache sagte: Jede Stunde war die bei dieser Dame, jede Stunde, ne. Und hat als Nachtwache selber, ich glaub, 42 Bewohner zu versorgen – hier unten und oben, also es ist einfach furchtbar.

Auf die Frage, was sie denn alles gemacht hätte, antwortet sie: «Also, sie [gemeint ist die Kollegin im Nachtdienst; Anm. des Autors] war nur da, hat gut zugeredet, Streicheleinheiten gegeben, ne. Gefragt, ob ihr irgendwas gemacht werden kann. Also fünf Minuten jede Stunde, fünf Minuten war sie da. Und das ist normalerweise gar nicht zu schaffen. Einmal in der Stunde fünf Minuten bei einem Bewohner, ist nicht zu schaffen, bei den Leuten, die hier zu versorgen sind. Kann mir einer sagen, was er will.»

Wie würde sich die Situation für den Menschen mit Demenz und die Pflegeperson ändern, wenn der Zeitfaktor nicht der Taktgeber wäre? Bedenken Sie bitte, dass fünf Minuten in der Stunde nicht einmal eine Stunde im Verlauf der ganzen Nacht sind! Wie würde die Pflegesituation sich verändern, wenn die anderen 41 Bewohner den gleichen Bedarf hätten? Bedenken Sie, dass die Pflegende sagte, dass es bei 42 Bewohnern «eigentlich» nicht möglich ist, fünf Minuten pro Stunde bei einem Bewohner «zusätzlich» zu verbringen. Ihnen liegen natürlich nur Informationssplitter vor, um in einem Gedankenspiel zu prüfen, ob Sie zu dem gleichen Ergebnis wie die Pflegende kommen, die von einer Katastrophe spricht!

5.2 Aggressivität spüren

Einzelne Pflegende in der Studie berichten, dass sie neben dem Gefühl der Hilflosigkeit auch Aggression gegenüber den Schreienden oder Rufenden spüren. Diese Einschätzung ist immer von der Person des Pflegebedürftigen abhängig und von der individuellen Situationsbeurteilung, wie eine Pflegende berichtet: «Ich sehe es zum Teil als Hilflosigkeit. Aber ich bin auch hilflos […] es schlägt eine ganz besondere Seite in mir an, die mich aggressiv macht.» Die Frage, ob es den Kollegen genauso gehe, beantwortet sie so: «Da sind wir unterschiedlich. Zum Beispiel dieser Herr, der da so geschrien hat, [der] ging mir – vielen von uns ging der näher, oder hat mir nicht so viel ausgemacht, wie jetzt am Anfang die Frau, die jetzt gerufen hat. Es sind immer andere Seiten, was die in einem zum Klingen bringen, mein ich.»

Das Gefühl der Aggression wird von den teilnehmenden Pflegenden wahrgenommen und dieses Wahrnehmen mache es möglich, dass die Aggressionen nicht mit Aggressionen oder Gewalt beantwortet werden, berichten viele Pflegende übereinstimmend.

5.3 Unzufriedenheit spüren

Einen anderen Aspekt der Wahrnehmung äußert eine Pflegende, die in einem Seniorenheim mit traditionellem Wohnkonzept arbeitet und seit etwa zwanzig Jahren im Beruf tätig ist. Sie schlägt einen Bogen von der empfundenen Hilflosigkeit zur Machtlosigkeit und letztlich zur Unzufriedenheit. Sie berichtet, dass sie sich beim Tablettenstellen wegen der Schreie eines Bewohners nicht konzentrieren könne und sie fühle sich: «Ja, so hilflos, einfach machtlos.» In dieser stressigen Situation vergesse sie jedoch nicht, dass die schreiende Bewohnerin ihr Schreien «nicht steuern [kann]. Und ja, da kommt man einfach an seine Grenzen.» Dieses Erleben von Grenzsituationen mache sie jedoch nicht nur hilflos, sondern auch unzufrieden. Diese Unzufriedenheit resultiert für sie aus der Erkenntnis, dass sie dieses Schreien vielleicht doch beeinflussen könnte:

> Ja, es macht einen wirklich unzufrieden [...], besonders unzufrieden, dass man eigentlich diesen Bewohnern mehr Zeit zu kommen lassen müsste. Denn manchmal hab ich das Gefühl, es ist einfach ein Ausdruck ‹Hier, hier bin ich und ich brauche jemand›. Wenn man es anders nicht ausdrücken kann, ich mein, sie kann sich äußern, aber ich denke einfach, dass das auch so manchmal wirklich ein Hilferuf ist. Ich weiß es nicht, ist so meine Interpretation.

Es klafft eine Lücke zwischen ihren Idealvorstellungen von Pflege, so wie sie sie leisten möchte, und der Realität, so wie sie sie wahrnimmt. Sie könnte, sagt sie, den Hilferuf besser befriedigen, wenn sie nur mehr Zeit hätte. Der Faktor Zeit spielt hier eine wesentliche Rolle. Eine Pflegende, die in einer Klinik tätig ist, sagt, dass sie sich immer dann «schlecht, also sehr unbefriedigend» fühlen würde, wenn sie für die schreienden oder rufenden Menschen keine Zeit hätte. Aus ihrer Erfahrung weiß sie, dass zahlreiche Patienten nicht schreien, wenn sie sich ihnen zuwenden kann. Hat sie diese «Zeit», dann empfindet sie völlig anders. Sie sagt in dem Interview: «Wenn wir weniger Patienten haben und uns mit dem Patienten beschäftigen können, ihm auch mal was Gutes tun können und sei's nur mal bei einer Frau einfach mal die Haare machen, dann geht man raus und sagt: ‹Richtig toll, heute habe ich mal Zeit gehabt für den Patienten›.»

Diese Wahrnehmung haben viele der befragten Pflegenden, und dieses Gefühl steht mit einem selbst formulierten Anspruch eines Idealzustandes in direkter Verbindung. Die Pflegenden streben nach einem Zustand, in dem der Bewohner nicht mehr schreit «und glücklich und zufrieden» ist, sagt eine gerontopsychiatrische Pflegefachperson, die seit etwa 15 Jahren als Altenpflegerin tätig ist. Sie betont, sie würde sich zufrieden fühlen, «wenn alle ein entspanntes Gesicht machen, alles ist ruhig – ruhig immer im Sinne von wegen entspannt, ne. Das soll ja hier nicht still sein, wie im – weiß ich nicht, wie in der Kirche, sag ich mal, ne». Aber es sei ein unbefriedigender Zustand, sagt ein anderer Pfleger, wenn das Ziel nicht erreicht werde, «was man sich da gesetzt hat in dem Moment». Auf die Frage, welches Ziel er sich denn gesetzt hätte, antwortet er: «Ja, die Dame [die schreit] aus ihrem negativen Erleben da irgendwie rauszufischen». Er stellt das Befinden der schreienden oder rufenden Menschen in den Mittelpunkt und identifiziert sich völlig mit diesem Ziel. Wenn es dem schreienden oder rufenden Menschen gut gehe, berichten viele Pflegende, dann fühlten sie sich auch gut und seien dann ebenfalls zufrieden. Es wird in dieser Beschreibung eine innere Ausgeglichenheit und eine hohe Identifikation mit den Pflegebedürftigen transparent. Aber es stellt sich auch die Frage, ob diese selbst gesetzten Ziele vor dem Hintergrund der «Welt Seniorenheim» realistisch formuliert und festgelegt sind.

Eine Altenpflegerin, die etwa zehn Jahre in der Pflege tätig ist, bringt ihr Gefühl von Unzufriedenheit mit dem Erleben eines Zwiespalts in direkte Verbindung. Sie fühlt sich hilflos, wenn ein Mensch mit Demenz schreit oder ruft und ihre Interventionsansätze nicht den angestrebten Erfolg zeigen, so dass sie letztlich die ärztlich verordnete Bedarfsmedikation geben «muss». Anderseits berichtet sie, dass sie, ihre Kollegen und die Mitbewohner die Schreiphasen ebenso belastend wahrnehmen. Egal was sie macht, bemerkt sie resignierend, das Ergebnis sei für sie unbefriedigend:

> Und vor allem ist man ja auch hilflos, man kann ja auch nichts machen, ne. Das ist, man ist ja, egal was man da versucht hat, man ist mit dem Ergebnis nicht zufrieden. Also ist das zumindest bei mir so. Wenn man jetzt zu sehr, zu viel sediert, bin ich auch [...] nicht zufrieden und, und, wenn man jetzt versucht alles wieder auszuschleichen, dann kann man das selbst nicht ertragen oder die anderen auch nicht, ne. Es ist halt sehr, sehr schwierig der Umgang. Es ist nicht so einfach, ne.

5.4 Mitleid spüren

Einige Pflegende berichten, dass das Erleben des Phänomens manchmal auch ein Gefühl des Mitleids beinhalte. Sie spüren Mitleid mit dem Menschen, der schreit, denn «ich kann ihr jetzt einfach nicht helfen». Eine Auswahl anderer in der Studie genannter Gründe, die Mitleid generieren können, beinhaltet: weil er seine Wünsche verbal nicht benennen kann oder mit seinen Schreien oder Rufen bei den Mitbewohnern auf aggressive Gegenreaktionen stößt oder Angehörige «sich abwenden».

Auffallend ist, dass die teilnehmenden Pflegenden (Mit)Leid fühlen, aber körperlich nicht mitleiden. Es ist immer ein Abstand erkennbar, der deutlich macht, dass die Pflegenden durch die Wahrnehmung von Mitleid in ihrer Arbeit nicht gelähmt werden. Dieses Mitleid wird als emotionales Erleben beschrieben und in dieser Beschreibung schwingt mit, dass eine neutrale Urteilskraft die Handlung bestimmt und leitet. Es kommt zu keiner physischen Betroffenheit, die dazu führen könnte, dass eigene Schmerzen wahrgenommen werden. Es kommt auch nicht dazu, dass Mitleid als Triebfeder das Handeln leitet. Eine Pflegende verbalisiert ihr Empfinden so: «Nein, die Leute brauchen auch nicht mein Mitleid, sondern sie brauchen meine Unterstützung.» Auf den ersten Blick nimmt sie eine trennscharfe Abgrenzung zwischen Mitleid und Unterstützungsleitung vor, und erst im Verlauf dieser Unterhaltung wird deutlich, dass ihre empathische Grundhaltung ebenfalls ein episodisches Gefühl des Mitleids enthält. Es ist Teil einer Grundhaltung, die durch die Fähigkeit zur Empathie gekennzeichnet ist.

Eine andere Pflegende bringt Mitleid in Verbindung mit dem Wunsch, den schreienden oder rufenden Menschen mit Demenz Schutz gewähren zu wollen:

> Weil man ja immer will, dass – komischerweise nimmt man dann wieder eher die betroffene Person in Schutz. Wenn jetzt die anderen so schadenfroh sind oder so gehässig, also da hab ich dann wieder eher Mitleid mit der betroffenen Person [die schreit, Anm. des Autors]. Und beim Herrn [...] war es sowieso so. Mir war das so furchtbar, als die [gemeint sind die Mitbewohner; Anm. des Autors] immer auf den rumgehackt haben.

Ein zweites Beispiel aus einem anderen Interview stellt den Krankheitsverlauf und die prognostizierte «Unveränderlichkeit» sowie die Grenzen der Beeinflussbarkeit in den Vordergrund:

> Ja, so, und es ist einfach keine, für sie auch keine Besserung zu sehen, ja, und sie leidet unendlich darunter [unter ihrem Schreien; Anm. des Autors], sie leidet unendlich darunter. Man hat im Prinzip wirklich Mitleid mit ihr, weil em, ja, weil man ihr nicht wirklich helfen kann.

Mitleid wird von vielen Pflegenden direkt benannt und von allen Interviewteilnehmern indirekt in Zusammenhang mit ihrer Grundhaltung erwähnt. Es ist eine Form von Mitleid, die eine Grundposition beschreibt und darauf hinweist, dass die teilnehmenden Pflegenden bereit und fähig sind, sich dem Menschen mit Demenz zu öffnen und deren Verhalten zu verstehen. Es ist Mitleid, das nicht zur totalen Identifikation führt und somit auch nicht lähmend wirkt.

5.5 «Akzeptieren können» versus «ertragen und aushalten müssen»

Das Akzeptieren der Schreie und Rufe als Ausdruck einer Krankheit steht im direkten Zusammenhang zu den intervenierenden Bedingungen. Es ist ein Punkt in einer langen Aktionskette, den alle interviewten Pflegenden übereinstimmend beschreiben. Am Anfang und am Ende steht die Frage, wie die Pflegenden agiert haben, um auf das Schreien oder Rufen Einfluss zu nehmen. Ist es ihnen nicht gelungen, den Schreigrund zu finden, zu befriedigen beziehungsweise zu befrieden und damit Ruhe oder Wohlbefinden herzustellen, wird das Schreien akzeptiert. «Ich kann's nicht abstellen. Ich muss es dann hinnehmen, dass es so ist, wie es ist. Ich kann ihr nicht helfen, dass es aufhört. […] Dann muss ich halt damit leben, dass sie schreit.», sagt eine Pflegende, die seit vielen Jahren Menschen mit herausforderndem Verhalten pflegt. In diesem Interviewzitat schwingt eine Haltung mit, die viele Interviewteilnehmer ähnlich äußern. Wenn Bewohner schreien und pflegerische Interventionen scheinbar nicht «hilfreich» sind, «dann muss man das halt hinnehmen», dieses Schreien der Bewohnerin, sagt eine andere Pflegende. Sie erzählt, dass sie sehr intensiv nach dem Schreigrund suchte und hierbei eine imaginäre Checkliste «abklapperte», um ihn zu finden. «Das ist halt das Schwierige, dieses zu wissen: Hat sie ein Bedürfnis, hat sie kein Bedürfnis, braucht sie meine Hilfe, braucht sie sie nicht. Nee, es ist immer so 'ne Gratwanderung, warum sie schreit.» Diese Pflegende beschreibt, dass sie die Suche nach dem Schreianlass mit dem Wissen verbindet, dass es nicht immer zwingend ein Schreigrund ist, der pflegerisch befriedigt werden kann. Das bestätigen viele Informanten. Es kann sein, mutmaßen sie, dass dieser Mensch schreit, weil er es einfach will, weil es seine einzig verbliebene verbale Ausdrucksform ist oder weil er seinen Körper in diesem Moment spüren muss. Diese hypothetischen Schreigründe kennen viele der teilnehmenden Pflegende, und dieses Wissen hilft ihnen, die Situation «auszuhalten» sowie diese Schreie oder Rufe als Ausdruck einer Krankheit zu akzeptieren. Eine Pflegeperson, die in einem Seniorenheim mit traditionellem Wohnkonzept arbeitet, sagt in diesem Zusammenhang:

> […] für uns [= Pflegeteam] war das Schreien so, so 'ne Erduldungsphase ne. Sie schreit jetzt, das kannst du nicht abstellen, da kannst du jetzt

> nicht drauf einwirken. Ich denke, das ist auch oft bei unseren Dementen so, wenn ich gar nicht mehr weiß, […] wie ich drauf eingehen soll, das dann für mich zu akzeptieren. […] so, du kannst ihr nicht helfen, sie lässt sich vielleicht auch nicht helfen. Vielleicht war sie jemand, der, der [zögernd gesprochen] der sich nicht hat helfen lassen. Der immer für seine Probleme und für seine Fehler eingetreten ist und selbstverantwortlich war. Dem kannst du jetzt nicht helfen, du musst ihn einfach mal schreien lassen. Das ist für ihn vielleicht die einzige Möglichkeit seine Ängste und seine Unruhe auch zu äußern und […] das so anzunehmen, dass, dass ich nicht immer helfen kann. Ich versuch dann und mach und tu, aber irgendwann bin ich dann an der Grenze angelangt, da kann ich nichts mehr machen. Da ist es halt so, ich kann nix mehr machen, der will das nicht oder der lässt es nicht zu oder, oder, oder braucht es auch gar nicht, sondern der schreit, weil er einfach für sich schreien muss, um, um für sich so Sicherheit zu kriegen so. Hab ich oft so das Gefühl, da kann man nix Großartiges machen.

Diese Pflegende betont, dass es manchmal auch ausreiche, nichts «Großartiges» zu machen, sondern in bestimmten Situationen, die individuell höchst unterschiedlich sein können, das Schreien zu akzeptieren und als Ausdruck einer Krankheit oder als Abbild einer Persönlichkeit anzunehmen. Das bestätigt auch ein Altenpfleger, der in einem Seniorenheim mit traditionellem Wohnkonzept arbeitet: «Ist ganz klar, ist halt denen ihre Krankheit, die können nicht anders und die machen's nicht extra. Die machen es nicht, um uns wehzutun, sondern es sind einfach die demenziellen Veränderungen. Und wenn man ein bisschen dahinter guckt, weiß – dann nimmt man das halt hin.»

Dieses Hinnehmen wird von vielen befragten Pflegenden nicht mit einer Kapitulation oder mit Resignation gleichgesetzt – im Gegenteil, es wird eine Verbindung zum Fachwissen geknüpft. Die Informanten sagen, dass sie wissen, dass Schreien oder Rufen ein Symptom einer Krankheit ist. Eine Interviewpartnerin geht sogar so weit und generalisiert einen Berufsanspruch, in dem sie postuliert: «in der Altenpflege als ausgebildete Altenpflegerin muss man lernen, damit umzugehen.» Diese Pflegende beschreibt im weiteren Verlauf des Interviews, dass sie dennoch ihre individuelle Belastungsgrenze immer wieder neu wahrnimmt. Dies reflektieren alle anderen Informanten ebenfalls so deutlich. Manchmal scheint allein das Wissen hilfreich zu sein, dass die Schreiphasen endlich sind und das Schreien oder Rufen irgendwann aufhören wird. Das ist aber nicht immer so, wie eine Pflegende beschreibt: Sie hatte Nachtbereitschaft und ein Bewohner schrie wieder die ganze Nacht «Hallo, Hallo», und zwar sehr laut und nahezu ununterbrochen. Eine Mieterin in der Wohngemeinschaft beschwerte sich massiv und forderte Nachtruhe ein. Immer wieder ging sie zu dem schreienden Mann, setzte sich «Stunden neben das Bett» und versuchte ihn zu «beruhigen» oder ihn einfach nur wissen zu lassen, dass er nicht alleine war. «Und ich hab gedacht, irgendwann ist auch diese Phase vorbei. Ich war relativ geduldig, aber ich weiß auch nicht, dann auf einmal hat's den Schalter umgelegt, dass ich mir gedacht hab: ‹Aufhören, einfach nur noch aufhören›.» Sie konnte in diesem Moment das Rufen nicht mehr ertragen. Sie berichtet, dass sie in dieser Nacht den Raum nicht mehr betreten habe und das Schreien «ertrug». Das Erlebnis blieb für lange Zeit nicht ohne Wirkung: Sie wurde hyperempfindlich für die Rufe: «Hallo, Hallo» und selbst in ihrem Bekanntenkreis oder beim Einkaufen spürte sie sofort eine ablehnende Haltung, wenn irgendein Bekannter oder Passant diese Worte rief.

Auf einen weiteren Aspekt des «Aushaltenmüssens» weist eine andere Pflegende hin, die erzählt, dass eine Frau mit Demenz sehr oft sehr laut schrie und als Schreigrund eine Depression diagnostiziert worden war. Diese Bewohnerin stand in ärztlicher Betreuung durch einen Neurologen. «Vor 14 Tagen war's also so schlimm, dass sie so geschrien hat, [dass sie] auch nachts überhaupt nicht zur Ruhe gekommen ist», berichtet die Pflegende. Der behandelnde Arzt wurde um zeitnahe Konsultation gebeten «und er kam dann erst fast eine Woche später», kritisiert sie rückblickend sein Verhalten. Sie hätten es ausgehalten und auch die Bewohnerin, die im gleichen Zimmer wohnte, hätte es aushalten müssen, reflektiert sie dieses Erlebnis.

Eine Altenpflegerin, die in einer Wohngemeinschaft für Menschen mit Demenz arbeitet, berichtet von einer völlig anderen Seite des «Aushaltenmüssens». Rückblickend erzählt sie von ihrer Tätigkeit in einem Seniorenheim mit traditionellem Wohnkonzept, in dem sie während ihrer Ausbildungszeit arbeitete und wo sie dem Phänomen Schreien oder Rufen von Menschen mit Demenz das erste Mal begegnete:

Also ich hatte früher im Altenheim schon – wie ich da die Ausbildung gemacht hab, hatte ich schon mal das Phänomen Schreien bei Demenz. Nur hat's mich da eigentlich weniger tangiert. Da war so 'ne Frau, die hat zwar immer geschrien, kein Wort, die hat einfach nur geschrien, so'n grellender Ton. Aber die war immer in ihrem Zimmer und die war im Grunde weit weg von meinem Tätigkeitsbereich. Aber ich kann mich erinnern, dass die auch nur geschrien hat und das hat man gar nicht so bewertet. Da hat man auch nicht viel Versuche unternommen, das in den Griff zu kriegen oder das irgendwie auch der Frau leichter zu machen. Das hat man einfach akzeptiert, hingenommen, die Türe zu gemacht, die hatte ein Einzelzimmer und die hat halt da immer mehr oder weniger geschrien. Die – ich kann mich erinnern, die Nachbarn haben sich beschwert, fühlten sich belästigt, die da in unmittelbarer Nähe des Seniorenheims wohnten. Aber das hatte keine Konsequenzen, man hat das einfach so hingenommen. Und die Frau verstarb dann irgendwann. Das ist also meine erste Erinnerung an, an schreiende Patienten.

«Ertragen und aushalten müssen» ist oft eine passive Haltung und steht vielfach in direkter Korrelation zum «Akzeptierenkönnen». Es hat sich gezeigt, dass eine enge Beziehung zwischen dem reflektierten Erkennen und dem «Annehmen und Akzeptieren» besteht. Die Konsequenz dieser Haltung bedeutet, dass Schreie und Rufe von Menschen mit Demenz ausgelebt werden dürfen, ohne dass sie durch die Pflegenden ein restriktives Moment erfahren. Es zeigte sich aber auch, dass «Aushaltenmüssen» mit einer passiven Grundhaltung korreliert, die sich erst im Verlauf der begleitenden Pflege und Betreuung ergeben hat.

5.6 Einschränkungen bei der Interventionsgestaltung erleben

Wenn Schreien oder Rufen sich den Einflussmöglichkeiten der Pflegenden zu entziehen scheinen, werden gleichzeitig ihre Interventionsoptionen eingeschränkt, sagen viele Pflegende. Alternativen bleiben kaum, wie ein Interviewteilnehmer bemerkt, der in einem Seniorenheim mit traditionellem Wohnkonzept arbeitet:

> Tja. Bleiben einem ja nicht mehr viele Möglichkeiten, ne. Man kann ja nicht den Mund zubinden, man kann denen nix einfach zur Beruhigung einflössen. Wär auch nicht unser Anliegen, so was zu machen.

Von allen teilnehmenden Informanten wurde übereinstimmend betont, dass die medikamentöse Behandlung der Schreie oder Rufe keine Alternative sei, wenn es für sie gelte, die Schreie oder Rufe aus den genannten Gründen zu akzeptieren. In diesen Situationen heiße es, wie es eine Pflegende deutlich sagt:

> Zähne zusammenbeißen und arbeiten. Können Sie nix machen. Was soll ich denn machen? Schimpfen kann ich dann auch nicht, ich geb den Leuten nicht mehr Medikation wie sonst. Augen zu und durch.

Für diese Interviewteilnehmerin ist die Applikation von zusätzlichen Medikamenten ebenfalls ausgeschlossen. Auf die Frage, warum sie ihren Arbeitsplatz nicht innerhalb des Seniorenheims wechselt, um sich so den Schreien oder Rufen entziehen zu können, sagt sie deutlich: «ich denk mal, die sind alle auf unterschiedliche Art und Weise laut» und außerdem würde sie sehr gerne weiter in diesem Wohnbereich arbeiten. Die Schreie waren für diese Pflegende kein Grund, sich innerhalb einer stationären Einrichtung versetzen zu lassen. Sie sagt, dass sie die dort wohnenden Menschen mit Demenz schon lange kenne und dass allein wäre schon ein Grund, den Arbeitsort innerhalb der Einrichtung nicht zu wechseln.

5.6.1 Tunnelblick haben?

Die tagtägliche Auseinandersetzung mit dem Phänomen Schreien oder Rufen sowie der fehlende kompensatorische Ausgleich innerhalb und außerhalb des Arbeitsfelds, scheint einzelne Pflegende in ihrer Grundhaltung zu verändern. Es ist ein schleichender Prozess und vermutlich wird diese Veränderung den Betroffenen nicht immer bewusst. «Sie stumpfen auch immer mehr ab und dadurch ziehen sie auch immer mehr zurück», sagt eine Pflegende über ihre Kollegen, die zusammen in einem gerontopsychiatrischen Seniorenheim arbeiten. Sie vermutet, dass diese Pflegenden «ausgebrannt sind» und in einen Sog geraten, dem sie sich nicht mehr entziehen können und vielleicht auch nicht mehr entziehen wollen. Diese Pflegenden scheinen nach Meinung der Kollegin die Situation mit ihrem schleichenden Verlauf nicht erkennen zu können. Hier wirken jedoch nicht nur intrinsische, sondern auch extrinsische Einflussfaktoren: «zum Beispiel die junge Frau [die Kollegin; Anm. des Autors] ganz anders, muss sie wohl gewesen sein. In den Jahren stumpft die immer mehr und mehr ab, sie will das nicht mehr so wirklich. Die Menschen werden auch irgendwann auch zu dem gemacht.»

Der Kollegin der Interviewteilnehmerin gelingt es nicht, im Rahmen eines Reflexionsprozesses eine grundsätzliche Veränderung innerhalb des eigenen Arbeitsfelds zu vollziehen und Konsequenzen eigenständig einzuleiten. Ihr gelingt es letztlich sogar nicht mehr, die Hilfe und die Hinweise der Kollegin aufzugreifen und in einen Veränderungsprozess einfließen zu lassen. Es fehle die Reflexion, und es fehle das Gespräch mit Kollegen, berichtet die Informantin. Sie erzählt weiter, dass für diese Pflegende die Pflege zur Routine werde, zur lästigen Pflicht, die es zu erfüllen gelte. Schreie und Rufe würden nur noch als Störung des Pflegeablaufs interpretiert und die verbale Äußerung von Menschen mit Demenz durch die unreflektierte Verwendung von Ohropax beantwortet. Was nicht gehört werde, zwinge nicht zur Reaktion und Aktion und zur pflegerischen Auseinandersetzung mit diesem Phänomen. Die Blickrichtung nach rechts und links werde durch diese starre Haltung blockiert. Die Interviewpartnerin sagt in diesem Zusammenhang:

> Immer wenn man fragt – oder bei der Übergabe oder sonst irgendwie was: ‹Keine Ahnung, weiß ich nicht›. Das nervt, alles nervt sie. Die arbeitet auch mit diesen Ohropax dann auch […]. Ich sag: ‹Mach doch 'ne Fortbildung oder 'ne Weiterbildung›. Dann – die will von diesen Sachen all nichts wissen. Die kommt, macht ihren Job und geht. Nichts mehr, nichts Zusätzliches. Ich kenn das anders, wie wir früher gearbeitet haben. Wir haben früher viel mehr gemacht.

Die Verhaltensveränderungen von Pflegenden sind jedoch nicht immer ein Zeichen von Rückzug oder Routine. Sie sind nicht immer ein Indikator für scheinbar abflachende Motivation und schwindende Reflexionsbereitschaft. Manchmal scheint es auch die Persönlichkeitsstruktur einer Pflegeperson widerzuspiegeln, wie eine Interviewpartnerin das Verhalten ihrer Kollegin zu interpretieren versucht:

> **Pflegende:**
> [...] und unsere Ordensschwester, die geht da ganz ruhig mit um [mit den Schreien oder Rufen der Bewohner]. Das ist wohl ein Talent der indischen Ordensschwester, ich weiß es gar nicht.
>
> **Interviewer:**
> Was heißt ruhig umgehen?
>
> **Pflegende:**
> Ganz ruhig. Die regt nichts auf, die wird nicht laut, die ist immer gleich.
>
> **Interviewer:**
> Und was macht sie, wenn sie das hört, das Schreien?
>
> **Pflegende:**
> Geht sie auch nicht drauf ein. [Die Interviewpartnerin lacht].
>
> **Interviewer:**
> Sie lässt ihn dann auch schrei [Interviewer wird von der Pflegenden unterbrochen]
>
> **Pflegende:**
> Sie lässt ihn dann schreien, ja.

Eine andere Pflegeperson berichtet, dass er ebenfalls dieses Verhalten von Kollegen kennt, bei denen das Schreien scheinbar nicht oder nur sehr zeitverzögert zu (pflegerischen) Reaktionen führt. Dieser Informant wechselte vor wenigen Monaten seine Arbeitsstelle und arbeitet jetzt als Bereichsleitung in dem Seniorenheim, das vor wenigen Jahren einen gerontopsychiatrischen Wohnbereich für Menschen mit Demenz eingerichtet hatte. Er sagt, dass seine Kollegen «im Prinzip fast schon nicht mehr darauf reagieren, auf diese Bewohnerin [und ihre Schreie]. Es dauert einen gewissen Zeitraum, halbe, Dreiviertelstunde. Also, es [= die Schreie] ist jetzt nicht ununterbrochen, aber so alle paar Minuten kommt dann mal ein Schrei.» Der Pfleger hatte vor dem Wechsel seines Arbeitsplatzes bis zu diesem Zeitpunkt keinen Kontakt mit dem Phänomen Schreien oder Rufen von Menschen mit Demenz. Für ihn ist es nicht nachvollziehbar, dass seine Kollegen scheinbar nicht oder extrem zeitverzögert reagieren, wenn ein Mensch mit Demenz schreit. Für ihn haben seine Kollegen «so 'ne Art Tunnelblick» entwickelt. Sie würden, so sagt er, sich nur noch auf die aktuelle Tätigkeit konzentrieren, die sie im Moment der Schreie ausführen. Er versteht diese Haltung nicht und bemerkt, dass die Schreie im Aufenthaltsraum zu Reaktionen der Mitbewohner führen. «Das ist aber jetzt extrem. Das ist viel. Das fängt jetzt auch an Unruhe innerhalb der restlichen Bewohnermannschaft irgendwie zu transportieren», bemerkt er kritisch gegenüber seinen Kollegen und versteht nicht, dass sie nicht zur gleichen Situationseinschätzung kommen wie er und ihre aktuelle Tätigkeit unterbrechen. Er kann dieser Reaktion nicht folgen und sucht für sich eine Antwort. Er spricht seine Kollegen gezielt an: «Haben Sie das jetzt nicht mitbekommen», fragt er und erhält als Antwort: «Ach ja, das sind wir gewohnt.» Diese Antwort wertet er als «Sprüche»; und die in diesen Situationen scheinbar fehlende Reaktion schreibt er einer Routine zu, die sich als eingeschliffene Arbeitspfade zeigen würden. Wege, die seine Kollegen nicht mehr oder nur zeitverzögert verlassen können. Er stellt sich die Frage, wie es kommen kann, dass dieses Verhalten innerhalb des Pflegeteams scheinbar unbemerkt und unreflektiert bleibt. Das Ganze widerspricht seiner Erwartung von Pflege in einer gerontopsychiatrischen Einrichtung. Hier müsse doch eine andere Arbeitshaltung gelebt werden, mutmaßt er: «Weil man erwartet halt doch von, von examiniertem Pflegepersonal zumindest, gerade, wenn sie auf so einem Wohnbereich arbeiten wie dieser hier, dass sie ein bisschen professioneller auch mit der Sache umgehen. Und dann einfach zu sagen: ‹Ja, das kennen wir schon, das macht die so›, fand ich in dem Moment störender einfach.»

Es stellt sich die Frage, ob er diese Pflegesituationen im Gegensatz zu den Kollegen nur deshalb so wertet, weil er erst wenige Monate in dem Seniorenheim arbeitet oder vorher nur wenig Kontakt zu dem Phänomen Schreien oder Rufen hatte. In diesem Zusammenhang ist ein Vergleich interessant: Was sagt eine andere Interviewpartnerin, die seit vielen Jahren im gleichen Seniorenheim arbeitet und zu dem Kollegenkreis gehört, die einen «Tunnelblick» entwickelt haben sollen? Diese Pflegende bestätigt die Vermutung ihres Kollegen, wenn sie sagt: «Ja und sonst diese Schreie, die so zwischendurch sind. Ich weiß nicht, vielleicht – man gewöhnt sich dran.» Sie vergleicht diese Pflegeanforderung mit der Habituation an eine Geräuschkulisse des Straßenverkehrs, die sie tagtäglich erlebt, weil sie in der Stadt wohnt. Dort wären immer Geräusche, die noch so an einer «Grenze [sind], die man vielleicht – die man so selbst nicht als störend empfindet», bemerkt sie zu Beginn des Interviews. Es scheint, wird diese Interviewsequenz aus dem Interviewkontext gelöst und isoliert betrachtet, dass sich eine Gewöhnung an einen Reiz vollzieht, der dazu führt, dass Schreie nur noch dann wahrgenommen werden, wenn sie die Stufe einer Störung erreicht haben. Insofern wird die Vermutung des Interviewpartners vielleicht bestätigt, der sagt, dass sich bei Pflegenden ein Tunnelblick entwickeln kann. Die gleiche Pflegende sagt aber an anderer Stelle des Interviews:

> Am Anfang [...] kennt [man] denjenigen [der schreit], noch nicht. Es macht schon viel aus, wenn man denjenigen gut kennt. [...] Wir haben hier eine Bewohnerin, die schreit auch ab und zu mal, und, aber man kennt sie. Ich weiß dann genau, entweder liegt sie mit den Füßen dann ganz unten und ihr tut dann irgendwie etwas weh. Dann wird sie wieder hoch gesetzt. Oder sie hat halt Verstopfung, sie neigt dazu.

Diese Pflegende betont, dass sie die Bewohnerin, die schreit, aufgrund der langen Pflegebeziehung sehr gut kennt. Sie kann den Schrei differenzieren, und sie kann an der Betonung des Schreis sowie an der Schreiintensität oft erkennen, ob sie als Pflegende sofort oder zeitverzögert agieren muss. Sie berichtet in dem Nachgespräch des Interviews, dass sie weiß, wann es zwingend notwendig ist, eine Pflegetätigkeit bei einer nicht schreienden Bewohnerin sofort zu unterbrechen, um der schreienden Bewohnerin helfen zu müssen. Hierbei orientiert sich die Pflegende nach eigener Aussage neben der subjektiven Differenzierung der Schreie an ihren Erfahrungen, die zu einer situativen Prioritätensetzung führen. Dieses Ergebnis, sagt sie, würde die Abfolge ihrer Handlungen oft bestimmen.

Der «Tunnelblick» von Pflegenden bei dem Schreien oder Rufen von Menschen mit Demenz ist immer differenziert zu betrachten und immer in Abhängigkeit der Gesamtsituation zu beurteilen. Eine verkürzte Betrachtung einer Verhaltensform von Pflegenden kann stimmen und die realen Bedingungen widerspiegeln. Ein zu kurz gefasster Blick kann jedoch zu einer Fehlinterpretation führen und kompetentes Pflegehandeln in der Gesamtschau verzerren.

5.6.2 Gewaltfantasien haben/«über eigene Gedanken erschrecken»

Schreien oder Rufen kann Pflegende an persönliche Grenzen führen. Diese Grenzen sind individuell und können unterschiedlich stark ausgeprägt sein. Sie können bereits im sich anbahnenden Aktionsverlauf die individuelle Belastungsschwelle empfindlich tangieren. Wenn die Pflegenden, die an der Studie teilgenommen haben, diesen Zustand wahrnehmen, erschrecken sie über die eigenen Gedanken und Wünsche. Gleichzeitig werden aber Schutzmechanismen aktiviert, die greifen und die Fantasie als Wunschkonstrukt erkennen lassen. Dennoch erschrecken viele Pflegenden über ihre Wunschfantasien, weil sie sich fernab der eigenen und jeder gesellschaftlichen Toleranz bewegen. Es sind konstruierte Handlungsweisen, die strafrechtliche Konsequenzen nach sich ziehen würden, sollten diese Gedanken in reale Handlungsschritte umgesetzt werden. Gewalt hat bekanntlich viele Gesichter, und es ist nicht nur die offene Aggressivität gemeint, die in handgreiflichen Delikten ausufern könnten. Alle Interviewteilnehmer berichten, dass es so weit letztlich nicht komme und die Fantasiekonstrukte nicht in reale pflegerische Handlungsschritte umgesetzt werden – auch nicht in Ansätzen. Trotzdem kommt es zu massiven Belastungsmomenten, die allgegenwärtig den Pflegealltag immer wieder und immer wieder neu beeinflussen können. Eine Pflegeperson sagt in diesem Zusammenhang:

> [...] diese Aggressivität [in dem Schrei]. Ja, das äußert sich, dass man dann stark aufpassen muss, dass man selber nicht aggressiv wird, ne, den Bewohnern gegenüber. Das ist einfach, da muss man richtig professionell arbeiten, dass also das nicht in Aggression gegen den Bewohner übergeht.

Das Spektrum der imaginären Gewaltfantasien ist unterschiedlich stark ausgeprägt und korrespondiert unter anderem mit der eigenen Befindlichkeit, wie eine andere Pflegeperson bemerkt:

> So, dann gibt es auch wieder Zeiten, wo man selber nicht gut drauf ist, wo's, wo man wirklich schon mal 'ne Faust in der Tasche, auf Deutsch gesagt, machen muss. Aber dabei bleibt es dann auch, ne.

Die an der Studie teilnehmenden Pflegenden können ihre Fantasien und Gedanken klar aussprechen. Das wirkt wie ein Schutzschild, der auch Ausdruck von Kompetenz und Professionalität zu sein scheint. Die interviewten Pflegenden können ihre Belastung, ihre Gefühlswelt offen ansprechen. Diese Offenheit scheint wie ein Ventil zu funktionieren, das die eigenen Fantasiekonstrukte relativiert. Diese Ausgleichswirkung setzt aber unter anderem voraus, dass innerhalb des Pflegeteams eine Kultur der Offenheit gelebt werden kann, wie eine andere Pflegende deutlich betont:

> [...] wir haben alle noch mal drüber gesprochen und jeder hat auch ganz offen seine Aggressionen geäußert, seine Gefühle. Und da fallen wirklich bei uns Ausdrücke wie: ‹An die Wand klatschen›. Aber ich weiß ganz genau, dass macht gar keiner. Angst würd's mir mehr machen, wenn die jetzt: ‹Wie› und ‹Was› – vor solchen Sachen habe ich Angst. Wenn man sagt: ‹Nä, also mir macht das gar nix› oder so: ‹Was sagt denn Du?›. Aber da sind wir in unserer Entwicklung, Gott sei Dank, so, dass da absolute Offenheit ist. Weil wir keine Angst haben müssen, das auch von oben her, von der Leitung her, dafür verurteilt zu werden. Ich bin – ich für mich als Person, hat dieses Team sehr gut getan. Ich bin jetzt wieder sehr zuversichtlich. [...] Ich hab auch große Druckentlastung erfahren.

Diese Pflegeperson, die als Wohnbereichsleitung tätig ist, sorgt innerhalb der Mitarbeiterschaft für ein Klima der gegenseitigen Wertschätzung. Sie sagt deutlich, dass nur dann ein Schutz für den Menschen mit Demenz und den

Pflegenden vorhanden ist, wenn gegenseitige Offenheit innerhalb der Mitarbeiter gelebt wird. Offenheit heißt dabei nicht, ein Bündel von passgenauen Lösungsstrategien vorrätig zu haben, sondern den Handlungsbedarf transparent zu machen. Sie sagt in diesem Zusammenhang:

> Ich könnt ihn erwürgen, sind solche Gedanken, und das ist wichtig. Wenn das mal ausgesprochen ist, ist noch keine Lösung da, aber dann wissen wir alle, wo stehen wir. Können dann vielleicht dementsprechend handeln und auch den Patienten schützen, uns schützen.

Gelebte Teamoffenheit und die Unterstützung durch die Leitung machen es möglich, dass eine Pflegeperson auch ihre intimsten Fantasiegedanken äußern kann:

> **Pflegeperson:**
> Manchmal denk ich mir, also das ist krass, was ich sag. Das war – ich habe mit einer Arbeits, Arbeitskollegin geputzt [...] diese Treppe. [...] und da hast du so Gedanken: Wenn die [schreiende Frau mit Demenz] jetzt runter fliegt ja, dann bricht sie sich was, dann geht sie ins Krankenhaus, dann haben wir eine Auszeit. Das ist furchtbar, wenn das, das so weit kommt. [...] Also so was, dann muss ich zum Pfarrer und mit ihm sprechen.
>
> **Interviewer:**
> Erschreckt Sie?
>
> **Pflegeperson:**
> Ja. Das ist schrecklich, ne. Das sind Momente ... so was wünsch ich nicht meinem Feind. Aber ich hatte ja in dem Moment, momentan den Wunsch, dass sie einfach uns ein bisschen Ruhe gibt.

Die Pflegeperson äußert diesen Gedanken, der sie genau in dem Moment erschrecken lässt, als sie ihn ausspricht. Auffallend ist jedoch, dass sie nicht schweigt, sondern ihre Gedanken und Gewaltfantasien benennen, sie offen ansprechen kann. Diese Pflegeperson wünscht sich mit der Fantasie des sturzbedingten Krankenhausaufenthalts der Bewohnerin eine Auszeit, ein Moment der Ruhe. Dieser geäußerte Wunsch ist ein Hilferuf, eine Kapitulation vor dem Arbeitsalltag, stellt eine imaginäre Flucht in Fantasie- und Gewaltkonstrukte dar – eine Welt, die ohne schreiende Menschen wesentlich angenehmer zu ertragen wäre. Real sind jedoch die Schreie, die für die Pflegeperson «wirklich bis zum Knochen spürbar» sind, wie sie sagt. Das seien so Momente, zwar nicht immer und nicht andauernd, aber die sie als schrecklich wahrnehme.

Trotzdem ist bemerkenswert, dass sie ihre Gefühle und ihre Gewaltwünsche benennen kann, was wiederum die Wirkung einer Druckentlastung auszuüben scheint.

Diese Druckentlastung gelingt jedoch nicht immer im Umfeld des Arbeitsplatzes. Die Informanten berichten, dass Spannungspotenziale generiert werden, die bis in das häusliche Umfeld getragen werden. Manchmal kommt es hier gewissermaßen zu Spannungsentladungen, die dann unbeteiligte Familienmitglieder treffen können. Das wiederum lässt neue Belastungsmomente entstehen, die dann an den Arbeitsplatz zurückkehren und eine zusätzliche Belastung darstellen, wie die gleiche Pflegeperson weiter berichtet:

> **Pflegeperson:**
> Und ich bin nach Hause gekommen und musste mit meiner Tochter Hausaufgaben machen und der hab ich das ganze Buch zerrissen [Pause von 5 Sekunden].
>
> **Interviewer:**
> Wie haben Sie sich denn da gefühlt?
>
> **Pflegeperson:**
> Ja. Ich habe meine Wut ausgelassen.
>
> **Interviewer:**
> Wie ging es Ihnen denn danach?
>
> **Pflegeperson:**
> Ja dann, dann war ich trotzdem noch hart zu ihr [...] und das belastet mich furchtbar. [Blickkontakt reißt ab und die interviewte Person schaut auf den Boden; Anm. des Autors]
>
> **Interviewer:**
> Können Sie nicht darüber sprechen?
>
> **Pflegeperson:**
> [Pause von 6 Sekunden] Doch. [...] Ich nehme viel nach Hause mit und das ist schon die Grenze [Pause von 7 Sekunden] [...] trotzdem, dass ich [das letzte Wort stark betont] dieses Heft kaputt gemacht habe, hab ich sie [= die Tochter] noch zur Strafe zur Stadt geschickt, um dort ein neues Heft zu holen. [Pause von 9 Sekunden] Das ist, das ist psychisch, furchtbar.

Eine andere Pflegeperson beschreibt ebenfalls die Übertragung der beruflichen Probleme ins häusliche Umfeld. Der Pfleger schildert seine ersten Versuche der Krisenbewältigung und reflektiert rückblickend die Situation. Heute scheint er Bewältigungsstrategien zu kennen, die helfen können. Früher kannte er diese Strategien jedoch noch nicht, so dass er «trotz besserem Wissen», wie er sagt, Ersatzkompensationen vornahm, die er heute als «Problem» einstuft:

> […] ich bin heimkommen und da war es dann oft schon so, das, das dann die kleinste Kleinigkeit – wenn meine Frau irgendwie gesagt hat: ‹Bring den Müll runter› oder so was, also was ganz Normales, ja, das, dass ich das schon gemacht habe, aber ich hatte einfach 'n Hals, ja. Wusste aber auch, ich kann es jetzt nicht an meiner Frau auslassen und musste es irgendwie anders, in einer anderen Form abreagieren und hab das aber nicht gemacht. Es war auch 'n bisschen ein Problem, dass ich dann trotz besseren Wissens, das irgendwie nicht hinbekommen hab für mich. Also – Gut, ich hab dann laut Musik gehört zum Leidwesen meiner Frau [Interviewpartner lacht kurz], bin dann auch mal im Auto reingesessen, hab das [so] versucht, hat aber nie so richtig funktioniert. Also ich – das war schwierig.

So unterschiedlich die Strategien der Situationsklärung und des Spannungsabbaus auch sind, zeigen sich doch vergleichbare Verhaltensmuster: Die Schreie und Rufe der Menschen mit Demenz werden temporär als extrem belastend empfunden. Vielfach gelingt die zeitnahe Kompensation im beruflichen Arbeitskontext nicht, so dass die Pflegenden die Belastungspotenziale mit in das häusliche Umfeld nehmen. Hier, wo die Pflegenden eine klare Trennung zum Arbeitsalltag anstreben, können im Idealfall eigene Energiequellen aktiviert werden, die einen Ausgleich zwischen Arbeit und Freizeit schaffen. Diese Energiequellen wirken höchst kompensatorisch, wenn sie sich denn aktivieren lassen und nicht von dem Belastungsempfinden anhaltend überlagert werden. Gelingt dieser Ausgleich jedoch nicht, kann es zu Kompensationshandlungen kommen, die die teilnehmenden Pflegenden selbst als nicht adäquat einstufen. Die Informanten sehen sich in einer Sackgasse und beschreiben fehlende Klärungsoptionen. Der dann praktizierte Ausgleich kann die eigenen Familienmitglieder treffen. Das wiederum generiert neue Belastungsmomente, die Pflegende in ihre Arbeitswelt tragen könnten. Das Ganze kann also kumulieren und wie eine Spirale in einem «Teufelskreis» enden, den Pflegende oft nicht ohne Hilfe durchbrechen können.

Abbildung 5-2 zeigt die Ablaufwege, wenn individuell wahrgenommene Belastungsmomente ins häusliche Umfeld getragen werden und dort eine Zusatzbelastung generieren, die dann kumulierend wirkt. Wenn private Energiequellen (Aussprache und Reflexion mit Vertrauenspersonen, Sport, Hobbys, …) vollumfassend aktiviert werden können, berichten viele Pflegende übereinstimmend, könne dieser Kreislauf erfolgreich durchbrochen werden.

178 Auswirkungen und Konsequenzen

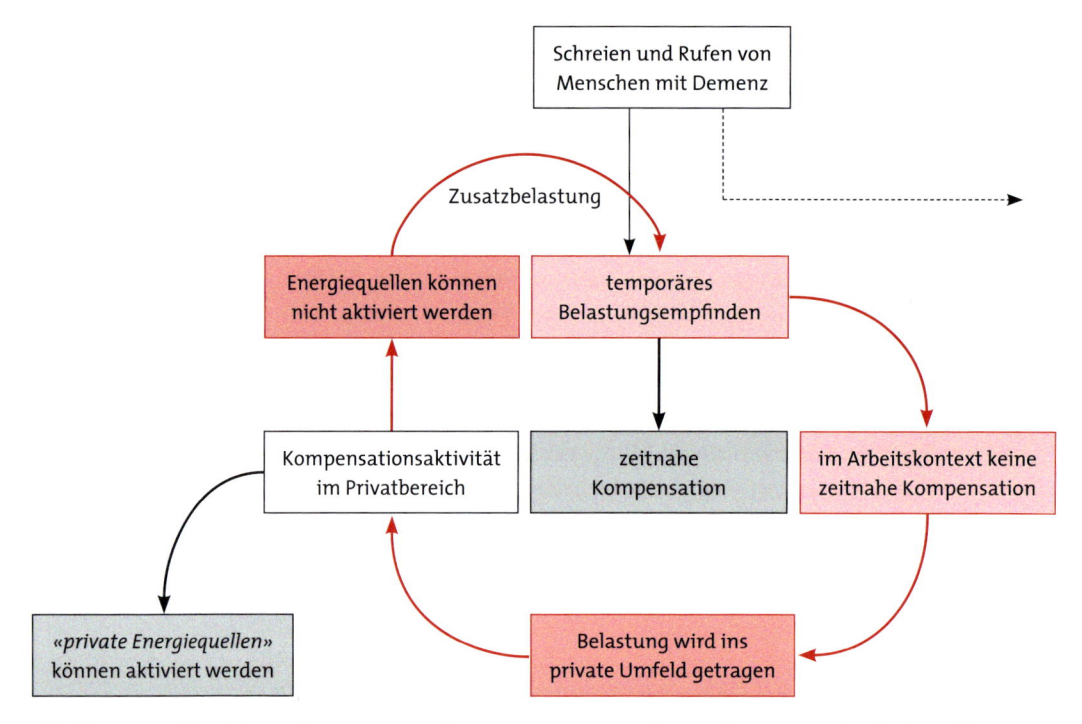

Abbildung 5-2: Ablaufschema der Wege von Belastungsmomenten (Aufbau und Kompensation) beim Erleben von herausforderndem Schreien und Rufen.

5.6.3 Schutzschild aufbauen

Einige der befragten Pflegende äußern, dass sie oft bewusst versuchen, sich vor dem Schreien oder Rufen von Menschen mit Demenz zu schützen und zwar immer dann, wenn das Schreien in Situationen auftritt, denen sie sich nicht entziehen können oder in denen es ihnen nicht gelingt, die intervenierenden Bedingungen zu beeinflussen. Diesen Schutz suchen sie auch, wenn intrinsische, also in der eigenen Person liegende Konstellationen eine Intervention extrem zu beeinflussen scheinen:

> Die haben nicht aufgehört [zu schreien ..], und das kann dann manchmal sehr an die Nerven gehen. [...]. Ja es ist auch sehr unterschiedlich sowieso, wie man damit umgeht. Also man kommt her und hat 'nen guten Tag – dann kann man das wesentlich besser ertragen, als wenn man zuhause sowieso schon mit Kopfschmerzen aufgestanden ist und fühlt sich nicht ganz wohl. Dann muss man schauen, dass man sich selber schützt.

Einen anderen Aspekt beschreibt eine Pflegende, die gegenüber ihren Kollegen einen Schutzmechanismus aktiviert habe. Sie erzählt, dass alle Kollegen des

Pflegeteams eine Bewohnerin mit Demenz, die schreit, «versorgen». Die Kollegen gehen zu dieser Bewohnerin, reichen ihr Essen und Trinken und «alles was mehr Arbeit macht», würden sie nicht leisten. Nur zwei Kollegen wären bereit, nicht wegzugehen und sich der Frau und ihrem herausfordernden Verhalten zuzuwenden, ihr Zeit und Aufmerksamkeit zu geben. Niemand, so sagt sie, wäre aber letztendlich da, für die schreiende Bewohnerin «Partei zu ergreifen». Der Pflegenden gelingt es jedoch nicht, sich innerhalb des Pflegeteams zu positionieren und ihre Wahrnehmung sowie ihre Haltung im Team offen zu reflektieren. Sie schwankt zwischen Mitleid mit der Bewohnerin, die fast nur Ablehnung erfahren würde, und der Wut gegen die eigene Person. Wut, weil es ihr nicht gelingt, eine eindeutige Position innerhalb des Pflegeteams zu beziehen und ihre Wahrnehmung zu thematisieren. Sie sagt, sie könne ihre Kollegen ja nicht zwingen, die Haltung zu überdenken und zu verändern. Letztendlich wäre es «so'n bestimmter Level dann, bis hier hin und nicht weiter. Es ist letztendlich ein Schutzmechanismus» ihr Erleben nicht zu thematisieren, weil sie sich innerhalb des Pflegeteams nicht exponieren will. Als Pflegeperson, die fast 20 Jahre im Beruf tätig ist und eine gerontopsychiatrische Weiterbildung abgeschlossen hat, gelingt es ihr nicht, die Kollegen anzusprechen. Auf die Frage, ob sie die schreiende Bewohnerin mögen würde, antwortet sie: «Auf einer gewissen Art und Weise ja. Aber ich glaube, die tut mir einfach eher leid.» Die Informantin sucht Schutz vor einer potenziellen Konfrontation und aktiviert deshalb einen Schutzmechanismus. Ein Schutzschild, der sie jedoch zwischen Mitleid und Wut gegen die eigene Person in ihrer Zerrissenheit alleinlässt und sie letztlich nicht sichert.

Während die eine Pflegende zwischen Mitleid mit der schreienden Frau mit Demenz und dem eigenem Positionierungsbemühen innerhalb des Pflegeteams schwankt, glaubt ein anderer Pflegender aufgrund seiner Berufserfahrung einen stabilen Selbstschutz installiert zu haben. Ein Schüler im dritten Ausbildungsjahr berichtet in diesem Kontext:

> Wie ich das jetzt persönlich für mich erlebe und wie ich das selbst auch verarbeite? Da muss ich sagen, also ich hab mir bis jetzt in meiner Berufserfahrung schon einen ziemlichen Schutzschild aufgebaut. Also, ich bin jetzt kein Mensch, der alles an sich abprallen lässt, aber ich kann damit umgehen [mit den Schreien von Menschen mit Demenz]».

Ähnlich beschreibt es ein anderer Informant, der rückblickend auf seine Ausbildungszeit in einem Krankenhaus eine frühere Positionierung reflektiert: «entweder baust du jetzt 'ne Art Panzer auf und lässt das in diesem Moment an dir abprallen oder aber du lässt die Ausbildung sausen, das hat dann keinen Zweck. Und ich hab mich dann für die erste Alternative entschieden, dass ich erst mal en Panzer aufbaue.» Er verknüpft diesen von ihm kreierten Schutz mit dem Erleben des Arbeitsalltags in einem Klinikum, den er so beschreibt:

«Da gehen sie rein, ‹Guten Morgen, Herr XYZ›, so. ‹Was soll ich machen, einmal Stecklacken wechseln, die Vitalzeichenkontrolle, auf Wiedersehen›. ‹Wenn was ist, melden sie sich›. Das war für mich damals so der Alltag.», sagt er und zieht Parallelen zu seinem aktuellen Arbeitsplatz. Hier scheint ein Panzer nicht erforderlich, weil «hier find ich es einfach ganz schön, dass man auch außerhalb dieser pflegerischen Tätigkeiten was mit den Bewohnern machen kann, ja. Man kann ja mit ihnen spazieren gehen.».

Diese Antwort und diese klare Positionierung erstaunen, wenn berücksichtigt wird, dass diese Worte von einem Pflegenden stammen, der seine Ausbildungszeit reflektiert. Eine Pflegeperson, die den Menschen mit Demenz durchaus in den Vordergrund stellt. Er sieht zwischen seinem Erleben in einer Pflegesituation und der Reaktion des Menschen mit Demenz einen kausalen Zusammenhang und glaubt, jede Schreisituation beherrschen zu können und letztlich auch beherrschen zu müssen. Er ist überzeugt, eine stets idealadäquate Verhaltensweise leben zu müssen, weil es sonst zu einer Doppelbelastung für den Menschen mit Demenz und der eigenen Person kommen könnte. Das Ganze sei möglich, weil er für sich einen allzeit funktionierenden Schutzschild aktivieren konnte, der bestimmte Ereignisse «abprallen lässt». «Abprallen lassen» heißt für ihn, emotionale Abkehr und Ignoranz der «Probleme». Ein anderer Interviewpartner, der sich aktuell in der Ausbildung befindet, sagt in diesem Zusammenhang:

> Also, wenn ich dann, wenn ich dann nach dem Dienst die Türen schließe, dann nimmt mich das auch nicht mehr weiter mit. Also ich selbst kann, denke ich, damit ganz gut umgehen und das ist, denke ich, auch wichtig den demenziellen und eben halt schreienden Bewohnern gegenüber, weil wenn die merken, dass ich damit selbst nicht umgehen kann, dann ist das für die noch 'ne doppelte Belastung, weil eben halt die Empathie ist bis ins höchste Stadium der Demenz weiterhin vorhanden.

Auf die Frage, ob er in seiner Berufspraxis schon Situationen erlebt hat, die ihn emotional so beschäftigt haben, dass auch im häuslichen Umfeld noch Reflexionsbedarf bestand, antwortet er: «bis nach zuhause nehm ich das nicht mit. Ich mach mir zuhause auch keine großen Gedanken darüber, wenn nicht sogar gar keine. Und ich mach mir während meiner Arbeit darüber Gedanken, entsprechend gute Gedanken und viele Gedanken, aber bis nach Zuhause nehm ich das nicht mit.» Dieses Verhalten würde aus einer «Grenzerfahrung» in seiner kurzen «Pflegehelferzeit» resultieren, sagt er. Als Vertrauensperson hatte er einen jungen Mann «im Endstadium von Krebs» gepflegt und sein Erleben zuhause oft reflektiert. Damals kam er zu der Erkenntnis: «Nein, das darf es nicht sein. Du bist dem Mann [im CA-Endstadium; Anm. des Autors] einfach schuldig, dass du professionell genug an die Situation auch rangehst. Und es wär dem Mann gegenüber nicht fair, wenn, na, wenn mich das selbst so mitreißt, dass ich nicht mehr professionell ihm begegnen kann. Professional, aber trotzdem gleichzeitig freundschaftlich, ne.»

Hier schafft der Pfleger gleichzeitig eine Verbindung und Trennung zwischen Professionalität und Freundschaft. Hier verbindet, trennt und kontrastiert er Fairness gegenüber einem pflegebedürftigen Menschen mit seiner persönlichen Betroffenheit. Die Lösung sieht er in der erfolgreichen Installation eines «Schutzschildes», der ihn vor emotionalen Auseinandersetzungsprozessen schützt, bewahrt und verteidigt. Nur so glaubt er, den Pflegeanforderungen begegnen zu können. Andere Informanten sehen das nicht so und betonen, dass das Erleben von Grenzsituationen und deren Reflexion bis in den privaten Bereich getragen werden könne. Die trennscharfe Zäsur gelinge nicht immer, sagt eine andere Pflegende, die über 25 Jahre im Beruf tätig ist und eine gerontopsychiatrische Zusatzausbildung absolviert hat. Aber auch sie thematisiert indirekt einen Schutzschild, der jedoch für sie einen völlig anderen Aspekt darstellt und eine andere Bedeutung hat. Für sie heißt es, aufbauend auf ihr Wissen und ihre Routine im Pflegealltag, ein Konstrukt zu schaffen, das es in Einklang zu bringen gilt. Sie weiß, wenn es ihr gelingt, diese Einflüsse zu bündeln, dann kann sie sich dem Menschen mit Demenz nicht nur nähern, sondern gezielt einen Selbstschutz etablieren. Der schützende Charakter steht für sie in direkter Verbindung mit ihrem Wissen. Diesen Selbstschutz versucht sie so zu installieren, dass sie Freiräume erhält. Sie sagt, dass Stress oft selbst konstruiert werde und deshalb auch vermeidbar sei. Sie könne sich schützen, wenn ihr die Verknüpfung der Einfluss nehmenden Faktoren gelinge und sie diesen Einfluss lenken könne:

> [...] wie so'n Selbstschutz ist das für dich – wenn du jetzt zu Frau A, Frau B, Frau C gehst, ne, dann merkst du, dass hast du, das ist Selbstschutz – gehört ein bisschen Routine dazu, dein Wissen, ne, vom AZ [= Allgemeinzustand des Bewohners], wie ist er heute? Oder wie kannst du ran gehen? Und du weißt, bringt's du dich jetzt hier nur 10 Minuten voll ein, hast du oft zehn Minuten gewonnen, also, ne. Mit all deinem Wissen und biografisch – und das ist wirklich so. Und der Bewohner ist viel weicher, viel kooperativer, für ihn ganz toll, kein Stress und für dich auch nicht.

5.6.4 Die Beziehung ändert sich (nicht)

Viele Pflegenden betonen, dass sie eine tiefe Beziehung zu dem Menschen mit Demenz, der schreit oder ruft, leben wollen. Der Schrei oder Ruf ist für sie eine Form der menschlichen Ausdruckskraft, und viele Pflegenden berichten, dass sich die Beziehung zu dem schreienden oder rufenden Menschen durch das herausfordernde Verhalten nicht negativ verändert habe. Eine Pflegende beschreibt ihr Verhältnis zu dem schreienden Mann rückblickend so:

> [...] ich hab ihn sehr, sehr gerne gehabt, muss ich ehrlich sagen. Es war ein ganz ein lieber Mensch. Das, wie er dann da war, das war nicht er. Das war nicht er, wie ich ihn kennengelernt hab. Und auch nicht der, den seine Tochter immer beschrieben hat.

Das Verhältnis zu dem herausfordernd schreienden Mann, das diese Pflegeperson beschreibt, wird nicht allein von dem Schreiverhalten geprägt, sondern von der Beziehung mit einer positiven Qualität, die zwischen der Pflegeperson und dem Menschen mit Demenz besteht. Es scheint ein tragfähiges Konstrukt zu sein, das die Persönlichkeit des Menschen in den Vordergrund rückt. Der Pflegenden gelingt es, den «Menschen» zu sehen und sie bewertet sein herausforderndes Verhalten als Ausdruck einer Krankheit. Die Person, die sie kennengelernt hatte, steht im Vordergrund. «Auch wenn das [Schreien] natürlich in vielen Situationen sehr belastend ist und mich auch an meine Grenzen bringt, aber trotz alledem [...] das beeinflusst meine Beziehung nicht», sagt eine andere Pflegende. Sie sieht ebenfalls nicht den herausfordernden Schrei des pflegebedürftigen Menschen im Vordergrund, sondern sie erinnert sich an die Person, die sie kennengelernt hat, reflektiert ihre Erinnerung und rückt damit die Änderung des Verhaltens in eine weniger dominante Position:

> Ich denke, dass [...] liegt auch an den Personen, ja. [...] Möglicherweise weil bei den Schreiern, das sich auch erst im Laufe der Zeit so entwickelt hat, mal mehr und nach einem längeren Zeitraum oder mal nach'm kürzeren Zeitraum. Die Bewohner an sich, [habe ich] mal anders kennengelernt. Vielleicht liegt es daran, ja.

Im weiteren Verlauf des Interviews nimmt sie eine Abgrenzung zwischen den unterschiedlichen herausfordernden Verhaltensweisen vor. Sie sagt: «Es gibt natürlich Fälle, [...] das sind jetzt nicht die Schreier, also bei denen war [das] nicht so», dass sich die Beziehung und das Verhältnis geändert haben. Auf die Frage, ob ihre Kollegen das ebenso beurteilen, sagt sie ganz deutlich: «Nä, das variiert schon, ja. Das variiert, aber ich bin mir jetzt nicht so sicher, ob das jetzt an dem Verhalten liegt oder es eben generell dann [...] an den Bewohnern liegt.» Es hätte schon erstaunt, wenn sie diese Frage anders beantwortet hätte, denn die von ihr genannte Beziehung besitzt eine positive Qualität und hat immer einen Bezug zur Sympathie und Antipathie. Diese Einschätzung variiert zwischen den Menschen. Sie erzählt weiter, dass eine italienischstämmige Bewohnerin «also ein sehr herausforderndes Verhalten durch ihr Schreien» zeige. Dieses Schreien sei mit aggressiven Handlungen verbunden, sie «schlägt und kneift und spuckt und solche Dinge», sagt die Pflegende und dieses Verhalten generiere Ablehnung bei ihr und ihren Kollegen. Den Hauptgrund der negativ beschriebenen Beziehung äußert sie so:

«Also, das ist dann jemand, von dem man nichts zurückbekommt, so in dem Sinne». Diese Frau mit Demenz beantwortet jede Pflegeintervention und jeden Versuch eines positiven Beziehungsaufbaus mit aggressivem Verhalten. Dabei erwartet die Pflegende von ihr Dankbarkeit und Anerkennung für ihre Arbeit. Sie erwartet ein Lächeln, ein Kopfnicken oder eine vertraute Berührung. Auf die Frage, ob sie denn von den anderen Bewohnern etwas zurückbekäme, antwortet sie: «Ja doch». Im gleichen Moment reflektiert sie: «also von dieser Dame [der Italienerin] kriegt man auch was wieder, man muss dann nur nicht so die Ansprüche hochschrauben, ne. […] auch wenn sie einen […] vor fünf Minuten noch versucht hat ins Gesicht zu spucken und nach, nach zehn Minuten lächelt sie einen an. Das ist natürlich auch ein Wiedergeben.»

Der Erhalt des positiven Beziehungserlebens, das sich durch das herausfordernde Schreien oder Rufen nicht ändert, wird jedoch nicht von allen befragten Pflegenden so erlebt. Ein Interviewpartner berichtet rückblickend, dass er eine enge Beziehung zu einer Bewohnerin aufbauen konnte: «Ich hab sie gepflegt, ich hab sie sehr lieb und gern gehabt, also so menschlich. Man hat sich – ich bin ein offener Mensch – wir haben uns schon Geschichten gegenseitig erzählt aus der Kindheit, wie man so schön sagt. Also ich hatte da ein sehr guten Bezug.» Dann begann die Bewohnerin herausfordernd und sehr laut zu schreien. Der Pfleger erzählt, dass sich die Frau sehr stark veränderte und mit dieser Veränderung wurden die Kontakte «nicht seltener, um Gottes willen, aber kürzer». Da er zeitgleich eine andere Arbeitsposition innerhalb der stationären Einrichtung übernahm, vollzog sich mit dem Rollenwechsel auch eine schleichende Veränderung in der Beziehung. Ich «musste nicht mehr so oft rein, ging aber rein», sagt er, weil ich mir «immer wieder sagte, die Frau war vorher in meinem Bezug, ich hab sie gerne oder ob gerne oder nicht – ich hatte einen Bezug zu ihr, ich will sie nicht meiden, warum? […] Aber ich merkte, ich bin kürzer rein gegangen wie sonst.» Er bemerkte diese Veränderung. Weil der Schreigrund trotz allem «detektivischen» Suchen nicht gefunden werden konnte, fühlte er sich «total hilflos. Dass ich da manchmal saß, da hab ich ihr nur die Hand gehalten und sie zappelte und schrie und verbal hörte sie mir gar nicht zu oder ich ihr, aber nonverbal, Hautkontakt.» Diese Pflegeperson bemerkte und beschrieb eine fortschreitende Veränderung in der positiv gelebten Beziehung zu der Bewohnerin, die durch das herausfordernde Schreien ausgelöst wurde. Das Verhältnis hatte sich geändert, und es scheint, dass er sich zwingen musste, den Kontakt weiter aufrechtzuerhalten. Er besuchte die Bewohnerin, auch wenn er Hilflosigkeit spürte und den Kontakt weniger intensiv leben wollte beziehungsweise durch sein neues Aufgabenfeld konnte – aber er lebte die Beziehung weiter auf einem besonderen Level der Vertrautheit.

> Eine Pflegende, die in einem Seniorenheim mit traditionellem Wohnkonzept arbeitet, fand die neue Bewohnerin sofort sympathisch. Vor wenigen Tagen war sie erst eingezogen, nachdem sie von ihrer alten Wohnung in ein Krankenhaus kam und dann sofort in das Seniorenheim wechselte. «Alle» meinten, so erfuhr die Pflegende, dass diese Frau mit ihrer fortgeschrittenen Demenz nicht mehr alleine in ihrer alten Wohnung zurückkehren kann. Bereits am ersten Tag war ihr aufgefallen, wie freundlich diese Frau auf alles reagierte. «Also, sie war freundlich. Ich denk mir mal – sie wurde vielleicht gut erzogen, sag ich jetzt mal. Egal, was man gemacht hat, immer danke und bitte. Ihre Art einfach, der Charakter von ihr», sagt die Pflegende. Dass diese Frau bei ihrem Einzug bereits im Eingangsbereich des Seniorenheims aus Leibeskräften geschrien hatte, störte sie nicht. Das wunderte sie, weil eigentlich fand sie bislang das Schreien oder Rufen immer nur dann nicht störend, wenn sie die Bewohner schon lange kannte. Diese Frau zog jedoch gerade erst ein und die Pflegende spürte eine positive Beziehungsqualität. Sie spürte ein spontanes Sympathieempfinden, das durch das höfliche Verhalten der alten Frau verstärkt wurde.

An dieser Stelle sei die Frage erlaubt, ob kontrastierend zu den stationären Einrichtungen der Altenhilfe auch in einem Klinikum die Beziehung auf einer positiven Qualitätsebene gelebt wird? Oder macht das Schreien oder Rufen aus dem Menschen einen «schwierigen Patienten»? Diese Fragen stellen sich, weil die Verweildauer in einer Klinik zeitlich immer eng begrenzt ist. Die Zeitspanne reicht «von drei Wochen bis drei, vier Monate», betonte eine Interviewteilnehmerin, die in einem gerontopsychiatrischen Klinikum arbeitet. Auf die Frage, ob aufgrund dieser doch relativ kurzen Verweildauer eine positiv geprägte Beziehung aufgebaut werden kann, sagt ihre Kollegin, deutlich «ja». Sie würde Freude spüren und das Schreien oder Rufen würde nur eine untergeordnete Rolle einnehmen. Es «gibt ja sehr nette alte Patienten, die dann auch – ja, man baut mehr so 'ne Oma- und-Opa-Beziehung dann zu den Patienten auf. Soll man zwar nicht, aber es ist einfach nicht zu verhindern, denk ich. Vor allem, wenn man auf so einer Station arbeitet. Man muss dann teilweise auch an die eigenen Großeltern denken und das macht einem eigentlich Spaß», sagt sie und betont gleichzeitig, dass das Schreien oder Rufen die Beziehungsqualität nicht allesbestimmend langfristig beeinflusse. Wenn Patienten irgendwann wieder in die Klinik eingewiesen werden, «denke ich mir: Ach schön, dass der Patient wieder da ist, weil ich teilweise auch 'ne gute Beziehung zum Patient hab und mich dann freu, wenn die Patienten dann wieder kommen, auch wenn sie wegen Schreien und Rufen kommen.» Viele der Pflegenden, die in einem Klinikum tätig sind, verbinden ihre positive Beziehung zu einem Patienten nicht mit dem Symptom einer Krankheit, sondern ziehen ebenfalls Parallelen zur Sympathie und Antipathie. «Nicht jeder Patient kann mit der jeweiligen Pflegekraft und genauso umgekehrt ist es auch», sagt eine Pflegende, und sie reduziert die Beziehung nicht auf die «störende» Verhaltensform des Schreiens oder Rufens. Die Pflegenden trennen die Krankheit von der Person, die ein bestimmtes Symptom zeigt. Schreien oder Rufen prägt nicht immer zwingend die Beziehung, sondern das gelebte positive Verhältnis zwischen Pflegeperson und Bewohner beziehungsweise Patient, das aufgebaut wird oder eben nicht. Eine Beziehung, die darüber hinaus von den Einflüssen der Sympathie oder Antipathie geprägt ist.

6 Bewältigungsstrategien

Wenn Pflegende mit herausforderndem Schreien oder Rufen von Menschen mit Demenz am Arbeitsplatz konfrontiert werden, aktivieren sie unterschiedliche Strategien. Vielfach sind es lösungsorientierte Aktivitäten, die nicht auf eine direkte Verhaltenskorrektur der Menschen mit Demenz zielen. Nicht der Mensch mit Demenz und sein herausforderndes Verhalten sollen verändert werden, sondern die Strategie wird den Erfordernissen angepasst. «Auszeit nehmen» gehört zu diesen Bewältigungsstrategien. Das herausfordernde Verhalten wird von den Pflegenden oft als störend wahrgenommen, und es bildet auch den Initialpunkt für eine Pflegeintervention. In der Strategiewahl wird aber deutlich, dass das Verhalten des Menschen mit Demenz (vielfach) als individuell sinnvolles und situationsbezogenes Handeln verstanden wird.

6.1 «Auszeit nehmen» – Arbeit an Kollegen abgeben

In der Pflege von Menschen mit Demenz, die herausfordernd schreien oder rufen, kommt es immer wieder zu Situationen, die Pflegende als belastend wahrnehmen. Alle befragten Pflegenden versuchen, diese emotionalen Momente auszugleichen, indem sie selbst einen räumlichen Wechsel vornehmen und die Schrei- und Rufsituation verlassen – sozusagen als Auszeit und Ausstieg aus einer subjektiv belastend empfundenen Situation. Diese Auszeit ist ein temporärer Rückzug und stellt somit eine geplante und gezielte Intervention dar. Es ist eine Strategie, die innerhalb des Pflegeteams auf Konsens trifft, wie es eine Pflegende, die in einem Seniorenheim mit traditionellem Wohnkonzept tätig ist, beschreibt:

> […] und nach'm Frühstück ging das los. ‹Komm bitte mal her und helf mir mal›, ‹Komm mal her und helf mir mal›, genau. Es war der Horror [die letzten vier Worte lachend gesprochen]. Manchmal hat man wirklich gesagt, so nach zwei Stunden: ‹Du, ich geh jetzt und mach einfach mal fünf Minuten Pause, auch wenn das keine Pausenzeit ist›. Aber ich bin dann auch gegangen, muss ich ganz ehrlich sagen. Die Zeit hab ich mir genom-

> men. Fünf Minuten raus an der frischen Luft, ne. Einfach mal tief durchatmen und Kraft schöpfen für die nächsten zwei Stunden. [...] Die fünf Minuten raus, funktioniert gut, ja. Weil die Frau (Familienname) hat auch nicht aufgehört, wenn man sich mit ihr beschäftigt hat. Die hat nur aufgehört beim Essen und Trinken, sonst nicht [die letzten beiden Worte lachend gesprochen].

In vielen teilnehmenden Einrichtungen stößt die kurze Auszeit innerhalb des Pflegeteams auf Zustimmung und wird von den Kollegen getragen: «Es ist vollkommen korrekt», sagt eine Fachkraft für Gerontopsychiatrie. Und es sei wichtig, sagt eine andere Pflegende in einem überzeugten Ton, weil neue Energie und neue Kraft gesammelt werden könnten; sie betont: «es ist auch das Beste, was man dann machen kann, ne. Bevor man selbst nervös wird oder so.» Diese Auszeit führt zu einer inneren Stabilität und zu einer **Neupositionierung**. Dabei kann die zeitliche Komponente der Auszeit von «kurz [...] vor die Tür gehen» oder mal «für fünf Minuten unterbrechen» bis zu einem Wechsel des Wohnbereichs schwanken. Eine andere Pflegende sagt, dass «manchmal ein Tag reicht, wo ich dann weiß ‹Heute, heute brauchst du dich nicht, nicht wirklich drum zu kümmern›.» Diese Pflegende erzählt, dass die Auszeit es möglich mache, dass sie «nicht als Erstansprechpartner» für einen schreienden Bewohner «zuständig» ist. Die Auszeit ist ihr wichtig, weil die Bezugspflege auch Mängel haben könne, wie sie kritisch bemerkt. «Bezugspflege hat seine Vor- und seine Nachteile. Wenn ich also auf Gedeih und Verderb jeden Morgen dieselben Bewohner versorgen muss, kann es irgendwann zu einer Riesenbelastung werden.» Besonders dann, wenn dieser Bewohner herausforderndes Verhalten in Form von Schreien oder Rufen zeigt.

Die Auszeit führt immer zu einer räumlichen Distanz. Pflegende wechseln manchmal auch auf einen anderen Wohnbereich, um Abstand zu herausforderndem Verhalten herzustellen, wie eine Pflegende berichtet: «Ich war zu der Zeit immer hier unten, ne. Ständig also. Wir haben dann mal untereinander die Stationen gewechselt, ne. Wenn ich dann gesagt habe: ‹Also Leute, ne, ab morgen brauch ich mal für ein, zwei Tage 'ne andere Station. Ich kann nicht mehr›.»

Dass sich Pflegepersonen aus einer belastend empfundenen Situation zeitlich begrenzt zurückziehen können, ist für viele Befragte nicht einfach und «muss gelernt werden». Eine Interviewteilnehmerin mit gerontopsychiatrischer Weiterbildung, die in einem Seniorenheim mit traditionellem Wohnkonzept arbeitet, sagt in diesem Zusammenhang:

> Ja, wenn man das denn merkt, dann kann man dann nur gehen. Früher bin ich nicht gegangen, weil's ich ja nicht besser wusste. Heute gehe ich, gehe ich raus, dann muss ich erst mal runterkommen. Ich geh dann eine rauchen, Tässchen Kaffee und dann sieht die Welt schon anders aus und dann kann man noch mal langsam starten, ja.

Eine andere Interviewteilnehmerin, die in einer Wohngemeinschaft für Menschen mit Demenz tätig ist, entwickelte ebenfalls erst im Verlauf ihrer Berufspraxis die Fähigkeit, eine Auszeit nehmen zu können. Dieser Veränderungsprozess zeigt, dass gelernt werden kann, sich offensiv lösungsorientierten Bewältigungsmustern zu bedienen:

> Also, mir fällt's eher schwerer, wobei sich das für mich auch ändert. Also je länger ich hier arbeite, merk ich, dass man nicht lang warten sollte mit dem Aushalten, so. Sondern, dass man frühzeitig zum Beispiel wechseln sollte. Und frühzeitig schon sagen soll, damit sich's nicht so aufbaut.

Ihr Kollege aus der gleichen Wohngemeinschaft erzählt, dass er heute offen anspreche, wenn er «nicht mehr kann» und die Arbeitsanforderung als höchst belastend einstufe. Er habe gelernt, gezielt eine Unterbrechung im Arbeitsablauf vorzunehmen und trinkt in diesen Situationen zusammen mit den Menschen mit Demenz eine Tasse Kaffee. Das konnte er jedoch nicht immer, sagt er, sondern, «da hat man Hemmungen gehabt, weil man das vom Seniorenheim her noch nicht so gewohnt war. Auf der anderen Seite ist es aber, finde ich, professioneller, das so zu machen. Wenn man dann selber das spürt, an sich selber, sag ich jetzt mal.» Er berichtet weiter, dass eine Pflegeberatungsfirma den Aufbau der Wohngemeinschaft zu Beginn wissenschaftlich begleitet hatte und durch deren Weiterbildungseinheiten hätte er wichtige Impulse erhalten. Wissen, das seinen Blickwinkel veränderte und es ihm möglich machte, diese Kompetenz schnell erwerben zu können.

Dieser Pfleger spricht einen wichtigen Aspekt der Bewältigungsstrategien an: Er sagt, dass «man selber das spürt», wenn man sich in einer Krisensituation befindet. Implizit enthält diese Interviewsequenz den Hinweis, dass das Belastungspotenzial in bestimmten Situationskonstellationen erkannt werden kann. Es ist ein Punkt, der bewusst wird und mit der Auszeit in eine lösungsorientierte Bewältigung übergehen kann. Die Konfliktsituation und die Pflegeanforderung können in diesem Zeitraum unverändert bestehen bleiben, sodass eine grundlegende Veränderung der Problemkonstellation nicht eingetreten ist. Es besteht aber immer auch die Möglichkeit, dass die Pflegesituation einen völlig anderen, konträren Charakter angenommen hat:

> Und wenn man versucht, gut zuzureden und so und die Bewohner hören nicht auf oder fangen denn auch noch dadurch aggressiver zu werden, dann mache ich das eigentlich so, dann geh ich für eine Minute vor der Türe. Vielleicht hat sich der Bewohner denn 'n bisschen beruhigt und dann gehe ich jetzt, dann wieder rein und versuche ihn zu beruhigen. Mehr kann man eigentlich in der Situation nicht machen.

Viele Pflegende berichten in der Studie, dass eine Auszeit zu nehmen bedeute, dass Pflegende sich von dem direkten Geschehen entfernen. Das geschieht nicht nur in Absprache mit den Kollegen, sondern macht erforderlich, dass diese Bewältigungsstrategie von der Leitungsebene einer Einrichtung zumindest toleriert wird. Die allgemeine Arbeitsstruktur müsse so gestaltet sein, dass keine arbeitsrechtlichen Konsequenzen drohen, fordern viele Pflegende. Ein Pflegehelfer, der als Student der Sozialpädagogik in einer Einrichtung mit segregativem Wohnkonzept arbeitet, nimmt sich die Auszeit und geht «dann mal kurz vor die Tür mal eben. Wie gesagt, wir machen hier keine normale Frühstückspause eigentlich hier. Wir machen immer nach Bedarf, und wenn wir mal Zeit haben und da geh ich: ‹Jetzt mal kurz eine rauchen gehen›. Und dann geht's eigentlich auch schon wieder.» Er antwortet auf die Frage, was passiert, wenn das die Einrichtungsleitung sieht:

> Die weiß ja, wie wir arbeiten, kein Problem. Es gibt ein paar Kollegen, die natürlich immer irgendwie: ‹Boh, da ist die Chefin›. Aber da mach ich mir hier jetzt weniger Gedanken drum, ehrlich gesagt. Also da ich weiß, was ich hier leiste, eigentlich. Und ich weiß, dass ich zum Beispiel keine halbe Stunde Pause nehm. Ich mache das so, um mich vom Stress da ein bisschen zu erholen, das ist auch sehr wichtig, sonst würd ja auch die Arbeit runter leiden.

In vielen Einrichtungen der Altenhilfe wird diese Bewältigungsstrategie der Pflegenden von der Leitung nicht nur stillschweigend toleriert, sondern auch empfohlen. So berichtet eine Informantin, die als Altenpflegerin in einem neu errichteten Seniorenheim mit traditionellem Wohnkonzept tätig ist: «selbst die Leitung sagt uns, ne: wenn hier irgendwelche schwierige Fälle sind und man ist jetzt 'ne Woche da oder zwei Wochen und man kann nicht mehr. Man soll den Mut haben dem, dem anderen Kollegen das zu sagen, ne. Und einfach tauschen.» Gleiches fordert sie für die kurzen, temporären Phasen des «Auszeitnehmens». In diesem Seniorenheim gehört «Auszeit nehmen» zur Normalität, und keine Pflegeperson würde dort eine herausfordernde Schrei- und Rufsituation zu einer zusätzlichen Kaffeepause als Alibi missbrauchen, so wird übereinstimmend berichtet.

Ein anderer Charakter des «Auszeitnehmens» wird in einer stationären Einrichtung für Menschen mit Demenz in den «normalen» Arbeitsabläufen konzeptionell verankert. In diesem *Time out* werden die Arbeitsabläufe gezielt unterbrochen, alle Mitarbeiter von zwei Wohnbereichen treffen sich zu einem Informationsaustausch. Es wird in diesen Gesprächen eine wohnbereichsübergreifende Auszeit genommen, die aktuellen Erfordernisse werden reflektiert und die Prioritätensetzung aktualisiert. Dieses zeitlich flexibel gestaltete *Time out*, wie es die Mitarbeiter dieses Hauses nennen, ersetzt die in anderen teilnehmenden Einrichtungen durchgeführte «Übergabe», die dort aber nicht regelmäßig multiprofessionell gestaltet sind. Eine Pflegehelferin mit Ausbildung sagt: «wir machen auch zum Beispiel im Frühdienst so um zehn Uhr immer so'n Time-out, wo man sich von den beiden Wohnbereichen trifft. Einmal sagen, wie weit wir so sind, was – ob einer dem anderen helfen muss? Was besonders war und auch noch mal, ob irgendwie ein positives Erlebnis auch.»

> Wann haben Sie in einer Belastungsphase das letzte Mal ganz bewusst eine Auszeit genommen? Ist das in Ihrem Team immer möglich? Kann das jedes Mitglied Ihres Teams?
> Ohne Zweifel kann «Auszeit nehmen» Pflegenden helfen, temporären Abstand zu gewinnen und eine herausfordernde Schrei- oder Rufsituation in Reflexionsmomente mit räumlichen Abstand zu betrachten.
>
> Deshalb:
> - «Auszeit nehmen» muss von vielen Pflegenden erst «gelernt» werden, so dass hierbei Hilfe zu leisten ist und Hilfestrukturen zu schaffen sind
> - «Auszeit nehmen» muss im Team kommuniziert werden
> - «Auszeit nehmen» muss von den Leitungsebenen unterstützt werden und sie müssen Strukturen schaffen, dass «Auszeit nehmen» zum Alltag gehören kann
> - «Auszeit nehmen» muss in die Arbeitsabläufe integriert werden und muss zur Arbeitszeit zählen, so dass arbeitsrechtliche Vorgaben nicht tangiert werden
> - «Auszeit nehmen» muss konsensgetragen sein
> - «Auszeit nehmen» ist keine zusätzliche Pause.
>
> Fragen:
> - Sind in jeder Einrichtung der Altenhilfe die Arbeitsstrukturen so gestaltet, dass ein «Auszeitnehmen» möglich ist und zum Alltag gehören kann?
> - Besteht in jeder Einrichtung innerhalb des Teams ein Konsens, dass aus der begründeten und bewohnerorientierten «Auszeit» keine zusätzlichen Kaffeepause wird, die losgelöst von Pflegeanforderungen als Alibifunktion «mal eben so genommen wird»?
> - Gehört überall das «Auszeitnehmen» nicht zur Pausenzeit?

6.2 Insel haben

Wichtig ist für viele Pflegende, dass sie einen Ausgleich haben zum «Akzeptieren-, Ertragen- und Aushaltenmüssen». Eine Interviewteilnehmerin sagt in diesem Zusammenhang, dass sie nicht das Gefühl habe, die Schreiphasen «aushalten» zu müssen, weil sie «immer wieder Inseln hätte», die ihr helfen, ihre Arbeitssituation zu reflektieren. Fort- und Weiterbildung sind für sie solche Inseln, um Abstand zum Pflegealltag zu gewinnen. Eine andere Pflegende, die in einer Wohngemeinschaft arbeitet, berichtet, dass sie durch eine Beratungsfirma, die diese Wohngemeinschaft in der Anfangsphase wissenschaftlich begleitete, sehr gute Unterstützung erfahren habe. Diese Ratschläge halfen ihr, die Arbeitsanforderungen zu reflektieren und «durch die Unterstützung des Beratungsinstituts, die viele Dinge anders gesehen haben», wären bei ihr auch neue Impulse «immer wieder angestoßen worden».

6.3 Fachlichkeit/Kompetenz der Pflegenden

Fachwissen ist eine wichtige und unverzichtbare Grundforderung im Umgang mit Menschen mit Demenz. Theoretisches Fachwissen definieren viele Pflegende dabei als das Wissen, welches während der Ausbildung vermittelt und erworben wurde. Ohne diese theoretische Wissensbasis gehe es nicht, sagen viele der befragten Pflegenden und betonen gleichzeitig, dass Fachwissen allein im Umgang bei Menschen mit Demenz, die schreien oder rufen, nicht ausreiche. Sie sagen, dass verschiedene Ebenen der Kompetenz wichtig sind. Pflegekompetenz wird von ihnen als ein Zusammenspiel von Fachwissen und (situativer) Handlungskompetenz vor dem Hintergrund der (Lebens-)Erfahrung und einer bestimmten Einstellung/Haltung gegenüber Menschen mit Demenz gesehen. Dieses Zusammenspiel der unterschiedlichen Ebenen wird exemplarisch in einem Interviewzitat deutlich. Auf die Frage, warum das «Verstehen» in der Beziehung und Interventionsgestaltung so wichtig ist, antwortet ein Schüler der Altenpflege:

Pflegeschüler:
Ja, [4 Sekunden Pause] ich denk mal gerade im, bei demenzerkrankten Bewohnern ist ein großes Sachverständnis gefragt, um gezielt agieren zu können, gezielt handeln zu können, um wirklich auf den Bewohner eingehen zu können. Es ist geprägt vom Fachwissen. Mit Mitgefühl allein komm ich halt nicht sehr weit. Und darum ist Fachwissen halt doch sehr wichtig, in der Ausbildung insbesondere. Und diese Empathie muss natürlich dabei sein – ich betrachte das jetzt nicht, nicht neurologisch, sondern schon vom zwischenmenschlichen Bereich, also schon psychologisch-kommunikativ und das ist auch sehr extrem wichtig, denk ich mal. Mit – nur mit Empathie komm ich da nicht sehr weit.

Interviewer:
Und warum, können Sie sich das erklären?

6.3 Fachlichkeit/Kompetenz der Pflegenden

> **Pflegeschüler:**
> [8 Sekunden Pause] Warum ich mit Empathie nicht sehr weit komme? Empathie ist natürlich unerlässlich, aber ich möchte mich da nicht falsch verstanden wissen, es ist unerlässlich. Ich erinnere mal an Rogers, dass man also kongruent und empathisch mit den Menschen umgehen können muss.

Der Schüler reflektiert an einer anderen Stelle des Interviews sein Pflegewissen und sagt, dass er eigene fachlich-theoretische Defizite wahrnehme. Fehlendes Wissen, was seinen Niederschlag in den Praktika finden würde. Er erlebt eine Situation, die viele Pflegende in dieser Breite nicht erleben beziehungsweise beschreiben. Vielleicht resultiert dieser Unterschied aus der Tatsache, dass sich dieser Schüler mitten in einem Veränderungsprozess des wachsenden (theoretischen) Wissens befindet: «Im Vordergrund steht also schon das Verstehen und eigentlich auch der Wunsch zielgerichtet aktiv helfen zu wollen», sagt er ganz deutlich und dabei stellt er bei sich als Schüler «doch eben starke Defizit im Fachwissen, wie auch immer fest».

Andere Pflegende dieser Studie sehen ebenfalls einen deutlichen Bedarf an theoretischem Fachwissen, das sie durch Fort- und Weiterbildungen zu befriedigen suchen. Eine gerontopsychiatrische Fachkraft, die über 20 Jahre in der Pflege tätig ist, stellt die Fachlichkeit als ein «Paket» dar, das aus vielen Komponenten zusammengefügt ist. In diesem Zusammenhang sagt sie:

> Das heißt, mit meiner Arbeit und den ganzen Fortbildungen, die ich habe, ist mein Verständnis zu dieser Verhaltensauffälligkeit enorm gewachsen [...] Und es ist immer wieder interessant, was man bei Teammitgliedern merkt, die dann aus anderen Bereichen kommen – ist logisch – die nicht in Beziehung mit diesem Bewohner so stehen wie wir, ja – das ist interessant, dass sie natürlich vom Aushalten oder vom Verstehen dann auch es schwieriger haben, ja, als wenn du in Beziehung mit diesem Bewohner, Menschen bist, als wenn du, wie's bei allen drei [= Menschen mit Demenz, die in einem segregativen Segregationsbereich wohnen] der Fall ist, die Biografie kennst. Du kennst die Angehörigen, da ist ein gutes Verhältnis in der Regel zu allen, schwierig aber gut, sehr fordernd auch an uns und an unserer Fachlichkeit, aber gut, auch unterstützende Zusammenarbeit, ja. All dieses ist so'n richtiges Paket.

Deutlich positioniert sich eine andere gerontopsychiatrische Fachkraft. Sie differenziert die Qualität und die Lehrinhalte der Fort- und Weiterbildungsmaßnahmen, die sie bei ihrer Situationseinschätzung in den Mittelpunkt rückt. Sie sagt: «Aber ich finde es ganz wichtig, dass die Mitarbeiter, die in diesen Bereichen arbeiten oder zukünftig in diesem Bereich arbeiten sollen, in die Schulen gehen und da reichen nicht diese Crashkurse von sechs Stunden oder, oder zwölf Stunden oder so. Es müsste schon ein bisschen intensiver sein, ne.» Sie berichtet, dass nur zwei Mitarbeiter ihres Pflegeteams eine Fortbildung besucht hätten und sie sieht einen hohen Bedarf, dass dieses Wissen an alle im Wohnbereich tätigen Mitarbeiter vermittelt werden müsse. Sie betont ebenfalls, dass besonders das herausfordernde Verhalten in Form von Schreien oder Rufen klare Erfordernisse definiere. Gleichzeitig beschreibt sie, wie diese Fort- oder Weiterbildungen inhaltlich gestaltet werden sollten:

> Und dann eben auch Erfahrungsberichte kennen lernen aus Einrichtungen, die mit Dementen schon länger arbeiten in so Dementengruppen. Denn der Pfleger allgemein ist ein praktischer Mensch, der, der aus der Praxis lernt. Und das bringt nichts, wenn ich den nur Theorie vermittle, sondern ich denke, ich muss dem praktische Beispiele bringen und anhand der Praxis auch die Unterschiede zeigen. Und deswegen, weil so was einfach intensiver ist. Ich hab's ja selber auch erfahren, es bringt nichts in so einem Zwei-Tages-Kurs oder Ein-Tages-Kurs. Ich denke mir, dann muss man schon – es gibt ja diese erweiterten Kurse, wo man also dann doch ein bisschen mehr erfährt, ne. Ein bisschen was über die Krankheiten erfahren und dann eben Erfahrungen mit den Leuten, die so was schon gemacht haben. Ich denke, dass würde vielen helfen. Und ich weiß, dass auch viele Leute Interesse daran haben, die hier arbeiten, weil die selber sagen: ‹Mein Gott, es werden immer mehr Leute, die so sind›.

Ein Pflegender, der einen Wohnbereich für Menschen mit Demenz leitet, fordert:

> Aber hier reden wir von, von einem Dementenbereich und es gibt Weiterbildung für Gerontopsychiatrie, ja, also Fachschwester oder Fachpfleger für Gerontologie. Ich glaub, das ist noch mal ein Stück weit was anderes, als wenn ich in Anführungsstrichen nur ein normales Examen habe. Ja, weil ich einfach auf Situationen mehr geschult werde, wie ich mich zu verhalten habe, wie ich damit umgehen kann, als wenn ich diese Ausbildung oder diese Weiterbildung nicht habe.

(Theoretisches) Fachwissen ist wichtig, das wird übereinstimmend von allen an der Studie teilnehmenden Pflegenden bestätigt. Ebenso wichtig ist jedoch eine Vielzahl anderer Kompetenzen, die in der Person der Pflegenden, ihrer Grundhaltung anderen Menschen gegenüber und ihrer Lebens- sowie Berufserfahrung begründet liegen. Häufig wurde in den Interviews gesagt, dass die Fachausbildung selbst noch nicht als Pflegekompetenz definiert werden kann und darf. Vielfach wird von den Informanten gefordert, dass ein Gleichgewicht zwischen theoretischem Fachwissen und der Berufseignung hergestellt werden sollte. Eine Pflegende, die Pflegemanagement studierte und eine Einrichtung mit segregativem Wohnkonzept leitet, reflektiert in diesem Zusammenhang ihre Erfahrung und sie sagt: «Also, nicht immer hat eine Fachkraftausbildung auch wirklich was mit dieser Kompetenz zu tun, das hat auch sehr damit zu tun, was bringe ich als Person mit, gerade bei Demenzkranken.»

Diese Kompetenz, die in der Person des Pflegenden gesehen wird, beschreiben zahlreiche Pflegende sehr diffus. Sie verwenden Formulierungen und Beschreibungen, wie «Herz haben» müssen. Eine Altenpflegehelferin mit 25-jähriger Berufserfahrung sagt zum Beispiel:

> [...] in erster Linie muss man Herz überhaupt haben, für so was, so was tun zu können. Ich denke mal, das ist kein Beruf für irgendjemand, der sagt: ‹Ich muss hier arbeiten›. Für jemanden, der nur arbeiten muss, um Geld zu verdienen, um im Leben durchzukommen, ist das kein Beruf. Man muss da schon mit Herz und Seele dabei sein. Das auch jeden Tag wieder neu.

Eine andere Altenpflegerin mit gerontopsychiatrischer Weiterbildung, die auch 25 Jahre in der Pflege tätig ist, formuliert es ähnlich. Sie verwendet ebenfalls die Bezeichnung «Herz haben müssen», und auf die Frage, was sie darunter versteht, antwortet sie:

> Ja, mit Herz meine ich nicht so, man muss – ich denke, wenn man in der Altenpflege und gerade, wenn man mit demenzerkrankten Menschen arbeitet, dann muss man total dahinter stehen. Ich kann das nicht als Job machen und sagen: Ich geh da jetzt hin, ich reiß meine Stunden runter und dann ist mir das – der Rest egal. Sondern der Mensch selbst interessiert mich ja auch.

Sie umschreibt «Herz» mit dem grundsätzlichen Interesse am Menschen.

Andere Pflegende beschreiben es als «Liebe zum Menschen». Die Antworten auf die Frage an Pflegende, welche Voraussetzungen die Pflegenden besitzen sollten, wenn sie Menschen mit Demenz pflegen, die herausfordernd schreien oder rufen, listet **Tabelle 6-1** auf. Die hier vorgenommene Einteilung in persönliche/personenbezogene Komponente, Haltung beziehungsweise Einstellung und fachliche Komponente kann jedoch nicht als trennscharfe Abgrenzung verstanden werden. Diese einzelnen Begriffe tangieren oft auch die anderen Bereiche und ließen sich auch oft in den anderen Rubriken subsumieren. Das wiederum weist auf die Tatsache hin, dass die Auseinandersetzung der Pflegenden mit der Frage nach den Berufsvoraussetzungen eine vielschichtige Verknüpfung vieler Ebenen darstellt. Ebenen, die das professionelle Handeln mitbestimmen und beeinflussen können und sich an den Bedürfnissen der Menschen mit Demenz orientieren.

Tabelle 6-1: Berufsvoraussetzungen der Pflegenden, die herausforderndes Schreien oder Rufen erleben. Die Liste enthält keine trennscharfen Abgrenzungen der Begriffe, was durch die Pfeildarstellung angedeutet wird.

(Berufs)Voraussetzungen (aus der Sicht von Pflegepersonen)		
persönliche/personenbezogene Komponente	Haltung/Einstellung	fachliche Komponente
- Ausdauer - Ausgeglichenheit - belastbar sein (bei Arbeitsspitzen, in Grenzsituationen) - Berufung zum Beruf haben - Freundlichkeit haben müssen - Lebenserfahrung haben müssen - starken Charakter haben müssen - psychische und physische Stärke besitzen - Ruhe (innere) ausstrahlen können - Selbstbeherrschung haben (auch in Stress- und Grenzsituationen) - sich selbst akzeptieren können	- akzeptieren (herausforderndes Verhalten) können - Arbeit nicht nur als Job sehen - Autorität ausstrahlen können - Beruf als Berufung sehen/Berufsidentifikation - keine Berührungsängste haben - Geborgenheit geben wollen - Geduld haben - Gelassenheit haben - Höflichkeit - Humor - Interesse an Menschen - Menschenfreund sein - neugierig sein können - Liebe zum Beruf - «offenes Herz» haben - offenes Auge, offenes Ohr - Respekt vor Menschen - soziales Engagement - Spaß an der Arbeit mit Menschen - Stärke zeigen können	- Ausbildung (nicht) erforderlich - Bereitschaft zu Fort- und Weiterbildungen - Empathie (Mitgefühl)/Feingefühl/Kongruenz - Erfahrung (Lebenserfahrung, Berufserfahrung, ...) - Fachwissen haben müssen - Kombination aus Fachwissen und Menschlichkeit - Offenheit - Flexibilität besitzen - Respektieren können - Reflexionsfähigkeit - Schreien als Krankheit sehen können

6.4 Berufliche Eignung

Auffallend bei den hier präsentierten Ergebnissen ist, dass die professionell Pflegenden sich hinsichtlich der beruflichen Eignung klar positionieren. Das wird besonders deutlich, wenn nach der Kompetenz und den Berufsvoraussetzungen gefragt wird. Neben fachlichem Wissen sollen Pflegende «Herz» haben – diese Bezeichnung ist als Synonym für eine bestimmte Pflegehaltung zu interpretieren. Die Pflegenden, die Menschen mit Demenz betreuen, sollen fachkompetent und «herzlich» agieren können, das heißt, dass sie fähig sind, dem schreienden oder rufenden Menschen empathisch und kongruent begegnen zu können. Diese Haltung nimmt für viele Pflegende einen hohen Stellenwert ein und rangiert (gleichwertig) neben der Fachkompetenz. «Nur» fachkompetent handeln zu können reiche nicht aus, um herausfordernd schreiende oder rufende Menschen zu pflegen und zu betreuen (siehe **Abbildung 6-1**). Höwler (2008) sieht in der Pflege von Menschen mit Demenz einen deutlichen Unterschied zwischen weitergebildeten und nicht weitergebildeten Pflegenden. Sie sagt, dass durch nicht weitergebildete Pflegepersonen die Verhaltensweisen bei Menschen mit Demenz fehlinterpretiert werden können und dass fehlgedeutete Bedürfnisse sowie das Unverständnis für die Verhaltensweisen

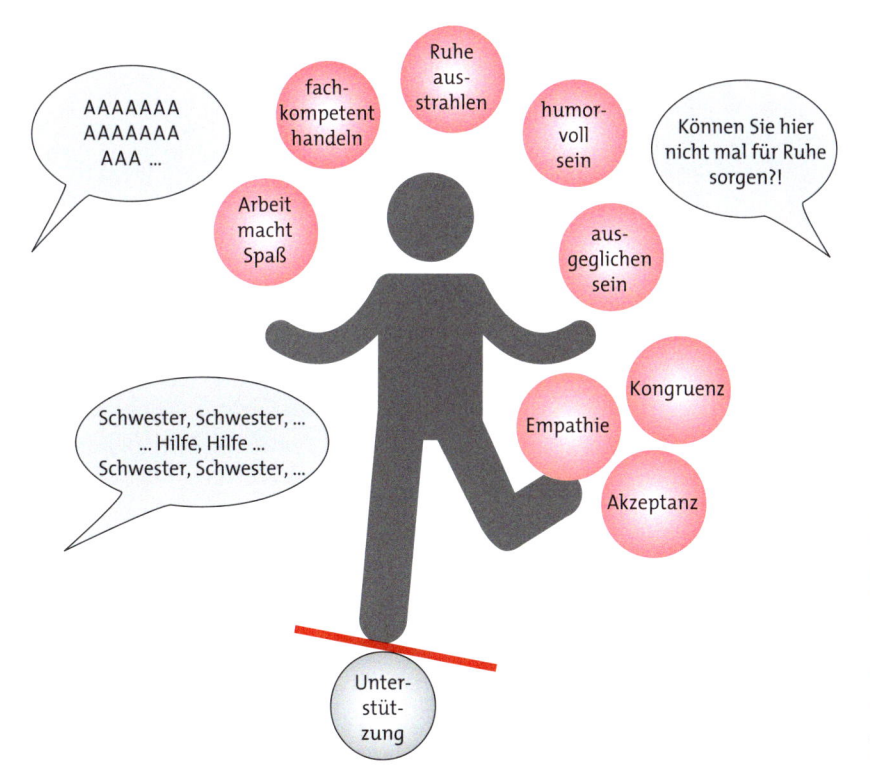

Abbildung 6-1:
Die perfekte Pflegeperson hat bei herausforderndem Schreien und Rufen von Menschen mit Demenz allzeit alles im Griff ... und jonglierend am Fuß!!!

von Menschen mit Demenz zu teuren Klinikaufenthalten und zusätzlichen Belastungsmomenten der Betroffenen führen. Dieses Ergebnis konnte in der zugrunde liegenden Studie so nicht bestätigt werden. Es ließen sich zwar Hinweise identifizieren, dass gerontopsychiatrisch weitergebildete Pflegepersonen in unterschiedlichen Situationen anders reagieren und agieren können. Es zeigte sich jedoch auch, dass Fehlinterpretationen und Unverständnis für das Verhalten der Menschen mit Demenz bei allen Pflegenden zu beobachten waren. Außerdem ließ sich aufzeigen, dass fehlendes Verständnis und fehlende Empathie sowohl bei weitergebildeten als auch bei nicht weitergebildeten Personen festzustellen waren. Hier scheinen die extrinsischen und intrinsischen Einflussfaktoren sowie beispielsweise das Empfinden von Sympathie und Antipathie die Haltung und die Sichtweise der Pflegenden stärker und bestimmender zu beeinflussen.

6.5 Fazit

Die Art und Weise, wie Pflegende das herausfordernde Schreien oder Rufen von Menschen mit Demenz erleben, nimmt auf die Bewältigungsstrategien direkten Einfluss.

Die genannten Belastungsmomente stellen Pflegepersonen vor die Aufgabe, individuelle Ressourcen und Bewältigungspotenziale zu aktivieren und kontinuierlich stabil zu halten. Das ist erforderlich, weil die ständige Konfrontation mit herausfordernden Verhaltensweisen in Form von Schreien oder Rufen eine umfassende emotionale Stabilität der Pflegenden auf unterschiedlichen Ebenen voraussetzt. Diese Stabilität hat ihren Ursprung im Arbeitsumfeld durch intrinsische Energiequellen und darüber hinaus durch Unterstützungspotenziale, die Pflegende im privaten Umfeld aktivieren können.

Schrei- oder Rufsituationen, die als belastend empfunden werden und im Extremfall zu einer Grenzsituation führen können, werden als zeitlich begrenzte Momente erlebt. Hierbei kommt der individuellen Disposition der Pflegenden ebenso wie den institutionellen Rahmenbedingungen eine entscheidende Rolle zu. Die Intensität des Erlebens einer Grenzsituation ist nicht nur abhängig von der Frustrationstoleranz, sondern auch von der Reflexionsbereitschaft der eigenen Rolle, der Fähigkeit zur Empathie, der eigenen Motivation, der Flexibilität und der emotionalen Stabilität der Pflegenden. Es besteht offenbar auch ein direkter Zusammenhang zu dem Arbeitsklima einer stationären Einrichtung sowie der im Team gelebten Offenheit und Reflexionsfähigkeit.

7 «Gegenspieler» und «Kompensatoren»

Wenn man Pflegende fragt, beschreiben sie unterschiedliche Strategien, die sie nach Krisensituationen aktivieren. Vielfach sehen sie ein Ungleichgewicht zwischen ihrer körperlichen und emotionalen Leistungsfähigkeit und den Anforderungen, die bei dem Phänomen Schreien oder Rufen an sie gestellt werden. Für Pflegende ist es wichtig, dieses Gleichgewicht immer wieder neu herzustellen. Sie wollen jederzeit adäquat agieren können und hierbei gewissermaßen aus einem körperlichen und emotionalen Depot schöpfen können. Sie beschreiben einen Speicher, den sie als kompensatorisches Wirkungspotenzial verstehen und den sie bewusst sowie unbewusst bei den Pflegeanforderungen einsetzen. Hierbei fällt auf, dass die Pflegenden sehr ähnliche Bewältigungsmuster kennen und diese in unterschiedlicher Art und Weise einsetzen. Darüber hinaus modifizieren Pflegepersonen diese Strategien höchst individuell, wobei sie allerdings in der Grundstruktur ähnlich verfahren.

7.1 Reduzierter Stellenanteil

Einige Interviewteilnehmer berichten, dass sie die Möglichkeit haben, ihre Arbeitsstelle als Teilzeitarbeit zu gestalten. Sie stellen fest, dass sie durch die längeren Freizeiten «Abstand» gewinnen können und das Schreien oder Rufen der Menschen mit Demenz dadurch besser «aushalten» würden. «Ich glaub, das ist ganz wichtig, dass man immer wieder genügend Abstand hat und sich auch ja, auch ein bisschen erholen kann, um es dann wieder auszuhalten», sagt eine Altenpflegerin, die eine Teilzeitstelle besitzt. Eine Pflegende, die in einer gerontopsychiatrischen Klinik tätig ist, bemerkt in diesem Zusammenhang: «Und das ist genau, was ich meine. Als Teilzeitkraft hab ich noch ein bisschen mehr Reserven und mehr Energien und achte vielleicht auf andere Sachen, als gleich vielleicht ruppig zu werden oder so. Es fällt mir ganz oft auf.»

7.2 Energiequellen im Arbeitsumfeld haben

Wichtig sind allerdings auch «Energiequellen» am Arbeitsplatz, die direkt aktiviert werden können. Dieses Potenzial steht unter anderem in Verbindung mit der Arbeitssituation, mit der Teamkonstellation, den Unterstützungsleistungen durch die Leitung einer stationären Einrichtung und dem Freiraum, der am Arbeitsplatz vorhanden ist. Insgesamt betrachtet ist es ein eng verflochtenes Konstrukt, das in wechselseitiger Beziehung zu allen Einflussfaktoren steht.

7.2.1 Belastungsmomente ansprechen und reflektieren

Viele der befragten Pflegenden beschreiben Reflexionsaktivitäten mit ihren Kollegen, die innerhalb der Einrichtungen und während der Arbeitszeit stattfinden. Diese Auseinandersetzung und die Reflexion der Belastungsmomente werden als wichtige Hilfe angesehen. Eine Altenpflegehelferin, die in einem Seniorenheim mit segregativen Wohnkonzept tätig ist, sagt:

> Genauso gut ist es ja auch, wenn man hierher kommt und man hat mal einen schlechten Tag und man kann mal irgendwas anderes nicht loslassen, was Privates, dass irgendwas mal passiert ist oder dergleichen. Dass man dann doch auch hier die Möglichkeit hat, mal zu Vorgesetzten oder auch zu gewissen Kollegen zu gehen und sich mal mit denen auszusprechen. Und ich denke mal, das ist auch genauso wichtig. Und das ist gut. Wir haben ja auch Frau XYZ, unsere Sozialbetreuungsleitung und die ist immer sehr, sehr offen für alles. Auch solche Punkte, wenn man dahin geht, weil man mit dem Bewohner mal irgendwie streckenweise nicht so die, den Anlauf findet oder mal ein schwierigen Tag hat oder was auch im Grunde – oder auch mit Angehörigen mal – oder mit Kollegen, irgendwas. Und je nachdem, was es ist, findet man da immer ein offenes Ohr und das ist ja auch in diesem Haus sehr gut gelöst.

7.2.2 Erfahrung der Kollegen nutzen und reflektieren

Ein Pfleger, der über zehn Jahre in der Altenpflege arbeitet und jetzt in einer Einrichtung mit traditionellem Wohnkonzept tätig ist, reflektiert seine ersten Erfahrungen mit dem Phänomen. Er beschreibt, dass er in seinem Zivildienst erste Kontakte zu schreienden Menschen mit Demenz hatte und diese Verhaltensweise nicht verstand. «Warum schreit die jetzt?» oder «Warum? Ich hab ihm doch gar nichts getan», waren seine Fragen, die eine totale Überforderung erahnen lassen. Er wurde von seinen Kollegen «angelernt», adaptierte deren Wissen und er beschreibt, das er sogar deren Grundhaltung und Einstellungen übernahm: «[diese Überforderung; Anm. des Autors] ging eigentlich nicht lang», sagt er und fährt fort:

> Zumal ich ja auch immer Kollegen hatte damals, die mich so dann angelernt hatten, viele, die also auch so diese, diese Einstellung jetzt haben, die ich jetzt habe. Ich bin da also sehr gut ran geführt worden. Also, ich will nicht sagen, dass meine Erfahrung relativ schnell kam, das kann nicht sein, das geht nur nach Jahren. Aber so, so Tipps mit dem Umgang und im Umgang, hab ich also doch sehr früh eigentlich schon bekommen. Ich war ja nie alleine auf mich gestellt jetzt mit den Bewohnern so umzugehen.

Eine junge Pflegende, die erst seit wenigen Jahren in der Pflege tätig ist, fragt ebenfalls grundsätzlich immer ihre Kollegen, wenn sie sich unsicher fühlt und eine Pflegehandlung ihrer Kollegen nicht versteht. Sie erzählt, dass sie erlebt hätte, dass eine Kollegin «mit erhobener Stimme» eine schreiende Frau mit Demenz aufforderte, «das[s] sie jetzt ruhig sein soll». Dieses Erlebnis beschäftigte und belastete sie und zwang sie zur Reflexion. Es entstanden Fragen, die sich nicht nur auf Pflegerituale oder biografieorientierte Pflegehandlungen bezogen, sondern auch solche, die ihr ein Gefühl von Sicherheit vermitteln sollten. Sie wollte zwar die Erfahrungen der älteren Kollegen nutzen, aber sie stellte dieses Wissen auf den Prüfstand. Dies sind Momente, die sie zur Reflexion nutzt. Sie fragt nach dem Erfahrungswissen der Kollegen und sie erlebt die Situation der Schreie von Menschen mit Demenz erneut. Sie gewinnt Eindrücke und anschließend nimmt sie einen Abgleich zwischen dem Erfahrungswissen der Kollegen und ihrem eigenen Erleben vor. Das Ergebnis ist dann nicht immer die exakte Kopie von Handlungsstrategien ihrer Kollegen, sondern es zeigt sich ein reflektierter Handlungsschritt, der als Synthese verstanden werden kann. Dieses Nachfragen und die Reflexion sind für sie eine wichtige Energiequelle:

> [...] wenn ich jetzt vor so einer Situation steh [= Schreien eines Menschen mit Demenz in der Situation A; Anm. des Autors], erstmals frage ich dann die Kollegen. Ich frag grundsätzlich immer die Kollegen, wenn ich mir auch sehr unsicher bin, wo ich grad nicht weiß, was ich machen soll. Erstmal hör ich mir das an, was die Kollegen sagen und dann probier ich meine eigenen Erfahrungen aus. Und dann seh' ich, wie die Bewohner halt drauf reagiert haben – wie meine Erfahrungen jetzt sind. Ob ich jetzt genau dieselbe Erfahrung mach, das ich zurückschrei oder ob ich dieselbe Erfahrung mach, wo ich ruhig mit den Leuten rede. Also ich frag zwar die Kollegen, aber geh dann trotzdem meinen eigenen Weg.

Für eine andere Pflegende, die ebenfalls erst wenige Jahre in der Pflege arbeitet, ist es wichtig, das Erfahrungswissen der Kollegen nutzen zu können. Für sie sind es wichtige Orientierungsschritte und eine wichtige Wissensquelle, die ihre eigene Arbeit unterstützt. Diese Pflegeperson nimmt ebenfalls keine Kopie von kollegialen Verhaltensweisen vor, sondern versucht, eigene reflektierte Handlungsschritte zu entwickeln. Sie sagt: «Zuerst natürlich frage ich meine Kollegin, wie gehe, gehen sie mit solchen Bewohnern um. Und dann vielleicht find ich meine eigenen Schritte, was und wie ist für mich besser.»

Diese Beispiele sind Einzelfälle, werden aber von vielen anderen Pflegenden, die schon sehr lange in diesem Beruf tätig sind, ähnlich beschrieben. Eine Informantin berichtet zum Beispiel, dass in ihrer Einrichtung verbales Fehlverhalten der Pflegenden offen angesprochen werden kann. Es ist ein Seniorenheim für Menschen mit Demenz, in dem auch ein segregativer Bereich nur für schreiende und rufende Menschen eingerichtet wurde. Hier, so sagt die Pflegende, könne mit Kollegen vieles an- und besprochen werden, und zwar ohne den moralischen Zeigefinger der Gesprächspartner. Diese Möglichkeit wird von ihr als wertvolle Hilfe beschrieben, um eigene «Fehler» zu erkennen und korrigieren zu können:

> **Pflegende:**
> […] wir geben uns auch schon weiter, wenn wir mal eine abfällige Bemerkung hören bei Kollegen. Wir sprechen denn so drüber. Also irgendwie sind wir dafür ganz schön sensibilisiert worden, finde ich.
>
> **Interviewer:**
> Wird das, dieser kollegiale Austausch nicht so als Kritik gewertet? Habe ich das so richtig verstanden?
>
> **Pflegende:**
> Ja, haben wir uns so richtig drüber abgesprochen, dass wir uns das denn ruhig gegenseitig sagen, also mit dem Wissen, dass es gar nicht mal böse gemeint ist, aber wenn man – ne.
>
> **Interviewer:**
> Ist das gewachsen oder war das schon von Anfang an so?
>
> **Pflegende:**
> Nä, das ist gewachsen, das ist gewachsen.

7.3 Energiequellen durch seine Arbeitshaltung haben

Viele der teilnehmenden Pflegenden erzählen, dass sie eine bestimmte Grundhaltung zu ihrer Tätigkeit haben und diese Positionierung direkt sowie indirekt Einfluss auf die Arbeit nehme. Sie beschreiben unterschiedliche Strategien im häuslichen Umfeld oder am Arbeitsplatz, die ihre Grundhaltung bestimmen. Dies sind Strategien, die von ihnen frei gewählt werden und die damit nicht unter dem vorgegebenen Zwang stehen, realisiert werden zu müssen. Es bleibt den Pflegenden überlassen, ob und wie sie agieren. Es sind Handlungsoptionen, die höchst individuell geprägt sind und die dennoch zwischen den einzelnen Pflegenden auffallend viele Parallelen besitzen. Letztlich ist es eine Frage der Einstellung und der Positionierung zur Arbeit, die diese Kraftquellen generiert.

7.3.1 Arbeit macht Spaß

Eine Pflegende, die seit etwa 30 Jahren in der Pflege tätig ist und als Altenpflegehelferin in einem Seniorenheim mit traditionellem Wohnkonzept arbeitet, berichtet, dass einige schreiende und rufende Menschen mit Demenz auch körperlich aggressiv reagieren und sie schlagen würden. Auf die Frage, was sie in diesen Situationen mache, antwortet sie: «also ich bin eigentlich in der Beziehung ausgeglichen.» Sie betont, dass der Grund für ihre Ausgeglichenheit in dem Ineinandergreifen von zwei Faktoren begründet liegt: «Mir macht die Arbeit Spaß», sagt sie «und auch im Privatleben stimmt alles. Ich bin glücklich und zufrieden. Und ich glaub, dass macht 'ne Menge aus.» Eine andere Pflegende, die ebenfalls als Pflegehelferin tätig ist, bemerkt: «die Arbeit hat mir eigentlich – die macht mir eigentlich Spaß.» Beide Informantinnen betonen ausdrücklich, dass ihnen die Arbeit Freude bereite, aber beide grenzen ihre Bemerkung mit dem Wort «eigentlich» ein. Es entsteht der Eindruck, dass sie die Intensität ihres Spaßes an der Arbeit einschränken wollen, dass sie die Spaßqualität nicht so deutlich, nicht so direkt und absolut definieren wollen. Auf die konkrete Nachfrage an eine Interviewteilnehmerin, warum sie «eigentlich» sagt, reflektiert sie kurz ihre Bemerkung und macht deutlich, dass ihr die Arbeit Spaß mache, und zwar ohne Einschränkung und ohne Vorbehalt. Wenn sie ein Resümee ziehen solle, sagt sie, würde sie trotz der vielen Belastungsphasen, die sie bei dem Erleben von Schreien oder Rufen wahrnehme, den empfundenen Spaß an ihre Arbeit in den Vordergrund rücken.

Die Wahrnehmung von Freude und Spaß ist jedoch ein fragiles Konstrukt und von zahlreichen Einflussfaktoren abhängig, bei der die individuelle Einstellung der Pflegenden eine große Variationsbreite einnimmt. Eine Informantin, die in einer gerontopsychiatrischen Klinik tätig ist, berichtet zum Beispiel, dass sie ihre Arbeitssituation lange Zeit als sehr schwierig einstufte, weil die Zusammenarbeit im Team nicht stimmte. Immer wieder kam es zum Personalwechsel und die hohe Mitarbeiterfluktuation führte dazu, dass sich die Informantin und ihre Kollegen nicht mehr «zufrieden» fühlten. Erst als dieser stete Wechsel beendet werden konnte und sich ein engagiertes Team zusammenfand, das miteinander sprach, veränderte sich das Arbeitsklima und der «Spaß» kam zurück:

> Die neuen Mitarbeiter kommen teilweise aus geriatrischen Stationen, Einrichtungen und sagen: Das macht hier Spaß und man merkt auch, dass es ihnen Spaß macht. Deswegen ist es im Moment ganz schön zu arbeiten, weil wir eigentlich ganz viel Personal haben, das wirklich gut mit dem Patienten umgehen kann. Wo man sich auch untereinander unterhalten kann und da geht nicht nur so das schimpfen los: ‹Ach und jetzt ist der schon wieder verwirrt und schreit und ruft und der soll doch mal seinen Mund halten›.

Dass die Pflegepersonen Freude an der Arbeit empfinden, heißt nicht, dass die Phasen der Arbeitsbelastung völlig ausgeblendet werden, wie eine Pflegende betont, die über 20 Jahre in der Altenpflege tätig ist. Sie schlägt einen Bogen von dem gesellschaftlichen Status des Pflegeberufes, über die Eigenreflexion ihrer Tätigkeit und stellt die Vielfältigkeit und die multiprofessionellen Aspekte der Pflegearbeit in den Vordergrund, wenn sie sagt:

> Altenpflege wird im Bekanntenkreis vielleicht noch hochachtungsvoll sein. ‹Mein Gott, du machst aber eine schwere Arbeit, das könnte ich ja nie›. ‹Ja, ich könnte auch nie Dachdecker sein, könnte ich auch nicht›, ja. Aber das sagt natürlich noch lange nicht, nix, von dieser, dieser schweren Arbeit, die so entsetzlich vielfältig ist, so schön entsetzlich vielfältig ist, ja. Ich habe doch hier alle Möglichkeiten. Hier sind alle Berufe miteinander verknüpft.

Die Faktoren, die zu dieser Freude und diesem Spaß führen, sind sehr vielseitig. Dass der Schreigrund gefunden wurde oder «ein Mosaiksteinchen» in das Gesamtbild eingefügt werden konnte, sind nur zwei Beispiele. Viele Pflegenden empfinden Spaß, wenn «eine Beziehung» zu den schreienden oder rufenden Menschen aufgebaut und gelebt werden kann. Die Arbeit «ist interessant» und «vielfältig» und es kann Spaß machen, weil auf den Wohnbereichen «immer was los» ist, wenn jemand schreit oder ruft. Die «Zusammenarbeit mit den Kollegen» und dass «über Dinge gelacht» werden kann und darf, führt ebenfalls zu den Äußerungen, dass Spaß empfunden wird. Spaß, Humor und Ausgeglichenheit werden von den Interviewteilnehmern eng nebeneinander gerückt.

7.3.2 Ausgeglichenheit spüren

Spaß wird immer dann von den Informanten empfunden, wenn eine Tätigkeit Vergnügen bereitet und wenn die Arbeit aus dem Blickwinkel betrachtet wird, dass sie gerne verrichtet wird. Es wird bei dieser Betrachtung allerdings nicht vergessen, dass es eine «schwere Arbeit» ist. Es scheint wie eine Waage, die hin- und herpendelt, und hier bekommt das in diesem Zusammenhang von den Interviewteilnehmern genannte Wort «Ausgeglichenheit» einen besonderen Stellenwert. Es soll ein Ausgleich zu der schweren Arbeit sein, die herausforderndes Verhalten in Form von Schreien oder Rufen sein kann. Hierbei ist hilfreich, dass diese Tätigkeit vielfältig, interessant ist und viele «Möglichkeiten bietet».

Viele Pflegenden betonen, dass ein Ausgleich zwischen Arbeitsanspannung und Entspannung stattfinden muss. Sie wissen, dass die von ihnen empfundene Ausgeglichenheit sich in der Pflege von Menschen mit Demenz sofort zeigt. Eine Pflegende, die eine segregative Wohngemeinschaft leitet und über 15 Jahren im Beruf tätig ist, stellt diesen Zusammenhang deutlich dar:

> Das merk ich immer ganz häufig bei Demenz, es kommt immer drauf an, wie man in eine Gruppe reingeht. Ist man selber unruhig, unausgeglichen, merken die das, als hätten sie da Sensoren für. Im Moment hab ich sehr ausgeglichene Mitarbeiter im Nachtdienst. Das merkt man einfach. Das merkt man aber auch im Tagdienst, je nachdem wie eine Gruppe ist, wie man selber ist. Also, wenn ich gestresst ankomme, dann merk ich das, dann ist mehr Unruhe.

Sie berichtet weiter, dass dann mehr geschrien wird. Die Frage, was eine Pflegeperson als Berufsvoraussetzung mitbringen sollte, wenn sie Menschen mit Demenz betreut, die schreien oder rufen, beantwortet die gleiche Interviewteilnehmerin mit dem Wort «Ruhe». Sie begründet ihre Antwort, indem sie unter anderem wieder den Aspekt der ausgeglichenen Grundhaltung zitiert: «Ich hasse dieses Wort emotionale Kompetenz, weil ich nicht weiß, was es genau besagen soll. Ausgeglichenheit, man muss belastbar sein und man muss eine bestimmte Reflexionsfähigkeit seines eigenen Handelns haben und eine bestimmte Haltung den Menschen gegenüber.»

Der Zustand von Ausgeglichenheit ist nicht immer kontinuierlich auf einem gleichmäßig hohen Niveau zu halten, sondern muss immer wieder neu hergestellt werden, wie eine Pflegehelferin, die über zehn Jahre in einer Einrichtung mit traditionellem Wohnkonzept arbeitet, indirekt beschreibt. Schreien oder Rufen geht ihr «an die nervliche Substanz […] Weil immer ausgeglichen zu sein, ist ja anstrengend», sagt sie. Die Pflegeanforderungen sind in vielen Situationen sehr hoch und sie würde sich dann gerne diesen Arbeitsspitzen entziehen, wenn es denn nur ginge:

> Wir lassen sie auch schon mal schreien, weil wir keine Zeit haben. Wir können nicht auf einzelne Leute so eingehen, ja. Und das sind so Situationen, die uns stark belasten, also mich wenigstens stark belasten. Weil ich immer denke, Mensch Meier, du hast gleich Feierabend, du musst die Spülmaschine ausräumen, da geht die Klingel und der schreit. Womöglich hat der eine noch eingekotet und du stehst da. So, dann muss man fünf Dinge auf einmal machen und – also dann denk ich mal: ‹Lieber Gott beam mich mal zum Mond, [lacht], ja, nur weg hier›.

Ausgeglichenheit bei den Pflegenden, die das Phänomen Schreien oder Rufen erleben, ist wichtig und wird von vielen Pflegenden reflektiert und angestrebt. Unausgeglichen zu sein wird als unerwünschter und unangenehmer Zustand definiert. Ein Empfinden, das nach Veränderung strebt. Ausgeglichen sein heißt für viele Pflegende, zufrieden zu sein und die «schönen Momente» im Pflegealltag erkennen zu können. Ausgeglichen sein heißt darüber hinaus, dass in einer Schrei- oder Rufsituation die adäquate Reaktion den Pflegenden besser gelingen kann.

7.3.3 Schreien als kreative Herausforderung sehen

Spaß mache die Pflege von Menschen mit Demenz, so sagt eine Pflegende, die fast 20 Jahre in der Pflege arbeitet, wenn das Schreien oder Rufen von Menschen mit Demenz als Herausforderung betrachtet werde. Sie betont zum Beispiel, dass sie Bewohner möge, die nicht an die institutionelle Gleichförmigkeit angepasst seien, sondern die mit ihrem Schreien oder Rufen vielleicht ausdrückten, dass sie sich einen Freiraum innerhalb der stationären Einrichtung erhalten wollten: «Ich mag Leute, wenn die so sich ein bisschen wehren und nicht so in dem alle anpassen, dass – ich sage mal, das Rückgrat ist nicht gebrochen. Die finde ich ganz gut. Das ist so 'ne Herausforderung und das macht Spaß.»

Immer wieder neu heißt es, diese Herausforderung anzunehmen und mit Kreativität zu verbinden. Das setzt voraus, dass die Herausforderung mit dem Willen der Pflegenden verknüpft ist, die täglich neuen Problemstellungen lösen zu wollen, wie viele Pflegende betonen. Es ist eine Herausforderung im positiven Sinne, die Neugier mit erworbenem Wissen zusammenfügt. «Jeder Tag ist wieder als eine Herausforderung neu zu sehen», sagt eine Pflegende, die über 25 Jahre in der Altenpflege als Altenpflegehelferin (mit Ausbildung) tätig ist. Eine Herausforderung, die es manchmal erforderlich macht, einen Spagat zwischen den vorhandenen Möglichkeiten zu vollziehen, wie eine gerontopsychiatrische Fachpflegerin bemerkt, die ebenfalls über 25 Jahre in einem Seniorenheim mit segregativem Wohnkonzept arbeitet. Sie sagt: «da sind wir natürlich gefordert zu gucken, was sie möchte. Wir müssen auf Körpersprache achten. Wir müssen auf, ja Mimik, Gestik – auch wie sie schreit, ne. Mit welcher Heftigkeit, oder ob das mal leiser ist und so. Und da sind wir oftmals so im Spagat, es ist immer wieder eine neue Herausforderung.»

Diese berufliche Herausforderung und die tägliche Konfrontation mit neuen Aufgabenstellungen sind einigen Informanten überaus wichtig. Sie brauchen diese permanente Konfrontation, wie eine Pflegende sagt. Sie war vorher in einem Seniorenheim mit traditionellem Wohnkonzept tätig und «da hat jeder für sich gearbeitet. Da musste man morgens anfangen, seine zwölf Bewohner auf der Etage. Das ging da durch, der andere kam dann von der anderen Seite und dann hat man sich in der Mitte getroffen und dann blieb vieles auf der Strecke.» Sie spürte Routine ohne Höhepunkte, ohne Wechsel und ohne Herausforderung. Als ein neues Seniorenheim mit segregativem Wohnkonzept eröffnet wurde, wechselte sie sofort ihre Arbeitsstelle. Sie betont, dass sie an ihrem alten Arbeitsplatz «auf Dauer auch nicht glücklich gewesen [wäre], muss ich ganz ehrlich sagen, weil ich brauch diese Herausforderung mit Menschen und ja, dass tut mir einfach gut.»

Eine andere Pflegende, die über 30 Jahre in der Pflege tätig war, bevor sie ihre aktuelle Arbeitsstelle als Pflegedienst- und Heimleitung annahm, hatte in einem Seniorenheim eine Wohngruppe für Menschen mit Demenz einrichten können. In ihrer Umstrukturierungstätigkeit sah sie eine Herausforderung; hier fand sie sich bestätigt, weil sich das «störende» Verhalten der Menschen mit Demenz mit dem vollzogenen Wandel immer mehr veränderte. Als sie ihren Arbeitsplatz wechselte, nahm ihre Nachfolgerin diese Herausforderung nicht an und sukzessive veränderte sich der Wohnbereich wieder in den «alten Zustand», berichtet die Pflegeperson. Als diese Wohnbereichsleitung kündigte und wieder eine neue Leitung kam, wechselte sich die Konzeption erneut und diese Wohngruppenleitung nahm die Herausforderung an:

> Jetzt auf, auf meiner [Wohngruppe], wo ich die Leitung der Gerontopsychiatrie hatte, da ist jetzt wieder eine Wohngruppenleitung, die die Demenz auch als Herausforderung sieht. Also, jetzt hat sich das wieder beruhigt. Hat natürlich einen anderen Stil, aber Gott sei Dank, ich freu mich darüber, dass da die Menschen wieder jemand haben, der sie versteht.

Dieses Interviewzitat zeigt, dass Pflegende eine kreative Herausforderung annehmen und leben wollen. Eine Herausforderung, die immer eng mit der Individualität der Pflegepersonen und deren Fähigkeit zur Offenheit sowie mit der Bereitschaft verbunden ist, sich neuen Aufgaben stellen zu können und zu wollen.

7.4 Wünsche haben

Die Haltung der Pflegenden äußert sich unter anderem auch in ihren Wünschen und Visionen. Viele der in diesem Zusammenhang genannten Wünsche sind nicht nur als fiktive Ideen zu verstehen, deren Realisation nie erreichbar scheint, sondern viele Wünsche sind mit der Intention nach einer zeitnahen Erfüllung verknüpft. Sie sind konkret und orientieren sich an den Arbeitssituationen und den anvisierten Zielen. Wenn Pflegende bei dem Erleben des Phänomens Schreien oder Rufe Ziele nennen, sind diese häufig ein Ausdruck von Motivation, Engagement oder der kritischen Auseinandersetzung mit einer bestehenden Situation. Die **Tabelle 7-1** listet die unterschiedlichen Wünsche auf, die von den teilnehmenden Pflegenden genannt wurden.

Tabelle 7-1: Gesamtübersicht der geäußerten Wünsche. Die Reihenfolge stellt keine Rangfolge/Hierarchie dar (Urselmann, 2011).

Wünsche der Pflegenden beim Erleben der Schreie und Rufe von Menschen mit Demenz			
auf eigene Person bezogen	auf den schreienden rufenden Menschen bezogen	auf die Institution bezogen	sonstiges
• (mehr) innere Ruhe haben • belastbarer sein • stärker sein; mehr Kraft haben • durchhalten können • geduldiger sein können • mehr Fachwissen haben; Weiter- und Fortbildungen machen können • eigenes Fachwissen einsetzen können • Ansprechpartner haben; kollegiale Beratung erhalten • mehr Toleranz haben • Schreigrund erkennen können • Lösungsansätze erkennen können • Sensibilität durch Weiterbildung erhalten • Schreiende/Rufende nicht pflegen müssen • Wertschätzung vom Arbeitgeber erhalten • schreien lassen können • keinen Stress wahrnehmen	• Wohlbefinden • Zufriedenheit • ausgeglichene Stimmung haben; Schreiende/Rufende sollen entspannt sein • Gemeinschaft erleben können • keine Isolation • Verständnis von der Umwelt erfahren • 1:1-Betreuung • Schreie/Rufe sollen wertgeschätzt werden wie jedes andere Wort	• auch Doppelzimmer haben • ruhiges Umfeld • größere Aufenthaltsräume • kleinere Bewohnergruppen • Schallschutz haben • Inklusion (demente – nichtdemente Bewohner leben zusammen) • segregative Wohnbereiche für schreiende/rufende Bewohner • ausgewogene Klientelzusammensetzung • keine Isolation • mehr Zeit haben/erhalten • mehr Personal • anderer Tagesablauf	• Medikamente, die helfen und die wirken • an Entscheidungen beteiligt sein • eigene Vorstellungen umsetzen können • Rückendeckung durch Leitung erhalten • fachkompetentes Personal • fachkompetente Ärzte • Ärzte sollen nicht nur die Krankheit, sondern den Menschen mit Demenz sehen • Angehörige sollen aktiv werden • Team soll so bleiben • bessere Bezahlung • Schreien/Rufen als Unterrichtseinheit in der Ausbildung anbieten • Tiere einsetzen können • mehr Öffentlichkeit • Anregungen von außen

Ein Beispiel für einen Wunsch, der durch Reflexion realisierbar scheint, nennt ein Schüler, der sein Praktikum in einem Seniorenheim mit segregativem Wohnkonzept absolviert. Er wünscht sich, ausgehend von seinem Verhalten, dass auch seine Kollegen einen Menschen mit Demenz einfach nur mal in Ruhe lassen und diese Zeit dann nutzen, um sich selbst zu beruhigen. Er äußert diesen Wunsch, weil einige Kollegen den Schrei und Ruf nur als Aufforderung sehen, «irgendetwas» machen zu müssen. Ganz konkret sagte er: «Ich wünsche mir, dass wir den schreienden und rufenden Menschen auch mal in Ruhe lassen und sich selbst beruhigen lassen. Wenn das jeder in der Pflege ab und zu mal machen würde, wären wir einen Schritt weiter. Das klingt vielleicht selbstverliebt und belehrend, wenn ich das als Schüler sage, aber nicht immer muss man sofort springen und was machen. Das heißt ja nicht, dass ich den Schrei oder Ruf bewusst überhöre, sondern es bedeutet, dass Ruhe auch eine Antwort auf den Schrei oder Ruf sein kann.»

Die in der **Tabelle 7-1** geäußerten Wünsche sind mit dem Bestreben verbunden, eine Veränderung zu erzielen. Viele Wünsche sind dort aufgelistet, obwohl den Studienteilnehmer bewusst ist, dass die zeitnahe Realisation nicht möglich sein wird. Das resultiert aus der Fragestellung in den Interviews. Die Wünsche sollten losgelöst von der realen Umsetzung genannt werden, deshalb haben viele Wünsche den Charakter der berühmten drei Wünsche, die eine gute Fee erfüllt. Somit verwundert es nicht, dass Wünsche und Ziele genannt werden, deren Veränderungsmöglichkeit auf einer Entscheidungsebene liegt, die von den Pflegenden nur indirekt beeinflusst werden kann. Das gesellschaftliche Ansehen des Berufs ist hierfür ein Beispiel und der Wunsch nach mehr Öffentlichkeit in den stationären Einrichtungen ist ein weiteres Beispiel. Öffentlichkeit soll bewirken, dass der Fokus auf das Schreien oder Rufen der Menschen mit Demenz gerichtet wird, und zwar direkt «vor Ort». Ein letztes Beispiel für diese Wunschkategorie ist der Wunsch nach einem Medikament, das «hilft». Die Einnahme soll garantieren, dass der Mensch nicht mehr schreit oder ruft. Er soll nicht «ruhiggestellt» werden, sondern das Symptom Schreien oder Rufen soll verändert und völlig genommen werden. Diese Informanten erkennen ihre utopischen Ansprüche und rücken ihren Wunsch damit in den Bereich der Träume. Deutlich wird das in einem Zitat, das von einer Altenpflegerin stammt, die nach einer «Kinderpause» den Beruf der Altenpflege erlernte und heute in einer Wohngemeinschaft für Menschen mit Demenz tätig ist. Dort betreut sie unter anderem einen alten Mann, der besonders nachts immer wieder sehr laut schreit und durch diese Schreie fühlen sich viele Mitbewohner tagtäglich in ihrer Nachtruhe gestört. Sie wünsche sich, dass der Mensch mit Demenz:

> glücklich sein kann. Kein Medikament, das ihn ruhigstellt, sondern das Üble von ihm nimmt, dieser Zwang, der ihn so einengt. Dieses immer im Kreis und nicht wegkommen, immer so – so hab ich das bei ihm empfun-

> den. Er dreht sich im Kreis und findet den Ausgang nicht, diesen Ausgang hätte ich mir für ihn gewünscht. Heraus aus diesem dunklen Loch und aufatmen und wieder ein bisschen Leben.

Mit diesen Wünschen wird eine sehr enge Verbindung zu den schreienden und rufenden Menschen geknüpft. Das zeigt sich an der Qualität der Äußerungen, weil vielfach der Mensch mit Demenz und sein Erleben direkt beziehungsweise indirekt in den Mittelpunkt der Wünsche und Ziele gestellt werden.

7.5 Fazit

Zusammenfassend kann an dieser Stelle festgestellt werden, dass die «Gegenspieler» einen wesentlichen Einfluss auf das Erleben der Pflegenden ausüben. Das Vorhandensein von kompensierend wirkenden Faktoren und deren situative Aktivierungsmöglichkeit weisen darauf hin, dass der Kontext sowohl unterstützend als auch hemmend wirken kann. Energiequellen im Arbeitsfeld zu besitzen und aktivieren zu können steht in ursächlicher Beziehung zu der Arbeitshaltung, die Pflegende einnehmen. Diese Arbeitshaltung wiederum steht in direkter Beziehung zu der gesetzten Zielsetzung, die Pflegende mit ihrer Interventionsgestaltung verbinden. Diese Ziele können unterschiedliche Motivationsebenen besitzen, die einzeln oder parallel nebeneinander stehend, sich in einer Wechselbeziehung positionieren.

8 Erleben und Gestalten der Unerträglichkeit

In diesem Kapitel wird die Genese der Unerträglichkeit beschrieben, die Pflegende bei dem herausfordernden Schreien oder Rufen von Menschen mit Demenz erleben können. Die Beschreibung dieses Phänomens kann nur für das Erleben der professionell Pflegenden stehen und nicht für die Menschen mit Demenz. Wie der Mensch mit Demenz seine Schreie oder Rufe und die Reaktionen empfindet, kann nicht (konkret) gesagt werden. Eindeutig ist jedoch, dass die herausfordernden Schreie oder Rufe ein wichtiger Ausdruck seiner Person sind.

Nachfolgend wird das Phänomen in Beziehung zu den bereits vorgestellten Kontextfaktoren und intervenierenden Bedingungen gestellt, die auf das herausfordernde Schreien oder Rufen Einfluss ausüben.

Es wurde bereits beschrieben, dass die Schreie oder Rufe von Menschen mit Demenz im Kontext der stationären Altenhilfe eine besondere Rolle spielen. Das resultiert unter anderem aus der Tatsache, dass die Schreie oder Rufe hörbar sind und nicht nur in unmittelbarer Umgebung des Schreienden oder Rufenden präsent bleiben. Schreien oder Rufen stören die Ruhe. Diese wollen die Akteure in den genannten Kontexten aber erhalten und sichergestellt wissen. Von Pflegenden wird erwartet, dass sie eine schnelle Lösung finden, dass sie den Schreigrund erkennen und dann zielgenau intervenieren. Ruhe soll hergestellt werden, so heißt die ständige Interventionsmaxime, weil nur Ruhe die Störung der Mitbewohner verhindern kann.

Dieser Anspruch kann aber nicht immer erfüllt werden und diese Forderung ist oft auch nicht erfüllbar. Aus diesem Grund muss der Schrei oder Ruf vielfach ausgehalten werden – von den Pflegenden, den Mitbewohnern und allen anderen Beteiligten. Es entsteht ein Druck, der in stationären Einrichtungen für die Pflegenden bedeuten kann, dass die Schrei- und Rufphase als temporäre Belastung empfunden wird, die vielfach einfach unerträglich ist. Diese Unerträglichkeit wird durch eine Erwartungshaltung begleitet: Die befragten Pflegenden wissen, was in bestimmten Situationskonstellationen passieren wird und sie kennen die Unausweichlichkeit der Schrei- oder Rufphasen sowie das (temporäre) Erleben der Unerträglichkeit.

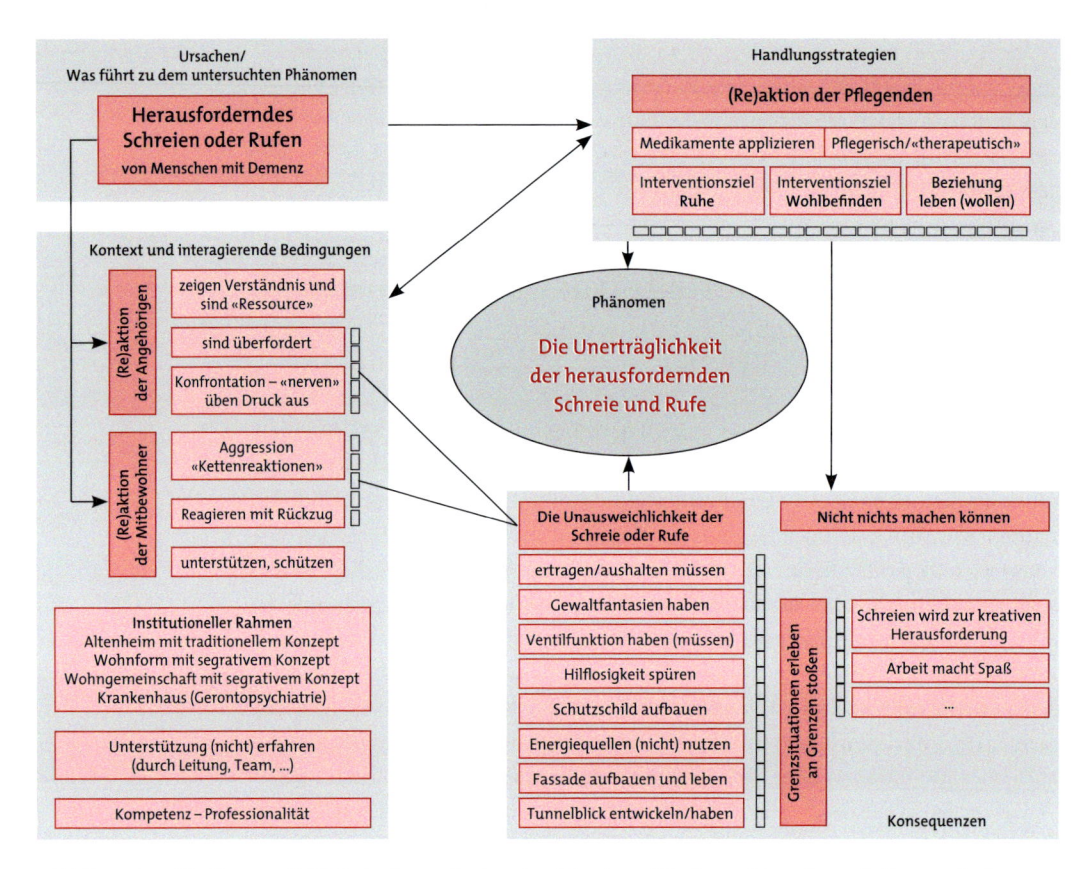

Abbildung 8-1: Die Unerträglichkeit der herausfordernden Schreie und Rufe von Menschen mit Demenz in der stationären Altenhilfe (Kodierparadigma).

Abbildung 8-1 zeigt die Darstellung des zentralen Phänomens, die an das Kodierparadigma der Grounded Theory (Strauss/Corbin, 1996; Strübing, 2008) angelehnt wird.

8.1 Genese der Wahrnehmung von Unerträglichkeit

In der Literatur wird zwar beschrieben, dass Schreien und Rufen zu extremen Belastungsmomenten bei allen involvierten Personen und insbesondere bei den Pflegenden führen kann. Es verwundert jedoch, dass die Beschreibung der Genese von Belastungsmomenten bei diesem Phänomen noch weitgehend fehlt und zwar umso mehr, weil das Phänomen Schreien und Rufen von Menschen mit Demenz zu den häufigsten herausfordernden Verhaltensweisen (Cariaga et al., 1991) von Menschen mit Demenz in der stationären Altenhilfe gehört.

Der Einfluss der höchst divergenten intrinsischen und extrinsischen Bedingungen und Einflussfaktoren sowie die Interventionsgestaltung der Pflegenden führen vielfach zu einer wechselseitigen Kumulation, die erst in ihrer Summe den größtmöglichen Einfluss auf das Erleben nehmen. Das Erleben der Schreie oder Rufe von Menschen mit Demenz wird von den teilnehmenden Informanten als ein Ablauf (siehe auch **Abbildung 8-2**) beschrieben, der in einer temporären Wahrnehmung von Unerträglichkeit der herausfordernden Schreie oder Rufe gipfeln und in Situationen mit einer bestimmten Konstellation der involvierten Bedingungsfaktoren zum Erleben von Grenzen führen kann. Das löst manchmal einen Ablauf aus, der über eine Erwartung und dem Erleben des Nicht-ausweichen-Könnens zum temporär eng umgrenzten Erleben der Unerträglichkeit führen kann. Diese Phasen laufen nacheinander in unterschiedlicher Ausprägung und Intensität ab und sind immer temporär begrenzt. Vielfach geht das Erleben in eine Kumulationsphase über, die sehr stabil sein kann und langfristig bestehen bleibt. In dieser Phase, in der die Unerträglichkeit der Schreie und Rufe nicht wahrgenommen wird, besteht insgesamt betrachtet eine latente Instabilität, die dazu führt, dass es immer wieder zum Erleben von Grenzsituationen kommen kann.

In **Abbildung 8-2** wird der Ablauf dargestellt, der das Erleben von Pflegenden bei Schreien oder Rufen von Menschen mit Demenz mit den fließend ineinandergreifenden Phasen beschreibt.

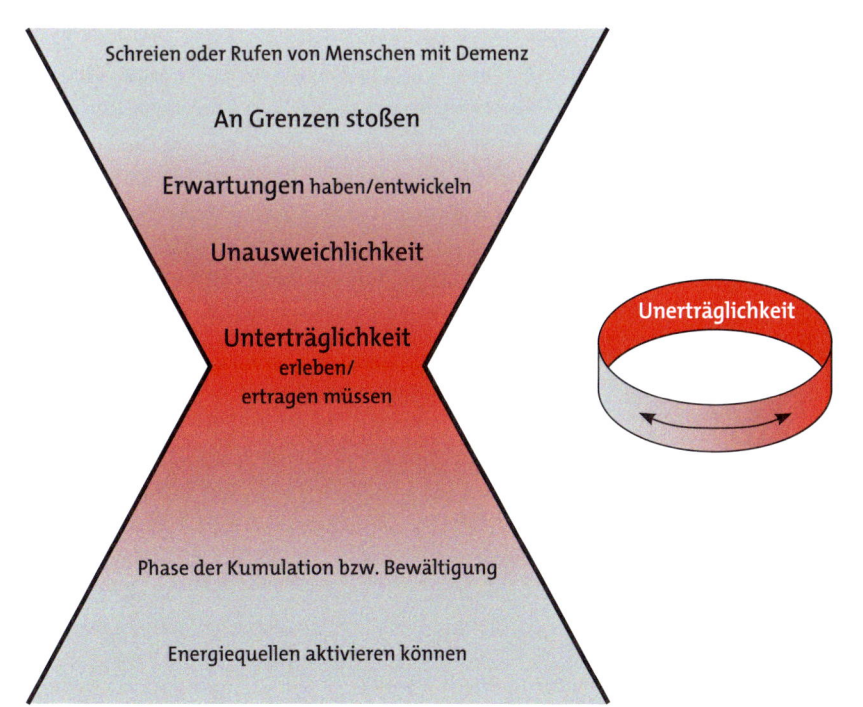

Abbildung 8-2: Ablaufmodell der Unerträglichkeit beim Erleben und Intervenieren von herausfordernden Schreien und Rufen.

Die Abbildung zeigt in der farblichen Darstellung, dass einzelne Phasen sich im «Grünbereich» (Grau dargestellt) und andere im «Rotbereich» befinden und fließend ineinander übergehen. Die Bedeutung dieser Farbauswahl soll das Belastungsempfinden der Pflegenden symbolisieren, so dass im zentralen Rotbereich das Erleben der Unerträglichkeit besonders intensiv empfunden wird und in den grünen Randbereichen lediglich eine latente Kumulation besteht.

Dieser zeitliche Ablauf muss vor dem Hintergrund des Kontextes der stationären Einrichtungen der Altenhilfe mit seinem komplexen Alltag und den sich wechselseitig eng beeinflussenden Bedingungen betrachtet und verstanden werden.

Im folgenden Kapitel wird zunächst das Erleben von Grenzsituationen dargestellt. Anschließend werden die einzelnen, fließend ineinandergreifenden Phasen beschrieben.

8.1.1 An Grenzen stoßen

Im komplexen Pflegealltag kann es immer wieder vorkommen, dass die Schrei- und Rufphasen von Menschen mit Demenz die Pflegenden an die Grenzen ihrer Belastbarkeit führen. Es ist ein Punkt, der das Handeln beeinflusst und in den Momenten der höchsten Anspannung zur Reflexion zwingt. Dies hat den Charakter eines Innehaltens und führt zu einer prospektiven Handlungsplanung sowie zu einer Situationsbewertung mit einer Aktualisierung und Anpassung der Interventionsgestaltung. Ein Bespiel, dass bereits kurz erwähnt wurde, zeigt die Zusammenhänge: Eine Pflegende, die nahezu 15 Jahre in der Pflege tätig ist und tagtäglich die Rufe einer Frau mit Demenz erlebt, erzählt, dass sie in sehr lauten und anhaltenden Schreisituationen an ihre Grenze geführt wird. Auf die Frage, ob sie in dieser Extremsituation schon mal zurückgeschrien hat, antwortet sie offen, dass es bereits vorgekommen sei. Sie erzählt, dass sie sich zuerst erleichtert fühlte und es wird deutlich, dass sich in diesem Moment des Zurückschreiens ihre Anspannung gewissermaßen entladen konnte. Es war jedoch nur ein kurzer Moment der «Erleichterung», weil es für sie ein Erlebnis war, das sie erschreckte und ihre Grenzen hat erkennen lassen:

> [Ich fühlte mich im Moment des Zurückschreiens; Anm. des Autors], ja, momentan zwar erleichtert auch. Ahhhh, insgesamt aber eigentlich nicht so gut. Also, es ist für mich immer so'n, eigentlich ein großes Warnzeichen, wo ich seh, da bin ich jetzt an der Grenze und dann überleg ich einfach, woran lag das jetzt. Liegt's an meinem privaten Bereich zum Beispiel, dass ich einfach überlastet bin. Oder liegt's hier in der WG, dass einfach gerad was ist? Dass die Leute generell grad – da gibt's generell so Zeiten, die sind besser und die sind schlechter und liegt's daran oder liegt's daran, ja was weiß ich, dass ständig jemand krank ist und ich ständig einspringen muss?

Diese Pflegende reflektiert ihr Verhalten und es wird deutlich, dass sie Lösungsstrategien sucht. Sie erzählt im Verlauf des Interviews, dass sie sich sofort aus dieser Pflegesituation zurückgezogen hatte, eine Auszeit nahm und die Pflege an eine Kollegin übertrug. Sie erkannte die enge Grenze, und sie nahm die in diesem Fall überschrittene Grenze zur Gewalt sehr kritisch und selbstreflektierend war. Sie beschönigte nicht, sondern sprach ihr «Zurückschreien» im Team offen an. Es war eine Ausnahmesituation, die mit ihrem Schrei beendet wurde. Auffallend ist, dass viele Pflegende diese eigene Grenze wahrnehmen und offen thematisieren sowie Lösungsstrategien (Auszeit nehmen, Reflexion im Team, …) aktivieren können. Schlüssel in diesen Situationen scheinen Offenheit und die Reflexion im Team zu sein. Diesen beiden Komponenten kommt eine hohe Bedeutung zu, wie folgendes Beispiel zeigt: Eine Pflegende, die als Wohngruppenleitung in einer Wohngemeinschaft für Menschen mit Demenz arbeitet, nimmt die Rückmeldungen des Grenzerlebens ihrer Mitarbeiter sehr ernst und lässt jeden Hinweis in die sofortige Suche nach Lösungen einfließen. «Ich hab auch einen Hilferuf losgesandt an meinen Vorgesetzten und auch an diese Frau» berichtet sie, die als Mitarbeiterin eines Beratungsinstituts eine kontinuierliche externe Beratungsfunktion vornimmt. Diese Pflegende wurde aktiv, als sie die ersten Rückmeldungen ihrer Kollegen erhielt, dass die Rufe eines Bewohners zu Grenzerleben innerhalb ihres Teams führten. Sie begründet ihr Verhalten: «Und ich habe gesagt, da passieren Sachen, die wir wieder nicht in Griff kriegen und wo uns – wo ich Angst hab, dass wir Grenzen überschreiten. Weil Aggressivität, Gewalt in der Pflege, da muss man sofort reagieren, wenn ich schon das Gefühl hab, es könnte zur Gewalt kommen», betont diese Gruppenleitung deutlich. Vorausschauend sucht sie Unterstützung sowie externe Beratung. Innerhalb des Teams werden die Grenzsituationen nicht tabuisiert und stoßen auf ein Klima der Offenheit.

Das Erleben der Grenzsituationen ist immer das Zusammenspiel und die Kumulation von komplexen, vielschichtigen und wechselseitig sich beeinflussenden Faktoren. Ein Beispiel, wie unterschiedlich die kumulierenden Einflussfaktoren wiederum von den Einstellungen und dem Anspruch an die eigene Person geprägt sind, zeigt sich in einem Gespräch mit einer Pflegenden, die in einer Wohngemeinschaft arbeitet. Für sie steht die Verzweiflung des schreienden Menschen mit Demenz und ihr eigenes Pflegeziel, «dass es ihm gut geht», im Vordergrund. Das Ganze gipfelt in einer Mischung aus Mitleid und dem Wunsch, die Schreisituation ändern zu wollen. Deutlich wird in diesem Zitat der Wechsel vom «Ich» zum «Wir» (siehe **Abbildung 8-3**). Das wiederum deutet auf einen gelebten Teamkonsens, der die Bedeutung einer gemeinsamen Zielsetzung unterstreicht.

> Nein, normalerweise kann ich sehr gut dann sagen: ‹So, bis hier und nicht weiter›. Aber bei ihm [gemeint ist der Bewohner, der immer so laut schrie; Anm. des Autors] war's sehr schwierig, weil er so verzweifelt war.

> Ich wollte, wir wollten einfach, dass es ihm gut geht. Wir wollten ihm eigentlich helfen und weil er am Anfang ganz anders war, weil wir ihn ganz anders kannten und es hat uns dann schon sehr leid getan.

Zurück zu dem letzten Beispiel, welches zeigt: Weil diese Pflegeperson ihr eigenes Ziel nicht erreicht hat, führt sie dieses Ereignis in dieser Pflegesituation zum Grenzerleben. Im weiteren Gesprächsverlauf wird transparent, dass die Pflegende in den Schreiphasen die Kontrolle direkt und indirekt ausüben will, um damit die Schreisituation lenken beziehungsweise beherrschen zu können. Potenziert wird dieser Vorsatz mit dem Bestreben, den eigenen Ansprüchen genügen zu wollen. Es wird stets dann kritisch, wenn ihr das nicht in dem Ausmaß gelingt, wie sie es sich wünscht und anstrebt. Immer wieder versucht sie, ihre eigenen Ansprüche zu realisieren:

> Das ist das Problem, das sich dann nicht mehr einzugestehen. Ich komm an diesem Punkt einfach nicht weiter, weil man hat an sich schon – oder ich habe an mich den Anspruch, das so gut wie möglich zu machen. Das hat eigentlich jeder und es ist dann schon – man fühlt sich schon ein bisschen als, als – ja, als Versager kann ich jetzt nicht sagen, aber, schwierig dann zu sagen, da ist jetzt meine Grenze. Ich kann einfach nicht mehr, ich versuch es dann immer noch mal, auch wenn ich eigentlich im Hinterkopf schon hab, es geht nicht.

Wir in der Interventionsgestaltung

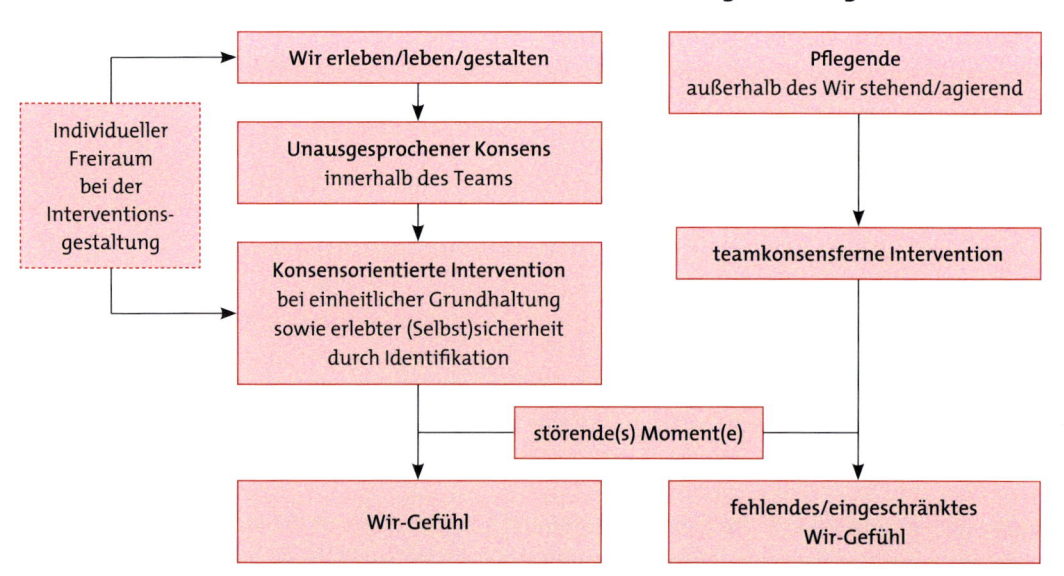

Abbildung 8-3: Das «Wir» in der Interventionsgestaltung. Das Schaubild zeigt Aspekte der Beziehungen innerhalb eines Mitarbeiterteams.

8.1 Genese der Wahrnehmung von Unerträglichkeit

Die Reflexion im Team und die gelebte Offenheit zwischen den Arbeitskollegen scheinen ein Teil jener Kraft zu sein, die es möglich machen, dass Pflegende die Grenzsituationen aushalten können. Es kann eine Kraftquelle sein, die es einem erlaubt, die eigenen Grenzen einschätzen zu können. Das Wissen um die eigenen Grenzen macht es möglich, situationsadäquat agieren und reagieren zu können. Das wiederum resultiert aus dem Wissen um den Rückhalt im Team und aus den Rückmeldungen der Teammitglieder, die einen Perspektivwechsel mit einem neuen Betrachtungswinkel erlauben. Es kann ein wichtiger Rückhalt sein, wobei der Reflexionsbedarf auch nur mit einzelnen Kollegen befriedigt werden kann und im Team dieser Bedarf nicht angesprochen wird.

> Eine Altenpflegerin, die gleichzeitig auch Fachkraft für Gerontopsychiatrie ist und erfolgreich Fort- und Weiterbildungsmaßnahmen in Basaler Stimulation, DCM und «Pflegedienstleitung» abgeschlossen hat, nutzt die Reflexion im Team regelmäßig. In einem Gespräch betont sie, dass sie erst lernen musste, ihr Verhalten offen anzusprechen und im Team zu reflektieren. Sie berichtet von der Pflege eines alten Mannes, der plötzlich zu schreien begann und das Team den Schreigrund nicht finden konnte. Zuerst vermuteten sie, dass er Schmerzen habe und ein Arzt wurde informiert, der zuletzt hoch dosiert Schmerzmedikamente verordnete. Das Schreien blieb jedoch und führte die erfahrene Altenpflegerin an ihre Grenzen. Während des Gesprächs sagt sie:
>
> > Ich hab klipp und klar im Team gesagt, dass ich mit dem Schreien nicht mehr umgehen kann. Dass ich nicht mehr weiß, wie ich damit umzugehen habe und dass es in mir wirklich Wut auslöst. Und, dass ich gemerkt hab, dass ich da an eine Grenze komme, wo ich wirklich meine, meine Wut, die ich jetzt eigentlich darauf hatte, weil ich hilflos war und nicht intervenieren konnte, auf den Bewohner übertragen habe. Das staute sich so ihn mir auf, dass ich wirklich gedacht habe: ‹Meine Güte, jetzt halt doch die Klappe und jetzt hör mal auf zu schreien›. Da habe ich gedacht: ‹Oh, jetzt wird's grenzwertig. Jetzt intervenierst du, indem du nur noch zu zweit hier pflegst›.

Dieses Beispiel zeigt, dass die gut ausgebildete Altenpflegerin ihre Grenze erkannt hat und dass dieses Erkennen es möglich macht, in der Grenzsituation gegen ihre imaginären Gewaltfantasien anzusteuern. Würde sie nichts machen, mutmaßt sie, käme es zur Gewalt gegenüber dem laut schreienden/rufenden alten Mann. Aus diesem Grund aktiviert sie diesen Schutzmechanismus, indem sie die Kollegen um Hilfe und Unterstützung bittet. Die Zusammenarbeit im Team liefert Halt und ist von entscheidender Bedeutung für ihre Arbeitshaltung. Kritisch bemerkt sie: «Es kann sich keiner davon freisprechen, wenn er diese Grenze nicht erkennt, dass er nicht irgendwie den Menschen mal grob anfasst.» Die Pflege und der tagtägliche Kontakt zu herausforderndem Verhalten können, so berichten andere Pflegende, oft eine Gratwanderung darstellen, die immer mit der latenten Gefahr verbunden sein kann, gewaltähnliche Verhaltensweisen zu entwickeln. Es ist eine kontinuierliche Selbst- und Fremdreflexion erforderlich, die darüber hinaus mit einer besonderen Berufsqualifikation verbunden scheint. Eine andere Gesprächspartnerin mit einer pflegerischen Hochschulbildung, die eine segregative Wohngruppe leitet, knüpft in diesem Zusammenhang eine Verbindung zu den Berufsvoraussetzungen von Pflegepersonen. Sie trennt jedoch deutlich zwischen der in der Schule erworbenen Fachkompetenz und der persönlichen Eignung einer Pflegenden. Sie habe die Erfahrung gemacht, dass das herausfordernde Schreien und Rufen von Menschen mit Demenz auch Fachkräfte sehr schnell an ihre Grenzen führen könne. Sie berichtet aus ihrem Pflegealltag und beschreibt, wie es Pflegenden ergehen kann, die aus anderen Arbeitsbereichen in die Betreuung von Menschen mit Demenz wechseln.

> In Forschungsgesprächen erzählen sie 1:8-Betreuung und den Alltag mit den Bewohner leben. Das finden die (= neue Mitarbeiter) alle ganz toll und wenn sie dann wirklich hier angekommen sind, die kommen ja nicht nur aus dem Seniorenheimbereich, die kommen aus dem Krankenhaus, weil sie jetzt da die Nase voll haben, machen sie mal das. Wenn die das berühmte Händchen nicht dafür haben, wie man vielleicht auch für Chirurgie oder Gynäkologie ein Händchen braucht, dann kommen die sehr schnell an Grenzen und es kann auch sein, dass sie dann relativ schnell wieder gehen. Also, nicht immer hat eine Fachkraftausbildung auch wirklich was mit dieser Kompetenz zu tun, das hat auch sehr damit zu tun, was bringe ich als Person mit, gerade bei Demenzkranken.

Mit dieser Einschätzung steht diese Pflegeperson nicht allein, sondern es unterstreicht die Einschätzung und Aussagen vieler Informanten, die auf die Frage antworteten, was eine Pflegeperson mitbringen muss: «Menschlichkeit», «ein Menschenfreund sein», «Mitgefühl», «Wertschätzung», «Berufung zur Pflege» und zum Beispiel auch «Herz haben müssen» – das wurde bereits an anderer Stelle beschrieben! Diese Auswahl an Begriffen zeigt, dass Pflegende eine bestimmte Grundhaltung erwarten, die helfen kann, die eigene Grenze zu erkennen. Diese Einschätzungen dürfen das Anforderungsprofil des Berufes jedoch nicht verzerren, weil Fachkompetenz immer ein wichtiger Garant sowie die Grundvoraussetzung ist, fachkompetent handeln zu können. Dies macht auch eine Altenpflegerin mit etwa zehnjähriger Berufserfahrung in einem Gespräch deutlich. Sie sagt, dass:

> [...] es immer noch genügend Tage gibt, wo ich auch an meine Grenzen komme und wo ich merke, dass meine Nerven an den Tagen weniger belastbar sind, als vielleicht an manchen anderen Tagen, ja. Aber das ist der Grund, warum ich jetzt besser damit klarkomme oder auch besser damit umgehen kann, als ich es früher konnte. Alleine durch das Verständnis für das Krankheitsbild

Diese habe sie im Rahmen der Ausbildung und zum Beispiel im Rahmen der Anleitungen in ihren Praktika erworben.

Auch wenn die Reflexion im Team als Ressource und Kraftquelle gedeutet werden kann, besitzt das Erleben von Grenzsituationen stets einen höchst individuellen Charakter. Das resultiert aus der Individualität der Pflegeperson und ihrer Abhängigkeit zum Kumulationsgeschehen der Einflussfaktoren.

Das Erleben von Grenzen ist immer ein einschneidendes Ereignis für Pflegende. Eine Episode, die zeitlich begrenzt ist und die durch die involvierten Kumulationsfaktoren beeinflusst wird. Das Erleben kann mit Gefühlen verbunden sein, die mehrheitlich einen negativen Charakter besitzen. In sprachlich differenzierter Form werden die Einzelwahrnehmungen in Interviews dargestellt und mit Adjektiven beschrieben, die zudem eine passive Grundhaltung suggerieren. Die Pflegenden geben dem Erleben von Grenzsituationen und der Wahrnehmung von Gefühlen, Affekten und Gedanken gewissermaßen eine Sprache. Trotz dieser mehrheitlich negativ gefärbten Beschreibungen wird die Qualität der Beziehungsgestaltung zu den schreienden oder rufenden Menschen dagegen positiv bewertet. In **Tabelle 8-1** werden die emotional gefärbten Äußerungen und Gefühlsbeschreibungen aufgelistet, die viele Pflegenden in Interviews genannt haben.

Im direkten Zusammenhang mit den beschriebenen Gefühlen stehen potenzielle Auslöser, die in **Tabelle 8-2** aufgelistet sind. Die befragten Pflegepersonen nennen in den Interviews eine Vielzahl von Gründen und Ursachen, die teils im persönlichen und privaten Lebensbereich liegen. Sie benennen darüber hinaus Auslöser, die sich der eigenen Beeinflussung weitgehend entziehen und die in der Tabelle unter fremdbestimmten Einfluss subsumiert sind. Die Kumulation der Auslöser kann Einfluss auf die Dauer des Erlebens von Grenzsituationen nehmen.

8.1.2 «Schreien macht mir nichts»

Von besonderem Interesse für die Betrachtung des Erlebens von Grenzsituationen sind die Äußerungen von Pflegenden, die deutlich zum Ausdruck bringen, dass ihnen die herausfordernden Schreie und Rufe von Menschen mit Demenz nichts ausmachen würden.

Tabelle 8-1: Beispiele von Beschreibungen der wahrgenommenen Gefühle bei Schreien oder Rufen von Menschen mit Demenz, die in Verbindung mit dem Erleben von Grenzsituationen stehen und von Pflegepersonen genannt werden.

Auswahl von Gefühlsbeschreibungen beim Erleben von Schreien oder Rufen in Grenzsituationen, die von Pflegenden in Interviews genannt wurden.
• angespannt sein
• Angst spüren
• anstrengend
• ausgelaugt sein
• sich bedrückt fühlen
• sich belastet fühlen; Belastung wahrnehmen, ...
• blutleer sein
• Diskrepanz zwischen Kopf und Tat spüren
• geht an die Substanz
• genervt sein, geht an die Nieren, ...
• Gewaltfantasien entwickeln
• Hass gegen Schreienden spüren
• Hilflosigkeit spüren, hilflos sein
• innere Unruhe spüren
• Ignoranz spüren
• sich leer, kraftlos, mies, ... fühlen
• körperliche Symptome wahrnehmen (schwitzen, ...)
• kraftlos sein
• sich minderwertig fühlen, weil Situation *«nicht im Griff zu kriegen»* ist
• sich persönlich angegriffen fühlen
• ratlos sein, keine Lösung kennen, ...
• schlechtes Gewissen wahrnehmen
• sich sehr/ganz *«schlimm»* fühlen, nur Negatives damit verbinden
• schockiert sein, entsetzt sein, Schreck wahrnehmen (über eigene Gedanken)
• seelischen Schmerz wahrnehmen
• Sympathie, Antipathie spüren
• Unzufriedenheit spüren
• Unsicherheit wahrnehmen, sich verlassen fühlen
• Wut spüren, wütend sein
• sich zusammenreißen müssen

Tabelle 8-2: Auswahl von potenziellen Auslösungsmomenten, die zum Erleben von Grenzsituationen führen können (keine hierarchische Reihenfolge).

Mögliche Auslöser für das Erleben von Grenzsituationen (aus der Sicht von Pflegenden, die herausforderndes Schreien und Rufen erleben) (multifaktorielle Genese und wechselseitige Verknüpfung sowie Kumulationsgeschehen)	
im persönlichen/privaten Bereich begründet	fremdbestimmter Einfluss
• den eigenen Ansprüchen (*»stark sein müssen«*) genügen wollen (= interne Anspruchshaltung); die eigenen Ansprüche nicht erfüllen können • Berufsvoraussetzungen, das «*Händchen*» für die Arbeit mit Menschen mit Demenz haben • Pflichtgefühl haben und nicht genügen können • fehlende Interventionsansätze bzw. Alternativen mehr kennen («nichts hilft») • Gewaltfantasien entwickeln/bewusst werden • Kontrollverlust wahrnehmen • Antipathie spüren und trotzdem pflegen müssen • Belastungsmomente mit nach Hause nehmen, («nicht abschalten können»)	• den fremden Ansprüchen (der Menschen mit Demenz, den Mitbewohnern, den Kollegen, der Leitungsebene, der Gesellschaft, ...) genügen wollen (= externe Anspruchshaltung) • lange Dienstzeit (Arbeitsperioden); unregelmäßiger Arbeitsrhythmus • Empfinden eines einengenden zeitlichen Rahmens («zu wenig Zeit», Zeitmangel) • fehlender bzw. unzureichender Freiraum für Ideen («Ohnmacht spüren») • ärztlichen (Applikations-)Anweisungen «*folgen müssen*», deren Inhalte nicht mitgetragen werden; Nebenwirkungen von Medikamenten • Schreien ertragen/aushalten müssen • Schrei- oder Rufgrund nicht finden können • eskalierende Kettenreaktionen der Bewohner («*Schreien steckt an*») • wegen wirtschaftlicher (privater) Zwänge den Beruf nicht wechseln/aufgeben können • (lang anhaltende) Schrei- und Rufphasen • fehlendes Fachwissen der Kollegen • zeitgleicher Bedarf von Pflegeanforderungen unterschiedlicher Bewohner • fehlende oder unzureichende Auszeit während der Arbeitsabläufe • struktureller Rahmen der Einrichtung • fehlende/unzureichende Unterstützung durch Leitungsebene; Hilfe wird nicht gewährt/Hilfe- und Unterstützungsbedarf wird nicht gesehen • fehlende Reflexionsmöglichkeit im Team
• Angst, selbst Gewalt in emotional belastend empfundenen Situationen anzuwenden • Kumulation von Belastungsmomenten im privaten Umfeld • «*nicht mehr abschalten können*» bzw. eigene Energiequellen nicht aktivieren können • fehlendes Fachwissen, unzureichende Fort- oder/und Weiterbildungen; fehlende Vorbereitung bzw. fehlende Lehrinhalte zum Phänomen Schreien und Rufen während der Ausbildung	

Gibt es das wirklich, dass herausfordernde Schreie und Rufe von Menschen mit Demenz immer und überall so verstanden und interpretiert werden, dass sie einem Hörer «nichts ausmachen» und nie einen störenden Charakter erhalten? Bedenken Sie bitte, dass Schreie und Rufe an keinem Ort und keine Zeit gebunden sind und in unterschiedlichster Ausdrucksqualität zu hören sind!

Eine Altenpflegerin bejaht diese Frage sehr deutlich. Sie hatte vor mehreren Jahren bewusst und überlegt das Angebot angenommen, in einem Wohnbereich zu arbeiten, der neu gegründet werden sollte. In dem segregativen Wohnbereich eines Seniorenheims sollten drei Menschen mit Demenz, zwei Frauen und ein Mann, wohnen, deren verbale Kommunikationsfähigkeit sich allein auf Schreien oder Rufen begrenzte. Nach ihrer Elternzeit suchte sie einen neuen Berufseinstieg und wählte den Beruf der Altenpflege. Mehr als zehn Jahre arbeitet sie in der Pflege und nahm sofort das Angebot an, in diesem speziellen Wohnbereich zu arbeiten. Diese Arbeit mache ihr Spaß und sie habe die Gestaltungsfreiheit, ihre Berufsziele zu verwirklichen, wie sie deutlich betont. In einem Interview berichtet sie von ihren Erfahrungen und sagt, dass sie sich an dieses Schrei- und Rufverhalten der drei Bewohner «gewöhnt» habe. Sie kenne die Schrei- oder Rufäußerungen, sie kenne die Schreienden oder Rufenden und sie könne deren Verhaltensweisen sicher einordnen, sagt sie. Das Schreien sei normal und gehöre zu ihrem Pflegealltag, «für mich [die letzten beiden Wörter stark betont] gehört das zu diesem Ganzen, gehört das dazu, ganz einfach. Ich – also, mich stört es überhaupt nicht mehr. Ich weiß aber, dass es Kollegen gibt – was ich verstehe, 'ne – die stört das hier.» Sie nennt unter anderem als Grund für dieses Erleben die Tatsache, dass sie nicht nur ihren Arbeitsplatz gezielt auswählen konnte, sondern auch in der Gründungs- und Einrichtungsphase dieser sehr spezialisierten Wohngruppe aktiv eingebunden war. Grenzsituationen würde sie zwar ebenfalls auch immer wieder neu erleben, aber an die Schrei- und Rufäußerungen hätte sie sich gewöhnt.

Liegt hier eine unbewusst ablaufende Habituation vor? Die Pflegeperson in unserem Fallbeispiel und auch ihre Kollegen, die ihr Schrei- und Ruferleben ähnlich beschreiben, hören jeden Tag, jede Stunden, fast ununterbrochen die Schreie und Rufe der drei Bewohner während ihrer Arbeitszeit. Sie gehören zu einem Team, die sich diesen Wohnbereich freiwillig ausgewählt haben und nur dort arbeiten. Unterstützung im Krankheitsfall oder während des Urlaubs erhalten sie immer wieder durch Kollegen aus dem gleichen Seniorenheim. Diese Kollegen berichten aber übereinstimmend, dass sie sich an die herausfordernden Schreie und Rufe nicht gewöhnen konnten und können.

> Wie lässt sich die unterschiedliche Wahrnehmung erklären? Welche Einflussfaktoren sind wirken hier bestimmend?
>
> Beachtet werden sollte, dass es sich hier nicht um schwache Stör- und Warnreize handelt, sondern um lautstarke Vokalisationen von Menschen mit Demenz – und dennoch scheint sich eine Gewöhnung vollzogen zu haben. Diese Entwicklung verläuft parallel zu einem Prozess der Auswahl: In diesem Bereich sind nur die Pflegenden ununterbrochen tätig, die diesen Arbeitsplatz sehr gezielt ausgewählt haben. Sie wussten, dass sie Menschen pflegen (werden), deren verbale Kommunikationskraft allein auf Schreien oder Rufen begrenzt ist und sie haben die Möglichkeit einer «Auszeit», die sie individuell bestimmen und nehmen können. Darüber hinaus besteht in diesem Seniorenheim eine sehr offene Grundhaltung, die es möglich macht, den Alltag im Team oder mit der Leitungsebene reflektieren zu können. Dort herrscht eine Grundhaltung, in der die Bewertung nicht alles dominierend im Vordergrund steht, sondern der Gedanke, dass der Mensch, der pflegebedürftige Bewohner und der Mitarbeiter, im Mittelpunkt stehen. Die Pflegedienstleitung und die Heimleitung, also die gesamte Leitungsebene dieses Hauses hat ein «stets ein offenes Ohr für ihre Mitarbeiter», wie die Pflegenden übereinstimmend zu berichten wissen. In diesem Zusammenhang fällt auf, dass die Kollegen, die nur aushilfsweise in diesem spezialisierten Wohnbereich arbeiten, viel häufiger von dem Erleben von Grenzsituationen berichten.
>
> Angesichts dieser exemplarischen Beschreibungen von persönlichen Einstufungen der Wahrnehmung ist festzuhalten, dass herausfordernde Schreie oder Rufe von Menschen mit Demenz nicht immer unmittelbar Auslöser von Grenzsituationen sind, sondern vielfach erst mittelbar zu diesem Erleben führen.

8.2 Zerrissenheit spüren

Im engen Zusammenhang und in Ergänzung zu den beschriebenen Grenzsituationen, die viele Pflegepersonen immer wieder erleben, spüren die befragten Personen in bestimmten Grenzsituationen einen Zustand der Zerrissenheit. Sie glauben, Pflegehandlungen ausführen oder Vorgaben folgen zu müssen, die sie nicht durchführen würden, wenn sie frei entscheiden könnten oder die wahrgenommenen Zwänge nicht beachten müssten. Im Vordergrund steht hier die Wahrnehmung der Pflegenden, dass die nicht beeinflussbar scheinende Arbeitssituation die eigene Ansicht, die eigene Vorstellung von «guter Pflege» und den eigenen Entscheidungsradius in besonderer Weise einschränken. Der Radius des selbstbestimmten Handlungsspielraums scheint durch das Empfinden des fehlenden Einflusses potenziert.

Eine trennscharfe Abgrenzung zwischen dem Erleben von Grenzsituationen und der Wahrnehmung von Zerrissenheit ist nicht möglich. Beide Formen fließen ineinander, wobei allerdings die Faktoren, die zur Zerrissenheit führen können (institutionelle Rahmenbedingungen, gesetzliche Vorgaben, …), eine wesentlich nachhaltigere Wirkung ausüben. Den Ausweg aus dem Erleben dieser Belastungsmomente ist den Pflegenden nicht oder nur begrenzt möglich. Dennoch kommt es auch hier nicht zu einem lang anhaltenden Zustand der Starre; das Erleben von Zerrissenheit ist zeitlich begrenzt. Es bildet aber gewissermaßen die Basis, die durch Kumulationsvorgänge letztlich wieder zum Entstehen von neuen, weiteren Grenzmomenten führen kann.

Tabelle 8-3 listet in Ergänzung zur **Tabelle 8-2** eine Auswahl von weiteren Einflussfaktoren auf, die zur Zerrissenheit und zum Erleben von Grenzen führen können. In dieser Tabelle sind einzelne exemplarische Interviewzitate aufgeführt, die einen Ausschnitt aus der Pluralität des komplexen und sich wechselseitig beeinflussenden Gesamtbildes widerspiegeln. Dieses Gefühl der Zerrissenheit steht in direkter Verbindung mit dem Erleben von Grenzen und wird von den befragten Personen als ein wesentlicher Faktor beziehungsweise eine wichtige Voraussetzung beschrieben, die zum Erleben der Unerträglichkeit der Schrei- und Rufphasen führt. Wenn Menschen mit Demenz schreien oder rufen, ist diese wahrgenommene Zerrissenheit bei den Pflegenden immer durch höchst individuelle Züge geprägt: Bei einzelnen Personen kann sie sehr stark ausgeprägt sein und von anderen Pflegenden wird sie nicht thematisiert.

8.3 Eine Erwartung entwickeln/haben

Das Erleben von Grenzen und Zerrissenheit steht in direkter Verbindung mit einer Erwartung – oder genauer gesagt mit dem Wissen, dass bei einer bestimmten Konstellation von Einflussfaktoren ein Belastungsmoment (vermutlich) eintreten wird. Dieses Wissen kumuliert darüber hinaus mit der Erwartungshaltung, dass dieses Konstrukt vielfach nicht beeinflusst werden kann. Das wiederum resultiert aus dem Erfahrungswissen, dass im Umgang mit dem schreienden oder rufenden Menschen mit Demenz gesammelt wird.

Tabelle 8-3: Auslösende Momente der Zerrissenheit. Exemplarisch ausgewählte Interviewzitate.

Zerrissenheit auslösende Momente (exemplarische Interviewzitate von Pflegenden)
finanzielle Aspekte • «*Das Haus lebt von den Bewohnern, die zahlen und ich kann nicht ein Zimmer leer stehen lassen.*»
Mitarbeiter/Kollegen (die unmotiviert und nicht engagiert sind) • «*Ich habe sehr gute Kolleginnen, [...] die das Professionelle verinnerlicht haben, die sich weitergebildet haben [...] Dann gibt es die Kollegen, die schon sehr lange im Betrieb sind [...] Die sagen: ‹Alle dasselbe, es kommt nur drauf an, was in der Doku steht›, ja, so und ansonsten sich an dieses System gar nicht gewöhnen wollen oder können. Die aber aufgrund irgendwelcher Versetzungsmaßnahmen dann hier gelandet sind. Das ist mein Kummer.*» • «*... es gibt ja immer auch Leute, die sich generell gegen alle Neuerungen wehren und sich nirgendwo richtig einfühlen wollen und dann ist das schwierig.*»
keine Ideen für Interventionsansätze mehr haben (»nichts hilft«) • «*Die Bewohnerin [...] hat uns auch oft angefleht, wir sollten ihr doch bitte helfen [Wir haben sie] in den Arm genommen und ansonsten? Was kann man machen? Keine Ahnung.*»
Personalmangel • «*... wir haben früher zu mehr Personal – wir haben 15 Bewohner auf dem Bereich, wir waren früher zu dritt. Eine Dame war in der Küche und meistens noch jemand vom Sozialen Dienst. Heute machen wir das zu zweit.*» • «*Im Prinzip kann man nicht jedem gerecht werden, leider nicht. Dann müsste man 1:1-Betreuung haben.*»
Pflegehandlungen • Ohne Verzögerung durchführen wollen: «*Die Ablenkung [durch die Schreie] ist [...] ja gar nicht schlecht. Aber in dem Moment empfinde ich sie als Störung meiner Handlung, ne. [...] Aber du hast ja doch das Ziel: Den Herrn möchte ich waschen, also die Grundpf[lege] – das ist das eigentlich, ne.*» • Bewohner gegen seinen Willen waschen müssen, der dann schreit: «*... als sie dann bettlägerig wurde, da mussten wir sie ja dann säubern [...] da blieb uns nix anderes übrig, [...], man muss ja irgendwann sauber machen. Das Bett war dann schon ganz nass.*»
den Vorgaben der Leitungsebene (Heimleiter) folgen müssen • Fixierung der schreienden Bewohner durchführen müssen: «*... den ersten Heimleiter. Der wollte dann, dass dann irgendwie massiv was passiert und dann sollte er im Bett fixiert werden. Und ich habe gesagt: ‹Das tu ich nicht.›*» • Generierung/Realisation eines Neukonzeptes: «*Ja, die wollten immer schon mal was machen und, und haben's noch nie richtig auf die Reihe gekriegt – es ist wirklich so, es ist 'ne Schande.*» • Vorgaben der räumlichen Gestaltung (Bad, Gemeinschaftsräume) folgen müssen: «*... wenn sie da ne Leitung bekommen, die sagt, dass Badezimmer braucht keine Efeuranke und das muss nicht wohnlich sein und die, dass Duschöl darf da nicht stehen, weil der Bewohner könnte es trinken und wir haben's bewusst stehen lassen, weil er weiß, wenn ich sein Duschöl habe, was er früher hatte, dann weiß der das, dass er das nicht trinken darf oder soll.*»
Zeitmangel • Aufmerksamkeit ist einseitig und unbewusst allein auf Schreiende/Rufende gerichtet: «*Die (schreienden und rufenden Bewohner) brauchen permanente Aufmerksamkeit und die anderen Patienten, die nicht so viel Aufmerksamkeit brauchen, gehen dann oft unter.*» • «*Aber das ist diese Aufmerksamkeit, die die haben wollen von uns, die wir ihnen aber nicht immer geben können, aber die wir geben möchten, aber wir haben die Zeit nicht immer.*»

Eine Informantin, die als Altenpflegerin in einem Seniorenheim für Menschen mit Demenz tätig ist, erlebte tagtäglich bis zum Tod einer Bewohnerin deren Schreie. Es waren Schreiphasen, die durch Pflegemaßnahmen nicht oder nur begrenzt beeinflussbar schienen. Die alte Frau mit Demenz schrie an einem Tag lang anhaltend und sehr laut und an anderen Tagen zeigte sie kein herausforderndes Verhalten in Form von Schreien. Die Ursache für diesen unregelmäßigen Schreirhythmus ließ sich nicht finden, berichtet die Pflegende. Sie erzählt, dass das Verhalten der schreienden Frau sehr oft ihr Handeln bestimmte und sie sich ebenso oft noch vor Dienstantritt die Frage stellte, ob die Frau heute wohl wieder schreien würde. Diese Frage verband sie mit einer Erwartung, die zu einer Anspannung führte. Wenn sie das Schreien hörte, wusste sie, wie der Pflegealltag ablaufen würde. Sie antizipierte noch vor Dienstbeginn einen wahrscheinlich eintretenden Ereignisverlauf. In dem Interview sagt sie:

> Da war's ja so, dass wirklich alle Mitarbeiter oder die meisten Mitarbeiter, wenn sie schon in den Dienst gekommen sind: Hhhhmmmm [tiefes Ausatmen der Interviewpartnerin], also mit so einer Beklemmung auch gekommen sind. Und die erste Frage war immer: ‹Wie ist sie denn heute?› Und also da hat jeder da schon Angst gehabt und da war schon von uns so eine Anspannung irgendwann dann da, die man gar nicht mehr richtig abbauen konnte. Also es war manchmal so, man ist hergefahren, auf den Parkplatz ausgestiegen und da hat man sie schon schreien hören. Gott, dann ist der Pegel schon gesunken, der Stimmungspegel. Und das hat natürlich auch eine Rolle gespielt im ganzen Verhalten, das hat sich auf alles übertragen hier, auf die, die Mitarbeiter untereinander, auf die Patienten, auf die Stimmung.

Eine andere Pflegeperson beschreibt eine ebensolche Erwartungshaltung. Sie arbeitet ebenfalls in einem Seniorenheim für Menschen mit Demenz und sie empfinde das Rufen einer Frau in bestimmten Situationen als sehr belastend. Vor Beginn des Interviews berichtete sie, dass sie aktuell eine «schlechte Phase» erlebe, dass sie sich privat angespannt fühle und das Rufen der Bewohnerin im Moment als höchst störend einstufe. Wenn sie sich vorstelle, dass diese Frau wieder die ganze Nacht rufe, «geht's mir nachher nicht so gut. Wenn ich weiß, dass ich schon Nacht[-Bereitschaft] habe, kann ich nicht mehr schlafen eine Nacht vorher, weil ich weiß, was für eine Nacht kommt.»

Diese Pflegenden antizipieren einen möglicherweise eintretenden Ereignisverlauf, den sie nicht beeinflussen, den sie nicht abwenden und dem sie sich nicht entziehen können. Sie wirken gefangen in ihrem Vorstellungskonstrukt, diese Erwartung prägt ihr Handeln und forciert das Erleben von Grenzsituationen. Aus einer aktiv Handelnden wird temporär eine passiv Duldende – eine Haltung, die allerdings nicht durch lähmende Passivität geprägt ist. Alle befragten Pflegenden bleiben handlungsaktiv und gestalten weiterhin eine dialogische Beziehung zu den schreienden oder rufenden Menschen. Das scheint ein wesentlicher Grund dafür zu sein, dass diese Phasen zeitlich eng begrenzt bleiben. Ein Altenpfleger, der über zehn Jahre in der Pflege tätig ist und in einer stationären Einrichtung mit traditionellem Wohnkonzept arbeitet, beschreibt sein Verhalten in diesen Phasen so: «So, dann gibt es auch wieder Zeiten, wo man selber nicht gut drauf ist, wo's, wo man wirklich schon mal eine Faust in der Tasche, auf Deutsch gesagt, machen muss. Aber dabei bleibt es dann auch.»

Erleben und Handeln der befragten Pflegenden werden durch eine Erwartungshaltung beeinflusst und geprägt. Die Vermutung über möglicherweise/wahrscheinlich eintretende Handlungsabläufe oder das Wissen, dass extrinsische Einflussfaktoren nicht verändert werden können, führen zu dem Erleben von Grenzen oder können (müssen aber nicht) zu einem Zustand der inneren Zerrissenheit führen.

Viele der Pflegenden berichten, dass die Erwartung von bestimmten Verhaltensweisen oder der eingeschränkten Beeinflussbarkeit von Faktoren, immer auch mit dem Wissen verknüpft sei, dass die Phasen endlich sind und dass sie bewältigt werden könnten. Insofern beinhaltet die Erwartungshaltung der Pflegenden mindestens drei wesentliche Komponenten:

- das Wissen, dass eine bestimmte Konstellation von Einflussfaktoren zu temporären Belastungsmomenten führen wird
- das Wissen, dass zahlreiche Einflussfaktoren sehr statisch sind und nicht wesentlich verändert werden können
- das Wissen, dass die temporär empfundenen Belastungsphasen endlich sind.

Die Summe dieser Faktoren sind implizite Verhaltensweisen, die in den Interviews nur indirekt von den teilnehmenden Pflegenden beschrieben wurden.

> Wichtig ist allerdings zu beachten, dass dieses Gefühlsempfinden einiger Pflegenden eine latente Gefahr darstellt, sprich die erzwungene Haltung kann immer auch eine latente Gewaltbereitschaft beinhalten. Es kann und darf nicht sein, dass Pflegende mit «einer geballten Faust in der Tasche» vulnerable Menschen pflegen, die zum Opfer werden können. Das sind zugegebenermaßen Einzelfälle, und sie sind nicht zu verallgemeinern, aber es kann auch nicht sein, dass Pflegende diesem Druck

> in dieser Weise ausgesetzt werden. Hier ist Handlungsbedarf angezeigt und zwar beginnend bei jedem Bürger, der die Fragen beantworten sollte: «Wie will ich selbst gepflegt werden, wenn ich alt und dement werde? Und was muss ich persönlich tun, damit dieser Wunsch erfüllt werden kann.» Dieser Handlungsbedarf reicht bis zu den Zeitgenossen, die verantwortlich die gesetzlichen Vorgaben schaffen und gestalten.

8.4 Aspekt der Unausweichlichkeit

Die Erwartungshaltung der (teilnehmenden) Pflegenden geht, wenn die Kumulation der Einflussfaktoren in der Weise fortschreitet, dass die Schreie oder Rufe als Belastung wahrgenommen werden, nahtlos in eine Phase des direkten Bewusstwerdens der Unausweichlichkeit über. Zwei Aspekte stehen hier deutlich im Vordergrund:

- das Wissen, dass die Situation nicht mehr beeinflusst werden kann und unausweichlich stattfinden wird
- und zweitens die Tatsache, dass die Pflegenden sich dieser erwarteten Situationskonstellation räumlich nicht entziehen können.

Zu wissen, dass man nicht ausweichen kann, wird als höchst unangenehm beschrieben. Der räumliche Aspekt spielt in diesem Verlauf eine dominante Rolle. Hier ist zu bedenken: Die Pflegenden arbeiten in stationären Einrichtungen und ihr Arbeitsplatz sind die Räume, in denen die Menschen mit Demenz leben und herausfordernd schreien oder rufen. Während ihrer Arbeitszeit können sie sich diesen Schreien oder Rufen weitgehend nicht entziehen, sie sind diesen herausfordernden Verhaltensweisen unausweichlich ausgesetzt. Deutlich wird das in dem Gespräch mit einer erfahrenen Altenpflegerin, die in einer Einrichtung mit segregativem Wohnkonzept arbeitet und von der Pflege eines alten Mannes berichtet, der täglich in seinem Badezimmer gewaschen wird. Weil dieser Bewohner sturzgefährdet ist, sagt sie, helfen ihm zeitgleich zwei oder drei Pflegende. Während die eine Pflegeperson wäscht, stützt die andere diesen Bewohner, so dass er nicht fallen könne. Die Situation findet auf engstem Raum statt. Dieser Bewohner zeige, wenn er gewaschen wird, sehr häufig herausforderndes Verhalten und schreie dann sehr laut. «Wenn ich dann so dicht neben ihm stehe», sagt die Altenpflegerin, «trötet er mir ins Ohr. Ich versteh die Kollegen nicht, mein Kopf platzt.» Bei anderen schreienden alten Menschen, «kann ich weggehen, aber wenn ich ihn im Arm hab oder muss ihn waschen oder die Vorlage richten oder so», dann könne sie in dem Moment nicht weggehen und müsse in dem kleinen Badezimmer bleiben. «Das ist furchtbar, ganz fruchtbar. Ich habe das Gefühl, ich kann nix machen. Ich kann mich dem ja nicht entziehen, sonst. Sonst würde man vielleicht die Flucht ergreifen», beschreibt die Altenpflegerin ihr Erleben der Unausweichlichkeit in dieser Pflegesituation. Sie berichtet ergänzend, dass sie überlegt hatte, in dieser Pflegesituation Ohropax einzusetzen. Ihren Versuch musste sie aber sofort abbrechen, weil sie sich in dem engen Bad verbal nicht mehr mit ihren Kollegen austauschen konnte und sie Änderungen des Schreiverhaltens nicht mehr hörte.

Diesen Gedanken der «Flucht» kennen viele der befragten Pflegepersonen in ähnlicher Weise. Dieses Gefühl besitzt zwar aber nur temporären Charakter und ist eine Momentaufnahme, die aber emotional als höchst belastend empfunden wird.

> Eine Altenpflegerin mit gerontopsychiatrischer Weiterbildung, die in einer Einrichtung mit segregativem Wohnkonzept arbeitet, beschreibt ihren Wunsch in dieser Situation so: «Ich hab manchmal das Gefühl, ich kann das nicht ertragen, dann halte ich mir die Ohren zu und würde am liebsten meine Tasche packen und ganz weit weg gehen.» Eine andere Altenpflegerin, die in einem Seniorenheim mit traditionellem Wohnkonzept arbeitet und über 20 Jahre im Beruf tätig ist, betont in diesem Zusammenhang, dass sie sich diesen Schreiphasen ebenfalls entziehen möchte und die Schreie als «nervend» wahrnehme. Sie betont jedoch, dass sich dieses Gefühl nicht auf den schreienden Menschen beziehe, sondern auf die Situation: «Ich weiß ja, das ist nervend», sagt sie, «aber ich hab jetzt keine Zeit dafür und bin dann so ungehalten, so sauer. Nicht auf diesen Menschen an sich, es ist einfach dann diese Situation.» Eine Situation, die ihr starr und nicht veränderbar erscheint.
>
> Viele Pflegepersonen berichten, dass sie sich diesem Gefühl der räumlichen Einengung geplant entziehen. Vielfach nehmen sie sich eine Auszeit. In einer Erzählsequenz wird der räumliche Aspekt der Auszeit im Zusammenhang mit dem Erleben der Unausweichlichkeit deutlich: «Dann geh ich vielleicht mal eine rauchen oder mach 'ne kurze Pause – es ist schon sehr belastend, klar. Man ist schon, wie gesagt – je höher die Lautstärke dann ist, wie gesagt, ist das Stress. Da muss man schon mal kurz Abstand nehmen, einmal tief durchatmen und dann kann es wieder weiter gehen», sagt dieser Helfer in der Altenpflege.
>
> Ein Altenpfleger berichtet, dass er den Hinweis zum Ortswechsel (beziehungsweise zur kurzen «Auszeit») von einer externen Beratungsfirma erhalten habe. In diesem Beispiel wird wieder der räumliche Aspekt in den Vordergrund gerückt und in direktem Zusammenhang mit der Selbstpflege gebracht. Er berichtet, dass er diese Beratungsfirma jederzeit, tags und nachts, anrufen konnte und dieses Angebot besonders

> nachts in Anspruch nahm, wenn eine alte Frau wieder sehr laut schrie. Die Mitarbeiter dieser Beratungsfirma gaben den Tipp: «Jetzt gehen Sie erstmals eine rauchen, oder je nach dem, ja. Und beruhigen Sie sich. Gehen Sie mal raus und denken Sie an was anderes und lassen Sie sie einfach mal zehn Minuten schreien. Und es ist Ihnen jetzt ganz egal, was die anderen machen. Wenn die aufwachen, dann wachen sie erstmals auf. Es geht jetzt erstmals um Sie, machen Sie Selbstpflege». Vier oder fünfmal nahm er diese Hilfe in Anspruch und das sei eine echte Hilfe gewesen, fasst er diese Tipps zusammen. Er habe gelernt, dass er in diesen Grenzsituationen eine Auszeit brauche. Heute wisse er, «dass ich mich aus der Situation raus nehmen muss und ich sage: ‹Okay, es ist jetzt so. Ich muss mich um mich kümmern – erstmals, bevor ich da weitermachen kann, weil sonst flipp ich da aus, sonst flipp ich da echt aus.›.»

In diesen beiden Beispielen gelingt es den Pflegenden, die erwartete räumliche Unausweichlichkeit zu beeinflussen und gewissermaßen abzuwenden. Sehr viele Pflegenden berichten, dass der Übergang von der Unausweichlichkeit zur Unerträglichkeit, (die im nächsten Kapitel beschrieben wird), nicht zwingend folgen muss. Die einzelnen Phasen folgen keiner starren, in einer bestimmten Richtung festgelegten Abfolgekette, die gewissermaßen immer in der Unerträglichkeit der Schreie oder Rufe gipfelt. Diese Phasen folgen nicht zwingend aufeinander und müssen nicht ineinandergreifend allezeit so ablaufen. Es gibt an jeder Stelle immer wieder Brüche, die die Entwicklungskette beeinflussen. Das zeigen die beiden genannten Beispiele. Die «Selbstpflege» schafft räumliche Distanz und gibt die Gelegenheit Abstand zur Schrei- oder Rufsituation einzunehmen. Gleichzeitig wird die erwartete Entwicklungsrichtung verändert, und der Ablauf wird neu gestaltet.

8.5 «Irgendwann ist es einfach unerträglich»

Wenn Pflegende bei dem Erleben von herausfordernden Schreien oder Rufen an ihre Grenzen der Möglichkeiten und der steuerbaren Beeinflussung gelangen, werden die Schrei- oder Rufphasen als «unerträglich» eingestuft. Dies ist ein Moment, der ohnmächtig und hilflos macht und es ist der absolute Höhepunkt in einem Phasenverlauf. «Und man kann natürlich auch die Geduld verlieren, das muss man schon sagen. Wenn, wenn die schreien, dann fängt das die ganze Zeit an, sodass es fast unerträglich ist, muss man sagen», sagt ein Altenpfleger, der über 20 Jahre in der Pflege tätig ist, und er unterstreicht mit seiner Bemerkung, dass die Unerträglichkeit nah an einem Punkt zur Gewalt stehen kann. Es ist eine Situation, die dieser Informant reflektiert und sich der Bedeutung dieser latenten Grenze sehr wohl bewusst ist. Ebenso wie eine

Altenpflegerin, die in einer Einrichtung mit traditionellem Wohnkonzept arbeitet und zusätzlich den Aspekt des Grenzerlebens auf einer anderen Ebene in den Vordergrund rückt: «bei mir [ist] die Schwelle relativ hoch. […] ich ertrage unheimlich vieles, akzeptiere vieles. Es kommt aber auch schon mal bei mir dieser Punkt, wo ich sage, so, jetzt kann ich nicht mehr, jetzt hab ich keine Ideen mehr, wie ich helfen kann.» Es ist ein Punkt, den viele der befragten Pflegenden bereits so erlebt haben und der für alle mit einer persönlichen, höchst individuellen Problematik interpretiert wird. Es zeigen sich darüber hinaus erstaunlich viele Parallelen innerhalb des Erlebens. Ursächlicher Auslöser ist der herausfordernde Schrei oder Ruf, der eine Kette aufeinanderfolgender Abläufe in Gang setzt und der in direkter Verbindung mit der Kumulation von intrinsischen und extrinsischen Einflussfaktoren steht.

Höhepunkt ist das Erleben der Unerträglichkeit des Schreis oder Rufs, der gleichzeitig immer implizit einen Wendepunkt enthält. Das Erleben der herausfordernden Schreie oder Rufe wird unter der Perspektive der Autogenese betrachtet, die in Beziehung zur Kommunikation und in Zusammenhang mit den situativen und institutionellen sowie konzeptionellen Aspekten der stationären Einrichtungen steht. Die Verknüpfung dieser Einflussfaktoren stellt gewissermaßen eine Einengung des Raums für die Pflegenden dar, die in ihrer Interventionsgestaltung direkt und indirekt beeinflusst werden. Es sind jedoch nicht nur institutionelle Einflussfaktoren, die wirksam werden, auch persönlichen und emotionalen Ereignissen kommt hier eine besondere Bedeutung zu. Eine Pflegende, die in einer Einrichtung mit traditionellem Wohnkonzept arbeitet, beschreibt diesen Zusammenhang deutlich:

> Ja, es gibt Zeiten und Tage, da hab ich da überhaupt kein Problem mit, aber es gibt auch schon mal Tage, da bin ich innerlich sehr kribbelig und nervös. Das hängt, muss nicht unbedingt damit zusammenhängen, dass dann auf Station als solches viel Arbeit und viel Stress ist, sondern es hängt, denk ich, von mir selber ab. Weil ich vielleicht nach dem achten oder neunten Tag es einfach nicht mehr ertragen kann.

Eine Altenpflegerin, die in einer Wohngemeinschaft für Menschen mit Demenz arbeitet, beschreibt den Zusammenhang der emotionalen Grenzempfindung mit der «Unerträglichkeit des Schreis» ebenfalls, wenn sie sagt:

> Aber ich bin eigentlich gar nicht jetzt die Person, die gleich sagt: ‹Oh Gott, da müssen wir einen Arzt anrufen und da muss man was machen›. Aber es war tatsächlich so, dass man es einfach nicht im Griff gekriegt hat. Der hat einfach geschrien, die hat – ja das ist einfach – irgendwann ist es einfach unerträglich!

Häufig wird ein Zusammenhang zwischen der Unerträglichkeit der Schreie oder Rufe und den langen Dienstzeiten geknüpft. Eine Altenpflegerin, die über 20 Jahre in der Pflege tätig ist und in einer traditionellen Einrichtung arbeitet, berichtet: «Ich kann es auf Dauer nicht hören. Ich kann keine 13 Tage im Spätdienst hintereinander machen. Ich kann es einfach nicht hören.»

Wenn Pflegende sehr viele Tage ununterbrochen arbeiten, was durchaus der Normalität und der gängigen Praxis entspricht, kann sich die Wahrnehmung der Schreie oder Rufe entscheidend verändern. Werden die Schreie oder Rufe zu Beginn des Dienstantritts noch als erträglich eingestuft, kann sich das mit dem Verlauf der geleisteten Arbeitstage entscheidend ändern. Es kommt zu einer gravierenden Veränderung der Wahrnehmung, so dass die Schreie oder Rufe «einfach nicht mehr ertragen werden» können. In diesen Situationen aktivieren Pflegenden unterschiedliche Strategien: An erster Stelle steht die Übertragung der Pflege an einen Arbeitskollegen. Dieses Vorgehen hat vielfach einen kompensatorischen Charakter, und die Pflege kann nach der Auszeit fortgesetzt werden, wie ein Altenpfleger berichtet, der in einem Seniorenheim mit traditionellem Wohnkonzept arbeitet. «Also ich muss ehrlich sagen, es gab auch schon mal Tage, wo ich gesagt habe: ‹Nee, heute kann ich das nicht ertragen, heute gehst Du [= Kollege] mal da rein›.» «Ich habe es gesagt», berichtet er, «und es war für alle Kollegen kein Problem». Es war keine Schwierigkeit, weil alle diesen «schlechten Tag» schon mal erlebt haben. Wichtig ist, dass jeder die Möglichkeit und Freiheit haben muss, seine Empfindung und seine Bitte offen im Team auszusprechen. Es ist ein Geben und Nehmen auf einer absolut gleichberechtigten Ebene.

Eine ganz andere Lösungsstrategie würde eine andere befragte Pflegende für sich realisieren. Auf die Frage, was sie machen würde, wenn zeitgleich zwei Bewohner schreien würden, antwortet sie: Ich würde kündigen. Sie sieht für sich nur diese Lösung, wobei es allerdings fraglich ist, ob sie diesen Schritt vor dem Hintergrund der finanziellen Zwänge letztlich auch vollziehen würde. Sie sagt:

> Oh Gott, da möcht ich gar nicht dran denken [lachend gesagt]. Was würde ich da machen? Wenn ich's nimmer aushalt – kündigen [letztes Wort lachend gesagt]. Ja, weil ich kann mich nicht aufreiben. Ich kann mein Bestes geben, eine bestimmte Zeit lang, aber wenn ich dann an den Punkt komm, wo ich feststell, ich halt's nicht mehr aus, dann muss ich gehen.

Die Übergabe von Pflegetätigkeiten an Kollegen ist jedoch nicht immer eine Strategie, die angewendet werden kann, wie eine Pflegende berichtet, die in einem Seniorenheim mit traditionellem Wohnkonzept tätig ist. Sie berichtet von einer Bewohnerin, die einen Schlaganfall in ihrer Wohnung erlitten hatte und ins Krankenhaus kam. Dort teilte man ihr mit, dass sie nicht mehr nach Hause zurückkehren könne, sie zog in ein Seniorenheim, wo sie erneut stürzte und wieder ins Krankenhaus kam. Hier entwickelte sie herausforderndes Schreien und wurde in die Psychiatrie verlegt. Anschließend zog sie in ein anderes, weit entferntes Seniorenheim in die Nähe des Wohnortes ihres Sohnes. Die Pflegende berichtet, dass sie «halt mit Psychopharmaka eigentlich bis an den Stehkragen voll» war, aber kein herausforderndes Verhalten mehr zeigte. Der neue Hausarzt setzte dann alle Medikamente sofort ab und das Schreien der Bewohnerin entwickelte sich wieder. Die Pflegende beschreibt ihr Erleben:

> Das war 'ne extrem harte Zeit für uns, weil es war einfach unerträglich. Die Bewohner hatten Angst, weil sie einfach durch – bei uns leben eben, eben sehr viele demente Bewohner, die konnten dieses Schreien nicht zuordnen. Die waren extrem unruhig und sie hat ja eigentlich Tag und Nacht geschrien. Dass wir da zuerst zu gesagt haben, das ist nichts fürs Seniorenheim, die gehört hier nicht hin. Da haben sich auch die Hausärzte der anderen Bewohner mit dem Hausarzt dieser Frau in Verbindung gesetzt und haben gesagt ‹Hör mal, bist Du eigentlich bescheuert, alles abzusetzen, von jetzt auf gleich›. Und dann, nachdem wir dann immer wieder mit ihm telefoniert haben, und haben gesagt ‹Wär's nicht sinnvoll den Neurologen einzuschalten?›. Nach langem Verhandeln hat er sich drauf eingelassen. Und wir haben dann einen Neurologen eingeschaltet. Er hat ihr Risperdal und Melperon wieder verordnet.

In diesem Beispiel wird deutlich, dass die Expertise eines Hausarztes infrage gestellt wurde und «nach langem Verhandeln» konnte ein Facharzt, ein Neurologe, hinzugezogen werden. Die Frau schreie zwar noch immer, wie die Pflegende sagt, aber sie wirke nicht mehr so angespannt und stehe nicht mehr unter einem scheinbar unerträglichen Druck.

Zwischenbemerkung

Pflegende erleben Schreie und Rufe von Menschen mit Demenz sehr unterschiedlich, aber stets in Abhängigkeit von dem Einfluss und der Kumulation von intrinsischen und extrinsischen Faktoren. Bei diesem Erleben gibt es immer wieder Ereignispunkte, die sie an ihre fachlichen und emotionalen Grenzen führen. Das Grenzerleben ist individuell unterschiedlich und es ist wiederum abhängig von Einflussfaktoren. Dennoch gibt es auffallend viele Parallelen: Die Grenzen können teils sehr leicht überwunden und als «normale» Pflegeanforderung gewertet werden. Sie können allerdings, wenn emotionale und institutionelle Einflussfaktoren situativ als unüberwindbare Grenze erscheinen, in Verbindung mit einer Erwartungshaltung und dem Bewusstwerden einer räumlichen und scheinbar nicht beeinflussbaren Unausweichlichkeit zur zeitlich begrenzten Unerträglichkeit führen. Das Erleben der Unerträglichkeit ist darüber hinaus mit der Wahrnehmung verknüpft, dass eigene Ressourcen zur Kompensation nicht mehr zur Verfügung stehen. Auffallend ist, dass das Erleben von Unerträglichkeit nicht oder nur zeitlich eng begrenzt zu einem Zustand der «Ohnmacht» führt.

8.6 Kumulation versus Energiequellen aktivieren (können)

Die genannten Faktoren und Einflüsse, die zur Genese der Unerträglichkeit führen, wurden dargestellt und in einen zeitlichen Ablaufrahmen gestellt. Hierbei geht die Phase des Erlebens der Unerträglichkeit in eine Phase der Kumulation über beziehungsweise in eine Phase, in der externe und interne Energiequellen einen Ausgleich schaffen. Zu diesem Zeitpunkt besteht mehr oder weniger ein Gleichgewicht zwischen den beiden Extrempolen: der Kumulation von Belastungsmomenten auf der einen Seite und der Kompensation/dem Ausgleich auf der anderen Seite. Erst zu dem Zeitpunkt, wenn eine Seite dieses Gleichgewicht sich merklich verändert, kann (und nicht muss) der Phasenverlauf neu beginnen.

Der Phasenverlauf stellt ein reduziertes Ablaufmodell dar, das aber die Entstehung der Unerträglichkeit umfassend beschreibt. Diese Unerträglichkeit kann bei dem Erleben der Schreie oder Rufe von Menschen mit Demenz immer wieder entstehen. Dieses Modell erklärt die komplexen Zusammenhänge und macht den Einfluss der extrinsischen und intrinsischen Faktoren deutlich. Darüber hinaus sind Vorhersagen möglich: Immer, wenn die genannten Einflussfaktoren einen bestimmten Kumulationsgrad erreicht haben, kommt es zur Unerträglichkeit beim Erleben des Phänomens Schreien und Rufen von Menschen mit Demenz.

8.7 Anmerkungen zum Phasenverlauf bis zur Unerträglichkeit

Es wurde dargestellt, dass der herausfordernde Schrei oder Ruf bei den Pflegenden zu einem Gefühl von Zerrissenheit führen kann. Dieses Gefühl steht am Anfang eines Phasenverlaufs. Es fällt auf, dass die Pflegenden die Bedürfnislage der schreienden oder rufenden Menschen mit Demenz ausleben lassen wollen und gleichzeitig die Bedürfnisse der Mitbewohner nach Ruhe zu realisieren versuchen. Dieser Spagat gelingt jedoch nur im Ausnahmefall, so dass sie sich ungewollt in ein Dilemma manövrieren. Dieser Anspruch zwingt sie zur zeitnahen Reaktion und Aktion. Ursache bleibt vielfach der Wunsch, dass der Schrei oder Ruf als verbaler Ausdruck einer Person ausgelebt werden kann. Dass dieser Anspruch in vielen stationären Einrichtungen nicht realisierbar ist, ist den Pflegenden bekannt. Sie wissen aus ihrer Erfahrung, dass Schreie oder Rufe das soziale Miteinander stören können, und dieses Wissen führt zu einer Erwartungshaltung. Dieses (Erfahrungs-)Wissen ist geprägt durch Belastungsmomente, weil sie der erwarteten Situation nicht oder nur eingeschränkt ausweichen können. Hier wird der Einfluss von institutionellen Einflussfaktoren deutlich. Die Summe dieser einzelnen Phasen, die kumulierend und korrelierend ineinandergreifen, führen zu dem Gefühl der Unerträglichkeit. Das Gefühl ist nicht nur eine Reaktion auf den Schrei oder Ruf, sondern auch Ausdruck von anderen Faktoren, die nicht oder nur eingeschränkt beeinflussbar sowie in den institutionellen Rahmenbedingungen verankert scheinen.

Der besondere Einfluss der institutionellen Bedingungen scheint bestätigt, wenn das Schreiverhalten und die Reaktion der Mitbewohner in einer stationären Einrichtung für Menschen mit Demenz mit segregativem Wohnkonzept berücksichtigt wird. In diesem Seniorenheim wurde ein abgegrenzter Bereich für drei schreiende und rufende Bewohner eingerichtet. Hier können die schreienden und rufenden Menschen ihre verbale Kommunikationskraft uneingeschränkt ausleben und sie erfahren keine restriktiven Einschränkungen. Interessant ist in diesem Zusammenhang, dass die Pflegenden das verbale Miteinander der drei schreienden Bewohner als Gespräch interpretieren. Es komme, so mutmaßen die Pflegenden, zu einem Austausch von Informationen und Gefühlen. Dieser Einschätzung konnte in den Beobachtungssequenzen allerdings nur eingeschränkt gefolgt werden. Es zeigte sich jedoch, dass die herausfordernden Schreie und Rufe der drei Mitbewohner in ein Miteinander übergehen und nicht als Störung interpretiert werden.

Auffallend in diesem speziellen Wohnbereich ist die hohe Mitarbeiterpräsenz, die nahezu kontinuierlich garantiert scheint. Darüber hinaus berichteten diejenigen Pflegenden, die konstant in diesem Wohnbereich arbeiten, nicht von lang anhaltenden Phasen des Erlebens von Unerträglichkeit. Es zeigte sich, dass sich das Kernteam, das aus nur wenigen Mitarbeitern besteht, auf die Schreie und Rufe der Bewohner eingestellt hatte. Der Schrei wird als Nachricht und Ausdruck einer Person verstanden, was in anderen Wohnformen allerdings mehrheitlich ebenfalls so eingeschätzt wird. Was ist jedoch in diesem speziellen Wohnbereich anders? Denn dort kommt es nicht zu aggressivem Verhalten der Mitbewohner und damit zu keinen Kettenreaktionen, die in zahlreichen Untersuchungen (Sloane et al., 1997; Nagaratnam et al., 2003; Urselmann, 2004, 2006; Rosen et al., 2008; Manière et al., 2010) beschrieben werden. Gerade das aggressive Verhalten und die «Kettenreaktionen» der Mitbewohner sind ein elementarer Prädiktor des dargestellten Phasenablaufs. Außerdem konnte in diesem speziellen Wohnbereich eine hohe Präsenz der Pflegenden beobachtet werden. Die Mitarbeiterpräsenz ist ein weiterer Prädiktor für das Erleben der Unerträglichkeit. Angemessene Präsenz und ausreichend «Zeit» werden von den teilnehmenden Pflegenden als Voraussetzung betrachtet und gefordert, um sich in den Schrei- oder Rufmomenten zum Beispiel neben den Menschen mit Demenz setzen zu können oder spezielle Pflegehandlungen wie die Basale Stimulation zu realisieren. Ein weiterer wichtiger Unterschied zeigt sich darin, dass die Pflegenden sich diesen speziellen Wohnbereich als Arbeitsplatz gezielt ausgesucht hatten und dass sie wussten, dass dort nur schreiende oder rufende Menschen mit Demenz wohnen. Die dort langfristig tätigen Mitarbeiter wollten in diesem speziellen Segregationsbereich arbeiten; sie sahen das Schreien und Rufen als Herausforderung. Mitarbeiter, die in diesem Wohnbereich kurzfristig als Vertretung arbeiten, haben diese Wahl nur eingeschränkt. In diesem speziellen Wohnbereich zeigte sich jedoch, dass das soziale Miteinander der Bewohner in einer größeren Gruppe auf einzelne Aktionen begrenzt wird und der Zugang der schreienden oder rufenden Menschen zum integrativen Gruppengeschehen fremdbestimmt eingeschränkt ist. Es kommt zu einer Segregation, die allein durch das Schrei- oder Rufverhalten begründet ist. Inklusion – im Sinne von selbstverständlich dazugehören – ist nicht realisiert.

Die Ergebnisse zeigen, dass die Möglichkeit zur Fort- und Weiterbildung in diesem Seniorenheim allen Mitarbeitern gleichermaßen zugänglich ist und auch die Unterstützung durch die Leitungsebene ist bei allen Mitarbeitern gleich. Dieser Punkt kann also in der Bewertung und im Vergleich der Wohn- und Lebenssituation der schreienden oder rufenden Menschen in diesem Seniorenheim nicht einfließen.

8.8 Denkanstöße für die Pflegepraxis

Vieles auf der folgenden Liste hört sich selbstverständlich und leicht umsetzbar an. Das ist es allerdings nicht und die Realisation erfordert unter anderem Fachkenntnisse und eine offene Grundhaltung – eine Haltung, die es möglich macht, eine Situation und die potenziellen Veränderungsoptionen analytisch zu betrachten. Es kann ein langer Weg sein, der aber bekanntlich mit dem ersten Schritt beginnt.

Viele Pflegende werden in offenen Teamgesprächen vielleicht staunen, wenn sie beispielsweise hören, dass der Kollege ähnliche (negative) Gefühle in bestimmten Pflegesituationen empfindet und eine eigene Strategie erfolgreich entwickelt und erprobt hat.

Was ist zu beachten? Hier einige Beispiele:

- Pflegeziele gemeinsam vereinbaren und «leben» (→ Teamkonsens)
- Grenzerlebnisse/negative Gefühle beim Erleben herausfordernder Schreie oder Rufe im Team oder mit einer Vertrauensperson offen ansprechen und nicht tabuisieren
- Offenheit im Team (und zwar ohne moralischen Zeigefinger)
- Offenheit in der teamübergreifenden Zusammenarbeit
- die Leitungsebene «mit ins Boot holen» und Ziele und Vorgehen gemeinsam vereinbaren, gewissermaßen einen (ungeschriebenen) «Vertrag schließen»

- kollegiale Beratung in einem Klima, dass keine Angst vor negativer Bewertung oder Diskriminierung kennt

- Bereitschaft zur Reflexion

- bei Schrei- oder Rufbeginn eines Menschen mit Demenz: Welche Einflussfaktoren lassen sich identifizieren und wie sind diese gegebenenfalls in (teamübergreifender) Zusammenarbeit modifizierbar?

- gegebenenfalls externe Unterstützung einfordern (→ Blick aus der Vogelperspektive, neueste wissenschaftliche Erkenntnisse, …). Nicht warten, bis die Situation festgefahren scheint.

8.9 Beziehungsfeld zwischen Auslöser und Bewältigungserleben

Bislang wurden das Erleben und Gestalten der Unerträglichkeit thematisiert, wobei einzelne Interventionsstrategien unter anderem hinsichtlich ihrer Zielsetzung und ihrer Beziehung zu den Auswirkungen und Konsequenzen dargestellt wurden. Außerdem wurden das Bewältigungserleben der Pflegenden sowie der kumulierende Phasenablauf beschrieben, der ineinandergreifend im Erleben einer zeitlich begrenzten Unerträglichkeit der Schreie und Rufe gipfeln kann. Vor diesem Hintergrund erhalten die Auslöser, die wahrgenommene Unerträglichkeit der herausfordernden Schreie oder Rufe und das Bewältigungserleben der Pflegenden eine besondere Bedeutung, welche in diesem Kapitel dargestellt werden soll.

Die temporär empfundene Unerträglichkeit steht in Beziehung zu den Auslösern und den beeinflussenden (kontextuellen) Bedingungen sowie zu den Bewältigungsstrategien und dem Bewältigungserleben der Pflegenden. **Abbildung 8-4** zeigt in der unteren Leiste den Phasenverlauf. Ausgehend von den Schreien und Rufen wird ein Zustand des steigenden Belastungsempfindens deutlich, der durch Kumulation der Belastungsfaktoren (Schreie, Einflussfaktoren wie z. B. der Kontext, …) geprägt ist. Diese erste Phase steigert sich bis zum Empfinden der Unerträglichkeit, die allerdings nur einen temporären Charakter besitzt. Die herausfordernden Schreie oder Rufe führen nicht zu einem unbegrenzten Verharren in diesem Zustand, sondern enden immer im Erleben der Bewältigung.

Auslöser sind die herausfordernden Schreie und Rufe der Menschen mit Demenz. Diese Schreie oder Rufe sind sehr unterschiedlich und entstehen aus einer Vielzahl von hypothetisch vermuteten Ursachen. Genau an dieser Stelle nimmt die Kumulation der Belastungsmomente ihren Anfang: Der Schrei- oder Rufgrund ist vielfach nicht ersichtlich, und der Mensch mit Demenz kann seine Bedürfnisse, seine Wünsche und den Informationsinhalt

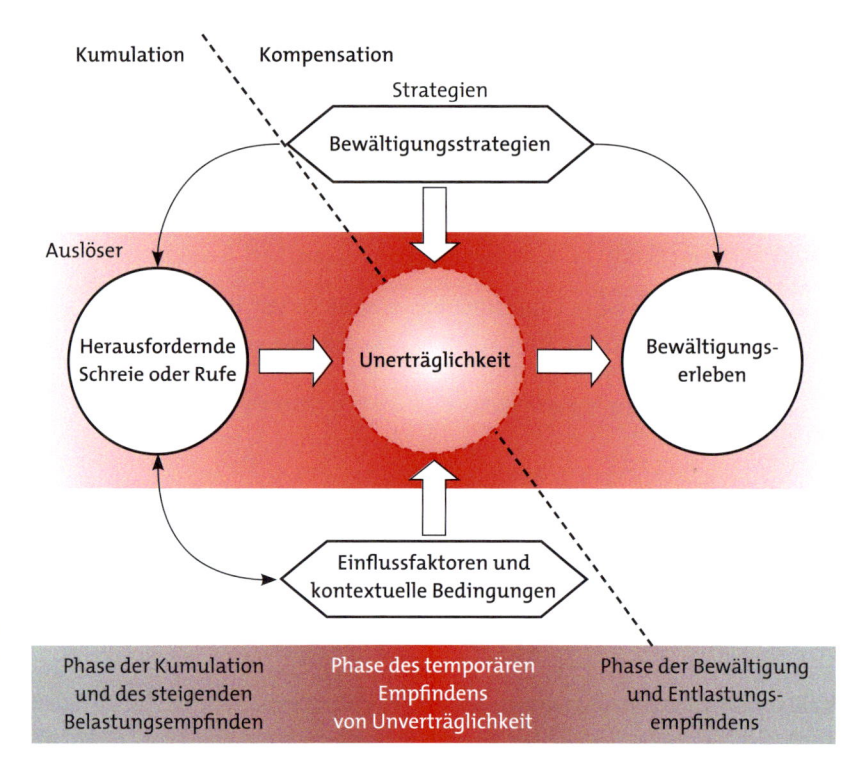

Abbildung 8-4: Das Empfinden der Unerträglichkeit beim Schreien und Rufen von Menschen mit Demenz im Beziehungsgeflecht.

seiner Äußerungen nicht mehr verbal kommunizieren. Diese Unfähigkeit führt bei den Pflegenden zu einem Empfinden von Unsicherheit. Sie bewegen sich ungewollt in einem Raum der Vermutungen und der fortwährenden Suche – ein Zustand, der von ihnen wenig beeinflussbar und damit beherrschbar scheint. Der Schrei oder Ruf ist der Auslöser und der Ausgangspunkt, der alle Phasen bestimmend beeinflussen kann. Die Schreiintensität, die Frequenz und die Dauer spielen hierbei (vielfach) nur eine untergeordnete Rolle. Ein stundenlang anhaltender Schrei kann ebenso zu einer Belastung führen, wie ein wiederholtes Rufen in zeitlich engen Intervallen. Das führt zu der Annahme, dass kumulierende Einflussfaktoren die Schrei- oder Rufsituation und das Erleben der Pflegenden mitbestimmen. Zwischen dem herausfordernden Schrei oder Ruf und den Einflussfaktoren besteht eine wechselseitige Beziehung, die in der Abbildung durch einen zweiseitigen Pfeil dargestellt ist.

Für Pflegende ist der Schrei oder Ruf eines Menschen mit Demenz eine Herausforderung, die jedoch nicht immer als negatives Signal verstanden wird und auch nicht immer mit einer Pflegeanforderung verknüpft wird, die es zu befriedigen und befrieden gilt. Vielfach wird der Schrei oder Ruf als interessante Ausdrucksform interpretiert, der ein kreativer und produktiver Charakter zugeschrieben wird. Diese Ausdrucksform eines Menschen verbinden viele Pflegende mit dem von ihnen intendierten Pflegeziel Wohlbefinden. Sie wollen, dass der Mensch mit Demenz sein Schrei- oder Rufbedürfnis ausleben kann. Diese Auffassung ist das Ergebnis einer Bewältigungsstrategie, die viele Pflegende erlernt haben – aber auch Ausdruck einer Grundhaltung ist, einer Haltung, die zum Beispiel aus einer kontinuierlichen Fort- und Weiterbildungsbereitschaft resultiert. Direkt und indirekt werden Bewältigungsstrategien aktiviert, die die Schrei- oder Rufsituation nicht als Belastung werten, so dass unmittelbar ein Zustand der Bewältigung erreicht wird. Die Phase der Unerträglichkeit wird nicht passiert, sondern gewissermaßen umgangen. Der störend empfundene Schrei oder Ruf wird nicht als Herausforderung mit negativer Konnotation gewertet, sondern führt zu der Einschätzung einer «normalen» Pflegeanforderung. In **Abbildung 8-4** ist dieser Ablauf einerseits mit dem Verbindungspfeil zwischen dem Schrei oder Ruf und den Bewältigungsaktivitäten gekennzeichnet und anderseits mit dem direkten Weiterleitungspfeil hin zum Bewältigungserleben.

Es wäre jedoch falsch, jetzt die These zu postulieren, dass zum Beispiel die genannten Fort- und Weiterbildungsmaßnahmen das Erleben der Unerträglichkeit immer verhindern können. Diese Aussage ist deshalb falsch, weil die gleichen Pflegenden einen ähnlichen Schrei oder Ruf mit nahezu identischer Schreifrequenz oder -dauer in einer annähernd gleichen Situation plötzlich als extrem belastend einstufen können. Es sind die gleichen Pflegenden, die gegenüber den Menschen mit Demenz empathisch reagieren und den Schrei oder Ruf als Ausdruck einer Befindlichkeit, eines Gefühls oder eines Bedürfnisses werten. Sie leben eine Grundhaltung, die durch Respekt vor der Autonomie des schreienden oder rufenden Menschen geprägt ist und deren Einzigartigkeit sie erkennen und wertschätzen. Dennoch empfinden und entwickeln sie in einer nahezu identischen Pflegesituation plötzlich ein Gefühl der Unerträglichkeit.

Diese unterschiedliche Wahrnehmung und dieser abweichende Verlauf führen zu der Frage, wie es zu diesen unterschiedlichen Bewertungen kommen kann.

Die Antwort liefert die Interpretation der **Abbildung 8-4**: Der Schrei oder Ruf ist dort als ursächliche Bedingung und das Erleben der Unerträglichkeit als Phänomen dargestellt. Die Bewältigungsaktivitäten werden als interagierende Strategien beschrieben sowie das Erleben der Bewältigung als Konsequenz gezeigt. Der in der gleichen Abbildung integrierte, parallel dargestellte Ablauf, ausgehend von den herausfordernden Schreien und Rufen, dem Erleben der Unerträglichkeit und dem Bewältigungserleben, zeigt verkürzt den Phasenablauf (siehe **Abbildung 8-2**), der die Unerträglichkeit als zentrales Phänomen in die Mitte rückt. Diese ineinandergreifenden und sich ergänzenden Darstellungen lassen erahnen, dass alles einer hohen Variabilität unterworfen ist. Ein Schrei oder Ruf ist nie gleich, die kontextuellen Bedingungen sind ebenso variabel und von unzähligen Einflussfaktoren abhängig. Das zeigt sich bereits darin, dass die Pflegenden nicht nur Akteure im Kontext Seniorenheim sind, sondern auch unterschiedlichsten Einflüssen im privaten Bereich ausgesetzt sind. Das Erleben im häuslichen Umfeld kann ihr Verhalten und ihre Grundhaltung im Kontext Seniorenheim beeinflussen. Es ist zum Beispiel ein Unterschied, ob eine Einrichtungsleitung verständnisvoll reagiert und unterstützend agiert oder kontextuelle Rahmenbedingungen schafft, die ein Klima der Einengung und Begrenzung forciert. Die wenigen genannten Beispiele zeigen, dass vielfache Verknüpfungen, wechselseitige Verbindungen und Beeinflussungen immer wieder eine neue Situationskonstellation schaffen. Dieses flexible Konstrukt, das immer und überall aktiv ist, erhält beim Erleben der herausfordernden Schreie oder Rufe einen besonderen Stellenwert. Die Bewältigung und die Gestaltung der Schrei- oder Rufphasen vollziehen sich stets vor der Forderung der Umwelt, dass Ruhe wiederhergestellt werden soll. Ruhe ist der angestrebte Normalfall, und herausfordernde Schreie oder Rufe stehen dazu im krassen Widerspruch. Schreie oder Rufe werden zum Störfall, den es zu beseitigen gilt. Dieser Anspruch und diese Grundhaltung des sozialen Umfelds werden von vielen Pflegenden als implizite Forderung gesehen, die ihr Handeln vielfach bestimmend leitet. Nur in einer einzigen Einrichtung, dem Segregationsbereich, in dem drei Menschen leben, die schreien und rufen, wird diese Forderung aufgehoben. Hier können die Bewohner ihre Schreie oder Rufe ausleben, was dazu führt, dass dort eine sehr laute Atmosphäre beobachtet werden kann. Die Pflegenden, die hier arbeiten, wählten ihren Arbeitsplatz allerdings bewusst aus. Sie wussten und wissen, dass sie in bestimmten Situationen ebenfalls ihre Grenzen erreichen können. In dieser Einrichtung ist Raum für die Schreie und Rufe geschaffen worden; es bleibt unbestritten, dass das Empfinden von Unerträglichkeit immer wieder wahrgenommen werden kann. Es gehört zum Pflegealltag, dass man an eigene Grenzen stößt oder zum Beispiel Zerrissenheit zwischen dem eigenen Anspruch und der Pflegerealität wahrnimmt. Es ist etwas «Normales» im Sinne von «das kann jedem in jeder Schrei- oder Rufsituation passieren» und steht nicht in Abhängigkeit zu der individuellen Handlung und den Entscheidungsprozessen der einzelnen Pflegeperson. Der herausfordernde Schrei oder Ruf wird auf die allgemeine Analyseebene aller involvierten Pflegenden gehoben und dort reflektiert. Dieser kollektive Betrachtungs- und Analysevorgang gehört ebenfalls zu den Bewältigungsstrategien und ist Bestandteil der Zusammenarbeit im Team.

In **Abbildung 8-4** wurde durch eine das Schaubild trennende Linie eine Teilung angedeutet, die zwischen zwei Beziehungsfeldern, der Kumulation von Belastungsmomenten und der Kompensation, steht. Diese Linie soll andeuten, dass der Kumulation von Belastungsmomenten eine abwehrorientierte Bewältigung gegenübersteht.

8.10 Bewältigungserleben

Die Bewältigung des Erlebens von Unerträglichkeit steht in untrennbarer Abhängigkeit zu den Bewältigungsaktivitäten, die einer Pflegeperson individuell zur Verfügung stehen. Und sie steht in Abhängigkeit zu der Fähigkeit, diese Strategien entwickeln und aktivieren zu können. Es können zahlreiche Faktoren sein, die wie Gegenspieler positioniert sind und die es zu versuchen gilt, im Gleichgewicht zu halten. **Abbildung 8-5** zeigt Beispiele für diese gegenläufigen Faktoren, die zum Bewältigungserleben oder zum Erleben der Unerträglichkeit führen.

Die in **Abbildung 8-5** dargestellten Aktivitäten besitzen für die Pflegenden nicht nur einen intuitiven Charakter, sondern resultieren aus ihrem Bestreben, die Schrei- oder Rufsituation bewältigen und gleichzeitig auch bestimmend beeinflussen zu können. Bewältigung wird von vielen Pflegenden un-

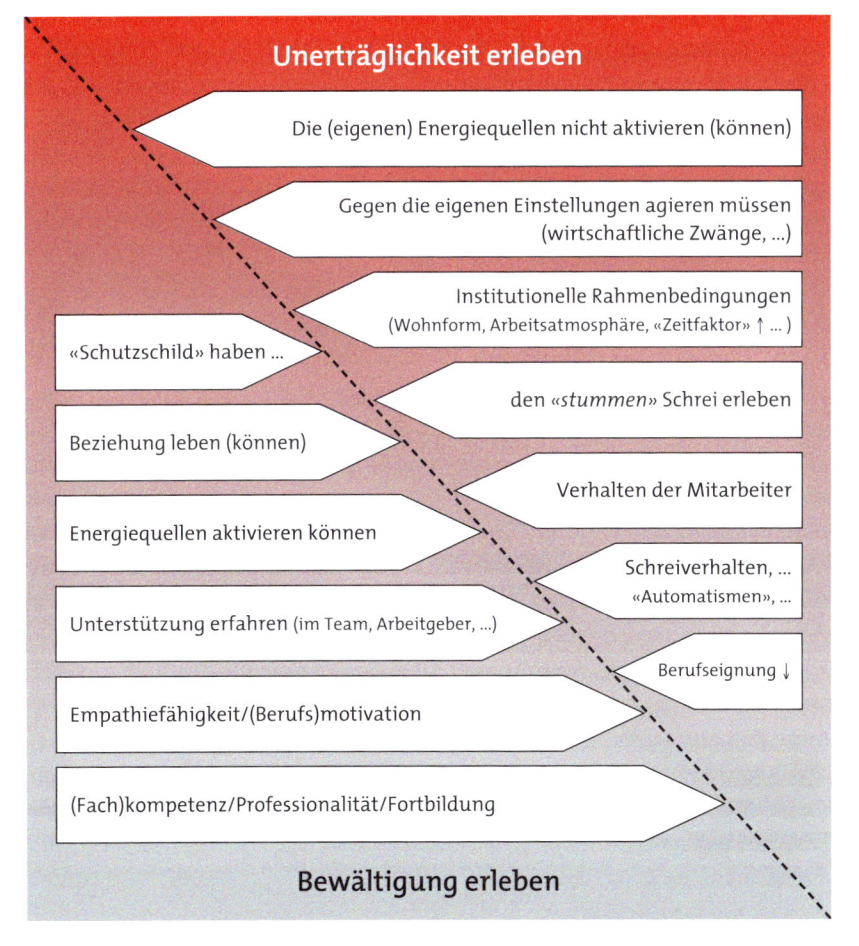

Unerträglichkeit erleben
- Die (eigenen) Energiequellen nicht aktivieren (können)
- Gegen die eigenen Einstellungen agieren müssen (wirtschaftliche Zwänge, ...)
- Institutionelle Rahmenbedingungen (Wohnform, Arbeitsatmosphäre, «Zeitfaktor» ↑ ...)
- den «*stummen*» Schrei erleben
- Verhalten der Mitarbeiter
- Schreiverhalten, ... «Automatismen», ...
- Berufseignung ↓

Bewältigung erleben
- «Schutzschild» haben ...
- Beziehung leben (können)
- Energiequellen aktivieren können
- Unterstützung erfahren (im Team, Arbeitgeber, ...)
- Empathiefähigkeit/(Berufs)motivation
- (Fach)kompetenz/Professionalität/Fortbildung

Abbildung 8-5: Die Gegenspieler. Auswahl und verkürzte Darstellung von Einflussfaktoren und Bewältigungsstrategien als exemplarische Beispiele.

ter anderem mit dem Streben nach Kontrolle assoziiert: Sie wollen Kontrolle ausüben, weil sie so die Schrei- oder Rufsituation lenken können und damit bestimmte Einflussfaktoren variieren wollen. In diesem Zusammenhang ist außerdem anzumerken, dass der Zustand der Unerträglichkeit trotz der Aktivierung der «Gegenspieler» immer wieder eintreten kann. Die grafische Darstellung der konträr verlaufenden Faktoren soll zeigen, dass die Unerträglichkeit durch Aktivierung verhindert oder die Waage im Gleichgewicht gehalten werden kann, sodass der Zustand der Unerträglichkeit selten auftritt. In **Abbildung 8-6** werden diese Zusammenhänge abschließend grafisch dargestellt.

Ergänzend ist festzuhalten, dass das Empfinden von Kumulationsprozessen von vielen Pflegepersonen erkannt und benannt wird. Die eigene Belastung wird thematisiert und es kommt nicht zu einer Tabuisierung der eigenen Gefühle, sondern die Bewältigung wird offen (im Pflegeteam) reflektiert, das Empfinden der Unerträglichkeit also nicht geleugnet. Die Auseinandersetzung mit dem Problemempfinden «Unerträglichkeit» wird zwar individualistisch wahrgenommen, aber die Bewältigung vollzieht sich im (halb-)öffentlichen Rahmen der Institution Seniorenheim. Dieser Zusammenhang der individualistischen Wahrnehmung und der «öffentlichen» Bewältigung ist nur im dargestellten Gesamtkontext mit seinen sozialen und situativen Bezügen verstehbar.

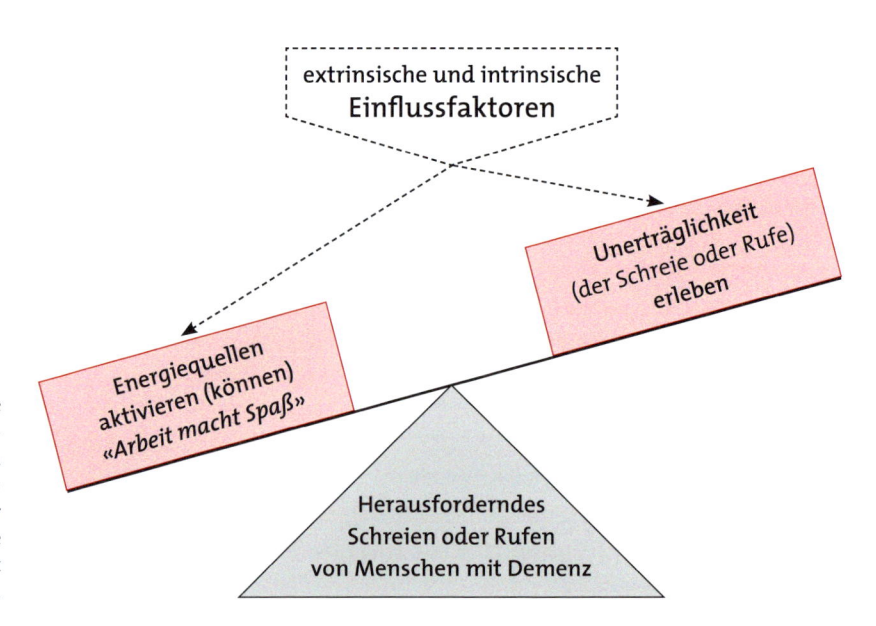

Abbildung 8-6: Die Waage Energiequellen – Erleben der (temporären) Unerträglichkeit der Schreie und Rufe von Menschen mit Demenz.

8.11 Fazit

Herausfordernde Schreie oder Rufe lösen bei den professionell Pflegenden Momente der Unerträglichkeit aus, die durch Gefühle der Überforderung, Hilflosigkeit, mangelnde Beeinflussbarkeit und Stress generiert werden können. Nach Lazarus und Launier (1981) entsteht Stress in einem Wechselwirkungsprozess, der durch die herausfordernde Anforderung einer Situation und die handelnde Person entsteht. Hierbei ist nicht nur die Situation, sondern auch die individuelle Bewertung durch die handelnde Person von Bedeutung. Dass diese Bewertung und damit das Stressempfinden bei allen Menschen nicht gleich ist beziehungsweise sein kann, resultiert aus den individuell unterschiedlichen Bewertungs- und Bewältigungsprozessen. Benner und Wrubel (1997) betonen in diesem Zusammenhang: «Streß ist die Erfahrung einer Störung, die Verständnis, reibungsloses Funktionieren und persönliche Bedeutungs- und Sinnzusammenhänge bedroht. Bewältigung ist das, was gegen diese Störung getan wird.» (ebd.: 88). Nach dem transaktionalen Stressmodell von Lazarus und Launier (1981) kommt es zu einer primären und sekundären Bewertung der Situation und nach den Bewältigungsversuchen zu einer Neubewertung und gegebenenfalls zu einem erneuten Bewältigungsversuch (Bamberg et al., 2006). Erst die Bewertung der Pflegenden führt letztendlich dazu, ob eine Situation als belastend eingeschätzt wird oder eben nicht. «Da durch diesen Prozeß Fähigkeiten mobilisiert werden, geht das Individuum eine ‹Transaktion› mit der Situation ein, in deren Folge sich die Voraussetzungen für eine weitere Streßsituation mitverändern.» (Zimber et al., 1999: 99/100).[5]

Herausfordernde Schrei- und Rufsituationen können als Reiz verstanden werden, der zu einer Bewertung sowie zu der Neueinschätzung der Schrei- oder Rufsituation führt. Im Bewertungsprozess kann der Schrei oder Ruf als Ausdruck einer Person positiv bewertet werden, es kommt nicht zur Wahrnehmung einer Bedrohung des eigenen Wohlbefindens und damit auch nicht zum Empfinden der Unerträglichkeit. Führt der Schrei oder Ruf dagegen zum Belastungsempfinden, kann er ein (temporär begrenztes) Gefühl der Hilflosigkeit, der Unzufriedenheit oder der Überforderung und letztlich ein Gefühl der Unerträglichkeit auslösen. Im Bewertungsprozess werden die zur Verfügung stehenden Bewältigungsmöglichkeiten aktiviert. Viele Pflegende nehmen zum Beispiel eine Auszeit oder geben die Pflege an Kollegen ab und können sich so der Schrei- oder Rufsituation für einen kurzen Zeitraum entziehen. Gelingt es ihnen, ihre «Energiequellen» am Arbeitsplatz zu aktivieren und können sie

---

5 Weitere Modelle zur Entstehung von Stress und Arbeitsbelastung werden an dieser Stelle nicht aufgeführt, sondern es wird auf Zimber et al. (1999) verwiesen, wo auch die Grenzen und die Kritik des transaktionalen Stressmodells beschrieben sind, siehe auch Hornung und Lächler (2006).

ihre Wünsche und Ziele umsetzen, wird der Schrei oder Ruf in der Neubewertung nicht mehr als Stress in der Form der Unerträglichkeit wahrgenommen.

Wenn die Frage, warum die Pflegenden beim Erleben des Phänomens herausforderndes Schreien oder Rufen so handeln, wie sie handeln, lautet die Antwort: Weil sie die Bewertung der Schrei- und Rufsituationen in dem primären, sekundären und erneuten Bewertungsprozess unterschiedlich vornehmen können. Die psychischen und physischen Belastungsmomente werden von jedem Pflegenden individuell und situativ unterschiedlich bewertet, so dass es immer wieder zu verschiedenen Bewertungsergebnissen kommen kann. Darüber hinaus zeigt sich, dass eine Schrei- oder Rufsituation, die nahezu identisch abläuft, in dem primären und sekundären Bewertungsprozess der gleichen Pflegeperson zu unterschiedlichen Einschätzungen und damit zu verschiedenen (Re-)Aktionen führen kann.

9 Zusammenfassende Gedanken

Herausforderndes Schreien und Rufen von Menschen mit Demenz ist in den stationären Einrichtungen der Altenhilfe ein Phänomen, dem sich die Pflegenden und die Mitbewohner oft nicht entziehen können. Besonders die Schrei- oder Rufintensität, die Lautstärke, die individuellen Schreiausprägungen, die abweichenden Schrei- oder Rufmuster, die Häufigkeit oder die intermittierenden Intervalle werden vielfach als belastend wahrgenommen. Eine Belastung, die negativ beurteilt werden kann und die bei einseitiger Interpretation das Schreien oder Rufen zur Störung werden lässt. Dabei wird das Schreien oder Rufen zu einer problematisierten Verhaltensauffälligkeit. Unberücksichtigt bleibt in diesen Situationen oft, dass jeder Schrei oder Ruf Ausdruck eines Menschen ist, der immer eine subjektiv sinnvolle und situationsbezogene Bedeutung besitzt.

Vielfach führt das pulsierende Wechsel- und Zusammenspiel der divergenten Einflussfaktoren, die das herausfordernde Schreien oder Rufen der Menschen mit Demenz immer bestimmend begleiten, zu unterschiedlichen Interpretationen der Pflegenden. Dabei reicht die Spanne des Erlebens von der Interpretation der Schreie oder Rufe als «normalen» Ausdruck oder Appell eines Menschen bis zum Erleben der Unerträglichkeit der Schreie oder Rufe. Vor diesem Hintergrund und den Erkenntnissen von bereits vorliegenden Untersuchungen werden das zentrale Phänomen Schreien oder Rufen von Menschen mit Demenz hinsichtlich der kontextuellen und interagierenden Bedingungen, der Handlungsstrategien der Pflegenden sowie der Konsequenzen abschließend analysiert und diskutiert. Es werden Fragen gestellt, erörtert und in Zusammenhang mit bereits bestehendem Wissen gestellt. Zunächst wird der Schrei oder Ruf eines Menschen mit Demenz in den stationären Einrichtungen besprochen.

9.1 Ergebnisse zum herausfordernden Schrei oder Ruf

Der Schrei gehört untrennbar zur menschlichen Artikulation und verbalen Kommunikation, sagt Trabant (2008), und in diesem Kontext wird das herausfordernde Verhalten in Form von Schreien oder Rufen zur verbalen Ausdruckskraft eines Menschen mit Demenz. Herausforderndes Schreien und Rufen ist darüber hinaus ein Verhalten, das Spiegelbild einer progredienten Krankheit ist. Trotz dieser körperlichen, geistigen oder seelischen Beeinträchtigung kann und dürfe der Mensch mit Demenz nicht depersonalisiert oder ausgegrenzt werden, betont Kitwood (2004). Das Personsein ist für ihn «ein Stand oder Status, der dem einzelnen Menschen im Kontext von Beziehung und sozialem Sein von anderen verliehen wird» (Seite 27). Diese beiden wichtigen Aussagen von Trabant und Kitwood wurden in den in diesem Buch integrierten Studienergebnissen (Urselmann, 2011), die in ausgewählten Interviewzitaten vorgestellt wurden, uneingeschränkt bestätigt. Der schreiende oder rufende Mensch wird von den teilnehmenden Pflegenden in seiner Individualität und in seiner «Gesamtheit» betrachtet, geschätzt und angenommen. Dazu gehört, dass sein «störender» Schrei oder Ruf als Ausdruck seiner Person verstanden wird – einer Person, mit der eine Beziehung gelebt wird beziehungsweise gelebt werden muss. Die in der Studie befragten Pflegepersonen depersonalisieren nicht und sie isolieren den Schrei oder Ruf nicht unreflektiert vom betreffenden Menschen. Der Schrei oder Ruf kann als störend interpretiert werden und zu psychischen sowie physischen Belastungsmomenten führen, wobei das zwischenmenschliche Verhältnis sich jedoch nicht grundlegend ändert. Die Beziehungsqualität zwischen professionell Pflegenden und schreienden oder rufenden Menschen ist für das Erleben der herausfordernden Schreie oder Rufe von besonderer Bedeutung. Es zeigt sich, dass die Pflegenden eine Verbindung zu dem «früheren» Beziehungsverhältnis knüpfen, das vor dem Schrei- oder Rufbeginn mit dem Menschen mit Demenz bestand. Diese Verknüpfung macht es möglich, dass das Schreien oder Rufen nicht isoliert in den Vordergrund gerückt wird, sondern dass es zu einer Bewertung aller Faktoren kommt: auf der einen Seite zur Wahrnehmung der Einfluss nehmenden Faktoren und auf der anderen Seiten zur Würdigung der Eigenschaften, die die Beziehung zu der schreienden oder rufenden Person geprägt und bestimmt haben.

In der vorliegenden Studie zeigte sich an vielen Stellen, dass der Schreioder Rufbeginn nicht (immer) zu einer Zäsur in der Beziehung zwischen den betroffenen Menschen und den Pflegenden führt. Das herausfordernde Verhalten in Form von Schreien und Rufen wird von Persönlichkeitsmerkmalen der schreienden oder rufenden Person überlagert und scheint damit einen überaus starken Einfluss auszuüben. Zahlreiche Informanten betonten, dass sie die schreienden oder rufenden Menschen schon vor Schrei- oder Rufbeginn pflegten und in dieser Zeit eine enge Beziehung aufbauen konnten. Sympathie und Wertschätzung sind mitprägend in dieser Verbindung und mitbestimmend in der Beziehungsqualität zwischen Pflegenden und schreienden oder rufenden Menschen mit Demenz. Einige Pflegepersonen sagten, dass sie den schreienden Menschen mögen und es ihr «Liebling» sei. Der Schrei oder Ruf ändert die Qualität der Beziehung zwischen dem Menschen mit Demenz und diesen Pflegenden nicht oder nur unwesentlich. Das ist in vielen Einrichtungen festzustellen, und auch in einer gerontopsychiatrischen Abteilung einer Klinik, wo die Verweildauer wesentlich kürzer ist, wird von einer Qualitätsveränderung der Beziehung nicht gesprochen. Selbst wenn der Einzugsgrund in eine stationäre Einrichtung das herausfordernde Schreien oder Rufen ist, wird die Beziehungsqualität nicht allein nur von dem herausfordernden Schreien oder Rufen bestimmt. Diese Ergebnisse stehen im deutlichen Gegensatz zu Matteau et al. (2003), die die Qualität der zwischenmenschlichen Beziehung durch die vokalen Äußerungen der Menschen mit Demenz negativ beeinflusst sehen. Draper et al. (2000) sagen in diesem Zusammenhang, dass Pflegende deutlich mehr Frustration, Angst und Wut auf die Schreienden entwickeln. Das ließ sich nicht bestätigen und es ließ sich ebenfalls nicht nachweisen, dass Pflegende sich wegen der Schreie oder Rufe grundsätzlich von den Schreienden/Rufenden distanzieren. Es wurde deutlich, dass viele Pflegende sich zwar während der Schrei- und Rufphasen in einem zeitlich eng begrenzten Umfang durchaus mal distanzieren, aber das ändert nicht deren Grundhaltung. Diese Abgrenzung sowie das Erleben der Schreie oder Rufe sind aber deshalb noch kein Motiv, die Beziehung langfristig zu verändern.

In den präsentierten Studienergebnissen (Urselmann, 2011) wird deutlich, dass das Schrei- oder Rufverhalten nur in Ausnahmefällen der Grund war, warum ein Mensch mit Demenz in eine stationäre Einrichtung einzog. Mehrheitlich entwickelten die Menschen mit Demenz erst nach ihrem Einzug herausforderndes Verhalten in Form von Schreien oder Rufen. Ein direkter Anlass für den Beginn konnte von den teilnehmenden Pflegenden nicht eruiert werden. Vielfach wird jedoch eine Verbindung zwischen dem progredienten Krankheitsverlauf und dem Schrei- oder Rufbeginn hergestellt. Anzumerken ist in diesem Zusammenhang, dass viele der Pflegenden die Verhaltensveränderung vielleicht «pathologisieren» und der Institution nur deshalb nicht zuschreiben, weil sie dann die institutionellen Bedingungen der Einrichtung nicht reflektieren und ändern müssten. Höwler (2010b) weist darauf hin, dass die Genese des herausfordernden Verhaltens neben der Abhängigkeit von den biografischen Merkmalen auch von sozialen institutionellen Kontexten wie unzureichend erfolgter Heimadaption, beschützendem Machtmissbrauch, Applikation von Antipsychiatika oder körpernaher Fixierung und weiteren abzuhängen scheint. Sie äußert weiter die Vermutung, dass herausforderndes Verhalten «als legitimer Protest gegen schädigende institutionelle Mangelzustände verstanden werden» kann (ebd.: 216). Diese Genesefaktoren werden im vorliegenden Buch unter der Vielzahl der anderen Einfluss nehmenden Faktoren ebenfalls genannt. Anzumerken ist, dass Höwler (2010b) nicht explizit herausforderndes Verhalten in Form von Schreien oder Rufen untersucht hat.

Bestätigt wird auch in der vorliegenden Studie, dass der Schrei oder Ruf und seine Bedeutung sowie die Bewertung durch die Hörer immer von kontextuellen Bedingungen und dem Kulturkreis mitbestimmt wird. Es wurde bereits gesagt, dass Buchholz et al. (1983) diesen Zusammenhang deutlich beschrieben haben, wobei sie allerdings keinen expliziten Bezug zu alten Menschen mit Demenz und insbesondere keinen Bezug zu dem Schrei oder Ruf in stationären Einrichtungen der Altenhilfe hergestellt haben. List und Supprian (2009) weisen in diesem Zusammenhang auf die Beziehung zwischen den herausfordernden Schreien und Rufen und dem Störempfinden der Pflegenden hin. Dieses Ergebnis wird in der vorliegenden Studie ebenfalls bestätigt. Es zeigte sich, dass der Schrei und Ruf eines Menschen mit Demenz in einer stationären Einrichtung oft als störend interpretiert wird. Der Kontext Seniorenheim ist damit kein enttabuisierter Raum, in dem ungehindert geschrien oder gerufen werden kann. Der Schrei oder Ruf kann in stationären Einrichtungen zur Störung werden und führt zur Belastung aller involvierten Akteure wie Pflegende, Mitbewohner, Angehörige und Besucher. Das herausfordernde Schreien und Rufen kann als schwierig empfunden werden und zu einer psychischen und physischen Belastung führen. Dieses Ergebnis bestätigt damit zahlreiche Studienergebnisse anderer Untersuchungen (Cohen-Mansfield et al., 1989; Cariaga et al., 1991; Sloane et al., 1997; Draper et al., 2000; McMinn/Draper, 2005; Rosen et al., 2008; Miyamoto et al., 2010), die ebenfalls diese Wahrnehmung von Belastungsmomenten bei diesem Phänomen beschrieben haben.

In vielen Einrichtungen mit ihren unterschiedlichen Wohnformen kann der Mensch mit Demenz seine Schreie oder Rufe in den Gemeinschaftsräumen nicht ausleben, weil die Mitbewohner eine Atmosphäre der Ruhe wünschen. In dieser Gemeinschaft stören die herausfordernden Schreie oder Rufe. Das allgemeine Bedürfnis nach Ruhe führt zu einer Kettenreaktion, die ausgelöst durch die Schreie/Rufe nicht selten in gegenseitigem aggressivem Verhalten gipfelt. Hierauf haben beispielsweise bereits Rosen et al. (2008) hingewiesen, die dieses Verhalten in den öffentlichen Räumen einer stationären Einrichtung ebenfalls beschreiben. Häufig sind es gerade diese Momente, die die Pflegenden als extrem belastend einstufen. Dieses Ergebnis stimmt allerdings nicht mit Draper et al. (2000) überein, die feststellen, dass Pflegende deshalb deutlich mehr Frustration, Angst und Wut auf die Schreienden entwickeln. Die Ergebnisse der diesem Buch zugrunde liegenden Studie zeigen, dass die professionell Pflegenden in einer Gesamtbewertung alle Einfluss nehmenden Faktoren differenzieren und eine Gewichtung vornehmen. Das Ergebnis dieser Abwägung führt dazu, dass sie sich nicht von der Person der Schreienden oder Rufenden (lang anhaltend) distanzieren.

9.2 Ergebnisse zu Interventionsgestaltung und Strategien der Pflegenden

Erwartungsgemäß ist die Spannweite der hier dargestellten Beispiele der praktizierten Interventionsansätze sehr groß, und damit werden die Ergebnisse vorhandener Studien (Sloane et al., 1997; Urselmann, 2004, 2006; Barton et al.,

2005; Halek und Bartholomeyczik, 2006; Höwler, 2008, 2010a; Manière et al., 2010) bestätigt. Die Pflegenden können auf eine Vielzahl von pflegerischen Interventionsansätzen zurückgreifen. Es zeigt sich, dass viele Pflegende ihre Strategien situativ modifizieren und den Schrei- und Rufsituationen sowie der Individualität der schreienden/rufenden Menschen und den kontextuellen Bedingungen anpassen können. Damit werden auch Sloane et al. (1999) bestätigt, die feststellen, dass die beste Strategie eine umfassende, facettenreiche Beurteilung und ein Interventionsprogramm ist, das über die Zeit und basierend auf den schreienden oder rufenden Menschen fortlaufend modifiziert wird.

Insgesamt betrachtet zeigt sich in der Darstellung der Interventionsansätze hinsichtlich des Einsatzes von unterschiedlichen Handlungsweisen erwartungsgemäß eine hohe Übereinstimmung mit den in den Rahmenempfehlungen zum Umgang mit herausfordernden Verhalten bei Menschen mit Demenz (Bartholomeyczik et al., 2007) genannten Empfehlungen wie verstehende Diagnostik, Assessmentinstrumente, Validieren, Erinnerungspflege, Berührung, Basale Stimulation, Snoezelen, Bewegungsförderung und Pflegerisches Handeln in akuten psychiatrischen Krisen von Demenzkranken. Hier ist das Schreien oder Rufen von Menschen mit Demenz unter anderen herausfordernden Verhaltensweisen subsumiert. Bartholomeyczik et al. (2007) sehen diese Empfehlungen als einen Rahmen, in dem konkrete Handlungen vorzunehmen sind. Es sind Empfehlungen, die «auf der Basis der verfügbaren Literatur und der Expertenmeinung (basieren und) […] eine Intervention generell als vorteilhaft oder nicht vorteilhaft für den Umgang mit herausfordernden Verhaltensweisen beurteilen» (ebd.: 11). Die Autoren betonen, dass nicht eindeutig klar ist, wie effektiv diese unterschiedlichen Interventionen im Umgang mit herausforderndem Verhalten sind. Grundlage ihrer Empfehlungen ist eine Literaturanalyse (Halek/Bartholomeyczik, 2006) und hier wird in der Diskussion bemerkt: Ein «Nachteil der aktuellen Analyse liegt in der Wahl des Einschlusskriteriums, das nur quantitative Studien mit mindestens zehn Probanden vorsieht. Eine große Anzahl von Fallstudien konnte so nicht berücksichtigt werden. Das Gleiche gilt für die Ergebnisse qualitativer Studien, die evtl. die Wirkungszusammenhänge genauer beschreiben könnten.» (ebd.: 78), aber nicht berücksichtigt wurden. Vor dem Hintergrund dieser Äußerung liefert dieses Buch, das auf einer qualitativen Studie (Urselmann, 2011) basiert, aus der alle Interviewzitate und Fallbeispiele stammen, wichtige Hinweise zum Erleben der Pflegenden und zu den Wirkungsweisen der genannten Interventionsansätze.

Es wurde dargestellt, dass viele Pflegehandlungen nach dem Prinzip des Versuchs und Irrtums ablaufen, was darauf zurückzuführen ist, dass der Schrei- oder Rufgrund sehr oft nicht erkannt wird und die verbale Kommunikationsfähigkeit der Menschen mit Demenz deutlich eingeschränkt ist. Ein enger Zusammenhang zwischen der Professionalität der Pflegenden und der

Berufserfahrung sowie Berufseignung konnte ermittelt werden. Pflegende, die schon sehr lange Menschen pflegen und betreuen, die herausfordernd schreien oder rufen, besitzen im Gegensatz zu Pflegenden, die erst kurz schreiende oder rufende Menschen pflegen und betreuen, ein wesentlich umfangreicheres Wissen.

Die befragten Pflegenden der genannten Studie (Urselmann, 2011) wenden emotionsbetonte, körperbezogene, medikamentös orientierte sowie abwehrorientierte Aktivitäten an. Darüber hinaus konnte nachgewiesen werden, dass alle Pflegeteams wohnbereichsintern einen engen Erfahrungsaustausch vornehmen und einzelne Strategien weitergeben, wenn sie sich als erfolgreich oder nicht erfolgreich hinsichtlich des Pflegeziels Ruhe oder Wohlbefinden erwiesen haben. Diese Ergebnisse bestätigen damit die Erkenntnisse anderer Studien (Urselmann, 2006; Höwler, 2008, 2010a).

In allen an der Studie teilnehmenden Einrichtungen wird Musik von den Informanten als pflegerisch-therapeutisches Element genutzt. Es wurde berichtet, dass durch den geplanten Einsatz von Musik weniger geschrien wurde, so dass Cohen-Mansfield et al. (1990), Cariaga et al. (1991) sowie Casby und Holm (1994) bestätigt wurden. Die in diesem Zusammenhang von Aldridge (2003) beschriebenen Potenziale der Musiktherapie, die besonders jenseits der verbalen Kommunikation eine tiefere Verständnisebene darstellen können, sind den Informanten bekannt. Dass es trotz des reflektieren Einsatzes von Musik immer wieder zu einer eher diffusen Totalbeschallung kommen kann, scheint diesem Wissen nicht unbedingt zu widersprechen, sondern eher darauf hinzudeuten, dass einzelne Pflegehandlungen nicht ausreichend reflektiert werden.

Allerdings zeigte sich, dass der individuell angepasste Einsatz von Musik und Musiktherapie nicht immer erfolgreich im Sinne der Pflegeziele Ruhe und Wohlbefinden war. Trotz des gezielten Musikeinsatzes wurde weiter geschrien oder gerufen, so dass intrinsische und/oder extrinsische Einflussfaktoren einen stärkeren Einfluss auszuüben scheinen. Bestimmend sind demnach immer situative Bedingungen, die sich dem zielorientierten Pflegehandeln weitgehend entziehen oder durch dieses nicht beeinflussbar sind.

Bei den emotionsbezogenen Aktivitäten fiel auf, dass sich alle Pflegenden auf den schreienden oder rufenden Menschen «einlassen» können und wollen. Es zeigten sich keine Unterschiede bei den weiblichen und den männlichen Pflegenden, und alle Informanten berichteten, dass sie einen schreienden oder rufenden Menschen «in den Arm nehmen» können. Das ist ein persönlicher Kontakt, der eine sehr enge Nähe zu einem Menschen darstellt und Vertrauen einfordert. Die schreienden oder rufenden Menschen wurden hin- und hergewogen, der Kopf an die Schulter gelegt und es wurde beruhigend und leise gesprochen oder gesungen. Diese Intervention steht darüber hinaus in direkter Abhängigkeit zu Sympathie und Antipathie. Aus diesem Grund können Pflegende nicht jeden Bewohner in den Arm nehmen oder spontane Zuwendung leisten. Mit einer Ausnahme (eine Pflegende, die in einer gerontopsychiatrischen Klinik tätig ist) gehört diese Pflegehandlung zum «normalen» Repertoire der potenziellen Pflegehandlungen. Diese Ausnahme basiert vermutlich auf der stark verkürzten Verweildauer der schreienden oder rufenden Menschen in der Klinik, die einen engen und intensiven Beziehungsaufbau nicht oder nur eingeschränkt ermöglicht.

Zu den emotionsbetonten Aktivitäten gehört auch die Intervention «Gemeinschaft herstellen». In diesem Buch wird dargestellt, dass die Pflegenden immer wieder ein soziales Miteinander herstellen und den schreienden oder rufenden Menschen am Gemeinschaftsgeschehen partizipieren lassen wollen. Vielfach wurde bereits darauf hingewiesen, dass herausforderndes Schreien und Rufen in der Gemeinschaft zu Abwehrreaktionen der Mitbewohner und zu Kettenreaktionen führen kann. Dieses Ergebnis bestätigt zahlreiche vorliegende Erkenntnisse (Cohen-Mansfield et al., 1990; Sloane et al., 1997; Nagaratnam et al., 2003; Urselmann, 2004, 2006; Rosen et al., 2008; Manière et al., 2010). Vor diesem Hintergrund erstaunt es daher, dass die Pflegenden diese Gemeinschaft immer wieder herzustellen versuchen. Es zeigte sich nämlich, dass schreiende und rufende Menschen immer wieder in den Gemeinschaftsraum gebracht werden, dort erwartungsgemäß herausfordernd schreien oder rufen und damit massive Reaktionen bei den Mitbewohnern, Angehörigen oder Gästen generieren. Die Intention der Pflegenden wird nachvollziehbar, wenn berücksichtigt wird, dass viele der Pflegenden das Bedürfnis der schreienden oder rufenden Menschen mit Demenz nach Partizipation sehr hoch bewerten. Auslöser der Intervention «Gemeinschaft herstellen» ist jedoch nicht eine erwartete Verhaltensveränderung der schreienden oder rufenden Menschen in dem Sinne, dass sie in der Gemeinschaft nicht mehr schreien oder rufen. Es zeigte sich, dass das Schreien oder Rufen vielfach unabhängig von der Anwesenheit anderer Menschen stattfindet. Die soziale Umgebung und die Anwesenheit von Menschen ist damit noch kein Garant dafür, dass nicht herausfordernd geschrien oder gerufen wird. Das geschieht vielfach unabhängig davon, ob Menschen anwesend sind oder nicht. Dies ist allerdings kein Widerspruch zu dem Ergebnis, dass die Intervention «Zuwendung oder Anwesenheit geben» und «drücken» das Schreien oder Rufen beeinflussen kann. Auch bei diesen körperbezogenen Therapieansätzen tritt das Schreien oder Rufen immer wieder auf und ist durch pflegerische Intervention in bestimmten Situationen nicht beeinflussbar. Ob geschrien wird oder nicht, steht in ursächlichem Zusammenhang zu den Schrei- oder Rufauslösern, dem progredienten Krankheitsverlauf und dem Einfluss der intrinsischen und extrinsischen Faktoren. Das Ergebnis dieses Buches widerspricht damit Cohen-Mansfield et al. (1990), die feststellten, dass Menschen mehr schreien, wenn sie alleine sind. Das soziale Umfeld und die physische Umgebung können zweifelsohne einen wichtigen Einfluss auf das herausfordernde Schreien oder Rufen ausüben. Es ist aber festzuhalten, dass herausfordernde Schreie und Rufe auf einer divergenten ätiologischen Basis beruhen, vielfältigste Ausprägungen besitzen und sich im Zusammenspiel mit weiteren Faktoren höchst unterschiedlich darstellen. Vor diesem Hintergrund wird deutlich, dass einzelne Interventionen und ihr «Erfolg» hinsichtlich der Ziele Ruhe und Wohlbefinden nicht verallgemeinert werden können.

9.3 Fazit

Die Vokalisationen von Menschen mit Demenz werden vielfach von den Mitbewohnern und den Pflegenden als Störung und manchmal auch als Provokation gewertet. Die Antwort auf diese Herausforderung kann zur Isolation des schreienden oder rufenden Menschen führen. Dieser Mensch kann wegen seiner störenden verbalen Artikulation am sozialen Miteinander oft nicht im gewünschten Umfang teilnehmen. Er muss die Gemeinschaft verlassen, und das geschieht manchmal gegen seinen mutmaßlichen Willen. Es zeigen sich eindeutige Züge einer verhaltensbedingten Absonderung aus der Gemeinschaft. Die Pflegenden bestimmen und gestalten die Intervention. Es ist ein Vorgang, der auch gegen den mutmaßlichen Willen des schreienden oder rufenden Menschen mit Demenz durchgeführt wird, weil im Entscheidungsprozess die Pflegenden die Ziele festlegen und umsetzen. Ein Ausdruck von Macht und Ohnmacht ist hier deutlich zu erkennen; es ist ein Spiegelbild eines ungleichen Verhältnisses zwischen Pflegenden und schreienden oder rufenden Menschen. Sachweh (2002) verweist auf diese Ungleichheit, sie spricht von einer Asymmetrie zwischen den Gesprächspartnern in Einrichtungen der stationären Altenhilfe. Sie sagt, dass «in kaum einer anderen Situation […] gleichzeitig auf so vielen Ebenen so große Unterschiede zwischen den GesprächspartnerInnen bestehen» (ebd.: 26), und sie nennt Aspekte dieser Ungleichheit wie das unterschiedliche Alter, der unterschiedliche Gesundheitszustand oder die oft unterschiedliche psychische Verfassung der Gesprächspartner. Darüber hinaus finden institutionelle Einflussfaktoren ihren Niederschlag. Höwler (2010b) weist in diesem Zusammenhang auf das Erleben von sozialer Isolation und Kontrollverlust über den persönlichen Raum der Menschen mit Demenz hin. Pflegeinterventionen können zur Isolation führen. An dieser Stelle werden Draper et al. (2000) ebenfalls bestätigt. Sie stellten allerdings im Gegensatz zu den in diesem Buch dargestellten Zusammenhängen fest, dass der Mensch mit Demenz, der durch anhaltende Vokalisation stört, die meiste Zeit des Tages in seinem Zimmer verbringen musste. Es zeigte sich jedoch, dass der schreiende oder rufende Mensch zwar in sein Zimmer gebracht wird, wenn er innerhalb der Gemeinschaft lang anhaltend herausfordernd schreit oder ruft, aber die Auswertung und Analyse lässt erkennen, dass der Aufenthalt im eigenen Zimmer und damit außerhalb der Gemeinschaft (immer) nur einen zeitlich (eng) umrissenen Charakter besitzt. Viele Pflegende versuchen immer wieder neu,

Gemeinschaft direkt oder indirekt herzustellen. Eine Isolation wird vermieden, weil sie zur Deprivation führen kann, die das störende Verhalten verstärkt, wie Cariaga et al. (1991) und Sloane et al. (1997) nachgewiesen haben.

Viele Pflegende streben nach dem Ziel, im Rahmen ihrer Möglichkeiten alles für die Bewohner «getan zu haben». Die Bewohner sollen Zufriedenheit spüren und damit sehen die Pflegenden den eigenen Wunsch erfüllt, sich im Höchstmaß um alles gekümmert zu haben. Sie wollen bei den Bewohnern ein Gefühl von Zufriedenheit realisieren und die Grundvoraussetzung sehen sie in der Ruhe. Bei der Frage nach ihren Pflegezielen rangieren erwartungsgemäß das Wohlbefinden und die Zufriedenheit der Menschen mit Demenz an erster Stelle. Die Bewohner sollen entspannt sein und eine stets ausgeglichene Stimmung soll in den Wohnbereichen herrschen. Ziele und Wünsche, die die eigenen Ansprüche an ihre Arbeit unterstreichen, die aber als Dreh- und Angelpunkt immer wieder Ruhe in den Vordergrund rücken. Der herausfordernde Schrei oder Ruf stört dieses «harmonische» Zusammensein, und in einem Klima der «Unruhe» kann sich niemand wohlfühlen. Dieser Anspruch scheint wie ein roter Faden, der sich in allen Situationen und in allen Interventionsgestaltungsprozessen wiederfindet, obwohl die Pflegenden bei der Beschreibung ihre eigenen Rolle und Arbeitsleistung von einem eher negativ definierten Status ausgehen. Das wird in der Formulierung ihrer Wünsche deutlich. Sie wünschen, mehr innere Ruhe zu haben, sie wollen stärker, belastbarer und geduldiger sein und besser durchhalten können.

Wenn die Frage beantwortet werden soll, warum die Pflegenden beim Erleben des Phänomens «herausforderndes Schreien oder Rufen» so handeln, wie sie handeln, lautet die eine Antwort: «Weil sie Ruhe in den Wohnbereichen der Bewohner einer stationären Einrichtung haben wollen.» Ruhe wird als Grundvoraussetzung für Zufriedenheit und Wohlbefinden der Mitbewohner eingeschätzt. Es ist jedoch festzuhalten, dass sie auch Zufriedenheit und Wohlbefinden für die schreienden und rufenden Bewohner wünschen. Dieser Anspruch lässt sich im Pflegealltag in zahlreichen Wohnsettings nicht realisieren. Besonders dann nicht, wenn allen Bewohnern gleichermaßen und uneingeschränkt die Partizipation am sozialen Miteinander uneingeschränkt und allzeit ermöglicht werden soll.

10 Empfehlungen für die Pflegepraxis

Die Pflegenden, die herausfordernd schreiende oder rufende Menschen mit Demenz pflegen und betreuen, müssen in besonderer Weise Unterstützung erfahren.

Folgende Empfehlungen, die exemplarisch zu verstehen sind, werden nachfolgend kurz skizziert:

10.1 Empfehlung 1: in der Pflegeausbildung thematisieren

Viele Pflegenden streben nach theoretischem Wissen, das sich explizit auf dieses Phänomen bezieht. Sie berichten, dass sie in ihrer theoretischen Ausbildung nie über dieses Phänomen gesprochen haben. Selbst viele Pflegende, die ihre Ausbildung erst vor Kurzem abgeschlossen haben oder sich aktuell noch in der Ausbildung befinden, berichten, dass dieses Phänomen in der Ausbildung nicht thematisiert wurde. Eine thematisch ähnliche Unterrichtseinheit wurde nicht angeboten. Dabei bewerten sie diesen Mangel als eine große Lücke, die geschlossen werden sollte. Es werden konkrete Vorschläge geäußert, die nicht nur die Wissensvermittlung von theoretischen Inhalten umfassen, sondern die in der Ausbildung auch Schrei- oder Rufphasen in exemplarisch gestalteten Rollenspielen beinhalten sollten.

Vor diesem Hintergrund sollten in der Pflegeausbildung und insbesondere in der Altenpflegeausbildung Unterrichtseinheiten aufgenommen werden, die die Komplexität des Phänomens in entsprechenden Unterrichtsvorschlägen darstellen. Kurze Lehrbuchkapitel und praktische Übungseinheiten sollten zeigen, dass dieses Phänomen eine hohe Anforderung an alle Pflegenden stellt. In diesen Unterrichtseinheiten sollte gelehrt werden, dass herausforderndes Schreien oder Rufen nicht als «Störung» etikettiert werden darf und die schreiende oder rufende Person nicht auf ihr herausforderndes Verhalten reduziert wird. Die Pflegeschüler sollten vorbereitet in die Pflegepraxis gehen und herausfordernde Verhaltensweisen von Menschen mit Demenz nicht als «Praxisschock» erstmalig im Pflegealltag kennenlernen, sondern das herausforderndes Schreien oder Rufen als «normalen» Ausdruck einer Person einordnen und wertschätzen können.

10.2 Empfehlung 2: in Fort- und Weiterbildungseinheiten thematisieren

Der Wunsch nach mehr Wissen über das Phänomen ist ein Bedürfnis, das von vielen Pflegenden übereinstimmend genannt und gefordert wird und auf der Liste der geäußerten Wünsche im vorderen Bereich rangiert – unabhängig von Berufserfahrung und Ausbildungsstatus.

Vielfach schwingt in dieser Äußerung die Sehnsucht nach einem schnellen und effektivem «Allheilmittel», einem Rezept oder einer Anleitung mit. Eine Wunschvorstellung, die viele Pflegenden jedoch nach kurzer Zeit reflektieren, erkennen und klar benennen. Es fällt auf, dass Pflegende ihre Teilnahme an entsprechenden Fort- und Weiterbildungseinheiten kritisch analysieren und dieses Wissen in «ihre» Bedarfsanalyse einfließen lassen.

Vor diesem Hintergrund wird ein Bedarf nach Schulungen deutlich, der nicht unterschätzt werden sollte. Deshalb gilt es, das Phänomen im Kontext anderer herausfordernder Verhaltensweisen, zu platzieren und die Fort- und Weiterbildungsinhalte an den Bedürfnissen der Pflegenden zu orientieren. Es muss auf die Besonderheiten des Phänomens Schreien und Rufen eingegangen werden. Analog zu der genannten Forderung nach praktischen Einheiten in der Pflegeausbildung sollten entsprechende Angebote auch in der Fort- und Weiterbildung enthalten sein. Darüber hinaus sollte ein gruppenübergreifender Erfahrungsaustausch die eigenen und fremden Erkenntnisse der Pflegenden reflektierend aufgreifen und gemeinsam weiterentwickeln. Die Untersuchungsergebnisse haben gezeigt, dass kein «Maßnahmenkatalog» angeboten oder erstellt werden sollte, sondern dass unter anderem eine reflektierte Diskussion und ein praxisbezogener Austausch, der über betriebsinterne Teambesprechungen weit hinausgeht, anzubieten sind. Damit ist gemeint, dass alle Facetten des Phänomens betrachtet werden und übergreifende Vergleiche der unterschiedlichen Einrichtungen mit ihren verschiedenen Wohnkonzepten möglich werden. Betriebsinterne Besonderheiten und Abläufe könnten (modifiziert) durchaus auch auf andere Einrichtungen übertragen werden.

10.3 Empfehlung 3: im Team austauschen

Der Informationsaustausch innerhalb eines Pflegeteams ist in der Pflege und Betreuung von Menschen mit Demenz, die herausfordernd schreien oder rufen, von großer Bedeutung. Hierbei ist neben der Abstimmung innerhalb des Teams und auch jene mit den anderen involvierten Berufsgruppen wichtig. Ohne die Absprache und Abstimmung eines Pflegeteams ist eine optimale Pflege nicht möglich. Der Informationsaustausch wird dabei zur Grundbasis für alle pflegerischen Aktivitäten. Eine Metapher, die zwei Pflegende in Interviews nannten, zeigt die Bedeutung dieser Übereinstimmung im Team: Beide sprachen von Mosaiksteinchen, die zusammengetragen werden und die gemeinsam in ein größeres Ganzes eingefügt werden. Diese Haltung spricht für einen Teamgeist und einen gemeinsamen Konsens. Diese Gemeinsamkeit entwickelt sich aus der Abstimmung und Absprache innerhalb einer Berufsgruppe und bestimmt das Miteinander. Die Tragfähigkeit dieses Miteinanders kann und sollte so ausgeprägt sein, dass innerhalb des Teams Gefühle angesprochen werden können, die gesellschaftlich nicht toleriert werden oder tabuisiert sind. Noch einmal: Es muss möglich sein, dass das Erleben von Grenzsituationen offen angesprochen werden können und eine kritische und konstruktive Reflexion im Team durchgeführt werden kann! In einem Klima der vertrauten Offenheit müssen Gedanken und Ängste, die sich in Pflegesituationen ergeben können, offen angesprochen werden können. Wenn das gelingt, ist das eine Leistung auf sehr hohem Niveau, die zeigt, dass Vertrauen und Offenheit als wichtige Stützpfeiler des Teams implementiert und gelebt werden können. Offenheit und das gegenseitige Vertrauen müssen so stark ausgeprägt sein, dass die Bewältigung von Grenzsituationen bei herausforderndem Schreien und Rufen von Menschen mit Demenz im Team gemeinsam gelingen kann. Festzuhalten und zu wünschen ist, dass in Pflegeteams die Offenheit als Arbeitsgrundlage angestrebt wird. Das ist keine leichte Aufgabe, die darüber hinaus nicht einfach verordnet werden kann, sondern die nur dann gelingt, wenn die (institutionellen) Rahmenbedingungen so gestaltet werden, dass die spezifischen und facettenreichen Ausprägungen des herausfordernden Schreiens oder Rufens ausreichende Berücksichtigung finden. Diese Teamarbeit endet allerdings nicht im Pflegeteam, sondern muss alle Ebenen einer stationären Einrichtung und darüber hinaus durchdringen und involvieren.

Aber wie kann so ein Klima der Teamoffenheit und des gegenseitigen Vertrauens entstehen?

Als Grundvoraussetzung sollten die verantwortliche Pflegeleitungsperson und die einzelnen Teammitglieder den Willen besitzen, ein Team sein zu wollen. Das setzt die Bereitschaft voraus, die eigene Arbeit, das eigene Verhalten und die eigene Erfahrung zu reflektieren und kritisch zu analysieren – und das mit gegenseitigem Respekt vor der Person und dem Handlungsfreiraum des Kollegen. Das alles lässt sich wie gesagt nicht verordnen und fremdbestimmt implementieren. Und es setzt voraus, dass dem Ganzen ein Raum gegeben wird sowie dass die Leitungsebenen unterstützend agieren, also beispielsweise Zeit zur Verfügung stellen und externe Unterstützung anbieten, wenn zum Beispiel der Blick von außen notwendig erscheint.

10.4 Empfehlung 4: (pflegewissenschaftliche) Fachbegleitung

Vielfach stoßen Pflegende an ihre Grenzen in Schrei- oder Rufsituationen, und sie sehen keine Möglichkeit, die Belastungsmomente verändern zu können. Die Reflexion im Team bringt situativ vielleicht Lösungsoptionen und Bewältigungsstrategien können nicht aktiviert und selbstständig entwickelt werden. Diese eingeschränkte Analysemöglichkeit scheint aus dem Fehlen eines übergreifenden Gesamtblicks zu resultieren. Die Pflegenden können vielfach eine vergleichende Ist-Analyse nicht vornehmen, weil ihnen adäquates und vergleichendes Erfahrungswissen auf einer einrichtungsübergreifenden Ebene nicht oder nur begrenzt zur Verfügung steht. Reflexionen bleiben im Team begrenzt, Fachwissen rekrutiert sich oft nur aus internen Einrichtungsressourcen. Es ist deshalb zu empfehlen, dass Pflegende jederzeit und unmittelbar auf eine externe Beratungsmöglichkeit zurückgreifen können. Die hier präsentierten Forschungsergebnisse zeigen, dass implementierte Fachberatung besonders in der Anfangsphase von großem Wert sein kann. So hatte ein Pflegedienst ein Wohnkonzept übernommen, das von einer Gruppe von Pflegewissenschaftlern entwickelt worden war. Dieses Konzept garantierte, dass eine hohe fachliche Beratung kontinuierlich implementiert war. Die Koordination von Fort- und Weiterbildungsmaßnahmen lag beispielsweise in der Hand dieser Begleitgruppe, die den Bedarf ermittelte, evaluierte und bedarfsorientiert die Angebote zusammenstellte. Außerdem stand allen Mitarbeitern eine fachliche Beratungsmöglichkeit zur Verfügung, so dass zeitnah Hilfe und Unterstützung eingefordert werden konnte. Allein das Wissen, dass jederzeit die neuesten pflegewissenschaftlichen Erkenntnisse abgerufen werden können, ist eine überaus wichtige Unterstützungsoption.

In diesem Zusammenhang ist zu fordern, dass entsprechendes (aktuelles) Fachwissen, und dazu gehört auch das Wissen zum Phänomen Schreien und Rufen von Menschen mit Demenz, in den bereits implementierten Pflegeberatungsstrukturen umfassend vorgehalten werden. So wäre es möglich, dass jeder Einrichtung und jedem Pflegenden eine entsprechende Fachauskunftsstelle auf Abruf zur Verfügung steht. Diese Beratung sollte allerdings nur auf fachspezifische und trägerübergreifende Schwerpunkte zielen, weil einrichtungsspezifische Bedarfe auf dieser Beratungsebene sicherlich nicht umfassend befriedigt werden können. Außerdem sollte sie Hinweise im Sinne einer Lotsenfunktion geben und keine Lösungen im Sinne eines Rezeptbuches präsentieren.

10.5 Empfehlung 5: keine unerfüllbaren Wünsche haben

Diesen letzten Gedanken möchte ich erneut kurz aufgreifen: Pflegende müssen und sollten nicht auf eine «Wunderpille» warten, die das Schreien oder Rufen in jeder Situation, bei jedem schreienden oder rufenden Menschen in

Wohlgefallen auflöst. Es gibt kein Medikament, das zu einem «glückseligen» Zustand der Ruhe führt und dem Menschen mit Demenz garantiert «hilft», wenn er störend schreit oder ruft … und es wird dieses Medikament nie geben! Falsch wäre ebenso, wenn Pflegende auf ein mit Patentrezepten gespicktes Anleitungsbuch warten. Eins ist ganz sicher: Das wird und kann es nicht geben. Dementsprechend gibt es kein Medikament, keine Patentrezepte oder einen Geheimtipp in dem Sinne, dass er verallgemeinert werden könnte. Aber es gibt Hinweise, die genutzt und unter Berücksichtigung aller Einfluss ausübenden Faktoren und unter Berücksichtigung der individuellen Persönlichkeit des Menschen mit Demenz in die Sammlung von Einzelinformationen einfließen können.

Wichtig erscheint mir eher, dass Pflegende die Potenziale der Pflege erkennen und nutzen. Denn die gibt es – und niemand ist in stationären Einrichtungen der Altenhilfe einem schreienden oder rufenden Menschen mit Demenz näher als eine Pflegeperson, die die Schreie oder Rufe hört und hören will.

10.6 Empfehlung 6: Segregation kontra Inklusion?

In Einrichtungen mit segregativem Wohnkonzept der Altenhilfe für Menschen mit Demenz leben diese Menschen zusammen, weil sie eine Demenz haben. Das ist, salopp gesprochen und zugegeben auch verkürzt dargestellt, der gemeinsame Nenner, der diese Gemeinschaft generiert hat. Nicht familiäre oder partnerschaftliche Beziehungen und auch keine selbst bestimmten oder frei gewählten Motivgründe begründen das Zusammenleben, sondern eine Krankheit. Und das gilt auch für viele andere Wohnkonzepte in der Altenpflege, weil hier vielleicht nicht das herausfordernde Verhalten leitend wirkte, sondern das Alter und/oder die Krankheit eines Menschen. Zu bedenken ist, dass es auch keine vorübergehenden Wohnsituationen sind, wie in einer Klinik etwa, sondern das soll das «Zuhause» sein. Ebenso verhält es sich in segregativen Segregationswohnbereichen, in denen Menschen mit Demenz leben, die schreien oder rufen. Anlass ist hier der herausfordernde Schrei oder Ruf, der die Gemeinschaft begründet. Segregation kann trotz aller Bemühungen und Integrationsversuche zur Abtrennung oder Ausgrenzung führen. Was wäre, wenn es ein inklusives Wohnen gäbe, in dem der Mensch schreien und rufen darf? Ein Ort, wo der herausfordernd schreiende oder rufende Mensch selbstverständlich dazugehört. Es wäre also viel mehr als eine Wohngruppe mit einem Wohnkonzept, das eine Integration möglich macht. Es sollte eine Wohnmöglichkeit sein, in der der schreiende oder rufende Mensch sich nicht anpasst, sondern in der die Umgebung die Voraussetzungen – den inklusiven Kontext – schafft, dass ein Zusammenleben möglich ist. Selbstverständlich dazugehören und nicht anpassen müssen, das sollte das Ziel sein. Das setzt aber voraus, dass beispielsweise kontextuelle Bedingungen konzipiert und realisiert werden, die das im Sinne des Wortes Inklusion umfassend möglich machen. Es muss ein Ort sein, in dem zum Beispiel Pflegende und/oder involvierte Personen «Zeit haben» und sich diese auch nehmen können und wollen. Es muss ein Ort sein, in dem die Gesellschaft nicht starr an Normen festhält, sondern Schreie und Rufe von kranken Menschen akzeptiert und die tabufreien Räume erweitert. Es muss ein Kontext sein, in dem Pflege und «selbstverständlich dazugehören» vereinbar sind. Zugegeben, das ist keine Empfehlung, sondern eine Vision, die nicht einmal eine Anleitung, sondern nur ein Ziel präsentiert. Empfehlen lässt sich vielleicht nur, dass Offenheit, Kreativität und der Wille zur Veränderung bei der Realisation des Wunschzieles leitend wirken.

10.7 Empfehlung 7: Paternalismus vermeiden

Mit den Pflegezielen Ruhe und Wohlbefinden schwingen direkt und auch indirekt immer eine Grundhaltung, ein Wunsch, eine Zielsetzung mit, die vielfach allein aus der Sicht der Pflegeperson bestimmt werden. Diese Haltung kann paternalistische Züge annehmen, wenn der Pflegende losgelöst von der Pflegeanforderung und den Kontextbedingungen festlegt, was in der Schreisituation für den Menschen mit Demenz «gut» ist. Es ist eine Haltung, die es zu verhindern gilt. Wie kann das gelingen?

Die Pflegenden müssen dem Menschen mit Demenz in vielen Situationen immer wieder neu ein Recht auf Schreien oder Rufen einräumen können und zwar auch dann, wenn sie selbst die Schreie als Störung interpretieren. Dazu gehört, dass Pflegende eine Pflegesituation analysieren können, und das ist nur möglich, wenn Pflegende durch kontinuierliche Fort- und Weiterbildungen ihr Wissen zu aktualisieren und erweitern verstehen. Dazu gehört allerdings auch, dass unter anderem finanzielle Mittel und personelle Ressourcen zur Verfügung stehen, damit diese Fort- und Weiterbildungsmaßnahmen in Anspruch genommen werden können. Es ist ein Bündel an Bedingungen, die zu erfüllen sind und nicht allein von der Grundhaltung der Pflegeperson bestimmt werden.

10.8 Empfehlung 8: Recht auf Schreien oder Rufen einräumen!

Dem schreienden oder rufenden Menschen mit Demenz muss der Raum gegeben werden, schreien und rufen zu dürfen. Ungehemmt, unzensiert und unreglementiert! Das ist, wie sich in diesem Buch gezeigt hat, sehr schwierig und stößt an Grenzen. Diese resultieren unter anderem aus der Tatsache, dass stationäre Einrichtungen der Altenhilfe keine enttabuisierten Räume sind, in denen zu jedem Zeitpunkt geschrien werden darf. Zugegeben, das ist wieder mehr eine Vision und keine Empfehlung! Sicher ist allerdings, dass die Realisation nicht ohne den Einsatz von finanziellen Mitteln gelingen kann, die es bereitzustellen gilt.

So wie der Schrei eines spielenden Kindes immer und überall anzunehmen ist, muss der herausfordernde Schrei oder Ruf eines Menschen mit Demenz angenommen werden. Der «Lärm» spielender Kinder und die damit verbundene Störung sind zu tolerieren und kein Kläger wird bei einem deutschen Gericht seinen Wunsch nach «Ruhe» gerichtlich durchsetzen können. Die Schreie und Rufe der Säuglinge oder Kinder sind keine «Störung», die gerichtlich unterbunden werden. Sie sind Ausdruck eines empfundenen Gefühls, einer Stimmung, eines Wunsches oder ähnlichem, das in dieser Situation so artikuliert wird. Natürlich sind Säugling oder Kinder und ihr Verhalten nicht mit schreienden oder rufenden alten Menschen mit Demenz identisch und allein deshalb nicht einfach zu vergleichen. Und natürlich gibt es tabuisierte Schrei- und Rufräume (und sie wird es immer geben), wo auch Kinder nicht schreien oder rufen «dürfen». Diese Zusammenhänge sind nicht gemeint, wenn auf das Recht von Schreien oder Rufen hingewiesen wird. Aber zu bedenken ist: Die Umwelt beziehungsweise der Wohn- und Lebenskontext muss sich dem Menschen mit herausforderndem Verhalten anpassen und nicht umgekehrt – dem Menschen mit Demenz ist durch seine reduzierte Anpassungsfähigkeit diese Leistung nämlich nicht möglich! Dieses Verständnis der Umwelt kann nicht verordnet werden, daher ist die Wahrnehmung dieser Wohn- und Lebenskontextveränderungen eine gesellschaftliche Herausforderung!

10.9 Empfehlung 9: Schreien oder Rufen nicht als aggressives Verhalten werten

Herausforderndes Schreien oder Rufen des Menschen mit Demenz ist Ausdruck einer Person. Es ist seine Ausdruckskraft, seine Kommunikationsmöglichkeit, sein Appell und sein Weg, sich verbal mitzuteilen. Schreien oder Rufen ist laut und oft nicht immer situationsadäquat. Aber: Der Schrei oder Ruf eines Menschen mit Demenz darf nicht als aggressives Verhalten tituliert und eingestuft werden. Schreien oder Rufen eines Menschen mit Demenz ist und bleibt Ausdruck einer Person und ist nur so zu werten.

10.10 Empfehlung 10: Pflegende brauchen eine besondere Unterstützung!

Diese Empfehlung, die bereits indirekt mehrfach angedeutet wurde, richtet sich an die Ebenen, die den Arbeitsplatz der Pflegenden schaffen und gestalten und die finanziellen Mittel zur Verfügung stellen. Sprich, unser Gemeinwesen und unsere Gesellschaft. Eins ist sicher, ohne eine adressatengerechte Aus-, Fort- und Weiterbildung und ohne ausreichende finanzielle Ausstattung wird es kaum gelingen, eine Wohn- und Arbeitssituation zu schaffen, in der ein schreiender oder rufender Mensch gerne wohnt, schreien oder rufen darf und in der gleichzeitig eine Pflegeperson gerne arbeitet. Es ist zu bedenken, und auch das wurde mehrfach gesagt, dass der Wohnort des Menschen mit Demenz gleichzeitig der Arbeitsort der Pflegenden ist. Eine angemessene Wohn- und Lebenssituation sowie ein gleichzeitig optimaler Arbeitsplatz schafft man meines Erachtens nicht allein dadurch, dass ein alter Schrank aufgestellt wird oder alte Bilder an der Wand hängen. Damit ich nicht falsch verstanden werde: biografiebezogene Impulse sind sehr wichtig, aber eine Wohnung als Lebensraum für die einen und gleichzeitiger Arbeitsplatz für die anderen stellt besondere Anforderungen. Diese kosten Geld, eine besondere Unterstützung und den Willen, etwas ändern zu wollen. Rückert (2008: 265) hat es so formuliert: «Stärkung der gerontopsychiatrischen Kompetenz beruflich Pflegender aber auch der Bevölkerung im allgemeinen ist eine Grundvoraussetzung für eine neue Haltung gegenüber der Demenz, die da lauten könnte: Demenz, na und? Vorausgesetzt, wir haben die dazu notwendige Infrastruktur zur Beratung, Diagnose, Behandlung, Rehabilitation und Pflege geschaffen.»

10.11 Empfehlung 11: Ruhe nicht «erkaufen» oder «erzwingen»

Medikamentöse Ruhigstellung ist Gewalt, wenn damit allein Ruhe für die Umwelt hergestellt werden soll. Nicht das Bedürfnis der Umwelt darf Taktgeber sein, sondern der Mensch, der herausfordernd schreit oder ruft!

11 Schlusswort

Die optimale Lebenssituation für schreiende oder rufende Menschen mit Demenz – wie muss sie aussehen? Gibt es sie und welche Bedingungen müssen Berücksichtigung finden? Ist es ein Zusammenspiel, in dem Bedingungen erfüllt und existent sein müssen, soll sich der schreiende Bewohner wohlfühlen? **Abbildung 11-1** versucht sich einer Antwort anzunähern.

Müssen folgende Faktoren/Voraussetzungen in diesem Beispiel nicht zwingend erfüllt sein?

- der Mensch mit Demenz muss mit seiner Bedürfnislage die Richtung angeben, er ist metaphorisch betrachtet der Komponist
- die institutionellen Bedingungen müssen demenzgerecht vorhanden sein
- Pflegepersonen müssen kompetent und professionell handeln können und wollen

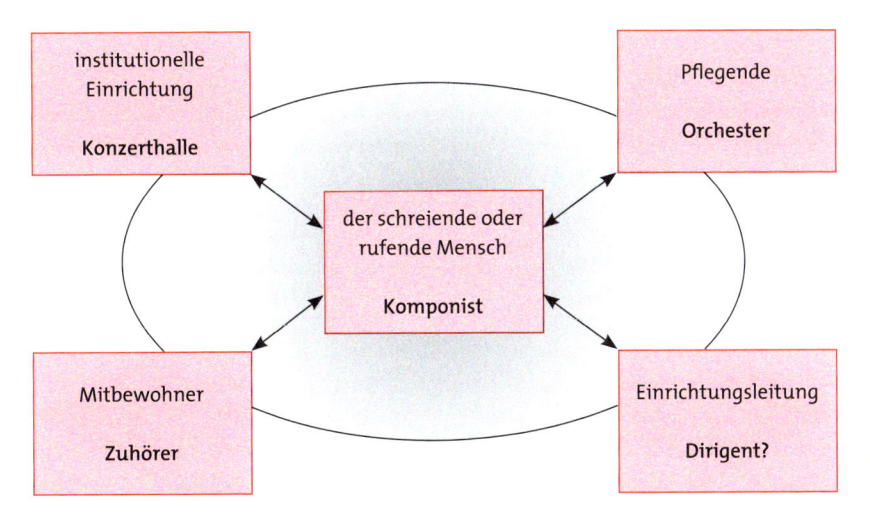

Abbildung 11-1: Metapher «Der Schrei oder Ruf».

- ein hohes Engagement der Pflegenden muss da sein, und das erfordert wieder optimale Rahmenbedingungen
- die Leitung muss unterstützend engagiert sein und «dirigieren können»
- Angehörige müssen ins Boot geholt werden
- Aufbau und Pflege eines engagierten und geeigneten ehrenamtlichen Netzes, um so unter anderem den Gedanken der Inklusion vorbereitend zu realisieren
- gesellschaftliche Akzeptanz und Wertschätzung, weil das einen direkten und indirekten Einfluss auf die institutionellen Rahmenbedingungen aufgrund gesetzlicher Vorgaben nimmt … und wir brauchen den Willen, enttabuisierte Räume für schreiende oder rufende Menschen mit Demenz umfassend zu schaffen
- der Schrei eines Menschen mit Demenz ist keine Störung.

> Ist es bei der Erfüllung dieser Bedingungsfaktoren erforderlich, dass unbedingt und überall segregative Bereiche eingerichtet werden? Baut sich in diesem Zusammenhang nicht ein Spannungsfeld auf (siehe **Abbildung 11-2**)?

In diesem Zusammenhang ist Segregation als Absonderung oder als Abtrennung zu verstehen und Inklusion heißt im Gegensatz dazu «selbstverständlich dazugehören». Nicht der Mensch mit Demenz muss sich ändern und anpassen, sondern die Umgebung hat sich anzupassen.

Zurück zur Metapher: Das Zusammenspiel ist wichtig. Es nützt nichts, wenn ein ungeübter Geiger ohne Fachkenntnis auf einer Stradivari spielt. Es bringt auch nichts, wenn man in der Semperoper in Dresden sitzt und die Musik klingt nicht, weil der Dirigent sein Handwerk nicht versteht. Ebenso wichtig ist es, dass der Komponist das Lied hört, dass er komponiert hat und nicht die Melodie, die von der Gesellschaft gewünscht, gefordert oder gefördert wird.

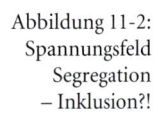

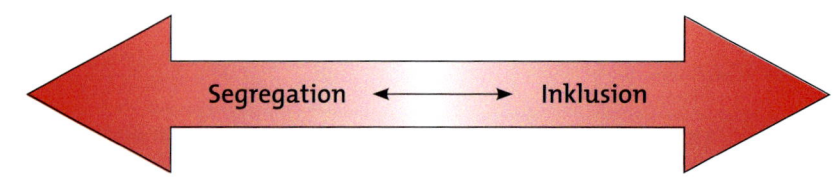

Abbildung 11-2: Spannungsfeld Segregation – Inklusion?!

Segregation ⟷ Inklusion

Abschließend und zusammenfassend hat sich gezeigt, dass das Schreien oder Rufen von Menschen mit Demenz in vielen Einrichtungen der Altenhilfe als Herausforderung interpretiert wird. Kommt es durch das Schreien und Rufen zum Belastungsempfinden, wird das Erleben durch eskalierende Kettenreaktionen der Mitbewohner und durch fehlende oder unzureichende Ausweichmöglichkeiten deutlich beeinflusst. Das resultiert aus dem Umstand, dass Pflegende sich dem Phänomen in den stationären Einrichtungen nicht entziehen können und in den Schrei- und Rufmomenten wissen, dass es zum Belastungsempfinden kommen kann. Eine «drohende» Belastung, die sich scheinbar nicht beeinflussen lässt. Auffallend ist, dass in diesen Situationen die Pflegenden oft keine tradierten Handlungsmuster aktivieren können, die auf die aktuelle Schrei- oder Rufsituation übertragbar sind und das Handeln leitend bestimmen könnten. Die aus den herausfordernden Schreien und Rufen resultierenden Belastungsmomente müssen gewissermaßen «ausgehalten» werden. Die Schrei- oder Rufsituationen können letztlich in dem Erleben einer temporär begrenzten Unerträglichkeit gipfeln, die durch situative und individuelle Momente bestimmt wird. Besteht ein intensiver teaminterner Austausch und die Möglichkeit, die intrinsischen und extrinsischen Faktoren zu beeinflussen, werden die Phasen des Erlebens der Unerträglichkeit als weniger belastend eingestuft. Außerdem zeigen sich Hinweise, dass spezielle Segregationsbereiche für schreiende oder rufende Menschen das Belastungsempfinden der Pflegenden deutlich minimieren können, wenn gleichzeitig ein hoher Personaleinsatz implementiert ist. Es zeigt sich aber auch, dass die Verhältnisse in vielen stationären Einrichtungen so sind, dass der herausfordernde Schrei oder Ruf als Störung wahrgenommen wird beziehungsweise «werden muss».

?
Ich habe Durst, lauter kann ich nun wirklich nicht schreien!!!

AAAAAA
AAAAAAAAAAAAAAAAAAAAAA
AAAAAAAAA
Durst

Liebe Kollegen, dass ist keine Gewalt! Ich spiegele Verhalten!!!
???

Ich hab's geschafft, Herr Müller ist ruhig

12 Literaturverzeichnis

Abt-Zegelin, A.; Schnell, M. W. (2005): Sprache und Pflege als Thema der Pflegewissenschaft. In: Abt-Zegelin, A.; Schnell, M. W. (Hrsg.): Sprache und Pflege. 2. Auflage. Bern: Hans Huber.

Aldridge, D. (2003): Nicht auf das «Was», sondern auf das «Wie kommt es an». In: Aldridge, D. (Hrsg.).: Music Therapy world: Musiktherapie in der Behandlung von Demenz. Norderstedt: Demand.

Bamberg, E.; Keller, M.; Wohlert, C.; Zeh, A. (2006): BGW-Stresskonzept. Das arbeitspsychologische Stressmodell. Hamburg: BGW (Berufsgenossenschaft für Gesundheitsdienst und Wohlfahrtspflege).

Bartholomeyczik, S.; Halek, M.; Sowinski, C.; Besselmann, K.; Dürrmann, P.; Haupt, M.; Kuhn, C.; Müller-Hergl, C., Perrar, K. M., Riesner, C.; Rüsing, D.; Schwerdt, R.; van der Kooij, C., Zegelin, A. (2007): Rahmenempfehlungen zum Umgang mit herausforderndem Verhalten bei Menschen mit Demenz in der stationären Altenhilfe. Forschungsbericht. 007 Gesundheitsforschung. Berlin: Bundesministerium für Gesundheit.

Barton, S.; Findlay, D.; Blake, R. A. (2005): The management of inappropriate vocalisation in dementia: a hierarchical approach. International journal of geriatric psychiatry, 20 (12), 1180–1186.

Benner O.; Wrubel, J. (1997): Pflege, Streß und Bewältigung. Gelebte Erfahrung von Gesundheit und Krankheit. Bern: Hans Huber.

Bienstein, C.; Fröhlich, A. (2003): Basale Stimulation in der Pflege. Die Grundlagen. Seelze-Velbert: Kallmeyer.

Böhm, E. (1999): Psychobiologisches Pflegemodell nach Böhm. Band 1: Grundlagen. Wien: Maudrich.

Brandenburg, H.; Adam-Paffrath, R.; Brühl, A., Burbaum, J. (2011): Pflegeoasen: (K)Ein Lebensraum für Menschen im Alter mit schwerer Demenz!? Abschlussbericht. Vallendar.

Brown, J. (2007): Segregative Betreuung Demenzkranker. Auswirkungen, Chancen und Risiken. Saarbrücken: VDM Verlag Dr. Müller.

Buchholz, M. B.; Groß, W.; Jork, G.; Spiegel, Y. (1983): Schreien. Anstösse zu einer therapeutischen Kultur. München: Kaiser.

Burgio, L. D.; Scilley, K.; Hardin, J. M.; Janosky, J.; Bonino, P.; Slater, S. C.; Engberg, R. (1994): Studying disruptive vocalization and contextual factors in the nursing home using computer-assisted real-time observation. Journal of gerontology, 49 (5), 230–239.

Cariaga, J.; Burgio, L.; Flynn, W.; Martin, D. (1991): A controlled study of disruptive vocalizations among geriatric residents in nursing homes. Journal of the American Geriatrics Society, 39 (5), 501–507.

Carlyle, W.; Killick, L.; Ancill, R. (1991): ECT: an effective treatment in the screaming demented patient. Journal of the American Geriatrics Society, 39 (6), 637.

Casby, J. A.; Holm, M. B. (1994): The effect of music on repetitive disruptive vocalizations of persons with dementia. The American Journal of Occupational Therapy. 48 (10), 883–889.

Class, C. A.; Schneider, L.; Farlow, M. R. (1997): Optimal management of behavioural disorders associated with dementia. Drugs & Aging. 10, 95–106.

Cohen-Mansfield J.; Marx, M. (1990): The Relationship between sleep disturbances and agitation in a nursing house. Journal of aging and health. 2 (1), 42–57.

Cohen-Mansfield, J.; Marx, M. S.; Rosenthal, A. S. (1989): A description of agitation in a nursing home. Journal of Gerontology, 44 (3), M77–M84.

Cohen-Mansfield, J.; Werner, P.; Marx, M. S. (1990): Screaming in nursing home residents. Journal of the American Geriatrics Society, 38 (7), 785–792.

Draper, B.; Snowdon, J.; Meares, S.; Turner, J.; Gonski, P.; McMinn, B.; McIntosh, H.; Latham, L.; Draper, D.; Luscombe, G. (2000): Case-controlled study of nursing home residents referred for treatment of vocally disruptive behavior. International Psychogeriatrics, 12 (3), 333–344.

Duden (1968): Rechtschreibung der deutschen Sprache und Fremdwörter. Band 1. Mannheim: Dudenverlag.

Duden (1997): Das Herkunftswörterbuch. Etymologie der deutschen Sprache. Die Geschichte der deutschen Wörter und der Fremdwörter von ihrem Ursprung bis zur Gegenwart. Mannheim: Dudenverlag.

Dwyer, M.; Byrne, G. J. A. (2000): Disruptive vocalization and depression in older nursing home residents. International Psychogeriatrics, 12 (4), 463–471.

Folkerts, H.; Bender S.; Erkwoh, R.; Klieser, E.; Klimke, A.; Schurig, W.; Benkert, O.; Gaebel, W.; Gastpar, M.; Helmchen, H.; Möller, H. J.; Sauer, H. (1996): Stellungnahme der Deutschen Gesellschaft für Psychiatrie. Psychotherapie und Nervenheilkunde zur Elektrokrampftherapie. Der Nervenarzt. 67, 509–514.

Folkerts, H.; Remschmidt, H.; Saß, H.; Sauer, H.; Schäfer, M.; Sewing, K.-F. (2003): Stellungnahme zur Elektrokrampftherapie (EKT) als psychiatrische Behandlungsmaßnahme. Deutsches Ärzteblatt, 100 (8), B–432–434.

Georg, J.; Frowein, M. (1999): PflegeLexikon. Wiesbaden: Ullstein Medical.

Geyer, P. (2005): Zur Dialektik der Aufklärung in der Anthropologie Montesquieus und Rousseaus. www.jp.philo.at/texte/GeyerP1.pdf [26.02.2011].

Greenwald, B. S.; Marin, D. B.; Silverman, S. M. (1986): Serotoninergic treatment of screaming and banging in dementia. Lancet, Dec 20–27, 2, 1464–1465.

Grond, E. (1997): Praxis der psychischen Altenpflege. Betreuung körperlich und seelisch Kranker. 11. Auflage. München: Reed Elsevier.

Grond, E. (1998): Pflege Demenzkranker. Hagen: Brigitte Kunz.

Gunten von, A.; Alnawaqil A. M.; Abderhalden, C.; Needham, I.; Schupbach, B. (2008): Vocally disruptive behavior in the elderly: a systematic review. International Psychogeriatrics, 20 (4), 653–672.

Halek, M.; Bartholomeyczik, S. (2006): Verstehen und Handeln. Forschungsergebnisse zur Pflege von Menschen mit Demenz und herausforderndem Verhalten. Wittener Schriften. Hannover: Schlütersche.

Hallensleben, J.; Jaskulewicz, G. (2005): Begleitforschung für ambulant betreute Wohngemeinschaften für demenzkranke Menschen. Pflege & Gesellschaft, 10 (2), 97–102.

Höwler, E. (2008): Herausforderndes Verhalten bei Menschen mit Demenz. Erleben und Strategien Pflegender. Stuttgart: Kohlhammer.

Höwler, E. (2010a): Herausforderndes Verhalten bei Personen mit demenziellen Veränderungen aus der Perspektive von Pflegenden – Erleben und Strategien. Pflege & Gesellschaft, 15 (1), 78–89.

Höwler, E. (2010b): Entstehung von herausfordernden Verhalten bei Menschen mit den Formen Multi-Infarkt-Demenz und seniler Demenz vom Alzheimer Typ in der Langzeitversorgung auf biografischer Ebene. Inaugural-Dissertation an der Pflegewissenschaftlichen Fakultät der Philosophisch-Theologischen Hochschule Vallendar.

Holst, G.; Hallberg, R. I.; Gustafson, L. (1997): The relationship of vocally disruptive behavior and previous personality in severely demented institutionalized patients. Archives of Psychiatric Nursing, 11 (3), 147–154.

Hornung, R.; Lächler, J. (2006): Psychologisches und soziologisches Grundwissen für Gesundheits- und Krankenpflegeberufe. 9. Auflage. Weinheim: Beltz.

ICD-10-GM (2013): Internationale statistische Klassifikation der Krankheiten und verwandter Gesundheitsprobleme, 10. Revision, German Modification; Version 2013. www.dimdi.de, [09.02.2013].

Informationsblatt der Deutschen Alzheimer Gesellschaft (2012): «Die Epidemiologie der Demenz» im Internet:(www.deutsche-alzheimer.de > Info-Materialien > Informationsblätter > Infoblätter «Das Wichtigste», 2012) bzw. www.deutsche-alzheimer.de/fileadmin/alz/pdf/factsheets/FactSheet01_2012.pdf

Jacob, A.; Busse, A.; Riedel-Heller, S. G.; Pavlicek, M.; Angermeyer, M. C. (2002): Prävalenz und Inzidenz von Demenzerkrankungen in Alten- und Altenpflegeheimen im Vergleich mit Privathaushalten. Zeitschrift für Gerontologie und Geriatrie, 35 (5), 474–481.

James, I. A. (2013): Herausforderndes Verhalten bei Menschen mit Demenz. Bern: Hans Huber.

Jantzen W.; Schnittka, T. (2001): ‹Verhaltensauffälligkeit› ist eine soziale Konstruktion: Über Vernunftfallen und andere Angriffe auf das Selbst. In: Theunissen, G. (Hrsg.). Verhaltensauffälligkeiten – Ausdruck von Selbstbestimmung? Wegweisende Impulse für die heilpädagogische, therapeutische und alltägliche Arbeit mit geistig behinderten Menschen. Bad Heilbrunn: Klinkhardt.

Kipp, J. (1992): Imaginäre Lebenswelten demenziell erkrankter Menschen. In: Petzold, H. (Hrsg.). Lebenswelten alter Menschen. Hannover: Vincentz.

Kitwood, T. (2004): Demenz. Der person-zentrierte Ansatz im Umgang mit verwirrten Menschen. 3., erweiterte Auflage. Bern: Hans Huber.

Koch-Straube, U. (1997) Fremde Welt Pflegeheim. Eine ethnologische Studie. Bern: Hans Huber.

Koch-Straube, U. (2003): Verwirrtheit als Antwort auf unbewältigte Lebenssituationen. In: Schindler, U. (Hrsg.). Die Pflege demenziell Erkrankter neu erleben. Mäeutik im Praxisalltag. Hannover: Vincentz.

Lazarus, R. S.; Launier, R. (1981): Stressbezogene Transaktionen zwischen Person und Umwelt. In: Nitsch, J. (Hrsg.): Stress. Theorien, Untersuchungen, Maßnahmen. Bern: Hans Huber.

List, M.; Supprian, T. (2009): Inadäquate Vokalisationen bei Demenzkranken. Interventionsmöglichkeiten beim Schreien und anderen Lautäußerungen von Demenzpatienten. Zeitschrift für Gerontopsychologie & -psychiatrie, 22 (2–3), 111–118.

Manière, D.; Morlet, M.; Ploton, L. (2010): Les comportements vocaux perturbateurs. Vocally disruptive behaviors. Psychologie & neuropsychiartie du vieillissement, 8 (2), 111–121.

Matteau, E.; Landreville, P.; Laplante, L.; Laplante, C. (2003): Disruptive vocalizations: A means to communicate in dementia? American Journal of Alzheimer's Disease an other dementias. 18 (3), 147–153.

McMinn, B.; Draper, B. (2005): Vocally disruptive behaviour in dementia: Development of an evidence based practice guideline. Aging & mental health. 9 (1), 16–24.

Miyamoto, Y.; Tachimori, H.; Ito, H. (2010): Formal caregiver burden in dementia: impact of behavioral and psychological symptoms of dementia and activities of daily living. Geriatric Nursing, 31 (4), 246–253.

Müller-Hergl, C. (2003): Die Wahrnehmung vertiefen. Dementia Care Mapping. In: Schindler, U. (Hrsg.): Die Pflege demenziell Erkrankter neu Erleben. Mäeutik im Praxisalltag. Hannover: Vincentz.

Nagaratnam, N.; Patel, I.; Whelan, C. (2003): Screaming, shrieking and muttering: the noise-makers amongst dementia patients. Archives of gerontology and geriatrics, 36 (3), 247–258.

Pfammatter, T. (2010): Welchen Einfluss auf das Verhalten von Demenkranken hat die integrative und segregative Versorgungsform? Eine systematische Literaturübersicht. http://doc.rero.ch/lm.php?url=1000,41,22,201004141433055-AE/TB_Pfammatter_Tobias.pdf. [15.07.2010].

Pomara, N.; Volavka, J.; Czobor, P.; Hernando, R.; Sidtis, J. J. (2005): Screaming and physical aggression in nursing homes. The American journal of geriatric psychiatry, 13 (6), 539–40.

Reisberg, B.; Ferris, S. H.; de Leon, M. J.; Crook, T. (1982): The Global Deterioration scale for assessment of primary degenerative dementia. American Journal of Psychiatry, 139 (9), 1136–1139.

Rheinberg, F. (2010): Intrinsische Motivation und Flow-Erleben. In: Heckhausen, J., Heckhausen H. (Hrsg.): Motivation und Handeln. 4. Auflage. Berlin: Springer.

Roccaforte, W. H.; Wengel, S. P.; Burke, W. J. (2000): ECT for screaming in dementia. The American journal of geriatric psychiatry, 8 (2), 177.

Rosen, T.; Lachs, M. S.; Bharucha, A. J.; Stevens, S. M.; Teresi, J. A.; Nebres, F.; Pillemer, K. (2008): Resident-to-resident aggression in long-term care facilities: insights from focus groups of nursing home residents and staff. Journal of the American Geriatrics Society, 56 (8), 1398–1408.

Rückert, W. (2008): Türöffnungskonzept des KDA zum «Erträglich-Machen» der Demenz. In: Tackenberg, P.; Abt-Zegelin, A. (Hrsg.): Demenz und Pflege. Eine interdisziplinäre Betrachtung. 5. Auflage. Frankfurt/Main: Mabuse.

Ryan, D. P.; Tainsh, S. M. M.; Kolodny, V.; Lendrum, B. L.; Fisher R. H. (1988): Noise-making amongst the elderly in long term care. The Gerontologist, 28 (3), 369–371.

Sachweh, S. (2002): «Noch ein Löffelchen?». Effektive Kommunikation in der Altenpflege. Bern: Hans Huber.

Sachweh, S. (2008): Spurenlesen im Sprachdschungel. Kommunikation und Verständigung mit demenzkranken Menschen. Bern: Hans Huber.

Sauer, H.; Lauter, H. (1987): Elektrokrampftherapie. Der Nervenarzt, 58, 201–218.

Schäufele, M.; Lode, S.; Hendlmeier, I.; Köhler, L.; Weyerer, S. (2008): Demenzkranke in der stationären Altenhilfe. Aktuelle Inanspruchnahme, Versorgungskonzepte und Trends am Beispiel Baden-Württembergs. Stuttgart: Kohlhammer.

Schnell, M. W. (2005): Sprechen – warum und wie. In: Abt-Zegelin, A.; Schnell, M. W. (Hrsg.). Sprache und Pflege. 2. Auflage. Bern: Hans Huber.

Schwerdt, R.; Tschainer, S. (2002): Spezifische Anforderungen an die Pflege demenziell erkrankter Menschen. In: Expertisen zum Vierten Altenbericht der Bundesregierung. Bd. III: Hochaltrigkeit und Demenz als Herausforderung an die Gesundheits- und Pflegeversorgung. Hannover: Vincentz.

Searl, M. N. (1983): Die Psychologie des Schreiens. In: Buchholz, M. B.; Groß, W.; Jork, G.; Spiegel, Y.: Schreien. Anstösse zu einer therapeutischen Kultur. München: Kaiser. [erschien 1932 unter dem Titel: The Psychology of Screaming. In: International Journal of Psycho-Analysis, (14), 193–205].

Sloane, P. D.; Davidson, S.; Buckwalter, K.; Lindsey, B. A.; Ayers S.; Lenker, V.; Burgio, L. D. (1997): Management of the patient with disruptive vocalization. The Gerontologist, 37 (5), 675–682.

Sloane, P. D.; Davidson, S.; Knight, N.; Tangen, C.; Mitchell, C. M. (1999): Severe disruptive vocalizers. Journal of the American Geriatrics Society, 47 (4), 439–445.

Snowdon, J.; Meehan, T.; Halpin, R. (1994): Continuous screaming controlled by electroconvulsive therapy: a case study. International Journal of geriatric psychiatry, 9, 929–932.

Stelzner G.; Riedel-Heller, S. G.; Sonntag, A.; Matschinger, H.; Jacob, A.; Angermeyer, M. C. (2001): Determinanten des Psychopharmakagebrauchs in Alten- und Altenpflegeheimen. Zeitschrift für Gerontologie und Geriatrie, 34 (4), 306–312.

Steppe, H. (1983): Im Krankenhaus. In: Buchholz, M. B.; Groß, W.; Jork, G.; Spiegel, Y. (Hrsg.). Schreien. Anstösse zu einer therapeutischen Kultur. München: Kaiser.

Stoppe, G.; Staedt, J. (1999): Psychopharmakotherapie von Verhaltensstörungen bei Demenzkranken. Zeitschrift für Gerontologie und Geriatrie, 32 (3), 153–158.

Strauss, A.; Corbin, J. (1996): Grounded Theory: Grundlagen Qualitativer Sozialforschung. Weinheim: Beltz Psychologie.

Strübing, J. (2008): Grounded Theory. Zur sozialtheoretischen und epistemologischen Fundierung des Verfahrens der empirisch begründeten Theoriebildung. 2. Auflage. Qualitative Sozialforschung, Band 15. Wiesbaden: VS Verlag für Sozialwissenschaften.

Theunissen, G. (2001): Wohneinrichtungen und Gewalt. Zusammenhänge zwischen institutionellen Bedingungen und Verhaltensauffälligkeiten als «verzweifelter» Ausdruck von Selbstbestimmung. In: Theunissen, G. (Hrsg.). Verhaltensauffälligkeiten – Ausdruck von Selbstbestimmung? Wegweisende Impulse für die heilpädagogische, therapeutische und alltägliche Arbeit mit geistig behinderten Menschen. Bad Heilbrunn: Klinkhardt.

Trabant, J. (2008): Was ist Sprache? München: Beck.

Urselmann, H.W. (2004): «Störendes Schreien und Rufen» – unruhiges Verhalten alter Menschen mit Demenz. Eine Literaturstudie. Unveröffentlichte Bachelorarbeit im Bachelorstudiengang der Universität Witten/Herdecke.

Urselmann, H.W. (2006): «Störendes Schreien und Rufen» von alten Menschen mit Demenz in der stationären Altenpflege. Befragung zur pflegerischen Interventionsebene. Unveröffentlichte Masterarbeit im Masterstudiengang der Universität Witten/Herdecke.

Urselmann, H.W. (2011): Schreien oder Rufen von Menschen mit Demenz. Erleben und Gestalten der Pflegenden bei diesen herausfordernden Verhaltensweisen. Inaugural-Dissertation der Universität Witten-Herdecke.

Vink, A. (2003): Unruhe bei alten Demenzpatienten und der potentielle Nutzen von Musiktherapie. In: Aldridge, D. (Hrsg.). Music therapy world. Musiktherapie in der Behandlung von Demenz. Norderstedt: Books of Demand.

Wetterling, T.; Michels, R.; Dilling, H. (1998): Elektrokrampftherapie bei therapieresistenter Altersdepression. Ein Erfahrungsbericht. Der Nervenarzt, 69 (7), 617–621.

Weyerer, S. (2005): Altersdemenz. Gesundheitsberichterstattung des Bundes. Heft 28. Berlin: Robert Koch Institut.

Weyerer, S.; Schäufele, M.; Hendlmeier, I.; Kofahl, C.; Sattel, H. (2006): Demenzkranke Menschen in Pflegeeinrichtungen. Besondere und traditionelle Versorgung im Vergleich. Stuttgart: Kohlhammer.

Wüllenweber, E. (2001): Verhaltensprobleme als Bewältigungsstrategie. In: Theunissen, G. (Hrsg.). Verhaltensauffälligkeiten – Ausdruck von Selbstbestimmung? Wegweisende Impulse für die heilpädagogische, therapeutische und alltägliche Arbeit mit geistig behinderten Menschen. 2. Auflage. Bad Heilbrunn: Klinkhardt.

Zimber, A.; Albrecht, A.; Weyerer, S.; Cohen-Mansfield, J. (1999): Forschungskonzepte zu Arbeitsbelastung, Beanspruchung, Streß und ihren Folgen. In: Zimber, A.; Weyerer: (Hrsg.): Arbeitsbelastung in der Altenpflege. Göttingen: Hogrefe.

Deutschsprachige Literatur, Adressen und Links zum Thema «Demenz»

Literatur (deutsch)

Auf Grundlage der Empfehlungen der Deutschen Alzheimer Gesellschaft e.V., ergänzt von Jürgen Georg, Elke Steudter, Gaby Burgermeister, Swantje Kubillus und Gerlinde Strunk-Richter, Bianca Glaab. März 2013

Informationen über das Krankheitsbild und den Umgang mit Demenzkranken

Alzheimer Europe (Hrsg.) (2005): Handbuch der Betreuung und Pflege von Alzheimer-Patienten. 2., aktualisierte und erweiterte Aufl. Stuttgart: Thieme.
Bell V., Troxel D. (2007): Richtig helfen bei Demenz, Ein Ratgeber für Angehörige und Pflegende. 2. Aufl. München: Reinhardt.
Bowlby Sifton C. (2011): Das Demenz-Buch. Ein «Wegbegleiter» für Angehörige und Pflegende. 2. überarb. Aufl. Bern: Hans Huber.
Beyreuther K., Einhäupl K.M., Förstl H., Kurz A. (2002): Demenzen. Grundlagen und Klinik. Stuttgart: Thieme.
Böhme G. (2008): Förderung der kommunikativen Fähigkeiten bei Demenz. Bern: Hans Huber.
Bredenkamp R., Albota M., Beyreuther K., Bruder J., Kurz A., Langehennig M., Prümel-Philippsen U., Tillmann C., von der Damerau-Dambrowski V., Weller M., Weyerer S. (2008): Die Krankheit frühzeitig auffangen. Bern: Hans Huber.
 aus der Reihe: Gemeinsam für ein besseres Leben mit Demenz.
Bruhns A., Lakotta B., Pieper D. (Hrsg.) (2010): Demenz: Was wir darüber wissen, wie wir damit leben. München: Deutsche Verlags-Anstalt.
Bundesministerium für Gesundheit: Wenn das Gedächtnis nachlässt. Ratgeber für die häusliche Betreuung demenzkranker älterer Menschen.
 Zu bestellen beim BMG, per: E-Mail: publikationen@bundesregierung.de
 Telefon: 01805/77 80 90 (kostenpflichtig. 14 Ct/Min. aus dem dt. Festnetz, abweichende Preise aus den Mobilfunknetzen möglich)
 Fax: 01805/77 80 94 (kostenpflichtig. 14 Ct/Min. aus dem dt. Festnetz, abweichende Preise aus den Mobilfunknetzen möglich)
 Schriftlich: Publikationsversand der Bundesregierung
 Postfach 48 10 09
 18132 Rostock
 oder als PDF zum Herunterladen auf http://www.bmg.bund.de.
Bundesministerium für Gesundheit (Hrsg.) (2007): Rahmenempfehlungen zum Umgang mit herausforderndem Verhalten bei Menschen mit Demenz. Berlin: Bundesministerium für Gesundheit.

Buijssen H. (2003): Demenz und Alzheimer verstehen – mit Betroffenen leben. Weinheim: Beltz.
Chapman A., Jackson G. A., McDonald C. (2004): Wenn Verhalten uns herausfordert. Stuttgart: Demenz Support.
de Klerk-Rubin V. (2009): Mit dementen Menschen richtig umgehen, Validation für Angehörige. 2. Aufl. München: Rheinhardt.
Fischer-Börold C., Zettl S. (2006): Demenz. NDR Visite – Die Gesundheitsbibliothek. Hannover: Schlütersche.
Förstl H. (Hrsg.) (2002): Lehrbuch der Gerontopsychiatrie und -psychotherapie. Stuttgart: Thieme.
Förstl H., Kleinschmidt C. (2009): Das Anti-Alzheimer-Buch. Ängste, Fakten, Präventionsmöglichkeiten. München: Kösel.
Forstmeier S., Maercker A. (2008): Probleme des Alterns. Göttingen: Hogrefe.
Furtmayr-Schuh A. (2000): Die Alzheimer Krankheit – das große Vergessen. Stuttgart: Kreuz.
Gutzmann H., Zank S. (2004): Demenzielle Erkrankungen, medizinische und psychosoziale Interventionen. Stuttgart: Kohlhammer Urban.
Hallauer J. F.; Kurz A. (Hrsg.) (2002): Weißbuch Demenz. Stuttgart: Thieme.
Hauser U. (2009): Wenn die Vergesslichkeit noch nicht vergessen ist – zur Situation Demenzkranker im frühen Stadium. 2. Aufl. Köln: KDA.
Höhn M. (2004): Häusliche Pflege: ... und sich selbst nicht vergessen. Was pflegende Angehörige wissen sollten. Köln: PapyRossa.
Kastner U., Löbach R. (2007): Handbuch Demenz. München: Elsevier.
Klessmann E. (2012): Wenn Eltern Kinder werden und doch die Eltern bleiben. 7. Aufl. Bern: Hans Huber.
Kompetenznetzwerk Demenzen e. V. (Hrsg.) (2009): Alzheimer und Demenzen verstehen. Der Ratgeber des Kompetenznetzes Demenzen. Diagnose, Behandlung, Alltag, Betreuung. Stuttgart: MVS Medizinverlage.
Krämer G. (2000): Alzheimer Krankheit. Antworten auf die häufigsten Fragen. Stuttgart: Trias.
Landesinitiative Demenz-Service NRW (Hrsg.) (2005): «Wie geht es Ihnen?» – Konzepte und Materialien zur Einschätzung des Wohlbefindens von Menschen mit Demenz. Köln: KDA.
Leuthe F. (2009): Richtig sprechen mit dementen Menschen. München: Reinhardt.
Mace N. L., Rabins P. V. (2012): Der 36-Stunden-Tag. Die Pflege des verwirrten älteren Menschen, speziell des Alzheimer-Kranken. 6. Aufl. Bern: Hans Huber.
Martin M., Schelling H. R. (Hrsg.) (2005): Demenz in Schlüsselbegriffen. Bern: Hans Huber.
Moniz-Cook E., Manthorpe J. (2010): Frühe Diagnose Demenz. Bern: Hans Huber.
Niemann-Mirmehdi M., Mahlberg R. (2003): Alzheimer – was tun, wenn die Krankheit beginnt? Stuttgart: Trias.
Perrar K. M., Sirsch E., Kutschke A. (2011): Gerontopsychiatrie für Pflegeberufe. 2. aktualisierte und erweiterte Auflage. Stuttgart: Thieme.
Piechotta G. (2008): Das Vergessen erleben. Lebensgeschichten von Menschen mit einer demenziellen Erkrankung. 1. Aufl. Frankfurt: Mabuse.
Powell J. (2003): Hilfen zur Kommunikation bei Demenz. Köln: Kuratorium Deutsche Altershilfe. Tel. 0221 931 847 0, http://www.kda.de.
Powell J. (2002): Hilfen zur Kommunikation bei Demenz. 4. Aufl. Köln: KDA. [vergriffen]
Richter B., Richter R. W. (2004): Alzheimer in der Praxis. Bern: Hans Huber. Ärztlicher Ratgeber.
Riesner Ch. (2010): Menschen mit Demenz und ihre Familien. Das person-zentrierte Bedarfsassessment CarnapD: Hintergründe, Erfahrungen, Anwendungen. Hannover: Schlütersche. [Pflegebibliothek: Wittener Schriften]
Rösner M. (2007): Humor trotz(t) Demenz – Humor in der Altenpflege. Köln: KDA.
Schäfer U. (2004): Demenz – Gemeinsam den Alltag bewältigen, Ein Ratgeber für Angehörige und Pflegende. 1. Aufl. Göttingen: Hogrefe.

Schwarz G. (2009): Basiswissen: Umgang mit demenzkranken Menschen. 1. Aufl. Bonn: Psychiatrie-Verlag.
Stechl E., Steinhagen-Thiessen E., Knüvener C. (2008): Demenz – mit dem Vergessen leben. Ein Ratgeber für Betroffene. 1. Aufl. Frankfurt: Mabuse.
Steffen N. (2008): Lernstationen: Demenzielle Erkrankungen. Lernzirkel in der Pflegeausbildung. München: Elsevier.
Stiftung Warentest; Verbraucherzentrale Nordrhein-Westfalen (Hrsg.) (2009): Demenz – Hilfe für Angehörige und Betroffene. 2. Aufl. Berlin: Stiftung Warentest.
Tackenberg P., Abt-Zegelin A. (Hrsg.) (2004): Demenz und Pflege: Eine interdisziplinäre Betrachtung. Frankfurt: Mabuse.
Tönnies I. (2007): Abschied zu Lebzeiten. Wie Angehörige mit Demenzkranken leben. Bonn: Balance Buch- und Medien-Verlag.
Wächtler C. (Hrsg.) (2003): Demenzen – Frühzeitig erkennen, aktiv behandeln, Betroffene und Angehörige effektiv unterstützen. 2. Aufl. Stuttgart: Thieme.
Weidenfelder M. (2004): Mit dem Vergessen leben: Demenz, Verwirrte alte Menschen verstehen und einfühlsam begleiten. Stuttgart: Kreuz.
Whitehouse P. J., George D. (2009): Mythos Alzheimer. Bern: Hans Huber.
Wojnar J. (2007): Die Welt der Demenzkranken. Leben im Augenblick. 1. Aufl. Hannover: Vincentz.

Pflege, Pflegekonzepte

Archibald C. (2007): Menschen im Krankenhaus. Ein Lern- und Arbeitsbuch für Pflegekräfte. Köln: KDA.
Barrick A. L. et al. (2011): Körperpflege ohne Kampf – Personenorientierte Pflege von Menschen mit Demenz. Bern: Hans Huber.
Böhm E. (2009): Verwirrt nicht die Verwirrten. Neue Ansätze geriatrischer Krankenpflege. 14. Aufl. Bonn: Psychiatrie-Verlag.
Bölicke C., Mösle R., Romero B., Sauerbrey G., Schlichting R., Weritz-Hanf P., Zieschang Tania T. (2007): Ressourcen erhalten. Bern: Hans Huber.
aus der Reihe: Gemeinsam für ein besseres Leben mit Demenz.
Breuer P. (2009): Visuelle Kommunikation für Menschen mit Demenz. Bern: Hans Huber.
Brooker D. (2008): Person-zentriert pflegen – Das VIPS-Modell zur Pflege und Betreuung von Menschen mit Demenz. Bern: Hans Huber.
Buchholz T., Schürenberg A. (2008): Basale Stimulation in der Pflege alter Menschen. 3., überarb. und erw. Aufl. Bern: Hans Huber.
Chalfont G. (2010): Naturgestützte Therapie. Tier- und pflanzengestützte Therapie für Menschen mit einer Demenz planen, gestalten und ausführen. Bern: Hans Huber.
Chapman A., Jackson F. A., McDonald C. (2004): Wenn Verhalten uns herausfordert …: Ein Leitfaden für Pflegekräfte zum Umgang mit Menschen mit Demenz. Stuttgart: Demenz Support Stuttgart.
Falk J. (2004): Basiswissen Demenz. Lern- und Arbeitsbuch für berufliche Kompetenz und Versorgungsqualität. Weinheim: Juventa.
Feil N. (2007): Validation. 5. Aufl. München: Reinhardt.
Fischer T. (2011): Schmerzeinschätzung bei Menschen mit schwerer Demenz. Bern: Hans Huber.
Gatterer G., Croy A. (2005): Leben mit Demenz. Heidelberg/Berlin: Springer.
Gauer J. (2009): Du hältst deine Hand über mir. Gottesdienste mit Demenzkranken. Düsseldorf: Patmos.
Grond E. (2009): Pflege Demenzkranker. 4. Aufl. Hannover: Schlütersche.
Gutensohn S. (2000): Endstation Alzheimer? Ein überzeugendes Konzept zur stationären Betreuung. Frankfurt: Mabuse.
Hammerla M. (2009): Der Alltag mit demenzerkrankten Menschen. Pflege in den verschiedenen Phasen der Erkrankung. München/Jena: Elsevier, Urban und Fischer.
Hegedusch E. und L. (2007): Tiergestützte Therapie bei Demenz. Hannover: Schlütersche.
Höwler E. (2008): Herausforderndes Verhalten bei Demenz. Stuttgart: Kohlhammer.

Innes A. (Hrsg.) (2004): Die Dementia Care Mapping Methode (DCM): Bern: Hans Huber. [vergriffen]

Jenkins D. (2006): Der beste Anzug. Hautpflege bei Menschen mit Demenz. Köln: KDA.

Kasten E., Utecht C., Waselewski M. (2004): Den Alltag demenzerkrankter Menschen neu gestalten. Hannover: Schlütersche.

Kitwood T. (2008): Demenz. Der person-zentrierte Ansatz im Umgang mit verwirrten Menschen. 5. Aufl. Bern: Hans Huber.

Killick J., Craig C. (2013): Kreativität und Kommunikation bei Menschen mit Demenz. Bern: Hans Huber.

König J., Zemlin C. (2008): 100 Fehler im Umgang mit Menschen mit Demenz und was Sie dagegen tun können. Hannover: Schlütersche.

Kolb C. (2003): Nahrungsverweigerung bei Demenzkranken. PEG-Sonde – ja oder nein? Frankfurt: Mabuse.

Kostrzewa S. (2010): Palliative Pflege von Menschen mit Demenz. 2. Aufl. Bern: Hans Huber.

Kuhlmann A. (2005): Case Management für demenzkranke Menschen. Eine Betrachtung der gegenwärtigen praktischen Umsetzung. Münster: LIT.

Kuhn D., Verity J. (2012): Die Kunst der Pflege von Menschen mit einer Demenz. Bern: Hans Huber.

Kuratorium Deutsche Altershilfe (2001): Qualitätshandbuch Leben mit Demenz. Köln: KDA.

Kuratorium Deutsche Altershilfe (2008): DazugeHÖREN. Türen öffnen zu hörgeschädigten Menschen mit Demenz. Köln: KDA.

Marshall M., Allan K. (2011): «Ich muss nach Hause» – Ruhelos umhergehende Menschen mit einer Demenz verstehen. Bern: Hans Huber.

Morton I. (2002): Die Würde wahren – Personzentrierte Ansätze in der Betreuung von Menschen mit Demenz. Stuttgart: Klett-Cotta.

Münch M., Schwermann M. (2007): Professionelles Schmerzassessment bei Menschen mit Demenz. Stuttgart: Kohlhammer.

Plemper B., Beck G., Freter H.-J., Gregor B., Gronemeyer R., Hafner I., Klie T., Pawletko K.-W., Rudolph J., Schnabel E., Steiner I., Trilling A., Wagner J. (2007): Gemeinsam betreuen. Bern: Hans Huber.
aus der Reihe: Gemeinsam für ein besseres Leben mit Demenz.

Richter B., Richter R. W. (2004): Alzheimer in der Praxis. Bern: Hans Huber.
Ärztlicher Ratgeber.

Robert Bosch Stiftung (Hrsg.) (2007): Gemeinsam für ein besseres Leben mit Demenz – Gesamtausgabe. Bern: Hans Huber.

Sachweh S. (2008): Spurenlesen im Sprachdschungel. Kommunikation und Verständigung mit demenzkranken Menschen. Bern: Hans Huber.

Schindler U. (Hrsg.) (2003): Die Pflege demenziell Erkrankter neu erleben. Mäeutik im Praxisalltag. Hannover: Vincentz.

Staack S. (2004): Milieutherapie, Ein Konzept zur Betreuung demenziell Erkrankter. Hannover: Vincentz.

Tackenberg P., Abt-Zegelin A. (2004): Demenz und Pflege. Eine interdisziplinäre Betrachtung. Frankfurt: Mabuse.

van der Kooij C. (2007): «Ein Lächeln im Vorübergehen». Erlebensorientierte Altenpflege mit Hilfe der Mäeutik. Bern: Hans Huber.

van der Kooij C. (2010): Das mäeutische Pflege- und Betreuungsmodell. Bern: Hans Huber.

Verbraucher-Zentrale Nordrhein-Westfalen e.V. (2003): Pflegende Angehörige – Balance zwischen Fürsorge und Entlastung. Düsseldorf: Verbraucher-Zentrale NRW.

Weissenberger-Leduc M. (2009): Palliativpflege bei Demenz. Ein Handbuch für die Praxis. Wien: Springer.

Wissmann P. et al. (2007): Demenzkranken begegnen. Bern: Hans Huber.
aus der Reihe: Gemeinsam für ein besseres Leben mit Demenz.

Demenz und Zivilgesellschaft

Demenz Support Stuttgart (Hrsg.) (2010): «Ich spreche für mich selbst» – Menschen mit Demenz melden sich zu Wort. Frankfurt: Mabuse.
Taylor R. (2011): Der moralische Imperativ des Pflegens. Bern: Hans Huber.
Wissmann P., Gronemeyer R. (2008): Demenz und Zivilgesellschaft – Eine Streitschrift. Frankfurt: Mabuse.

Beschäftigung, Training, Erinnern

Bayerisches Staatsministerium für Arbeit und Sozialplanung, Familie und Frauen (2006): Musizieren mit dementen Menschen. Ratgeber für Angehörige und Pflegende. München: Reinhardt.
Becker J. (1999/2001): «Die Wegwerfwindel auf der Wäscheleine» und «Gell, heut geht's wieder auf die Rennbahn» – Die Handlungslogik dementer Menschen wahrnehmen und verstehen. afw-Arbeitshilfe Demenz I und II. Darmstadt: Arbeitszentrum für Fort- und Weiterbildung im Elisabethenstift. (Pädagogische Akademie Elisabethenstift gGmbH, Stiftstr. 14, 64287 Darmstadt, Tel. 06151 4095-100, E-Mail: pae@elisabethenstift.de, Internet: http://elisabethenstift.de).
Bell V., Troxel D., Tonya C., Hamon R. (2007): So bleiben Menschen mit Demenz aktiv. 17 Anregungen nach dem Best-Friends-Modell. München: Reinhardt.
Bendlage R., Nix A., Schützendorf E., Wölfel A. (2009): Gärten für Menschen mit Demenz und Alzheimer. Stuttgart: Ulmer.
Friese A. (2007): Sommerfrische. 28 Kurzaktivierungen im Sommer für Menschen mit Demenz. Hannover: Vincentz.
Friese A. (2008): Herbstvergnügen. 28 Kurzaktivierungen im Herbst für Menschen mit Demenz. Hannover: Vincentz.
Friese A. (2009): Frühlingsgefühle. 28 Kurzaktivierungen im Frühling für Menschen mit Demenz. Hannover: Vincentz.
Gatz S., Schäfer L. (2002): Themenorientierte Gruppenarbeit mit Demenzkranken. 24 aktivierende Stundenprogramme. Weinheim: Beltz.
Joppig W. (2004): Gedächtnistraining mit dementen Menschen. Troisdorf: Bildungsverlag Eins.
Kiefer B., Rudert B. (2007): Der therapeutische Tischbesuch, TTB – die wertschätzende Kurzzeitaktivierung. Hannover: Vincentz.
Kleindienst J., Rath B. (2011): Momente des Erinnerns. Auswahl: Vorlesebücher für die Altenpflege. Bd. 3 und 4. Berlin: Zeitgut.
Kuratorium Deutsche Altershilfe (Hrsg.) (2007): Tiere öffnen Welten. Leitlinien zum fachgerechten Einsatz von Hunden, Katzen und Kaninchen in der Altenhilfe. Köln: KDA.
Meier E., Teschauer W. (2009): Reise ins unbekannte Land. Bildgestaltung mit demenzkranken Menschen. Norderstedt: Books on Demand.
Midi-Music-Studio: Da klingt dein Herz. Senioren singen mit. CD und Textbuch. Zu beziehen über Midi-Music-Studio, Tel: 054 05-33 21, www.mm-studio.eu
Möllenhoff H., Weiß M., Heseker H. (2005): Muskeltraining für Senioren. Ein Trainingsprogramm zum Erhalt und zur Verbesserung der Mobilität mit CD Hamburg: Behr's.
Oswald W.D., Ackermann A. (2009): Kognitive Aktivierung mit SimA-P: Selbständig im Alter. Wien: Springer.
Radenbach J. (2009): Aktiv trotz Demenz. Handbuch für die Aktivierung und Betreuung von Demenzerkrankten. Hannover: Schlütersche.
Schmidt-Hackenberg U. (1996): Wahrnehmen und Motivieren. Die 10-Minuten-Aktivierung für die Begleitung Hochbetagter. Hannover: Vincentz.
Schmidt-Hackenberg U. (2003): Zuhören und Verstehen. Warum man im Januar Brezel aß und im Juli nicht zur Ruhe kam …. Hannover: Vincentz.
Schmidt-Hackenberg U. (2004): Anschauen und Erzählen, Gedankenspaziergänge mit demenziell Erkrankten. Hannover: Vincentz.

Strätling U. (2011): Als die Kaffeemühle streikte. Geschichten zum Vorlesen für demenzkranke Menschen. Köln: KDA, auch zu beziehen über: www.geschichtenfuerdemenzkranke.de.
Sulser R. (2010): Ausdrucksmalen für Menschen mit Demenz. 3. Aufl. Bern: Hans Huber.
Tageszentrum Wetzlar: Lieder-CDs und dazugehörige Liederbücher (Volkslieder, Schlager, Weihnachts- und Kirchenlieder etc. – instrumental und/oder mit Gesang. Zu beziehen über das Tageszentrum am Geiersberg, Geiersberg 15, 35578 Wetzlar, Tel. 06441 4 37 42; www.tageszentrum-am-geiersberg.de.
Wissmann P. (Hrsg.) (2004): Werkstatt Demenz. Hannover: Vincentz.

Reminiszenztherapie, Biografiearbeit, Erinnerungspflege

Enßle J. (2010): Demenz und Biografiearbeit. Hamburg: Diplomica.
Fotokiste zur Biografiearbeit mit dementen Menschen. Box mit Begleitbuch «Leitfaden zur Biografiearbeit». Hannover: Vincentz 2003.
Höwler E. (2011): Biografie und Demenz. Stuttgart: Kohlhammer.
Lambrecht J. (2004): Jule. Geschichten, wie die heute alten Menschen ihre Kindheit erlebten Hannover: Vincentz.
Medebach D. (2011): Filmische Biographiearbeit im Bereich Demenz: Eine soziologische Studie über Interaktion, Medien, Biographie und Identität in der stationären Pflege. Berlin, Münster: Lit.
Oswald W. D., Ackermann A. (2009): Biographieorientierte Aktivierung mit SimA-P: Selbständig im Alter. Wien: Springer.
Rath B. (2010): Vorlesebücher für die Altenpflege: Momente des Erinnerns. Zeitzeugen erzählen von früher. Bd. 1 und 2. Berlin: Zeitgut.
Schweitzer P., Bruce E. (2010): Das Reminiszenz-Buch – Praxishandbuch zur Biografie- und Erinnerungsarbeit mit alten Menschen. Bern: Hans Huber.
Stuhlmann W. (2004): Demenz – wie man Bindung und Biographie einsetzt. München: Ernst Reinhardt.
Trilling A., Bruce E., Hodgson S., Schweitzer P. (2001): Erinnerungen pflegen. Unterstützung und Entlastung für pflegende und Menschen mit Demenz. Hannover: Vincentz.

Spiele

Damals. Memoryspiel zum Sich-Erinnern. Bad Rodach: Wehrfritz.
  Wehrfritz GmbH, August-Grosch-Str. 28–38, 96476 Bad Rodach. Tel.: 09564 929-0; E-Mail: service@wehrfritz.de; Internet: http://www.wehrfritz.de
  Wehrfritz GmbH, Businesscenter 271, AT–4000 Linz. Tel.: 0800 8809402, Fax: 0800 8809401; E-Mail: service@wehrfritz.at; www.wehrfritz.at
Fiedler P. (2004): Sonnenuhr. Hannover: Vincentz.
Fiedler P. (2005): Waldspaziergang. Hannover: Vincentz.
  http://shop.altenpflege.vincentz.net
Fiedler P., Hohlmann U. (2006): «Vertellekes». Brettspiel. Hannover: Vincentz.
  http://shop.altenpflege.vincentz.net
Fiedler P., Hohlmann U. (2010): «Vertellekes – das neue (Spiel): Ein Frage- und Antwortspiel für ältere Menschen. Hannover: Vincentz.
  http://shop.altenpflege.vincentz.net
Fiedler P., Hohlmann Ub (2011): Ergänzungsset «Vertellekes – das neue (Spiel): 120 Ergänzungskarten zum Spiel. Hannover: Vincentz.
  http://shop.altenpflege.vincentz.net
Sprichwortbox. 400 farbige Karten. Hannover: Vincentz.
  http://shop.altenpflege.vincentz.net
1. 'Ne gute Figur
2. In voller Blüte

Beide Spiele wurden von der Firma HeiMap entwickelt. Die Dipl.-Gerontologin Heike Manger-Plum hat ihre Firma «HeiMap – sinnesstimulierende Beschäftigungsmaterialien für die Altenhilfe» 2010 gegründet und mit ihrem Team, die Spiele entwickelt und produziert. 2010/2011: Bezugsquelle: HeiMap. http://www.heimap.de/1,000000035564,8,1

Paillon M. (2008): Mit Sprache erinnern. Kommunikative Spiele mit dementen Menschen. München: Reinhardt.

Schmidt-Hackenberg U. (2004): Anschauen und Erzählen – Gedankenspaziergang. Kartensatz und Begleitheft. Hannover: Vincentz.

Yalniz Degilsiniz! – Du bist nicht allein! Erinnerungskarten mit türkischen Weisheiten für die Beschäftigung mit demenziell erkrankten türkischen Menschen. (Projekt Demenz & Migration).
Bezug: Arbeiterwohlfahrt Bezirk Westliches Westfalen e. V., Kronenstr. 63–69, 44139 Dortmund, Tel.: 0231/5483-0, E-Mail: info@awo-ww.de,
Internet: http://www.awo-ww.de.

Ernährung

Bayerisches Staatsministerium für Arbeit und Sozialordnung, Familie und Frauen (2007): Ratgeber für die richtige Ernährung bei Demenz. 2. Aufl. München: Reinhardt.

Borker S. (2002): Nahrungsverweigerung in der Pflege. Bern: Hans Huber.

Crawley H. (2008): Essen und Trinken bei Demenz. Köln: KDA (Tel. 0221 931 847 0).

Deutsche Expertengruppe Dementenbetreuung e. V. (DED): Die Ernährung Demenzkranker in stationären Einrichtungen, 1. Aufl. 2005.
Deutsche Expertengruppe Dementenbetreuung e. V., c/o Alzheimer Gesellschaft Bochum, Universitätsstr. 77, 44789 Bochum; Tel.: 03221 105 6979, E-Mail: info@demenz-ded.de; Internet: http://www.demenz-ded.de/

Kolb Ch. (2003): Nahrungsverweigerung bei Demenzkranken. PEG-Sonde – ja oder nein? 3. Aufl. Frankfurt: Mabuse.

Menebröcker C., Rebbe J., Gross A. (2008): Kochen für Menschen mit Demenz. Norderstedt: Herstellung und Verlag: Books on Demand GmbH.

Rückert W. et al. (2007): Ernährung bei Demenz. Bern: Hans Huber.
aus der Reihe: Gemeinsam für ein besseres Leben mit Demenz.

Wohnen und Pflegeheim

Alzheimer-Gesellschaft Brandenburg e. V. (2009): Leben wie ich bin. Menschen mit Demenz in Wohngemeinschaften – selbst organisiert und begleitet. Ein Leitfaden und mehr, Potsdam.
Bestellung über Alzheimer-Gesellschaft Brandenburg, Tel: 0331 704 3747
E-Mail: denkert@alzheimer-brandenburg.de, www.alzheimer-brandenburg.de

Bär M. (2008): Demenzkranke Menschen im Pflegeheim besser begleiten. Arbeitshilfe für die Entwicklung und Umsetzung von Pflege- und Betreuungskonzepten. Herausgegeben vom Diakonischen Werk Württemberg. 2., aktualisierte Auflage. Hannover: Schlütersche.

Chalfont G. (2010): Naturgestützte Therapie. Tier- und pflanzengestützte Therapie für Menschen mit einer Demenz planen, gestalten und ausführen. Bern: Hans Huber.

Dettbarn-Reggentin J., Reggentin H., Risse T. (2009): Alternative Wohnformen für Menschen mit demenziellen, geistigen und körperlichen Einschränkungen. Konzepte, Finanzierung, Betreuung, Praxisbeispiele. Merching: Forum Gesundheitsmedien.

Dürrmann P. (Hrsg.) (2001): Besondere stationäre Dementenbetreuung I. Hannover: Vincentz.

Dürrmann P. (Hrsg.) (2005): Besondere stationäre Dementenbetreuung II. Konzepte, Kosten, Konsequenzen. Hannover: Vincentz.

Gutensohn S. (2000): Endstation Alzheimer? Ein überzeugendes Konzept zur stationären Betreuung. Frankfurt: Mabuse.

Heeg S., Bäuerle K. (2004): Freiräume – Gärten für Menschen mit Demenz. Stuttgart: Demenz-Suppport Stuttgart.

Heeg S., Bäuerle K. (2008): Heimat für Menschen mit Demenz. Aktuelle Entwicklungen im Pflegeheimbau – Beispiele und Nutzungserfahrungen. Frankfurt: Mabuse.

Held C., Ermini-Fünfschilling D. (2004): Das demenzgerechte Heim. Lebensraumgestaltung, Betreuung und Pflege für Menschen mit Alzheimerkrankheit. Basel: Karger.

Klie T. (Hrsg.) (2002): Wohngruppen für Menschen mit Demenz. Hannover: Vincentz.

Kuhn C., Radzey B. (2005): Demenzwohngruppen einführen. Ein Praxisleitfaden für die Konzeption, Planung und Umsetzung. Stuttgart: Demenz Support Stuttgart, Zentrum für Informationstransfer.

Kuratorium Deutsche Altershilfe (Hrsg.) (2009): Licht + Farbe: Wohnqualität für ältere Menschen.

Planer K. (2010): Haus- und Wohngemeinschaften – Neue Pflegekonzepte für innovative Versorgungsformen. Bern: Hans Huber.

Staack S. (2004): Milieutherapie. Ein Konzept zur Betreuung demenziell Erkrankter. Hannover: Vincentz.

Weyerer S., Schäufele M. (2006): Demenzkranke Menschen in Pflegeeinrichtungen. Stuttgart: Kohlhammer.

Winter P., Genrich R., Haß P. (2002): KDA-Hausgemeinschaften. Die 4. Generation des Altenpflegeheimbaus. Eine Dokumentation von 34 Projekten. = BMG Modellprojekte Bd. 9, 2001/2002. Köln: KDA.

Technische Unterstützung

Heeg S., Heusel C., Kühnle E., Külz S., von Lützau-Hohlbein H., Mollenkopf H., Oswald F., Pieper R., Rienhoff O., Schweizer R. (2007): Technische Unterstützung. Bern: Hans Huber.
aus der Reihe: Gemeinsam für ein besseres Leben mit Demenz.

Beratung und Unterstützung für Angehörige (wissenschaftliche Beiträge)

Engel S. (2006): Alzheimer und Demenzen – Unterstützung für Angehörige. Die Beziehung erhalten mit dem neuen Konzept der einfühlsamen Kommunikation. Stuttgart: MVS Medizinverlage.

Hedtke-Becker A., Steiner-Hummel I., Wilkening K., Arnold K. (2000): Angehörige pflegebedürftiger alter Menschen – Experten im System häuslicher Pflege. Eine Arbeitsmappe. Frankfurt: Deutscher Verein für Öffentliche und Private Fürsorge.

Franke L. (2006): Demenz in der Ehe. Über die verwirrende Gleichzeitigkeit von Ehe- und Pflegebeziehung. Frankfurt: Mabuse.

George W., George U. (2003): Angehörigenintegration in der Pflege. München: Reinhardt.

Lipinska D. (2010): Menschen mit Demenz personzentriert beraten. Bern: Hans Huber.

Perrig-Chiello P., Höpflinger F. (2012): Pflegende Angehörige älterer Menschen. Bern: Hans Huber.

Wadenpohl S. (2008): Demenz und Partnerschaft. Freiburg: Lambertus.

Wilz G., Adler C., Gunzelmann T. (2001): Gruppenarbeit mit Angehörigen von Demenzkranken. Leitfaden. Göttingen: Hogrefe.

Woods B., Keady J., Seddon D. (2009): Angehörigenintegration. Beziehungszentrierte Pflege und Betreuung von Menschen mit Demenz. Bern: Hans Huber.

Zeisel J. (2011): «Ich bin noch hier!» Bern: Hans Huber.

Erfahrungsberichte, Tagebücher und Prosa

Alzheimer-Gesellschaft Berlin, Christa Matter, Noel Matoff (Hrsg.) (2009): «Ich habe Fulsheimer». Angehörige und ihre Demenzkranken. 1. Aufl. Hamburg/München: Dölling und Galitz.
Andersson B. (2007): Am Ende des Gedächtnisses gibt es eine andere Art zu leben. München: Brunnen.
Anonymus (2007): Wohin mit Vater? Ein Sohn verzweifelt am Pflegesystem. Frankfurt: Fischer.
Basting A. D. (2012): Das Vergessen vergessen. Bern: Hans Huber.
Bayley J. (2002): Elegie für Iris. Taschenbuch zum Film. München: dtv.
Bernlef J. (2007): Bis es wieder hell ist. München: Nagel & Kimche.
Blasius C. (2002): Gestern war kein Tag. Bielefeld: Verlag Neues Literaturkontor.
Braam S. (2008): «Ich habe Alzheimer». Wie die Krankheit sich anfühlt. Weinheim: Beltz-Verlag.
Bryden C. (2011): Mein Tanz mit der Demenz – Trotzdem positiv Leben. Bern: Hans Huber.
Degnaes B. (2006): Ein Jahr wie tausend Tage. Ein Leben mit Alzheimer. Düsseldorf: Walter.
Forster M. (2006): Ich glaube, ich fahre in die Highlands. 10. Aufl. Frankfurt: Fischer.
Ganß M. (2009): Demenz-Kunst und Kunsttherapie. Künstlerisches Gestalten zwischen Genius und Defizit. Frankfurt: Mabuse.
Genova L. (2009): Mein Leben ohne gestern. Bergisch Gladbach: Bastei Luebbe.
Held W. (2000): Uns hat Gott vergessen. Tagebuch eines langen Abschieds. Bucha bei Jena: Quartus.
Hummel K. (2009): Gute Nacht, Liebster. 3. Aufl. Bergisch Gladbach: Bastei Lübbe.
Jens T. (2009): Demenz. Abschied von meinem Vater. 3. Aufl. Gütersloh: Gütersloher Verlagshaus.
Klessmann E. (2012): Wenn Eltern Kinder werden und doch die Eltern bleiben. 7. Aufl. Bern: Hans Huber.
Lambert M. (2000): Mutter … Aufarbeitung einer Beziehung. Toppenstedt: Schmitz.
Maurer K., Maurer U. (2009): Alzheimer und Kunst. Carolus Horn – Wie aus Wolken Spiegeleier werden. Frankfurt: Frankfurt University Press.
Offermans C. (2007): Warum ich meine demente Mutter belüge. München: Kunstmann.
Obermüller K. (Hrsg.) (2006): Es schneit in meinem Kopf. Erzählungen über Alzheimer und Demenz. München: Nagel & Kimche.
Rohra H. (2012): Aus dem Schatten treten. Warum ich mich für unsere Rechte als Demenzbetroffene einsetze. Frankfurt: Mabuse.
Schänzle-Geiger H., Dammann G. (2009): Alois und Auguste. Alzheimer und Demenz – Geschichten über das Vergessen. Frauenfeld: Huber.
Snyder L. (2011) Wie sich Alzheimer anfühlt. Bern: Hans Huber.
Suter M. (1999): Small World. Zürich: Diogenes. Kriminalroman.
Taylor R. (2010): Alzheimer und Ich. – Leben mit Dr. Alzheimer im Kopf. 2. Aufl. Bern: Hans Huber.
Taylor R. (2011): Im Dunkeln würfeln. (Bild-Text-Band): Bern: Hans Huber.
Taylor R. (2011): Der moralische Imperativ des Pflegends. Bern: Hans Huber.
Veld E. (2000): Klein, still & weiß. Frankfurt: Fischer.
Vilsen L. (2000): Die versunkene Welt der Lucie B. – Das Leben mit meiner alzheimerkranken Frau. Stuttgart: Urachhaus.
Von Rotenhan E. (2009): Paradies im Niemandsland: Alzheimer. Eine literarische Annäherung. Stuttgart: Radius.
Zander-Schneider G. (2006): Sind Sie meine Tochter? Leben mit meiner alzheimerkranken Mutter. Reinbek: Rowohlt.
Zimmermann C., Wissmann P. (2011): Auf dem Weg mit Alzheimer. Wie sich mit einer Demenz leben lässt. Frankfurt: Mabuse.

Bücher für Kinder und Jugendliche

Abeele van den V., Dubois C. K. (2007): Meine Oma hat Alzheimer. Gießen: Brunnen.
Ab 5 Jahre.
Alzheimer Europe (Hrsg.) (2007): Liebe Oma. Luxembourg: Alzheimer Europe. 3. Aufl.
7–12 Jahre; Deutsche Alzheimer Gesellschaft e. V.
Hula S. (2006): Oma kann sich nicht erinnern (ab 8 Jahre): Wien: Dachs.
Körner-Armbruster A. M. (2009): Oma Lenes langer Abschied. Mötzingen: Sommer-wind.
Ab 5 Jahre.
Kuijer G. (2007): Ein himmlischer Platz. Hamburg: Friedrich Oetinger.
Ab 10 Jahre.
Langston L., Gardiner L. (2004): Omas Apelkuchen. Kiel: Friedrich Wittig.
3–5 Jahre.
Messina L. (2005): Opa ist … Opa! Frankfurt: Kinderbuchverlag Wolff.
Ab 3 Jahre.
Mueller D. (2006): Herbst im Kopf. Meine Omi Anni hat Alzheimer. Wien: Annette Betz.
Ab 4 Jahre.
Musgrove M. (2010): Als Opa alles auf den Kopf stellte. Weinheim: Beltz & Gelberg.
Nilsson U., Erriksson E. (2008): Als Oma seltsam wurde. Bilderbuch. Frankfurt: Moritz.
Park B. (2003): Skelly und Jake. Gütersloh: C. Bertelsmann.
10–16 Jahre.
van Kooij R. (2007): Nora aus dem Baumhaus. Wien: Jungbrunnen.
Vendel van de E. (2004): Was ich vergessen habe. Hamburg: Carlsen.
6–12 Jahre.
Vendel van de E., Godon I. (2006): Anna Maria Sofia und der kleine Wim. Hamburg: Carlsen.
Ab 4 Jahre.

Medizinische Fachliteratur

Beyreuther K. et al. (2002): Demenzen. Grundlagen und Klinik. Stuttgart: Thieme.
Förstl H. (Hrsg.) (2002): Lehrbuch der Gerontopsychiatrie und -psychotherapie. 2. Aufl. Stuttgart: Thieme.
Gutzmann H., Zank S. (2004): Demenzielle Erkrankungen, medizinische und psychosoziale Interventionen. Stuttgart: Kohlhammer.
Kastner U., Löbach I. (2007): Handbuch Demenz. München: Urban & Fischer.
Martin M., Schelling H. R. (Hrsg.) (2005): Demenz in Schlüsselbegriffen. Bern: Hans Huber.
Richter B., Richter R. W. (2004): Alzheimer in der Praxis. Bern: Hans Huber.

Recht und Pflegeversicherung

Bundesministerium für Justiz (Hrsg.) (2007): Betreuungsrecht mit ausführlichen Infos zur Vorsorgevollmacht, Broschürenversand der Bundesregierung. Tel.: 01805 / 77 80 90
Internet: http://www.bmj.de/SharedDocs/Downloads/DE/broschueren_fuer_warenkorb/DE/Das_Betreuungsrecht.pdf?__blob=publicationFile
Coeppicus R. (2009): Patientenverfügung, Sterbehilfe und Vorsorgevollmacht. Rechtssicherheit bei Ausstellung und Umsetzung – Mustertexte und Lexikon. Essen: Klartext.
Klie T. (2005): Pflegeversicherung. Einführung, Lexikon, Gesetzestexte, Nebengesetze, Materialien. 7. Aufl. Hannover: Vincentz.
Petzold Ch. et al. (2007): Ethik und Recht. Bern: Hans Huber.
aus der Reihe: Gemeinsam für ein besseres Leben mit Demenz.
Schriftenreihe der Bundesarbeitsgemeinschaft Selbsthilfe e. V.: Die Rechte behinderter Menschen und ihrer Angehörigen. 37. Aufl. 2010/11.

Bezugadresse: BAG Selbsthilfe e.V., Broschürenversand, Dieter Gast, Kirchfeldstr. 149, 40215 Düsseldorf, E-Mail: dieter.gast@bag-selbsthilfe.de, Tel. 0211 310060 Internet: www.bag-selbsthilfe.de › Veröffentlichungen › Literaturverzeichnis.

Verbraucherzentrale (2011): Pflegefall – was tun? Leistungen der Pflegeversicherungen und anderer Träger verständlich gemacht. 8. Auflage. www.vz-nrw.de.

Ferner stellt das Bundesministerium für Gesundheit kostenlos verschiedene Broschüren zur Verfügung:
1. Pflegen zu Hause. Ratgeber für die häusliche Pflege (2007)
2. Pflegeversicherung. Schutz für die ganze Familie (2006).
3. Ratgeber Pflege – Alles was Sie zur Pflege wissen müssen (2008)
4. Gut zu wissen – das Wichtigste zur Pflegereform 2008 (2008)

Zu bestellen beim BMG, per: E-Mail: publikationen@bundesregierung.de
Telefon: 018 05 77 80 90 (kostenpflichtig: 14 Ct/Min. aus dem dt. Festnetz, abweichende Preise aus den Mobilfunknetzen möglich)
Fax: 018 05 77 80 9490 (kostenpflichtig: 14 Ct/Min. aus dem dt. Festnetz, abweichende Preise aus den Mobilfunknetzen möglich)
Schriftlich: Publikationsversand der Bundesregierung
Postfach 48 10 09
18132 Rostock
oder als PDF zum Herunterladen auf http://www.bmg.bund.de.

Videos und DVDs

Apfelsinen in Omas Kleiderschrank. DVD inklusive Arbeitsblätter und Begleitheft mit methodisch-didaktischen Empfehlungen für die Umsetzung im Unterricht. Drei Filme, insgesamt 70 Minuten. Regie: Wilma Dirksen und Ralf Schnabel.

Demenzielles Verhalten verstehen, Abschied von den Spielregeln unserer Kultur (DVD) (2007): Hannover: Vincentz (Fortbildung, Schulung).

Der Tag, der in der Handtasche verschwand. Zu bestellen bei Marion Kainz, die den Film gedreht hat, Tel: 0179 502 40 88.

Der schleichende Verfall des Gehirns. Die Alzheimersche Krankheit (DVD) (2006): Hannover: Vincentz.

Erinnerungspflege mit demenziell Erkrankten. Hannover: Vincentz, 2002. DVD, 30 Minuten.

Eyre, R. (2003): Iris. Spielfilm. 87 min. Aus dem Englischen.

Integrative Validation nach Nicole Richard. Hannover: Vincentz, 1999. DVD, 30 Minuten.

Kuratorium Deutsche Altenhilfe (2010): DVD-Box «Demenz – Filmratgeber für Angehörige»; beinhaltet den Spielfilm «Eines Tages…», zwei weitere DVDs mit 12 Themenfilmen sowie eine CD-Rom mit Begleitmaterialien.
zu beziehen über:
KDA, Versand, An der Pauluskirche 3, 50677 Köln, Fax.: 0221/9318476,
E-Mail: versand@kda.de, http://www.kda.de/kdaShop/filme/5014/demenz.html

Medienprojekt Wuppertal e.V. Projektleitung: Andreas von Hören (2010): Vom Leben mit Demenz. Viele Abschiede. DVD. 140 Minuten plus 109 Minuten Bonus. Bezugsquelle: www.medienprojekt-wuppertal.de.

Mein Vater – Coming Home. Spielfilm (Regie: Andreas Kleinert; Darsteller: Klaus J. Behrendt; Götz George; Ulrike Krumbiegel): Euro Video 2006.
Emmy-Gewinner 2003.

Österreichisches Institut für Validation: Zurück zu einem unbekannten Anfang – Leben mit Alzheimerkranken. Dokumentarfilme und Fortbildungseinheiten (DVD): Bestellung über Filmcasino & polyfilm BetriebsGmbH, Margaretenstrasse 78, A-1050 Wien, Informationen: http://www.leben-mit-alzheimerkranken.at

Polley S. (2006): An ihrer Seite. Spielfilm. 110 min. Aus dem Englischen.

Rosentreter S.: Ilses weite Welt: Filme für Menschen mit Demenz.
– Ein Tag im Tierpark (2010)
– Musik – gemeinsam singen! (2011)

Beide DVDs sind auch mit Begleitbuch, Fotokarten und Haptik-Set erhältlich. Bezugsquelle: www.ilsesweitewelt.de.

Ulmer E.-M. (2005): Interaktionen mit dementen Menschen. Hannover: Schlütersche. (DVD) Fortbildung, Schulung.

Weck R. (Hrsg.) (2007): Einfach Alltag. Personenzentrierte Pflege in der Praxis. Stuttgart: Demenz Support Stuttgart. (DVD) Dokumentarfilm.

X1. Dieser Film wurde unter der Projektleitung des LVR Zentrums für Medien und Bildung von Ester.Reglin.Film produziert und vom Land Nordrhein-Westfalen und den Landesverbänden der Pflegekassen in NRW finanziert.

10-Minuten-Aktivierung bei Verwirrten. Aufbruch in die Vergangenheit. Hannover: Vincentz. Zwei VHS-Kassetten, 92 Minuten.

Veröffentlichungen der Deutschen Alzheimer Gesellschaft e. V.

Selbsthilfe Demenz

Schriftenreihe

Band 1: Leitfaden zur Pflegeversicherung. Antragstellung, Begutachtung, Widerspruchsverfahren, Leistungen. 11. aktualisierte Auflage 2009.

Band 2: Ratgeber in rechtlichen und finanziellen Fragen für Angehörige von Demenzkranken, ehrenamtliche und professionelle Helfer. 5. aktualisierte Auflage 2008.

Band 3: Stationäre Versorgung von Demenzkranken. Leitfaden für den Umgang mit demenzkranken Menschen. 6. aktualisierte Auflage 2008, Band 5: Ratgeber Häusliche Versorgung Demenzkranker. 3. überarbeitete Auflage 2010.

Tagungsreihe der Deutschen Alzheimer Gesellschaft

Band 3: Demenz und Pflegebedürftigkeit. 1. Aufl. 2001.

Band 4: Gemeinsam handeln, Referate auf dem 3. Kongress der Deutschen Alzheimer Gesellschaft, Friedrichshafen, 1. Aufl. 2003.

Band 6: «Demenz – eine Herausforderung für das 21. Jahrhundert. 100 Jahre Alzheimer-Krankheit», Referate auf dem 22. Internationalen Kongress von Alzheimer's Disease International (12.–14.10.2006, Berlin), als CD-ROM.

Band 7: «Aktiv für Demenzkranke», Referate auf dem 5. Kongress der Deutschen Alzheimer Gesellschaft (9.–11.10.2008, Erfurt), inkl. CD-ROM.

Praxisreihe der Deutschen Alzheimer Gesellschaft

Band 1: Betreuungsgruppen für Demenzkranke. Informationen und Tipps zum Aufbau. 4. aktualisierte Auflage 2009.

Band 2: Alzheimer – Was kann ich tun? Erste Hilfe für Betroffene. 11. Aufl. 2010.

Band 3: Mit Musik Demenzkranke begleiten. Informationen und Tipps. 3. Aufl. 2009.

Band 4: Helferinnen in der häuslichen Betreuung von Demenzkranken. Aufbau und Arbeit von Helferinnenkreisen. 4. Aufl. 2009.

Band 5: Leben mit Demenzkranken. Hilfen für schwierige Verhaltensweisen und Situationen im Alltag. 4. Aufl. 2007.

Band 6: Ernährung in der häuslichen Pflege Demenzkranker. 7. Aufl. 2008.

Band 7: Gruppen für Angehörige von Demenzkranken. 1. Aufl. 2005.

Band 8: Inkontinenz in der häuslichen Versorgung Demenzkranker. Informationen und Tipps bei Blasen- und Darmschwäche. 2. Aufl. 2006.

Band 9: Prävention, Therapie und Rehabilitation für Demenzkranke. 1. Aufl. 2009.

Band 10: Frontotemporale Demenz. Krankheitsbild, Rechtsfragen, Hilfen für Angehörige, 1. Aufl. 2009.

Band 11: Wenn die Großmutter demenzkrank ist. Hilfen für Eltern und Kinder. 1. Aufl. 2010.

CD-ROMs und DVDs

Allein leben mit Demenz. Herausforderung für Kommunen – Handbuch zum Projekt. Schulungsmaterialien, Interviews und kurze Filme. DVD, 1. Aufl. 2010.
Deutsche Alzheimer Gesellschaft e. V. «Hilfe beim Helfen». Schulungsreihe für Angehörige von Alzheimer- und anderen Demenzkranken. CD-ROM, 3. aktualisierte Auflage 2008. Das interaktive modulare Seminarprogramm wendet sich an pflegende Angehörige.
Demenz interaktiv. Informationen und Übungen für Angehörige und Betroffene. CD-ROM, 2. Aufl. 2009.
Leben mit FTD. Dreiteiliger Dokumentarfilm über frontotemporale Demenz der Deutschen Alzheimer Gesellschaft, 2010. Bezugsquelle: www.deutsche-alzheimer.de.

Sonstige Veröffentlichungen

Das Wichtigste über die Alzheimer-Krankheit und andere Demenzformen. Ein kompakter Ratgeber. 17. aktualisierte Auflage 2010.
Das Buch der Erinnerungen. Buch mit Beiträgen verschiedener Prominenter zur Unterstützung der Arbeit der DAlzG.
Fotoband «Blaue und graue Tage», Portraits von Demenzkranken und ihren Angehörigen, 1. Aufl. 2006.
Liebe Oma. Kinderbuch. 3. Aufl. 2007.
Pflege und Betreuung von Menschen mit Demenz am Lebensende. Hrsg.: Alzheimer Europe, Deutsche Alzheimer Gesellschaft, Schweizerische Alzheimervereinigung, 1. Aufl., November 2009.
Vergesst die Demenzkranken nicht! Forderungen der Deutschen Alzheimer Gesellschaft e. V., 3. Aufl. 2010.
Zeitschrift Alzheimer Info – Vierteljährlich erscheinende Mitgliederzeitschrift
    Zu bestellen bei: Deutsche Alzheimer Gesellschaft e. V. Selbsthilfe Demenz,
    Friedrichstraße 236, 10969 Berlin
    Tel. 030 – 259 37 95-0, Fax 030 259 37 95-29
    http://www.deutsche-alzheimer.de

Links

Im Internet gibt es inzwischen eine Vielzahl von interessanten Websites mit Informationen über Demenz bzw. die Alzheimer-Erkrankung. Im Folgenden wird lediglich eine Auswahl der verschiedenen Seiten vorgestellt und näher beschrieben. Der Verlag übernimmt keine Verantwortung für die Aktualität der Inhalte bzw. mögliche Links der Internetseiten. Stand der Informationen März 2013.

http://www.aktion-demenz.de: Seite des Vereins Aktion Demenz e. V. Der Verein möchte das bürgerschaftliche Engagement wecken und fördern und wendet sich nicht nur an Fachpublikum.
http://www.alz.ch: Die Seite der schweizerischen Alzheimervereinigung informiert über aktuelle Themen rund um die Krankheit. Der Schwerpunkt der Vereinigung liegt auf der Beratung von Betroffenen und ihren Angehörigen. Die Vereinigung unterhält ein sogenanntes Alzheimer-Telefon.
http://www.alzheimerforum.de: Seite der Angehörigen Initiative e. V. mit wichtigen Informationen zur Krankheit mit Schwerpunkt auf der Unterstützung der Angehörigen. Aktuelles auch zu den Themen Recht, Pflegeversicherung, Behandlungsansätze und Hilfsmittel. Möglichkeit der telefonischen Beratung. Bietet umfassende Adressenliste auch über Angehörigengruppen in Österreich.

http://www.alzheimerforum.ch: Alzheimer Forum Schweiz.
http://www.alzheimer-forschung.de: Alzheimer Forschung Initiative e. V.
http://www.alzheimer-gesellschaft.at: Seite der österreichischen Alzheimer Gesellschaft mit Schwerpunkt auf Wissenschaft und Forschung.
http://www.alzheimer-net.ch: eine firmengebundene Schweizer Info-Plattform (deutsch/französisch)
http://www.alzheimer-selbsthilfe.at: Seite des Alzheimer Angehörigen Austria Vereins mit nützlichen Informationen zu vielen Themen der Krankheit für Betroffene und Angehörige.
http://www.demenz-service-nrw.de: Seite der Landesinitiative Demenz-Service Nordrhein-Westfalen. Dies ist eine gemeinsame Plattform einer Vielzahl von Akteuren, in deren Zentrum die Verbesserung der häuslichen Situation von Menschen mit Demenz und die Unterstützung ihrer Angehörigen stehen. Die Seite bietet vielfältige Informationen.
http://www.demenz-support.de: Zentrum für Informationstransfer zum Thema Demenz. Herausgeber der Zeitschrift «Demenz», ein Gesellschaftsjournal, in dem das Thema Demenz aus einer zivilgesellschaftlichen, übergreifenden Perspektive beleuchtet wird. Sie richtet sich an pflegende Angehörige, an Alzheimer-Betroffene, an bürgerschaftlich engagierte Menschen, an Vertreter der Kommunen, der Kirche, der Kultur und vieler anderer gesellschaftlicher Bereiche.
http://www.deutsche-alzheimer.de: Seite der deutschen Alzheimer Gesellschaft mit Hilfen für Betroffene und ihre Angehörigen. Sie bietet den Service der Online-Beratung, die Möglichkeit, Informationsblätter, Materialien und Broschüren herunterzuladen bzw. zu bestellen. Darüber hinaus bietet sie eine umfassende Adressenliste von allen regionalen Alzheimer Gesellschaften, Beratungsstellen und Angehörigengruppen in Deutschland.
http://www.dgn.org: Deutsche Gesellschaft für Neurologie.
http://www.dgpalliativmedizin.de: Die Deutsche Gesellschaft für Palliativmedizin befasst sich unter anderem auch mit der Palliativbetreuung fortgeschritten demenziell Erkrankter (s. «DPG Arbeitsgruppen, Palliativmedizin Nichttumorpatienten»).
http://www.evidence.de/Leitlinien/leitlinien-intern/index.html: Evidenzbasierte medizinische Leitlinie (Experten, Fachleute im Gesundheitswesen).
http://www.kda.de: Seite des Kuratoriums Deutsche Altershilfe mit vielen nützlichen Informationen zur Pflege und Betreuung von alten Menschen und hilfreichen Informationen zu aktuellen Veröffentlichungen zum Thema Demenz.
http://www.kosch.ch: Website zur Koordination und Förderung von Selbsthilfegruppen in der Schweiz.
http://www.dhpv.de: Die Seite des Deutschen Hospiz- und Palliativverbandes (DHPV) beschäftigt sich unter anderem auch mit der hospizlichen Begleitung von Menschen mit Demenz in fortgeschrittenen Stadien bzw. in der Sterbephase.
http://www.oegn.at: Österreichische Gesellschaft für Neurologie.
http://www.patientenleitlinien.de: Internetseite mit gut verständlichen medizinischen Informationen für Patienten.
http://www.pfizer.de/gesundheit/gehirn-und-nervensystem/alzheimer.htm: firmengebundenes Informationsportal zur Alzheimer Krankheit des Alzheimer Online Informationsservice.
http://www.pflegen-demenz.de: Erste deutschsprachige Fachzeitschrift für die professionelle Pflege von Personen mit Demenz mit Beiträgen, deren Schwerpunkte auf der praktischen Umsetzung und Verbesserung im Alltag von Menschen mit Demenz und ihren Pflege- und Betreuungspersonen liegen.
http://www.wegweiser-demenz.de: Internetportal des Bundesministeriums für Familien, Senioren, Frau und Jugend (BMFSFJ) mit vielen Informationen zum Thema Demenz.
http://www.wg-qualitaet.de: vom Bundesministerium für Familie, Senioren, Frauen und Jugend gefördertes Modellprojekt zur Qualitätssicherung in ambulant betreuten Wohngemeinschaften für Menschen mit Demenz.
http://www.zfg.uzh.ch: Zentrum für Gerontologie; interdisziplinäres und interfakultäres Kompetenzzentrum der Universität Zürich; auch psychologische Beratung zum Altern.

Deutschsprachige Literatur, Adressen und Links zum Thema «Demenz»

Adressen

Deutschland

Alzheimer-Ethik e. V.
Nassauerstrasse 31
59065 Hamm
Tel.: 02381 972 28 84
E-Mail: anfrage@alz-eth.de
Internet: http://www.alzheimer-ethik.de
http://www.alzheimer-alternativ-therapie.de

Alzheimer Forschung Initiative e. V.
Kreuzstr. 34
40210 Düsseldorf
Postadresse: Postfach 20 01 29, 40099 Düsseldorf
Tel.: 0211 862 066-0; Service-Tel.: 0800 200 400 1 (gebührenfrei)
Fax: 0211 862 066-11
E-Mail: info@alzheimer-forschung.de
Internet: http://www.alzheimer-forschung.de

BAGA Bundesarbeitsgemeinschaft für Alten- und Angehörigenberatung e. V.
Lisa Berk
Berliner Platz 8
97080 Würzburg
Tel.: 0931 28 43 57
E-Mail: info@baga.de
http://www.baga.de [Seite befindet sich im Entstehen]

BAG SELBSTHILFE e. V.
Bundesarbeitsgemeinschaft SELBSTHILFE von Menschen mit Behinderung und chronischer Erkrankung und ihren Angehörigen e. V.
Kirchfeldstr. 149
40215 Düsseldorf
Tel.: 0211 310 06-0
Fax: 0211 310 06-48
E-Mail: info@bag-selbsthilfe.de
Internet: http://www.bag-selbsthilfe.de

Bundesarbeitsgemeinschaft der Freien Wohlfahrtspflege (BAGFW) e. V.
Oranienburger Straße 13–14
10178 Berlin
Tel.: 030 240 89-0
Fax: 030 240 89-134
E-Mail: info@bag-wohlfahrt.de
Internet: http://www.bagfw.de

Bundesministerium für Familie, Senioren, Frauen und Jugend
11018 Berlin
Tel.: 0 01 80 190 705 0 (Montag bis Donnerstag: von 9.00–18.00 Uhr)
(Anrufe aus dem Festnetz: 9–18 Uhr 3,9 Cent pro angefangene Minute)
Tel.: 030 185 55-0 (Zentrale)
Fax: 030 185 554 400
E-Mail: Kontaktformular
http://www.bmfsfj.de (dann weiter zu → Ältere Menschen → Demenz)

Bundesministerium für Gesundheit (BMG)
Erster Dienstsitz: Rochusstr. 1, 53123 Bonn
Zweiter Dienstsitz: Friedrichstraße 108, 10117 Berlin (Mitte)
Telefon: 030 18441-0 (bundesweiter Ortstarif)
Fax: 030 18441-4900
E-Mail: info@bmg.bund.de oder Kontaktformular
http://www.bmg.de (dann weiter zu → Pflege → Demenz)

Demenz Support Stuttgart – Zentrum für Informationstransfer
Hölderlinstr. 4
70174 Stuttgart
Tel.: 0711 997 87 10
Fax: 0711 997 87 29
E-Mail: info@demenz-support.de
Internet: http://www.demenz-support.de

Demenz – Das Magazin
Vincentz Network GmbH
Postfach 6247
30062 Hannover
Internet: http://www.demenz-magazin.de/

Deta-Med
Karl-Marx-Str. 188 (Ärztehaus)
12043 Berlin
Tel.: 030 689 89 970
Fax: 030 89 979689457
E-Mail: info@deta-med.eu

Deutsche Alzheimer Gesellschaft e. V.
Friedrichstr. 236
10969 Berlin
Tel.: 030 259 37 95 0
Fax: 030 259 37 95 29
E-Mail: info@deutsche-alzheimer.de
Internet: http://www.deutsche-alzheimer.de/
Mit ausführlichen Informationen zu allen regionalen Beratungsstellen in Deutschland.

Deutsche Arbeitsgemeinschaft Selbsthilfegruppen e. V.
Otto-Suhr-Allee 115
10585 Berlin
Tel.: 030 893 40 14
E-Mail: verwaltung@dag-shg.de
Internet: www.dag-shg.de

Deutsche Expertengruppe Dementenbetreuung e. V.
Herr Martin Hamborg
Haberkamp 3
22399 Hamburg
Tel.: 03221 105 69 79
Fax: 040 2787 1381
E-Mail: info@demenz-ded.de
http://www.demenz-ded.de

Deutsche Gesellschaft für Gerontologie und Geriatrie (DGGG) e. V.
Geschäftsstelle
Seumestr. 8
10245 Berlin
Tel. 030 52137271
Fax: 030 52137272
E-Mail: gs@dggg-online.de
http://www.dggg-online.de

Deutsche Gesellschaft für Neurologie e. V. (DGN)
Geschäftsstelle
Reinhardtstr. 14
10117 Berlin
Tel.: 030 531 437 93-0
Fax: 030 531 437 93-9
E-Mail: info@dgn.org
Internet: http://www.dgn.org

Deutsche Gesellschaft für Gerontopsychiatrie und -psychotherapie e. V. (DGGPP)
Geschäftsstelle
Postfach 1366
51675 Wiehl
Tel.: 02262 797 683
Fax: 02262 999 99 16
E-Mail: GS@dggpp.de
Internet: http://www.dggpp.de/

Deutsche Gesellschaft für Psychiatrie, Psychotherapie und Nervenheilkunde (DGPPN)
Hauptgeschäftsstelle:
Reinhardtstr. 14
10117 Berlin
Tel.: 030 240 477 20
Fax: 030 240 477 229
E-Mail: sekretariat@dgppn.de
Internet: http://www.dgppn.de

Deutsche Seniorenliga e. V.
Heilsbachstr. 32
53123 Bonn
Tel.: 0228 367 93 0
Fax: 0228 367 93 90
E-Mail: info@deutsche-seniorenliga.de
Internet: http://www.deutsche-seniorenliga.de

Deutsches Grünes Kreuz e. V.
Nikolaistr. 3
35037 Marburg
Tel.: 064 21 29 30
Fax: 064 21 293-187
E-Mail: dgk@dgk.de
Internet: http://www.dgk.de

Deutsches Zentrum für Altersfragen (DZA)
Manfred-von-Richthofenstr. 2
12101 Berlin-Tempelhof
Tel.: 030 260740 0
Fax: 030 7854350
E-Mail: Kontaktformular auf der Homepage («Kontakt»)
Internet: http://www.dza.de

Dialog- und Transferzentrum Demenz (DZD) an der Universität Witten/Herdecke
Universität Witten/Herdecke
Stockumer Straße 10
58453 Witten
Sekretariat: Claudia Kuhr
Tel.: 02302 926-306
Fax: 02302 926-310
E-Mail: Claudia.Kuhr@uni-wh.de oder Kontaktformular auf der Homepage («E-Mail»)
Internet: http://www.uni-wh.de/gesundheit/pflegewissenschaft/institute-und-einrichtungen/dialogzentrum-demenz-dzd/

Forum gemeinschaftliches Wohnen e. V.
Hildesheimer Str. 15
30169 Hannover
Tel.: 0511 165910-0
E-Mail: info@fgw-ev.de
Internet: http://www.fgw-ev.de

Hirnliga e. V.
Geschäftsstelle
Postfach 1366
51657 Wiehl
Tel.: 02262 999 99 17 (montags bis freitags von 8.30 bis 12.30 Uhr)
E-Mail: buero@hirnliga.de
Internet: http://www.hirnliga.de

IdeM
Informationszentrum für dementiell und psychisch erkrankte sowie geistig behinderte MigrantInnen und ihre Angehörigen
Frau Derya Wrobel
Rubensstr. 84
12157 Berlin
Tel.: 030 856 296 57
Fax: 030 856 296 58
E-Mail: derya.wrobel@vdk.de
Internet: http://www.idem-berlin.de
Allgemeine Sprechzeiten: dienstags 9.00–12.00 Uhr
donnerstags 13.00–15.00 Uhr
Muttersprachliche Sprechzeiten: Jeweils in der ersten Woche des Monats
Türkisch: montags von 9.00–12.00 Uhr
Arabisch: montags von 15.00–18.00 Uhr
Polnisch: dienstags von 15.00–18.00 Uhr
Serbisch-Kroatisch: mittwochs von 15.00–18.00 Uhr

Kompetenznetz Demenzen e. V.
Sprecher Prof. Dr. med. Wolfgang Maier
Klinik und Poliklinik für Psychiatrie und Psychotherapie des Universitätsklinikums Bonn
Siegmund-Freud-Sttr. 25
53105 Bonn
Tel.: 0228 287 57 22
Beratung und Hilfe s. Deutsche Alzheimer Gesellschaft
Internet: http://www.kompetenznetz-demenzen.de

Kuratorium Deutsche Altershilfe (KDA)
Wilhelmine-Lübke-Stiftung e. V.
An der Pauluskirche 3
50677 Köln
Tel.: 0221 931 847 0
Internet: http://www.kda.de

Selbsthilfewegweiser für Bremen und Nordniedersachsen
Angehörigengruppe für Alzheimererkrankte
Faulenstr. 31
28195 Bremen
Tel.: 0421 4988634 und 0421 704581
Fax: 0421 707472
E-Mail: info@netzwerk-selbsthilfe.com
Internet: http://www.netzwerk-selbsthilfe.de

Österreich

Alzheimer-Selbsthilfe.at
Obere Augartenstr. 26–28
1020 Wien
Tel./Fax: 01 332 51 66
Internet: http://www.alzheimer-selbsthilfe.at E-Mail: alzheimeraustria@aon.at

Schweiz

Alzheimer – Schweizerische Alzheimervereinigung
Rue des Pêcheurs 8 E
1400 Yverdon-les-Bains
Tel.: 024 426 20 00
Alzheimer-Telefon: 024 426 06 06, bedient von Montag bis Freitag, jeweils von 8–12 und von 14–17 Uhr.
E-Mail: info@alz.ch
Internet: http://www.alz.ch

Alzheimer Forum Schweiz
Postfach 7832
3001 Bern
E-Mail: info@alzheimerforum.ch
Internet: http://www.alzheimerforum.ch

Schrittweise …
Palliative Betreuung in Ihrer Nähe
Mühlegasse 33
8001 Zürich
Tel.: 044 463 13 10
Fax: 044 463 18 86
E-Mail: kontakt@schrittweise.ch

Offene Kirche – in der Heiliggeistkirche
Postfach 1040
3000 Bern 23
Jeweils Dienstag, 16.30–18.30 Uhr: Persönliche Kurzberatung durch die Alzheimervereinigung Bern. Keine Voranmeldung nötig
Tel.: 031 370 71 14
Fax: 031 370 71 91
E-Mail: info@offene-kirche.ch
Internet: www.offene-kirche.ch

Bezugsquellen für Materialien

Für einzelne Aktivierungen benötigtes Material (Instrumente, Geräte, Baselutensilien, aber auch Puppen, Spiele etc.) findet man in einschlägigen Fachgeschäften (z. B. Sanitätshäuser, Schreibwarengeschäfte, Spielwarengeschäfte). Vieles wird auch online vertrieben. Nachfolgend eine kleine Auswahl von Bezugsadressen, die neben dem örtlichen Geschäft auch über einen Online-Shop verfügen:

Deutschland

Gehrmeyer Orthopädie- und Rehatechnik GmbH
Averdiekstr. 1
49078 Osnabrück
Tel.: 0541 94545-00
E-Mail: info@gehrmeyer.de
Internet: www.gehrmeyer-spielewelt.de
Materialien, Instrumente, Spielgeräte, Spielsachen, Puppen für jedes Alter
Sehr gut strukturierte, übersichtliche Internet-Seite, große Auswahl

Boutique Karthaus
Werkstätten Karthaus
Weddern 14
48249 Dülmen
Tel.: 02594 8932-254
E-Mail: vertrieb@werkstaetten-karthaus.de
Internet: werkstaetten-karthaus.de
Kleine Auswahl an schönen Brettspielen (z. T. mit extra großen Figuren), Domino, Memospielen (auch 3D), alles aus Holz, Holzkalender (auch fremdspachig)

Ellhol GmbH
Holger Ellinger
Oberhofer Platz 1
80807 München
Tel.: 089 2033-1323 (Anrufbeantworter, wenn Büro nicht besetzt; Nachricht hinterlassen)
E-Mail: info@ellhol.de oder Kontaktformular auf d. Homepage
Internet: www.aktivierungen.de
Sehr große Auswahl, Suche braucht aber wegen der eingeschränkten Übersichtlichkeit etwas Geduld u. Zeit. Vieles, das man auch selbst basteln/herstellen kann. Fundgrube für eigene Ideen.

Kreativsport
Inh. Arnd Corts, Diplom-Wirtschaftsingenieur (FH)
Hermesstr. 38
58095 Hagen
Tel.: 0 23 31 204 44 34
E-Mail: info@kreativsport.de
Internet: www.kreativsport.de -› «Seniorensport»
vor allem für körperliche Aktivierungen, im Kinderbereich aber auch große Auswahl an Spielen

Schweiz

Betzold Lernmedien GmbH
Winkelriedstr. 82
8203 Schaffhausen
Tel.: (0041) (0)52 644 80 90
E-Mail: service@betzold.ch
Internet: www.betzold.ch
Ob Basteln, Malen oder Sport – hier finden sich Materialien und Gegenstände für alle Sinne, auch in größeren Mengen/größerer Anzahl. Schnäppchen suchen!

Autor

Hans-Werner Urselmann, lebt in Engelskirchen. Dr. rer. medic., MScN, staatlich anerkannter Altenpfleger, Mitarbeiter der KoKoBe (Koordinierungs-, Kontakt- und Beratungsstelle für Menschen mit geistiger Behinderung) im Oberbergischen Kreis

Kontakt
E-Mail: H-W.Urselmann@t-online.de

Abbildungsverzeichnis

Abbildung 2-1: Vielzahl von Ausdrucksbedeutungen der Schreie und Rufe (Buchholz et al., 1983; Urselmann, 2004).

Abbildung 2-2: Ursachen von «disruptive vocalization» nach Sloane et al. (1997: 676).

Abbildung 2-3: Traditionelle Wohnform – Segregation.

Abbildung 3-1: Nutzung der (Wohn-)Bereiche durch mobile und immobile Bewohner.

Abbildung 3-2: Unterschiedliche «Rechte» scheinen in Einrichtungen der Altenhilfe selten vereinbar und in gegensätzliche Richtungen zu streben.

Abbildung 4-1: Die Trias – Determinanten des pflegerischen Handelns (Urselmann, 2006).

Abbildung 4-2: Beziehungsverflechtung zwischen Interventionsgestaltung und Pflegeziele.

Abbildung 4-3: Die «Waage» der Pflegeziele bei herausfordernden Schreien und Rufen.

Abbildung 4-4: Übersicht unterschiedlicher Interventionsbeispiele und Strategien bei herausforderndem Verhalten. Beschreibung von Pflegenden.

Abbildung 4-5: Darstellung des Versuch-und-Irrtumsablaufs.

Abbildung 4-6: Versuch und Irrtum – Ein Beispiel aus der Pflegepraxis.

Abbildung 4-7: Von Pflegenden beschriebener Abwägungsprozess mit Alternativverlauf bei der Medikamentengabe.

Abbildung 4-8: Spannungsfeld Seniorenheim – Ist es ein Spannungsfeld?

Abbildung 5-1: Wortkette Hilfe bei Schreien und Rufen von Menschen mit Demenz.

Abbildung 5-2: Ablaufschema der Wege von Belastungsmomenten (Aufbau und Kompensation) beim Erleben von herausforderndem Schreien und Rufen.

Abbildung 6-1: Die perfekte Pflegeperson hat bei herausforderndem Schreien und Rufen von Menschen mit Demenz allzeit alles im Griff … und jonglierend am Fuß!!!

Abbildung 8-1: Die Unerträglichkeit der herausfordernden Schreie und Rufe von Menschen mit Demenz in der stationären Altenhilfe (Kodierparadigma).

Abbildung 8-2: Ablaufmodell der Unerträglichkeit beim Erleben und Intervenieren von herausfordernden Schreien und Rufen.

Abbildung 8-3: Das «Wir» in der Interventionsgestaltung.

Abbildung 8-4: Das Empfinden der Unerträglichkeit beim Schreien und Rufen von Menschen mit Demenz im Beziehungsgeflecht.

Abbildung 8-5: Die Gegenspieler.

Abbildung 8-6: Die Waage Energiequellen – Erleben der (temporären) Unerträglichkeit der Schreie und Rufe von Menschen mit Demenz.

Abbildung 11-1: Metapher «Der Schrei oder Ruf».

Abbildung 11-2: Spannungsfeld Segregation – Inklusion?!

Tabellenverzeichnis

Tabelle 2-1: Beispiele der (potenziellen) Ursachen und Auslöser der Schreie oder Rufe.

Tabelle 2-2: Beispiele von Schrei- und Rufbeschreibung von Pflegenden.

Tabelle 2-3: Rufäußerungen, die in untrennbarer Verbindung zu der in **Tabelle 2-2** genannten Schrei- und Rufbeschreibung stehen.

Tabelle 4-1: Interventionen, die den Charakter einer Ablenkung oder Umlenkung besitzen.

Tabelle 6-1: Berufsvoraussetzungen der Pflegenden, die herausforderndes Schreien oder Rufen erleben.

Tabelle 7-1: Gesamtübersicht der geäußerten Wünsche.

Tabelle 8-1: Beispiele von Beschreibungen der wahrgenommenen Gefühle bei Schreien oder Rufen von Menschen mit Demenz, die in Verbindung mit dem Erleben von Grenzsituationen stehen und von Pflegepersonen genannt werden.

Tabelle 8-2: Auswahl von potenziellen Auslösungsmomenten, die zum Erleben von Grenzsituationen führen können (keine hierarchische Reihenfolge).

Tabelle 8-3: Auslösende Momente der Zerrissenheit. Exemplarisch ausgewählte Interviewzitate.

Sachwortverzeichnis

A

Ablenken 108–111
Abstand 191–192
Abwehr 27, 34
Aggressivität 18, 34, 261
Aggressivität spüren 162–163
Akzeptieren 166–169
Alltagserleben 101–107
Angehörigenverhalten 105
Angstbewältigung 30, 34
Antipsychotika 130
Anwaltsfunktion 111–114
Anwesenheit geben 125–126
Arbeitshaltung 202–206
– Ausgeglichenheit 204
– Herausforderung, kreative 206
– Spaß 203
Assessmentinstrumente 76
Atmosphäre, ruhige 151
Auffälligkeiten, psychische 18
Aufmerksamkeitssuche 34
Ausdrucksbedeutungen 27
Auslöser s. Schrei-/Rufsachen
Auszeit 187–191

B

Basale Stimulation 76, 122–125
Bedarfsmedikation 132, 137
Bedeutungsebenen 25–26
Bedrohungsgefühl 34
Bedürfnisse, körperliche 29
Begriffserklärungen 17–21
Belastungsmomente 178
– Ansprechen/Reflektieren 200
Beratung, kollegiale 200–202, 237
Berufsvoraussetzungen 196
Berührung 76, 118–122, 122–125
Beschäftigungsmangel 34
Besucherverhalten 105
Bewältigungserleben 238, 241–244
– Energiequellen/Erleben 242
Bewältigungsstrategien 187–198, 238
Bewegung 126–127

Bewegungsförderung 76
Beziehungsveränderung 181–185

D

Demenz 17–19
Depression 30
Diagnostik, verstehende 76
Differenzierungen 37–43
– aus Pflegesicht 38, 41
Drücken 118–122

E

Eifersucht 34
Eignung, berufliche 197–198
Einflussfaktoren, extrinsische 45–69, 233
– Rahmenbedingungen, institutionelle 46
– Raumnutzung 46
Einflussfaktoren, intrinsische 69–74, 233
Einflussfaktoren, proximale 31
Einsamkeit 34
Einstellung, berufliche 196
Emotionen 30, 34–35
Energiequellen 200
– Arbeitshaltung 202, 234
– Arbeitsplatz 200, 234
Enthemmungsmechanismen 31
Entzerrungsversuche 64–67
Erinnerungspflege 76, 102
Erwartungshaltung 224–228
Expression 27

F

Fachbegleitung, pflegewissenschaftliche 258
Fachkompetenz 192–196
Fähigkeiten, kognitive 18
Fortbildung 256
Frust 34

G

Gegenspieler 199–210
Gemeinschaft erleben 98–101
Gewalt 139, 262

Gewaltfantasien 173–178
Grenzen/Grenzsituationen
  s. Unerträglichkeit
Gruppenraum 62–64, 103

H
Handeln, pflegerisches 75–155
– Trias-Determinanten 77
Heimweh 35
Hilfebedürfnis 34
Hilflosigkeit spüren 158–162
– Wortkette 160
Hintergrundfaktoren 31

I
Inklusion 159, 264
Interessenvertretung 111–114
Interventionen 75
–, abwehrorientierte/restriktive 82, 138–155
–, emotionsfokussierte 82, 94–116
–, körperlich-therapeutische 82, 118–129
–, med.-medikamentöse 82, 129–138
Interventionsebenen 75–155
– Auswirkungen/Konsequenzen 157–185
– Beispielübersicht 82
– Zusammenfassung 248
Interventionsgestaltung,
  eingeschränkte 169–185
Interventionsziele 78–79
Intimsphäre, verletzte 30
Inzidenz 36–37
Isolation, soziale 31
Isolieren (ins Zimmer bringen) 148–155

K
Kommunikationsebene,
  verbale/nonverbale 83
Kompensation 35
Kompensatoren 199–210
Kompetenz 192–196
Konditionierung, operante 35
Kontakt, körperlicher 118–122
Kontrolle 102
Körpersprache 21
Krankenhauseinweisung 136
Krisenbewältigung, akute psychiatrische 76
Kumulation 234, 238

L
Leitungsebene 236

M
Macht/Machtlosigkeit 25, 27
Medikamente 129–135, 137, 162

Metapher 263
Mitarbeiterengagement/-motivation 70–71
Mitarbeiterflexibilität, fehlende 71–74
Mitarbeiterpräsenz 68–69
Mitarbeiterunterstützung 261
Mitbewohner 60–62
Mitleid spüren 165–167
Mitteilungsbedürfnis 34
Motivation 78–79
Musik/Musiktherapie 127–129

N
Nachfragen s. Reden
Nähe 34, 118–122, 125–126
Neuroleptika 130
Nichthandeln 141–143

O
Orientierung, fehlende 34

P
Paternalismus 260
Personalbesetzung 54–55
Persönlichkeitsdemaskierung 34
Persönlichkeitsmerkmale 18
Persönlichkeitsstruktur,
  lebenslang kontrollierte 30
Pflegeausbildung 255
Pflegeinterpretationen 38, 41–43
Pflegeziele Ruhe/Wohlbefinden 79–81
Pharmakoresistenz 75
Prävalenz 36–37
Praxisempfehlungen 255–262

R
Reden/Nachfragen 94–95
Reflexion 200
Reizsetzung, neue 108–111
Reizüberflutung 31, 34–35
Rollenverlust, sozialer 34
Rufen s. Schreien
Ruhe 79–81, 103, 151

S
Säuglingsschrei 25
Schlafstörungen 30
Schlusswort 263
Schmerz 29
Schrei-/Rufdauer 37
Schrei-/Rufursachen 28–36
– aus der Literatur 29
– aus der Praxis 32
– Suche/Suchoptionen 82
– Übersicht, tabellarische 34

– Versuch/Irrtum 88
– Wissenwollen, detektivisches 85
Schrei-/Rufverhalten 41
Schreien, ansteckendes 64
Schreien, grundloses 38
Schreien, herausforderndes 27
Schreien lassen 140–143
Schreien, stummes 133
Schreien/Rufen 13, 19, 21, 23–43
– Recht einräumen 260
– Zusammenfassung 245
Schreiintensität 38
Schreimuster 38
– Suche/Suchoptionen 87
Schutzbildaufbau 178–181
Screamer 21
Sedierung 131
Segregationsbereich 32, 51–53, 59, 67–68, 149, 153, 259, 264
Selbstbeherrschung 25, 27
Selbstheilungsversuch 30
Sich einlassen 95–98
Signalerkennung 39–41
Sitzordnungsfestlegung 114–116
Snoezelen 76
Spazieren gehen 126–127
Sprachursprung 23
Stellenanteil, reduzierter 199
Störungen, körperliche 35
Strategien 75–155
– Auswirkungen/Konsequenzen 157–185
– Beispielübersicht 82
Stress 35

T
Tagesrhythmus, normaler 101
Talker 21
Teaminformationsaustausch 256
Teamkonsens 236
Teamoffenheit 236
Teilzeitarbeit 199
Traktat, logisch-philosophisches 20
Tunnelblick 170–173

U
Überlastung, extreme 143
Umhergehen, ruheloses 18

Umlenken 108–111
Unausweichlichkeit 228–230
Unerträglichkeit erleben/gestalten 211–244
– Ablaufmodell 213
– Auslöser 221, 237
– Beziehung Mitarbeiterteam 216
– Beziehungsgeflecht 238
– Denkanstöße 236
– Erwartungen 224
– Gefühlsbeschreibungen 220
– Grenzen 214
– Habituation, unbewusste 219, 222
– Hilflosigkeit/Ohnmacht 230
– Kodierparadigma 212
– Phasenverlauf 213, 234
– Wahrnehmungsgenese 212
– Zerrissenheit 223, 225
Unzufriedenheit 35
Unzufriedenheit spüren 163–164

V
Validieren 76
Verhalten, herausforderndes 13, 19–21
Verhalten spiegeln 147
Verhaltensausdruck, kollektiver 27
Versuchs-/Irrtumsablauf 88–93
Visionen 207–210
Vokalisationen, inadäquate
  s. Schreien/Rufen

W
Weiterbildung 256
Witterungseinflüsse 35
Wohlbefinden 79–81
Wohnbereichnutzung/-formen 46–53
Wohnsettinganpassung 116–118
Wohnumfeld 32–33
Wünsche 207–210
Wünsche, unerfüllbare 258

Z
Zeit 55–59
Zeitmangel 54–55
Zerrissenheit 223–224
Zimmerruhe 148–155
Zurückschreien 143–148
Zusammenfassung 245–252
Zuwendungssuche 35

Bücher zum Thema Demenz im Verlag Hans Huber

Pflege-Sachbuch

Basting
Das Vergessen vergessen
Besser leben mit Demenz
2012. ISBN 978-3-456-84946-1

Bowlby Sifton
Das Demenz-Buch
Ein «Wegbegleiter» für Angehörige, Pflegende und Aktivierungstherapeuten
2., überarb. Auflage
2011. ISBN 978-3-456-84928-7

Bryden
Mein Tanz mit der Demenz
Trotzdem positiv leben
2011. ISBN 978-3-456-84945-4

Goldberger
MAMIKA
2011. ISBN 978-3-456-85025-2

Mace/Rabins
Der 36-Stunden-Tag
6., vollst. überarb., erw. u. aktual. Auflage
2012. ISBN 978-3-456-85068-9

Snyder
Wie sich Alzheimer anfühlt
2011. ISBN 978-3-456-84914-0

Taylor
Hallo Mister Alzheimer
2013. ISBN 978-3-456-85263-8

Taylor
Alzheimer und Ich
«Leben mit Dr. Alzheimer im Kopf»
3., erg. Auflage
2011. ISBN 978-3-456-85026-9

Taylor
«Im Dunkeln würfeln»
Portraits, Bilder und Geschichten einer Demenz
2011. ISBN 978-3-456-84968-3

Taylor
Der moralische Imperativ des Pflegens
2011. ISBN 978-3-456-84972-0

Weih
Wie war das noch mal?
Lernen, Vergessen und die Alzheimer-Krankheit
2011. ISBN 978-3-456-84951-5

Whitehouse/George
Mythos Alzheimer
Was Sie schon immer über Alzheimer wissen wollten, Ihnen aber nicht gesagt wurde
2009. ISBN 978-3-456-84690-3

Zeisel
«Ich bin noch hier!»
Menschen mit Alzheimer-Demenz kreativ begleiten – eine neue Philosophie
2011. ISBN 978-3-456-84909-6

Pflege von Menschen mit Demenz

Barrick et al. (Hrsg.)
Körperpflege ohne Kampf
Personenorientierte Pflege von Menschen mit Demenz
2010. ISBN 978-3-456-84789-4

Becker/Kaspar/Kruse
H.I.L.DE.
Heidelberger Instrument zur Erfassung der Lebensqualität demenzkranker Menschen (H.I.L.DE.)
2011. ISBN 978-3-456-84903-4

Bölicke et al.
Ressourcen erhalten
Reihe: Gemeinsam für ein besseres Leben mit Demenz
2007. ISBN 978-3-456-84394-0

Böhme
Förderung der kommunikativen Fähigkeiten bei Demenz
2008. ISBN 978-3-456-84536-4

Bredenkamp et al.
Die Krankheit frühzeitig auffangen
Reihe: Gemeinsam für ein besseres Leben mit Demenz
2007. ISBN 978-3-456-84399-5

Breuer
Visuelle Kommunikation für Menschen mit Demenz
2009. ISBN 978-3-456-84768-9

Brooker
Person-zentriert pflegen
Das VIPS-Modell zur Pflege und Betreuung von Menschen mit einer Demenz
2008. ISBN 978-3-456-84500-5

Buchholz/Schürenberg
Basale Stimulation in der Pflege alter Menschen
3., überarb. u. erw. Auflage
2009. ISBN 978-3-456-84564-7

Buell Whitworth/Withworth
Das Lewy-Body-Demenz-Buch
2013. ISBN 978-3-456-85186-0

Chalfont
Naturgestützte Therapie
Tier- und pflanzengestützte Therapie für Menschen mit einer Demenz planen und gestalten
2010. ISBN 978-3-456-84748-1

Davenport
«Giftige» Alte
Schwierige alte Menschen verstehen und konstruktiv mit ihnen umgehen
2009. ISBN 978-3-456-84706-1

Fischer
Schmerzeinschätzung bei Menschen mit schwerer Demenz
2012. ISBN 978-3-456-84714-6

Föhn/Dietrich
Garten und Demenz
2013. ISBN 978-3-456- 85168-6

Gupta
Assessmentinstrumente für alte Menschen
2012. ISBN 978-3-456- 84805-1

Hafner/Meier
Geriatrische Krankheitslehre
Teil I: Psychiatrische und neurologische Syndrome
4., vollst. überarb. u. erw. Auflage
2005. ISBN 978-3-456-84204-2

Bücher zum Thema Demenz im Verlag Hans Huber

Handel (Hrsg.)
Praxishandbuch ZOPA
Schmerzeinschätzung bei Patienten mit kognitiven und/oder Bewusstseinseinschränkungen
2010. ISBN 978-3-456-84785-6

Heeg et al.
Technische Unterstützung bei Demenz
Reihe: Gemeinsam für ein besseres Leben mit Demenz
2007. ISBN 978-3-456-84396-4

Hülshoff
Das Gehirn
Funktionen und Funktionseinbußen
3., vollst. überarb. u. erw. Auflage
2008. ISBN 978-3-456-84587-6

Kitwood
Demenz
Der person-zentrierte Ansatz im Umgang mit verwirrten Menschen
6., erg. Auflage
2013. ISBN 978-3-456-85305-5

Kostrzewa/Gerhard
Hospizliche Altenpflege
Palliative Versorgungskonzepte in Altenpflegeheimen entwickeln, etablieren und evaluieren
2010. ISBN 978-3-456-84809-9

Kostrzewa
Palliative Pflege von Menschen mit Demenz
2., vollst. überarb. u. erw. Auflage
2010. ISBN 978-3-456-84773-3

Kuhn/Verity
Die Kunst der Pflege von Menschen mit Demenz
Den Funken des Lebens leuchten lassen
2012. ISBN 978-3-456-85038-2

Lind
Demenzkranke Menschen pflegen
2., korr. u. erg. Auflage
2007. ISBN 978-3-456-84457-2

Lind
Fortbildungsprogramm Demenzpflege
2011. ISBN 978-3-456-84907-2

Lindesay/MacDonald/Rockwood
Akute Verwirrtheit – Delir im Alter
2009. ISBN 978-3-456-84638-5

Lipinska
Menschen mit Demenz personzentriert beraten
2010. ISBN 978-3-456-84833-4

Marshall/Allan
«Ich muss nach Hause»
Ruhelos umhergehende Menschen mit einer Demenz verstehen
2011. ISBN 978-3-456-84731-3

May/Edwards/Brooker
Professionelle Pflegeprozessplanung
Personzentrierte Pflegeplanung für Menschen mit Demenz
2011. ISBN 978-3-456-84974-4

Moniz-Cook/Manthorpe
Frühe Diagnose Demenz
2010. ISBN 978-3-456-84806-8

Planer
Haus- und Wohngemeinschaften
Neue Pflegekonzepte für innovative Versorgungsformen
2010. ISBN 978-3-456-84797-9

Rückert et al.
Ernährung bei Demenz
Reihe: Gemeinsam für ein besseres Leben mit Demenz
2007. ISBN 978-3-456-84397-1

Sachweh
Spurenlesen im Sprachdschungel
Kommunikation und Verständigung mit demenzkranken Menschen
2008. ISBN 978-3-456-84546-3

Schneiter-Ulmann (Hrsg.)
Lehrbuch Gartentherapie
2010. ISBN 978-3-456-84784-9

Schweitzer/Bruce
Das Reminiszenz-Buch
Praxishandbuch zur Biografie- und Erinnerungsarbeit mit alten Menschen
2010. ISBN 978-3-456-84793-1

Sulser
Ausdrucksmalen für Menschen mit Demenz
2., überarbeitete Auflage
2010. ISBN 978-3-456-84832-7

van der Kooij
«Ein Lächeln im Vorübergehen»
Erlebensorientierte Altenpflege mit Hilfe der Mäeutik
2. Auflage
2012. ISBN 978-3-456-85135-8

van der Kooij
Das mäeutische Pflege- und Betreuungsmodell
2010. ISBN 978-3-456-84807-5

Wißmann et al.
Demenzkranken begegnen
Reihe: Gemeinsam für ein besseres Leben mit Demenz
2007. ISBN 978-3-456-84395-7

Woods/Keady/Seddon
Angehörigenintegration
Beziehungszentrierte Pflege und Betreuung von Menschen mit Demenz
2009. ISBN 978-3-456-84755-9

Aktivierung

Killick/Craig
Kreativität und Kommunikation bei Menschen mit Demenz
2013. ISBN 978-3-456-85250-8

Tschan
Integrative Aktivierende Alltagsgestaltung
Konzept und Anwendung
2010. ISBN 978-3-456-84771-9

Zoutewelle-Morris
Wenn es Schokolade regnet
2013. ISBN 978-3-456-85170-9

€ 3,—

13/12/07